- 国家精品在线开放课程配套教材
- 首批国家级一流本科课程配套教材

新世纪高等学校教材·工商管理核心课系列

管理学

（微课版）

王文周 ◎ 编著

Management

扫一扫进入课程资源学习

北京师范大学出版集团
BEIJING NORMAL UNIVERSITY PUBLISHING GROUP
北京师范大学出版社

图书在版编目(CIP)数据

管理学/王文周编著. —北京：北京师范大学出版社，2022.8
（新世纪高等学校教材·工商管理核心课系列）
ISBN 978-7-303-27096-5

Ⅰ．①管… Ⅱ．①王… Ⅲ．①管理学－高等学校－教材
Ⅳ．①C93

中国版本图书馆 CIP 数据核字(2021)第 129326 号

营 销 中 心 电 话　　010-58802181　58805532
北师大出版社科技与经管分社　www.jswsbook.com
电 子 信 箱　　jswsbook@163.com

出版发行：北京师范大学出版社　www.bnupg.com
　　　　　北京市西城区新街口外大街 12-3 号
　　　　　邮政编码：100088
印　　刷：北京玺诚印务有限公司
经　　销：全国新华书店
开　　本：787 mm×980 mm　1/16
印　　张：21
字　　数：388 千字
版　　次：2021 年 8 月第 1 版
印　　次：2022 年 8 月第 2 次印刷
定　　价：49.80 元

策划编辑：陈仕云　　　　　责任编辑：陈仕云
美术编辑：李向昕　　　　　装帧设计：李向昕
责任校对：陈　民　　　　　责任印制：赵　龙

新世纪高等学校教材·工商管理核心课系列
编写委员会

前言
PREFACE

　　管理是人类生活中最普遍和最重要的活动之一，有了人类社会，就有了管理，小至个人与家庭、学校、企业，大至国家、社会都与管理息息相关。通过管理，人们的生产、生活和其他活动能够更加有目的、有秩序、高效率地进行，因此学习管理学意义重大。彼得·德鲁克（Peter F. Drucker）先生讲过，管理是一门科学，是系统化的并到处适用的知识；同时，管理是一种实践，其本质不在于知而在于行，其验证不在于逻辑而在于成果。要学好管理学，一方面要认真学习书本知识，掌握管理学科的核心理念、知识、工具与方法，另一方面要持续把所学应用到具体的管理实践中，不断复盘、总结、提炼与升华，只有这样管理素养才能不断提升，管理效能才会持续改善。

　　本人自 1997 年从北京师范大学经济系毕业后，长期在高校从事管理学科的教学与科研工作，也一直从事服务企业与社会的管理咨询与培训工作，有近 20 年的管理咨询公司创始合伙人工作经历。管理咨询与培训工作为我提供了长期近距离观察企业的机会，在这个过程中，我服务了各类型企业数百家，和上千位企业家成了朋友，也形成了"复杂问题简单化"和"客户价值最大化"的工作逻辑。按照这个工作逻辑，我设计并主讲《管理学》线上课程，这门课程提炼出管理学的 100 个重点问题，每个问题的讲解控制在 8 分钟以内。该课程在中国大学 MOOC 平台上线后，有超过 20 万人次选听，后入选"学习强国"学习平台，选听人数更多了。为什么采用微课的形式呢？因为教育心理学研究发现，人们的持续注意力一般不超过 8 分钟，8 分钟内成人可以集中精力学习。在线课程的学习对象就是我的客户，要从客户的感受出发设计课程，复杂的理论与工具也一定要通过生动、浅显的语言与严密的逻辑来讲解，立足学习者一听就懂，一学就会，一用就灵。《管理学》线上课程于 2019 年被评为国家精品在线开放课程，2021 年被认定为国家级一流本科线上课程，我在学校开设的《管理学》翻转课程 2020 年也被评为国家级一流本科线上线下混合式课程。

　　2020 年秋，北京师范大学出版社陈仕云编辑邀请我编写一本管理学教材。接受邀请后，我一直在思考，教材怎么编写才能给使用它的客户提供最大价值呢？一本教材的客户主要有两大群体，一是管理学学习者，包括学生、职场人士等；二是从事管理学课程教学的同行。所以这本教材既要满足学习者的需求，也要满足同行的使用需求。互联网的技术手段和北京师范大学出版社京师 E 课学习平台为《管理学》这本教材更好地满足客户提供了基础。本教材为使用者构建了一个立体化、沉浸式、迭代型的学习平台。通过扫描书中的二维码，可以快速地以微课形式在线学习管理学的核心知识与工具、方法，便于个人自学；每章后面附有时效性很强的在线测试、案例分析等辅助学习手段，便于读者深入掌握课程所授知识和技能并有所拓展。在线测试、案例分析的内容并没有印刷在书中，一是让书变得薄些，定价更友好些；二是这些线上内容将会定期进行迭代更新，避免案例等素材陈旧或随时间环境变化变得不恰当的尴尬。为了便于同行使用，本书为同行提供了详细的教案课件和每章的案例分析说明（高校任课教师可加入北师大出版社教学资源服务 QQ 群索取，群号：527033293）。同行可以引导学生课前看视频作为预习，扫描每章后的在线测试和案例分析作为复习之用；也可以以本书视频为基础，开展翻转课堂的教学实践。

本教材自出版以来，受到了众多高校老师和学生的一致好评。恰逢教材重印，我们进行了大量修改，并在每篇中增加了思政元素，便于同行更便捷地进行课程思政教学。

中国共产党领导全国人民经历了中国人民站起来的阶段、中国人民富起来的阶段、以及正在进行中的中国人民强起来的阶段。这是人类社会史无前例的伟大变革，我们党在这场伟大变革中取得了辉煌瞩目的成绩，形成了宝贵的精神财富和思想资产。从管理学的视角看，包括先进的组织管理理念、组织管理思想、组织管理方法、组织管理工具、组织管理体系以及众多鲜活经典的案例等。基于《管理学》教材，将中国共产党领导中国人民的伟大实践作为思政元素贯穿《管理学》教材的管理概论篇、计划篇、组织篇、领导篇、控制篇和创新篇，并结合革命、建设及新时代以来的鲜活实践案例，有助于"讲好中国故事"，更好地发挥教材育人功能，将知识传授、能力培养和价值引导做到深度协同、有机统一，引导学生以德立身、以德立学。同时，有助于培养学生的人文素养和强烈的社会责任感，帮助学生了解中国企业在发展进程中所面临的环境与挑战，更好地增强"四个意识"、坚定"四个自信"、做到"两个维护"。

在本教材撰写过程中，我的几位研究生许鑫凤、张艺源、刘劲松、崔巍佳、赵旸、林恺佳、李昌键、李晓麦在资料收集与案例整理过程中做了不少基础工作，我长期合作的企业界朋友们提供了不少案例分析素材。感谢浙江大学邢以群老师主持的管理学课程虚拟教研室，教研室丰富的活动给我很多帮助和启发。感谢在虚拟教研室平台上无私分享的各位同行。特别感谢北京师范大学出版社的编辑老师们为本书出版所做的大量辛勤工作。如果本版教材中存在什么问题或对本教材的进一步完善有什么建议，欢迎发邮件给作者（wangwenzhou@bnu. edu. cn）

王文周

2022 年 8 月于京师大厦

目录
CONTENTS

第1篇　管理概论

第2篇 计划篇

第3篇　组织篇

第4篇　领导篇

第 5 篇　控制篇

第6篇　创新篇

管理概论

开篇导语

学习管理学，首先要了解管理的内涵、性质和职能，学会从科学与艺术两个维度来理解管理，从管理好自我做起，这是管理好团队乃至管理好组织的基础。在组织环境下，管理者要做好三种角色，提升三种技能，把握五项任务，要理解复杂管理情境下，管理决策很难追求最优。其次要系统梳理百年来管理学理论发展的脉络，理解管理大师们精辟睿智的论断，体会他们立足实践，探索真知的勇气。最后要了解东西方管理思想的差异和融合，一方面要系统学习西方管理理论，另一方面也要对我国五千年来博大精深的管理思想有更深刻理解。

学习目标

- 掌握管理的定义、性质和职能
- 掌握管理者的三种角色、三种技能与五项任务
- 掌握决策中两类问题的特点和解决办法、决策中有限理性的特点及决策者在决策中追求的是满意而非最优
- 了解管理思想演进的三个重要阶段，掌握科学管理时代三个重要代表人物及其理论思想
- 了解东西方管理思想的差异与融合，树立文化自信

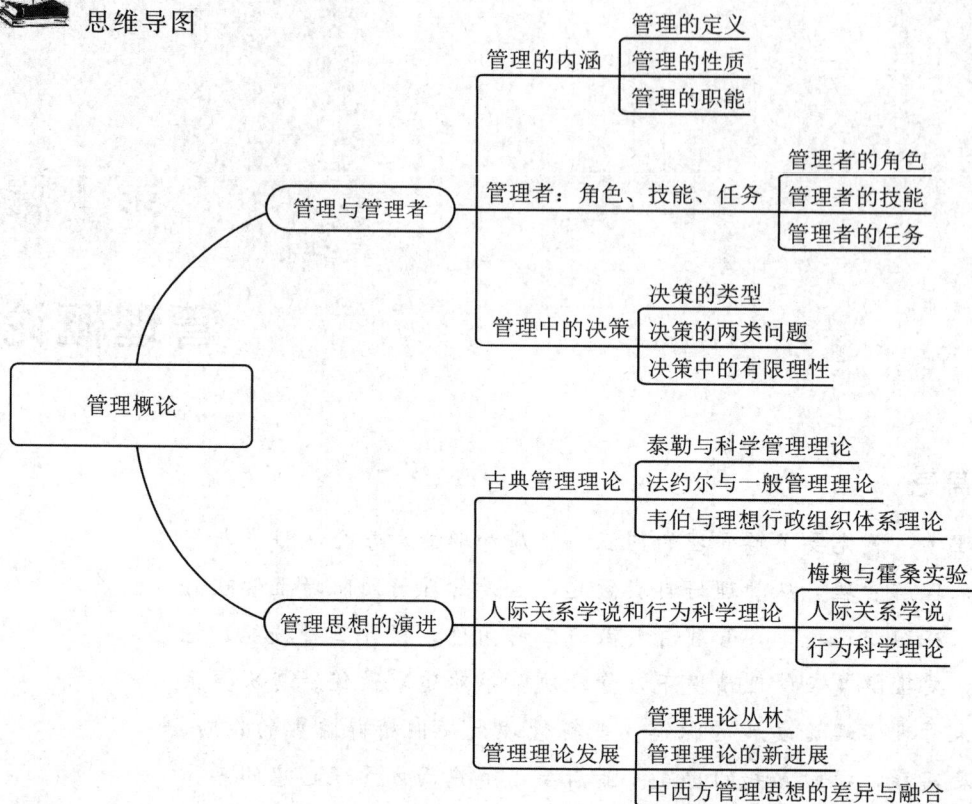

管理概论
- 管理与管理者
  - 管理的内涵
    - 管理的定义
    - 管理的性质
    - 管理的职能
  - 管理者：角色、技能、任务
    - 管理者的角色
    - 管理者的技能
    - 管理者的任务
  - 管理中的决策
    - 决策的类型
    - 决策的两类问题
    - 决策中的有限理性
- 管理思想的演进
  - 古典管理理论
    - 泰勒与科学管理理论
    - 法约尔与一般管理理论
    - 韦伯与理想行政组织体系理论
  - 人际关系学说和行为科学理论
    - 梅奥与霍桑实验
    - 人际关系学说
    - 行为科学理论
  - 管理理论发展
    - 管理理论丛林
    - 管理理论的新进展
    - 中西方管理思想的差异与融合

思政元素

扫一扫，看资源

第1章 管理与管理者

1.1 管理的内涵

1.1.1 管理的定义

"管理"是生活中十分常见的一个词语,从中文来看,"管"是"竹"与"官"的组合。竹简是古代的文书载体,因此"管"字有通过文化来统治之意;"理"意为"条理",管理即为通过文化来达到条理化。从英文来看,manage 可拆分为 man 和 age,man 意为"人",age 可延伸为"经验""体验"等,强调了管理与人息息相关,并且需要充分的经验和历练才能胜任。

扫码听课 1-1

管理也是人类生活中最常见、最普遍和最重要的活动之一,有了人类社会,就有了管理,小至个人与家庭、学校、企业,大至国家、社会,都与管理息息相关。通过管理,人们的生产、生活和其他活动才能够有目的、有秩序、高效率地进行。不仅如此,一流的管理还能够带来效益的持续改善,这也是管理学越来越受到各方重视的原因。

1954 年,彼得·德鲁克(Peter F. Drucker)首次提出"管理学"这个概念。他认为,"管理是一门科学,是系统化的并到处适用的知识;同时,管理是一种实践,其本质不在于知而在于行,其验证不在于逻辑而在于成果。"

弗雷德里克·温斯洛·泰勒(Frederick Winslow Taylor)认为,"管理就是要确切地知道要别人干什么,并注意让他们用最好、最经济的方法去干。"

亨利·法约尔(Henri Fayol)认为,"管理就是实行计划、组织、指挥、协调和控制。"

赫伯特·亚历山大·西蒙(Herbert Alexander Simon)认为,"管理就是决策。"

埃尔伍德·斯潘塞·伯法(Elwood Spencer Buffa)认为,"管理就是用数学符号和公式来表示计划、组织、控制、决策等合乎逻辑的程序,求出最优的解答,以达到企业的目标。"

国内学者对"管理"的定义中,比较有代表性的有:

陈传明教授认为,"管理就是为了有效地实现组织目标,由管理者利用相关知识、技术和方法对组织活动进行决策、组织、领导、控制并不断创新的过程。"

　　周三多教授认为，"管理是社会组织中，为了实现预期目标，以人为中心进行的协调活动。"

　　徐国华等认为，"管理是通过计划、组织、控制、激励和领导等环节来协调人力、物力和财力资源，以期更好地达成组织目标的过程。"

　　焦强等认为，"管理是指在一定的环境和条件下，为了达到组织的目标，通过决策、组织、领导、控制、创新等职能活动来集合和协调组织内的人力、物力、财力、信息、时间等资源的过程。"

　　结合以上学者的观点，本书对管理学的定义如下：管理是指在一个组织中，管理者实施计划、组织、领导和控制，协调组织内成员的工作，使得组织目标实现的过程。

1.1.2　管理的性质

　　管理学作为一门人文学科，具有科学性和艺术性，是科学与艺术的精妙结合。管理的科学性体现在它能够提供一套具有普适性的原则和方法来解决大多数问题，艺术性则体现在它没有唯一标准答案，同一问题有多种灵活解法，问题解决需要有弹性和柔性。管理的科学性和艺术性不仅不矛盾，反而互为补充、相辅相成。正如华为前人才招聘总负责人、资深人力资源管理专家冉涛所说："华为的成功，不是非黑即白的成功，而是灰度的成功。"

　　管理的科学性是管理艺术性的基础和前提。管理者行事要坚持一切从实际出发，尊重客观规律，实事求是，要遵守规则、流程和标准等，这就是管理的科学性。只有保证了管理的科学性、理性化、制度化，管理的艺术才有发挥的空间和健康生长的土壤。如果忽视了管理的制度和标准，要么会导致管理混乱、组织松散，工作难以正常进行，发挥管理的艺术性更是无从谈起；要么会使组织失去原则和秩序，管理的艺术沦为玩弄手段、以权谋私的工具，是对整个组织的极大伤害。

　　管理的艺术性是管理科学性的补充和发展。学者们用科学方法归纳出的管理思想、管理理论为管理实践划定了一般规律和理论基础，然而在实际操作中，人员、环境千变万化，需要管理者综合掌握、灵活应对。特别是在管理的主体是人，管理对象也是人的情况下，更需要讲究艺术和弹性。人的意识具有积极性、主动性、创造性，无法通过理论一概而论，更无法完全通过标准生硬限定，这就要求管理者具体问题具体分析，有的时候需要"硬指标，软管理"，以此调动所有积极因素，充分发挥人的主观能动性，达到管理优化的效果。

1.1.3　管理的职能

　　管理学科诞生百余年来，管理职能问题一直备受关注。经过学者们长期

扫码听课 1-2

扫码听课 1-3

的研究，目前主流观点认为，计划、组织、领导、控制为管理的四项基本职能(图 1-1)。管理的四项基本职能之间相互联系、相互影响，形成完整、持续的管理过程。

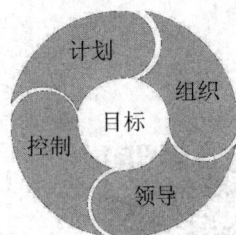

图 1-1　管理的职能

1. 计划职能

计划就是对组织未来所要达到的目标及实现目标的活动进行的筹划与安排。其主要内容包括对未来环境的分析，确定组织的目标和战略，制订具体的实施计划和计划实施保证。计划职能是管理职能中最基本的职能，也是实施其他职能的基础和条件，有利于提前规避风险、减少损失，有利于以前瞻性视角统筹全局，合理配置资源，提高效率。

2. 组织职能

组织就是根据组织目标的要求对组织系统进行整体设计和相应的人员配备。其主要内容包括组织设计、人员配备、组织运行和组织变革。组织的关键在于通过恰当的管理活动，使组织中的人能够更好地协作，实现"1＋1＞2"，既能保证规定动作不走样，还能发挥个体灵活性和创造性。

3. 领导职能

领导是指管理者充分利用各种方法和手段对下属进行有效的激励，并为下属提供必要的指导和支持，帮助下属高效率地实现组织预定目标的过程。要实现有效的领导，管理者一方面要采用合适的沟通技巧与下属进行沟通，了解下属的工作等情况，得到下属的信赖和支持；另一方面要为下属营造和谐的工作氛围，协调好下属之间的关系，为组织运行提供良好的外部环境。

4. 控制职能

控制就是按计划标准来持续衡量所取得的成果并持续动态纠正所发生的各种偏差，以保证计划目标实现的管理活动。控制职能使得组织在运行出现偏差或失误时能够被发现并及时纠正、补救，这对实现组织目标，维护组织的整体利益有着重要意义。控制活动贯穿于管理过程的始终，是组织实现目标的重要保障和手段。

当然，管理的实际情况比我们所描述的职能要复杂得多，计划、组织、领导和控制这几项职能之间并不存在非常明确的界限。四项职能之间有交叉，彼此包含，同时又互相促进。因此，可以将管理的职能看作一个连续不断的过程，也就是说，管理者开展计划、组织、领导、控制活动的过程始终处于管理当中。

1.2　管理者：角色、技能、任务

1.2.1　管理者的角色

　　管理者在工作中真正做了些什么？他们是怎么做的？为什么要这样做？这些问题无论在理论界还是实践中都有了许多答案，但有位年轻的博士研究生并不轻易相信这些现成答案，而是选择深入观察现实情况验证前人的观点。他带着秒表去记录了五位管理者真正在做什么，他对五位 CEO 的活动进行了近距离的观察和深入研究。这项研究是管理学史上第一次从实证角度来全面分析管理者的活动，具有深远意义，这位年轻的博士生后来成为全球知名的管理学者，他的名字是亨利·明茨伯格（Henry Mintzberg）。

　　根据明茨伯格的观察和研究，管理者在工作中具有十种角色，包括挂名首脑、领导者、联络者、监听者、传播者、发言人、企业家、故障排除者(混乱驾驭者)、资源分配者和谈判者，这十种角色各不相同却又高度相关，可以进一步归纳为三个主要的类别，即人际角色、信息角色和决策角色。如表 1-1 所示。

表 1-1　明茨伯格的"管理者的角色"

类别	角色	描述	特征活动
人际角色	挂名首脑	作为象征性的首脑，必须履行许多法律的或其他社会性的例行义务	迎接到访者、签署文件等
	领导者	负责动员、激励下属；人员配备、培训和社会交往	针对下属的所有活动
	联络者	维护与外界的联系，向人们提供信息以及恩惠	回复来信来函，从事外部委员会工作，参与外部人员参加的活动
信息角色	监听者	作为组织内部与外部的神经中枢，寻求并获取各种特定的、有用的信息，以便透彻地了解组织内部以及外部环境	阅读新闻和报告，进行视察，保持私人接触
	传播者	将从外部以及下属那里获得的信息传递给组织的成员，其中有些信息是关于事实的描述，有些是解释和综合了组织中有影响的人物的各种观点	举办信息交流会、座谈会，用打电话的方式传达信息
	发言人	将组织的计划、政策、行动、结果等信息向外界发布；为组织所在产业方面的专家提供服务	举行董事会议，向媒体发布信息，处理向外界发布信息的邮件

续表

类别	角色	描述	特征活动
决策角色	企业家	为组织寻求机会，进行必要的改革，制订改进方案，监督方案的推进	制订组织计划和战略，检查决议的执行情况，开发新项目
	混乱驾驭者	在组织面临重大危机、意外的动乱时，负责采取补救行动	检查陷入混乱和危机的情境，提出解决措施
	资源分配者	负责分配组织的各种资源，批准所有重要的组织决策	调度、询问、授权；进行预算编制；安排下级的工作
	谈判者	在主要的谈判中代表组织发表意见	参与工会的合同谈判，参与同金融机构的新股发行问题谈判

（资料来源：Henry Mintzberg，*The Nature of Managerial Work*，New York，Harper & Row，1973，93-94）

1.2.2　管理者的技能

扫码听课 1-5

管理者履行职责需要哪些技能呢？学界广泛认同的是罗伯特·李·卡茨（Robert L. Katz）提出的管理者应当具备的三种基本技能，即概念技能、人际技能和技术技能。

1. 概念技能

概念技能是指"把观点设想出来并加以处理以及将关系抽象化的精神能力"。这项能力对于高层管理者尤为重要，高层管理者尤其需要有透过复杂的现象看到问题的本质，把复杂问题抽象简化的能力。高层管理者应能够超越具体问题，跳出问题看问题。

2. 人际技能

人际技能是指"成功地与别人打交道并成功地与别人沟通的能力"。这项能力要求管理者具备和不同利益相关方沟通协调的能力。很多利益主体间存在矛盾冲突，管理者如何协调平衡好各方利益，处理好组织内部和组织外部的各种复杂关系，是成功开展管理工作的基础。同时，管理者在工作中要善于凝聚人心，使众人行，这些都需要良好的人际技能。人际技能也是从技术岗位顺利转型管理岗位的一个关键要求。

3. 技术技能

技术技能是指"运用管理者所监督的专业领域中的过程、惯例、技术和工具的能力"。这项技能可以理解为进行有效管理工作所必须具备的知识、工具

和方法等。比如，设定目标需要掌握 SMART 原则，面试需要掌握 STAR 法，工作布置需要懂得工作分解技术、预算技术等。这些管理技术能够提高管理者的管理效率。

概念技能、人际技能、技术技能对不同层级的管理者来说，相对重要性有所不同，如图 1-2 所示。基层管理者最需要技术技能和人际技能，对概念技能的要求则相对较低。中层管理者对技术技能的需要有所降低，人际技能仍然很重要，但对概念技能的需要有所提升。而对于高层管理者而言，最重要的是概念技能和人际技能，技术技能的要求就没有那么高了。中层管理者和高层管理者可能比较懂管理技术，但实际工作则需要克制这方面的发挥欲望，把精力转向更应该聚焦的领域，有所为，有所不为。

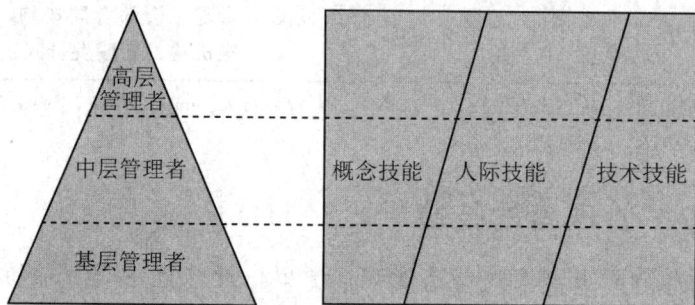

图 1-2　管理者的层次与管理技能

1.2.3　管理者的任务

扫码听课 1-6

很多刚刚进入管理岗位的管理者，常常会感到工作头绪很多，不知道哪些工作是管理者必须做的重点工作并因此而困扰。管理学大师彼得·德鲁克(Peter F. Drucker)在《管理的实践》一书中系统地回答了这个问题，提出了管理者的五项重点任务。这五项任务系统回答了管理者应聚焦哪些关键任务，提升哪些核心管理技能。

1. 制订目标

管理者首先要确定组织的整体目标是什么，为了实现这些目标应该做什么、怎么做，还要分解出这些目标在每一个领域中的具体目标。在这个过程中，管理者需要和上级进行目标沟通，形成对目标的一致认识。此外，管理者要把这些目标告诉那些与目标实现有关的人员，帮助下属识别目标，分清主次目标，制订合适的目标。

2. 从事组织工作

管理者要分析所需的各项工作活动，做出决策，并分析工作间的关系。

首先要按照一定的规则对工作进行分类，目的是将工作划分为可以进行管理的一系列活动，然后把这些活动划分成可以进行管理的各项作业，并选择合适的人员来管理和实施这些作业。这些工作的达成需要管理者和下属反复协商，而不是发号施令。

3. 从事激励和沟通工作

管理者的一项重要任务是把下属团结起来，提高组织的凝聚力和向心力。首先，管理者要做到与下属良好的沟通，在沟通过程中做好下属辅导工作，同时创造轻松的氛围使得下属之间能做好沟通。其次，管理者要重视对下属的激励，激励方式主要包括物质激励和非物质激励两大类。

4. 衡量绩效

在组织中，绩效衡量和评价是做好绩效分配的基础。第一，管理者要建立绩效衡量标准，这种设定标准的工作非常重要，要让下属明确工作干成什么样是组织认可并鼓励的，干成什么样是组织不能接受的。第二，管理者还要做好下属工作过程的跟踪和辅导，和下属探讨造成绩效低下的原因，持续改进，确保下属能够不断提升工作绩效。第三，管理者要做好绩效评价与评价结果的应用，一方面让高绩效的员工有公平合理的回报，激励他们产出更高绩效，另一方面也让组织从绩效评价中获得综合收益。

5. 培养人才

培养人才贯穿于管理者工作的全过程，管理者能否始终坚持将培养人才作为工作的核心是判断管理者是否合格的关键。"蜀中无大将，廖化作先锋。"从这点看，诸葛亮并不是一个特别称职的管理者，因为人才梯队建设这个关键任务掉链子了。管理者是否能系统地培养下属，直接决定着下属是否得到发展，我们常说的"跟对人"就是这个道理。培养人才也包含管理者自身不断学习进步，不断改善心智模式，持续成长。

在实际管理工作中，不少优秀企业会采用盖洛普（Gallup）Q12 工具来帮助管理者更好地了解下属的感受，倾听员工的声音，检讨自己的管理工作是否到位，如表 1-2 所示。

表 1-2　盖洛普 Q12 工具

Q1	我知道对我的工作要求吗？
Q2	我有做好我的工作所需要的材料与设备吗？
Q3	在工作中，我每天都有机会做我最擅长做的事吗？
Q4	在过去的 7 天里，我因工作出色而受到表扬吗？
Q5	我觉得我的主管或同事关心我的个人情况吗？

续表

Q6	工作单位有人鼓励我的发展吗？
Q7	在工作中，我觉得我的意见受到重视吗？
Q8	公司的使命/目标使我觉得我的工作很重要吗？
Q9	我的同事们致力于高质量的工作吗？
Q10	我在工作单位有一个最要好的朋友吗？
Q11	在过去的 6 个月内，工作单位有人和我谈及我的进步吗？
Q12	过去一年里，我在工作中有机会学习和成长吗？

（资料来源：［美］马库斯·白金汉、柯特·科夫曼：《首先，打破一切常规》，北京，中国青年出版社，2002）

盖洛普 Q12 工具的 12 个问题和管理者的五项任务高度关联：Q1 和 Q2 侧重了解员工是否具备干好工作的基础，工作目标是否清晰，工作所需的资源是否充足，目的是让员工感到舒适安全，这是管理者的第一项任务侧重；Q3 是让合适的人干合适的事，这是管理者的第二项任务侧重；Q4 到 Q10 侧重了解员工对组织的贡献是否得到了管理者的肯定，员工对组织是否有充分的归属感，是否有良好的人际环境和工作氛围，以及管理者对员工的沟通与激励是否到位，这是管理者的第三项任务侧重；Q11 聚焦管理者对员工工作的衡量，管理者是否能够持续地评估员工的工作表现，这是管理者的第四项任务侧重；Q12 侧重了解员工的发展和成长，管理者是否有意识地培养员工，这是管理者的第五项任务侧重。

从员工层面讲，Q12 工具的 12 个问题也勾勒出员工对组织满意度的四个阶梯：Q1 和 Q2 是开展工作的基础条件，也是工作满意度的第一阶梯；Q3 到 Q6 聚焦员工是否干自己喜欢的工作，员工工作过程中是否得到领导和同事们的肯定与鼓励，这是工作满意度的第二阶梯；Q7 到 Q10 聚焦员工在组织中的人际关系，这决定了员工对组织的归属感，是工作满意度的第三阶梯；Q11 到 Q12 聚焦员工的发展与成长，这是工作满意度的第四阶梯。

1.3　管理中的决策

扫码听课 1-7

1.3.1　决策的类型

决策是管理活动中的一项重要内容，有不少学者甚至把决策与计划、组织、领导、控制等并列作为管理的一项职能。诺贝尔经济学奖得主西蒙（Simon）甚至强调，管理就是决策。正确的决策能够提高组织内部的竞争力，也

能增强组织对外部环境的适应能力，使企业获得回报可观的收益；而如果决策失误，往往会给组织带来不小的损失，甚至破产倒闭。

人们对决策概念的界定多种多样，尚未形成统一的观点。归纳起来，有以下三种基本观点：一是广义的理解，就是把决策看作提出问题、确立目标、设计和选择方案的过程。二是一般狭义的理解，认为决策是决策者确定选择的活动，即从几种备选的方案中做出确定选择。三是最狭义的理解，认为在不确定条件下对偶发事件进行处理才是决策。这类偶发事件没有规律可以遵循，也没有先例可以参考，做出选择时要冒一定的风险。

决策在企业运行中非常重要，正如企业活动丰富多样一样，管理者的决策也有很多种。根据不同的分类方法，可以划分出不同的决策类型。

1. 按决策的作用分类

按决策的作用分类，可分为战略决策、管理决策和业务决策。

（1）战略决策

战略决策是指直接关系到组织的生存和发展，涉及组织全局的长远性的、方向性的决策。战略决策所需解决的问题复杂，环境变动较大，对决策者的洞察力和判断力要求较高，一般需要较长时间才可看出决策的结果是否正确。这种与企业的发展方向有关的重大全局决策，往往由高层管理者综合比较分析后做出。

（2）管理决策

管理决策又称战术决策，是为保证企业总体战略目标的实现而解决局部问题的重要决策，属于战略决策执行过程中的具体决策。这种类型的决策不会直接决定组织命运，但会影响组织目标的实现和整体工作效率，一般由中层管理者做出。

（3）业务决策

业务决策又称执行性决策，是指基层管理人员为解决日常工作和作业任务中的问题所做的决策。业务决策的目的是提高工作效率，因此这种类型的决策涉及范围小，一般只对局部产生影响，往往由基层管理者做出。

2. 按决策的性质分类

按决策的性质分类，可分为结构化决策、非结构化决策和半结构化决策。

（1）结构化决策

结构化决策解决的问题和环境相对比较简单，根据经验已经形成了固定的方法和规律。这类决策可以用确定的模型或范式加以描述，并用适当的算法就可以产生决策方案。因此，结构化决策基本可以实现自动化，如正常运行状态下的工资发放、物资采购等，通过管理信息系统就可以完成决策。

（2）非结构化决策

非结构化决策的决策过程比较复杂，经常是决策者根据自己掌握的信息临时做出抉择。这类决策没有先前的经验，也没有固定的规律可以遵循，不能用确定的模型或范式来描述，也不存在所谓的最优决策方案，决策结果受到决策者的主观性影响较大。

（3）半结构化决策

半结构化决策介于结构化决策和非结构化决策之间，这类决策有一定的规律可以参照，也有一定的决策准则，但是决策过程中涉及的信息、数据等可能是不准确、不完整的，可以建立适当的算法产生决策方案，但决策方案不能得出最优解，只能得到相对较优的解。

3. 按决策问题的条件分类

按决策问题的条件分类，可分为确定性决策、风险性决策和不确定性决策。

（1）确定性决策

确定性决策指的是只存在确定性状态时的决策。这种情况下，决策者对决策环境非常熟悉，对备选方案也充分了解，而且每个备选方案仅有一个确定的结果，决策者只需要在确定的几个结果中做出选择就完成了决策。

（2）风险性决策

风险性决策指的是存在两种或者两种以上的备选方案，但这些方案出现何种结果的概率可以被估计出来的决策。也就是说，风险性决策对各种可能出现的结果不能充分确定，但能根据较为准确的、客观的概率做出选择，决策者对决策承担一定的风险。

（3）不确定性决策

不确定性决策与风险性决策比较相似，也是存在两种或者两种以上备选方案的状态，不同之处在于，这些状态出现的概率很难被估计，因此决策的结果也是很不确定的，决策者承担的风险也较大。

1.3.2 决策的两类问题

在管理决策活动中，有两类问题：例行问题和例外问题。这两类问题构成了决策的对象属性，处理这两类问题是管理决策的重要内容。

1. 例行问题

例行问题指的是在日常管理工作中经常出现的、具有重复性的问题，当管理中出现了例行问题时，经验丰富的决策者往往凭借以往经验以及企业的有关规定和流程来处理；而经验欠缺或缺乏处理类似事件经验的决策者会依据先前相关人员或部门制定好的有关规则（rule）、制度（system）、流程（pro-

扫码听课 1-8

cedure)和标准(standard)来处理问题。由于例行问题具有重复性,可以运用例行方法解决,因而对于例行问题的决策也称作程序化决策或结构化决策。

处理例行问题是日常管理工作中的常态,是属于"意料之中"的管理内容。但不能因为这类问题处理方式的常态化和机械化就轻视甚至忽视这类问题。对于例行问题处理的结果,关系到公司日常事务的正常运行,甚至影响到公司的发展进程。所以,决策者应对于此类问题及时梳理并归类总结,从而提高处理例行问题的效率,促进企业效能提升。

2. 例外问题

例外问题指的是在日常管理工作中从未出现过的、新颖性和突发性并存的问题。对于管理中出现的例外问题,首先,由于决策者没有处理类似问题的经验,需要一事一议(也称为非程序化决策、非结构化决策),因而不存在固有操作流程或办法,决策者在处理例外问题方式上具有一定的不确定性;其次,由于其突发性,例外问题往往较为棘手,因而决策者不得不将对于该类问题处理的优先级提高,将处理例外问题放在工作安排的较前位置。由此看来,决策者对于例外问题的处理往往是超脱于固有处理方式且重点处理的。

处理完一件例外问题后,决策者需要进行总结和复盘,通过对这类例外问题的处理提炼出相关经验和教训,再遇到类似问题时,处理起来就会相对从容得多,这类例外问题由此变得相对受控。因此,该类例外问题便可以逐步转化成为例行问题,从而提高决策效率。

3. 例外管理

例外管理(manage by exception)是管理的重点,它主要指的是对例外问题进行决策分析,根据管理中各个层级管理人员授权范围的大小,将不同管理层级中遇到的超出自身授权范围的例外问题逐级上报,直到最终解决的过程。例如,对于主管的例外问题到了经理层可能就是例行问题了,如果这个例外问题也超出了经理的授权范围,则需要进一步上报到总监,经理的例外问题可能是总监的例行问题。管理过程中常见的"错位"现象往往就是因为各管理层级的权责不清晰,总监干了经理的工作,经理干了主管的工作,大家都很忙,却没有忙到"点子"上。而坚持例外管理原则,能够很好地降低"管理错位"现象的出现。

一个决策者在进行例外管理时需要设定允许偏差,即决策者在保持授权范围主体不变的情况下,自主调整授权范围的边界。而边界必须在可接受范围内能够自主变动的区间内进行调整。

例外管理是对例外问题进行处理的一个重要原则,管理者应善于并且科学地利用例外管理方法处理好例外问题。管理者应梳理并总结好例行问题的管理办法,使之成为相应的规则、制度、流程或标准,从而提高例行问题的管理效率，而将管理重点放到对例外问题的处理上，运用好例外管理，将例外问题转化为例行问题加以规范化，形成"例外问题—例行问题"的良性循环，以推动组织的持续发展。

1.3.3　决策中的有限理性

决策者在决策过程中总是期望达到最优效果，然而，由于人类理性本身的局限性，决策者在决策过程中不可能完全达到绝对理性的状态，所以最优效果往往无法实现。著名管理学者西蒙（Simon）长期致力于决策理论研究，提出了有限理性决策理论，阐述管理决策中的理性问题。

西蒙认为，传统理性决策模型的"最优化"准则是一种超于现实的理想境界，他主张用"令人满意的准则"去代替传统的"最优化原则"。因为组织内部和外部环境总是处于不断变化之中，人的知识和能力都是有限的，因此几乎不可能收集到决策需要的所有资料和信息，据此列出所有可能的行动方案也很困难，所以很难做出最优决策。出于经济、能力等方面的考虑，人们往往不去追求最优选择，而是根据令人满意的准则进行决策，这就是有限理性模型的观点。

具体地说，有限理性模型就是制定出一套令人满意的标准，只要达到或超过了这个标准，就是可行方案。这种观点揭示了决策作为环境与人的认知交互作用的复杂性，模型的假设强调影响个人决策的诸多因素，具体包括如下几方面。

第一，决策的目标和结果往往是模糊的，甚至可能互相矛盾，管理者常常不知道组织里存在的问题或机会，也没有达成共识。

第二，管理者并非总是运用理性程序，即使运用，也仅局限于对问题的简单认识，不能抓住组织事件的复杂性。

第三，由于人力、能力、手段等方面的局限，管理者收集到的备选方案信息是有限的。

第四，大多数管理者认为选择满意的解决方案即可，无须苛求最优方案。

今天这个时代被称为"VUCA"时代，VUCA 是 volatility（易变性）、uncertainty（不确定性）、complexity（复杂性）和 ambiguity（模糊性）的缩写。在这个具备易变性、不确定性、复杂性和模糊性的环境下，管理决策变得异常复杂，因此，有限理性决策模型更具有现实意义。

思考题

1. 管理的内涵是什么？有哪些性质和职能？
2. 管理者有哪些角色？

3. 管理者的技能与管理层次的关系。

4. 如何做出合理的决策？

在线测试

案例分析

第 2 章　管理思想的演进

扫码听课 2-1

管理活动有着悠久的历史，自从有了人类集体劳动的分工与协作，就有了管理活动。人们在长期的管理活动实践中，不断地对管理活动进行观察、分析、总结和提炼，逐渐形成管理思想。随着人类社会从低级到高级的发展，人类的管理实践和管理思想也相应地发展，进而形成管理理论。

现代管理理论产生于 19 世纪末 20 世纪初，是随着第二次工业革命带来的大规模工厂管理经验逐渐丰富而发展起来的。通常认为，管理理论诞生于美国，迄今历经古典管理理论、行为科学理论、现代管理理论和当代管理理论四个阶段。

2.1　古典管理理论

通常而言，古典管理理论阶段由以泰勒为代表的科学管理理论、以法约尔为代表的一般管理理论和以韦伯为代表的理想行政组织体系理论共同构成。

2.1.1　泰勒与科学管理理论

扫码听课 2-2

1. 科学管理理论产生的背景

科学管理理论产生的背景主要有以下两点。

第一，低劳动生产率和低工资导致劳资矛盾比较严重。19 世纪中后期，美国经过南北战争，经济发展较快，但劳动生产率低，工人每周工作时间长达 60 小时，工资较低，产生了严重的劳资矛盾。

第二，生产的集中和垄断催生对科学管理的需要。南北战争后，美国经历三次经济危机，加速了生产的集中和垄断，生产组织规模不断扩大，复杂程度不断提高，客观上要求总结管理经验，用科学化、系统化的管理方法代替传统的经验管理。

2. 泰勒的生平

弗雷德里克·温斯洛·泰勒（Frederick Winslow Taylor），1856 年出生于美国一个富裕的律师家庭，身患眼疾使得本应从事家族事业的他从哈佛大学法律系辍学进入工厂。泰勒从普通的机械工人做起，在工作中发现了一些影响生产效率的问题：管理当局管理方法不当，没有认识到工作秩序、劳动节

奏、疲劳等因素对工人生产的影响；工人缺少训练，操作方法不当，不会使用生产工具等。为此，泰勒首先在米德瓦尔钢铁公司进行了著名的"金属削切试验"，几年后在伯利恒钢铁公司进行了"搬运生铁块试验"和"铁锹试验"。基于大量的试验以及理论的提炼积累，他于 1911 年出版了对后世影响深远的代表作《科学管理原理》，被誉为"科学管理之父"。

3. 科学管理理论的内容

泰勒认为，科学管理理论的具体实践方法主要包括以下几点。

（1）制订关于某一工作的科学的作业方法

具体的做法一般是通过亲身参与到工人的日常工作中，对复杂的工作行为进行逐步动作分解，找到能使效率最大化的最优动作并组合起来加以标准化，形成完成某一工作的最优方法。

（2）科学地挑选工人并对其进行系统的培训

根据不同的工作，选择出适合某项工作并愿意从事这项工作的工人，对其进行培训，让其在日常工作中按照标准流程进行作业。

（3）实行"有差别的计件工资制"

在标准工作量的基础上，对于超额完成的工作，以较高的工资率支付工资。对于未完成标准工作量的个人，以低于正常标准的工资率支付工资。这样不仅可以提高工人工作的积极性，而且也使得企业成本核算更加科学合理。

（4）将计划职能和执行职能分开

泰勒主张明确划分计划职能和执行职能，变经验工作法为科学工作法，执行部门按照计划部门制订的操作方法和指示执行操作，不得自行改变。

（5）实行职能工长制

将管理的工作进行细分，一个管理者只承担一种职能，具体负责某一方面的工作，在职能范围内，可以直接向工人发布命令。

（6）在组织管理控制上实行例外原则

对于规模较大的企业必须应用例外原则，即企业的高级管理人员把例行的一般事务授权给下级管理人员去处理，自己则只保留对例外事项的决定和监督权。

泰勒关于科学管理理论的思想方法不仅得以在美国各地传播，而且被传播到德国、日本等国家，对后来的管理实践有重大影响，为管理理论的发展奠定了坚实的基础。

2.1.2　法约尔与一般管理理论

1. 法约尔的生平

亨利·法约尔（Henri Fayol），1841 年出生于法国的一个中产阶级家庭，

扫码听课 2-3

19 岁时取得了矿业工程师资格，在企业中从事了多年工程师工作，后来转岗做管理工作，业绩一直非常突出，从初级管理员逐渐被提拔到了公司总经理岗位。他不仅实践经验非常丰富，理论修养也极高，退休后，将自己多年来的管理心得总结提炼写成了《工业管理与一般管理》一书，影响巨大。

2. 一般管理理论的内容

(1)管理的五大职能

法约尔认为，管理活动包括计划、组织、指挥、协调、控制五大职能。

①计划。计划是管理的一个基本部分，是指对有关事件的预测，并且以预测的结果为根据，拟订出一项工作方案。计划是最重要的管理职能，关系到组织的兴衰成败。

②组织。组织职能指的是为组织中各项劳动、材料、人员等资源提供一种结构，不仅包括对物资的组织职能，也包括对人力的组织职能。组织职能强调不同人员在组织中应完成的任务以及为更好地完成任务而必备的素质。

③指挥。指挥的目的在于协调组织成员的行为，让每个人都发挥作用，为组织做出最大的贡献，以实现组织目标。法约尔认为，指挥是一种艺术，担任指挥工作的领导人要对组织成员充分了解，能够协调好企业与员工之间的关系。

④协调。协调是指企业的一切工作都要和谐地配合，以便企业经营的顺利进行，从而有利于企业取得成功。在一个有效协调的组织中，各部门工作步调一致，计划可以根据情况变化灵活调整。

⑤控制。控制是保证计划目标得以实现的重要手段，是要证实各级工作是否都与预定目标相符合，是否与下达的指标及预定原则相符合。在组织运行中，需要对人和活动加以控制，及时发现工作中存在的问题并加以纠正，才能确保实现经营目标。

(2)管理的 14 条原则

组织的活动大体是相似的，组织运行存在的管理问题也有共性，因此人们在管理实践中要遵循一系列一致的原则。法约尔根据自己的经验总结出了以下 14 条管理原则。

①劳动分工。法约尔认为，劳动分工属于"自然规律"的范畴，其目的是保障劳动生产的效率。

②权力与责任。责任来源于权力，优秀的领导人需要善于运用职位权力，但不可以滥用权力，为了保证权力的正确使用，就必须"规定责任的范围，然后制定奖惩的标准"。

③纪律。纪律本质上是公司和员工之间达成的协议，它表现为服从、勤勉、行动、忍耐和尊重。为了维持纪律，需要有合理的领导方式、清楚公平

的协议和必要的惩罚。

④统一指挥。这是一条基本的管理原则，是指"一个下属人员只应接受一个领导者的命令"，避免双重指挥导致员工难以开展工作。

⑤统一领导。组织中的所有人应该为达到一个共同的目标而努力，需要有能力的领导人或者领导团体来统一规划并且带领协调全队人员实现目标。

⑥个人利益服从整体利益。这条原则虽然是不言而喻的，但是，由于"无知、贪婪、自私、懒惰、懦弱以及人类的一切冲动总是使人为了个人利益而忘记整体利益"，因此需要时常提醒人们遵守。

⑦人员报酬。合理的报酬必须符合三个条件：一是能保证薪酬公平；二是能奖励有益的努力和激发热情；三是不应导致超过合理限度的过多报酬。

⑧集中。这条原则讨论管理权力集中与分散的问题。集中与分权看似对立，但其实只是企业在不同情况下的选择。企业最终是选择集中还是分权，取决于哪一种可以使得企业利益最大化。

⑨等级制度。等级制度是从组织的最高权力机构直至最低层管理人员的领导系列，它是组织内部命令传递和信息反馈的正常渠道。

⑩秩序。秩序包括"物的秩序"和"人的秩序"，要让适当的人从事适当的工作，使得每个人可以各司其职。

⑪公平。公平是由善意与公道产生的，为了鼓励下属忠实地执行职责，应该以善意来对待他们。

⑫人员的稳定。人员的稳定对工作的正常进行、活动效率的提高非常重要。一个人要适应新的工作，不仅要具备相应的能力，还要一定的时间来熟悉工作。

⑬创新精神。创新精神对于领导层来说很重要，法约尔强调激发员工的创新精神也是领导的重要能力之一。

⑭团结精神。法约尔认为为了发扬团结精神，领导层应该采取一切措施使得下属可以协调工作，不发生分裂。并且不宜滥用书面沟通，而应通过面对面的口头交流来更好地解决问题。

2.1.3　韦伯与理想行政组织体系理论

1. 韦伯的生平

马克斯·韦伯(Max Weber)是和泰勒、法约尔同时代的人，1864 年出生于德国埃尔富特市的一个律师家庭，1882 年进入海德堡大学学习法律专业，1891 年获得在大学授课的资格。从 1892 年起，韦伯曾先后在柏林大学任法学讲师，在弗赖堡大学和海德堡大学任经济学教师，在慕尼黑大学任社会学教授。1920 年，因流行性感冒引起的肺炎去世，享年仅 56 岁。

扫码听课 2-4

韦伯是一位学者，他一生发表了许多著述，比较著名的有《一般经济史》《社会和经济组织理论》《社会学论文集》《新教伦理与资本主义精神》等。他的研究领域涉及法律制度、宗教体系、政治制度和权力关系等很多方面，凡是他涉及的领域，他都提出了许多新的观点，促进了这些学科的形成和发展。韦伯在管理思想上的主要贡献是提出了"理想的科层组织关系"理论（即理想行政组织体系理论），并因此而被人们称为"行政管理之父"。

2. 理想行政组织体系理论的内容

韦伯提出的理想的行政组织体系，其中"理想"指的是现代社会最有效、最合理的组织形式。他认为组织活动要通过职务或职位来进行管理，而不是个人或世袭地位，这是对传统管理体系的颠覆。

这样的组织的基础应该是一种合理合法的权力，不同于传统的权力和超凡的权力。在传统的权力下，领袖会受到传统的制约，被领导者对于领导者的服从也仅仅是由于习惯而产生的一种忠诚，这种忠诚更多是义务性质，而不是被领导者真正的个人意志的体现；在超凡的权力下，领导人通过一些突出的行为或者品质来赢得追随者的支持，这样的支持很多时候带有强烈的情感色彩以及个人倾向，是非理性的；而法定的权力是由法律规定的权力，是理性的。

这种组织管理形式更加精确，更有纪律，更具稳定性和可靠性，适用于大部分的行政管理工作。韦伯认为，理想行政组织是高度结构化的，能通过其正式性、非人格化来达到对组织的有效控制，能够在提高效率的同时促进组织实现目标。

2.2 人际关系学说和行为科学理论

20世纪初，随着古典管理理论的提出和广泛应用，西方大工业时代取得了辉煌的成就，大规模、低成本、高效率的美国经济模式得以实现。在工业社会解决了生产与效率问题的背景下，企业中新的矛盾不断涌现出来，如劳资纠纷问题、工人积极性问题、管理文化问题、领导方式问题等，以梅奥为代表的一批管理学者将人类学、社会学、心理学引入企业管理工作中，进行了著名的霍桑实验，提出了以人际关系理论为代表的一系列管理理论，被后人称为行为科学管理理论阶段。

2.2.1 梅奥与霍桑实验

1. 梅奥的生平

乔治·埃尔顿·梅奥（George Elton Mayo）是原籍澳大利亚的美国心理学

家、社会学家和组织理论学者，美国艺术与科学院院士。1911—1923 年，梅奥在昆士兰大学任教，随后进入宾夕法尼亚大学任教。1926—1947 年，梅奥一直在哈佛商学院任教，主要研究领域为工厂管理研究。梅奥侧重于工人工作绩效的研究，他认为，工人的工作绩效不仅是工厂内部的问题，也要包括社会因素和职业情境等内容。通过著名的霍桑实验，梅奥提出了人际关系理论，主要代表著作是《工业文明中人的问题》。

2. 霍桑实验

霍桑实验是梅奥在芝加哥郊外的西方电器公司霍桑工厂所进行的一系列实验，实验试图通过改善工人工作的外在环境来提高劳动生产率。从 1924 年到 1932 年，先后进行了四个实验研究，包括：照明实验、继电器装配工人小组实验、大规模访谈计划实验和电话线圈装配工实验。

（1）照明实验和继电器装配工人小组实验（1924—1928 年）

在此期间，许多管理人员和管理学家认为工作环境、工人的健康和生产率之间存在着明确的因果关系，在这一阶段先后进行了照明实验，工资报酬实验，工间休息、日工作时间长度与周工作天数的实验，结果发现工人的生产率一直在提高，而无论实验条件如何变化。梅奥等人认为，参加实验的工人产量提高，主要是由于工人的精神方面发生了巨大变化，参加实验的工人成为一个社会单位，受到更多的关注并形成一种参与实验计划的感觉，因而情绪高昂。他们认为，工人具备了社会属性，他们的行为需要从社会的角度进行激励和控制，生产率提高主要来自工人之间关系的改善，以及工人社会条件的改善。

（2）大规模访谈计划实验（1928—1931 年）

在此期间，共对 20 000 名左右的员工进行了访问和交谈，了解和研究员工对公司领导、保险计划、升级、工资报酬等方面的意见和态度。意外的收获是，工人有了发泄心中不满的机会，从而引起了生产率的提高。访谈实验的结果是，企业管理当局认识到必须对工厂管理人员进行训练，使他们更好地了解工人的个人情绪和实际问题，多采取谈心的方式，少采取说教的方式。

（3）电话线圈装配工实验（1931—1932 年）

这项实验是为了研究非正式组织的行为、规范及其奖惩对工人生产率的影响而设计出来的。研究结果发现，非正式团体不顾管理当局关于产量的规定而有意限制团体的产量；在非正式组织中形成一些不成文的规定，使团体成员必须依照"规定"行事。梅奥根据这个群体实验，认为在正式的组织中存在着自发形成的非正式群体，这种群体有自己的特殊的行为规范，对人的行为起着调节和控制作用。

2.2.2　人际关系学说

根据霍桑实验的结果，梅奥在 1933 年出版了《工业文明中人的问题》一书，他的主要助手罗特利斯伯格也于 1939 年和 1942 年分别出版了《管理与工人》和《管理与士气》两本著作。这些书集中地阐述了人际关系学说思想，与泰勒的科学管理思想和当时流行的看法相比，人际关系学说提出了以下新观点。

1. 工人是社会人，而不是经济人

梅奥等人的实验发现，工人不仅仅追求经济收入，还有社会、心理等方面的需求，在金钱之外，他们追求人际关系、归属感、安全感、被人尊重等。基于这样的特点，在对工人进行激励时，不能仅考虑物质条件，还要关心工人的社会关系、心理状态等。

2. 企业中存在非正式组织

古典管理理论认为，企业中的组织是为了实现企业目标而存在的，组织内部成员的相互关系和职责范围都是明确的。霍桑实验发现，企业中还存在另一种组织，这类组织有自己的领袖，所有成员有共同遵循的价值观念、行为准则和道德规范等。人际关系学说将这类组织称为非正式组织，其作用在于维护组织成员的共同利益。组织的管理者必须重视非正式组织，组织运行时要找到正式组织与非正式组织的平衡点，在效率和感情之间做好平衡，促进工人之间良好协作，也有利于管理者与工人之间建立良好的关系。

3. 新的领导能力在于提高工人的满意度

根据企业中非正式组织以及工人"社会人"的特点，人际关系学说认为，要提高劳动生产率，关键在于提高工人的满意度，鼓舞员工士气。为了提高工人的满意度，在满足工人的物质性需求之外，管理者还要提高工人社会性需求的满足程度，关注工人的安全感、归属感等。此外，管理者要重视非正式组织，在情感逻辑上包容非正式组织。也就是说，管理人员要兼具经济技能和人际关系技能，也就是新的领导能力。

2.2.3　行为科学理论

梅奥的霍桑实验及其结论在当时并未得到太多的注意。至 20 世纪 30 年代中期，伴随着美国国会通过《全国劳动关系法》，企业纷纷成立工会，劳资关系和力量对比发生了变化。此后，霍桑实验的影响才逐步扩大。一些企业成立专门的机构负责研究和处理"工业关系"，一些大学设立了相应的课程，人际关系学说的观点逐渐在学术领域和实践领域受到关注。1949 年，在美国芝加哥的一次跨学科会议上，与会者提出了"行为科学"的名称。1956 年，美国出版了第一期《行为科学》杂志。

此后，掀起了对人的行为的研究热潮，许多管理学家、社会学家、心理学家从多个维度对行为的特点、环境、过程、原因等进行了研究，形成了一系列理论，使行为科学成为现代西方管理理论的一个重要流派。所谓行为科学，是利用许多学科的知识来研究人类行为的产生、发展和变化规律，以预测、控制和引导人的行为，达到充分发挥人的作用、调动人的积极性的目的。关于人的行为理论研究主要包括下述三个方面。

1. 关于个体行为的研究

这是行为科学的主体内容。按照行为科学的观点，个体的行为是由动机导致的，而动机则是由需要引起的。如果人们的某种需要尚未被满足，就会产生实现某种需要满足的驱动力，继而去寻找能够满足该需要的目标，并产生一些特定行为。

2. 关于群体与组织行为的研究

这方面的研究是人际关系理论的继续，主要研究的内容为群体的沟通、冲突以及群体结构、群体的动态发展等群体行为规律，正式组织与非正式组织的特征和相互关系、组织结构、组织文化、组织学习以及组织变革的一般规律等。

3. 关于领导行为的研究

领导是组织中的特殊角色，员工是在主管人员的领导和控制下工作的，管理者领导行为会对员工的行为选择、态度、工作效果等产生一定的影响。关于领导行为的研究主要有两个方面：一是分析领导者对人性持有的不同假设，二是关于不同领导方式和领导行为的分析。

2.3　管理理论发展

2.3.1　管理理论丛林

第二次世界大战以后，随着战后的经济复苏和第三次技术革命的到来，越来越多的学者投入到管理学的研究中，心理学家、社会学家、人类学家、经济学家、哲学家、数学家等，都从各自不同的角度出发，用不同的方法对管理问题展开探索，由此带来了管理理论的空前繁荣，多种理论并存，并形

扫码听课 2-8

成了多个理论学派。哈罗德·孔茨(Harold Koontz)把这种现象形象地描述为管理理论的"丛林"。

1. 管理过程学派

管理过程学派的主要代表人物是哈罗德·孔茨(Harold Koontz)、西里尔·奥唐奈(Cyril J. O'Donnell)等。这一学派理论的特点是把管理学说同管理人员的职能工作过程联系起来，因此称为"管理过程理论"。管理过程学派认为，不论组织是什么性质、无论处于何种环境，管理人员的职能都是相同的。

孔茨和奥唐奈把管理解释为"通过别人使事情做成的职能"，他们认为管理有计划、组织、人事、指挥、控制五种职能，并围绕这五大职能来开展管理理论的研究。有人认为管理者的职能是按照顺序依次执行的，孔茨和奥唐奈提出了不同的看法，他们认为五项职能是同时执行的，每一项职能都对组织的发展有作用，组织的有效运作是五项职能协调运用的结果。他们还认为，管理理论要吸收社会学、经济学、生理学、心理学、物理学和其他学科的技术和知识，因为它们都与管理工作有关。管理过程学派尊法约尔为学派的创始人。

2. 社会系统学派

社会系统学派将管理研究的视角转向社会，把企业组织及其成员的相互关系看成一个协作的社会系统。这一学派的创始人是长期担任大企业高管的管理学家切斯特·巴纳德(Chester I. Barnard)，他的代表作是1938年出版的《经理人员的职能》。在这本书中，巴纳德研究了社会系统的特征及其构成要素，并分析了经理人员的任务和作用。

(1)组织是一个协作系统

巴纳德认为，"组织是两个或两个以上的人有意识协调活动和效力的系统。"这个系统当中的每个部分都与其他部分存在联系，因此要把系统作为一个整体来看待，不能孤立地只谈某一个部分。

(2)协作系统的三个基本要素

巴纳德认为协作系统包含三个基本要素，分别是协作的意愿、共同的目标和成员间的信息沟通，正式的组织无论其规模大小、级别高低，都有这三要素。

(3)经理人员的职能

巴纳德认为，在组织中，经理人员处于信息沟通系统的中心，其职能是联系组织的各个部分，通过信息传递和沟通来协调组织成员活动，以保证组织的正常运转，实现组织的共同目标。

3. 经验管理学派

经验管理学派，又称案例管理学派。这一学派的代表人物大多是大企业的顾问、大公司的董事、大学教授等，如彼得·德鲁克（Peter F. Drucker）、欧内斯特·戴尔（Ernest Dale）、威廉·纽曼（William Newman）、艾尔弗雷德·斯隆（Alfred Sloan）等。

该学派认为古典管理理论和行为科学理论都有轻实践的倾向，脱离企业实际比较明显，因此不能完全适应企业发展的需要。他们支持从企业的实际出发，将企业真实的运行状况作为研究对象。因此，该学派收集大量企业管理的案例，分析企业成功或者失败的经验和教训，找到共同点，加以提炼并进行系统化、理论化的阐述，根据研究所得向企业管理者提供咨询建议和具体的解决问题的方法。

这个学派的研究者对某些问题的看法也存在差异和分歧，但是都将管理经验作为主要研究对象，因此统称为经验管理学派。

4. 决策理论学派

决策理论学派是以社会系统论为基础，吸收行为科学和系统论的观点，运用计算机技术和运筹学的方法而发展起来的一种理论学派。这个学派的特点是突出了在组织与环境作用过程中的决策管理的价值，它的主要代表人物是西蒙（Herbert A. Simon），由于在决策理论的研究中做出了杰出贡献，西蒙荣获 1978 年诺贝尔经济学奖。

（1）管理就是决策

西蒙等人认为，决策是组织运行的基础，贯穿在整个管理过程中。组织是由个人组成的系统，个人的重要角色之一便是决策者。对组织活动进行管理的过程实际上就是制定与执行决策的过程。确定组织目标是决策，制订实现目标的计划方案也是决策，组织架构设计、组织人员招募等也都是决策。总之，决策融入了管理的各个方面和全部过程，管理就是决策。

（2）决策的准则

决策就是做出决定和选择，要想做出正确的选择，就需要对所有备选方案进行评估。进行评估要以各个方案的信息为依据，在实际情况中，因为决策者个人认知水平、时间精力等的限制，以及信息收集本身的困难，几乎不可能做出最优的选择。因此，人们在决策时，不能坚持要求最理想的方案，常常只能满足于"足够好的"或"令人满意的"决策。

在西蒙的决策理论中，他还使用心理学、运筹学的方法，对非程序化决策进行了研究，这对企业管理人员处理非例行活动以及进行非程序化决策提供了参考，在当时的企业界产生了重要影响。

5. 系统管理学派

系统管理理论产生于 20 世纪 60 年代初，主要代表人物是弗里蒙特·卡斯特(Fremont E. Kast)和詹姆斯·罗森茨韦克(James E. Rosenzweig)，两人的代表作是《组织与管理：系统方法与权变方法》。

系统管理学派认为企业是一个由人、物资、机器和其他资源在一定的目标下组成的、开放的社会技术系统，社会是一个大系统，企业是社会中的一个子系统。企业受到周围环境(顾客、竞争者、供货者、政府等)的影响，也同时影响环境。在企业内部又包含着若干子系统，如目标和准则子系统、文化氛围子系统、组织结构子系统、沟通交流子系统等，这些子系统还可以继续分为更小层级的系统。

系统管理学派强调应用系统理论的范畴、原理，全面分析和研究企业同其他组织的管理活动和管理过程，强调组织整体效率的提高。由于组织是一个由相互联系的若干个子系统组成、为环境所影响并反过来影响环境的开放的社会技术系统，所以必须以整个组织系统为研究管理的出发点，重视组织中各系统之间、系统与环境之间的关系，并建立起系统模型以便于分析。

6. 权变理论学派

权变理论学派认为企业的外部环境瞬息万变，内部也在不断的变化之中，企业管理要随着内外条件的变化随机应变，不存在一成不变的具有普适性的管理方法。权变理论学派和经验学派有相似的地方，都将实际状态中的企业运营作为研究对象，不同之处在于，权变理论学派观察和分析大量事例的目的在于找到管理思想、技术和方法与企业内外部环境之间的相互关系，继而把众多的管理情况归纳为几种基本的类型，并为每个类型找出对应模式。

按照权变理论学派的观点，管理的思想、技术和方法与企业内外部环境之间是函数关系，这种关系可以通俗地理解为"如果……那么就……"，也就是说，如果企业处在一种特定环境中，那么就采用特定的思想、方法或技术进行管理。例如，如果企业的员工大多数是拥有专业技术的人才，那么管理者的风格就要更加开放，要增加员工的参与度，而不能苛责、专权。

可以划归权变理论学派的管理学家很多，其中影响比较大的有：约翰·莫尔斯(John J. Morse)和杰伊·洛希(Jay W. Lorsch)的"超 Y 理论"、威廉·大内(William Ouchi)的"Z 理论"以及卡曼(Karman)的"领导生命周期理论"等。

7. 数量管理学派

数量管理学派也称管理科学学派或量化管理学派，主要代表人物是兰彻斯特(F. W. Lanchester)和希尔(A. V. Hill)。数量管理学派认为管理是一种定量分析活动，依据科学的原理、方法和工具，制定出用于管理决策的数学和统计模型，再把这些数据模型应用到管理决策中，这样能降低管理活动的不确定性。

这个学派是新理论、新方法与科学管理理论相结合而形成的，随着计算机技术的发展，这个学派的数量化以及建模特点得到进一步发挥，在城市交通管理、能源分配利用、国民经济计划编制等一些复杂的经济与管理领域被广泛应用。

2.3.2　管理理论的新进展

扫码听课 2-9

20 世纪 90 年代以来，世界政治、经济、科技等发生了深刻的变化：苏联解体和中国的崛起政治影响深远；经济全球化方兴未艾，全球产业链集成，分工日渐清晰完善，知识创造已经成为企业盈利的关键来源；互联网出现并普及，成为大多数人生活和工作中不可或缺的部分，大数据、人工智能也越来越深刻地影响着社会生活的方方面面。在这样的大背景下，新型管理理论也不断涌现。代表性的有企业文化与跨文化管理理论、学习型组织理论、蓝海战略理论、颠覆式创新理论、流程再造理论、战略联盟理论、人力资源三支柱理论、核心竞争力理论、互联网思维等。这些理论介绍有的散见本书其他章节，这里重点介绍四个理论。

1. 学习型组织理论

(1)学习型组织的基本含义

从企业的管理控制方式来看，大致可以将企业分为等级权力控制型和非等级权力控制型。等级权力控制型的管理在工业经济的前期发挥了重要作用，到了工业经济后期，市场瞬息万变，这种管理模式越来越不能适应。企业家、经济学家和管理学家都在探寻一种能顺应时代发展的更有效的管理模式，学习型组织理论就是在这样一个大背景下产生的。

学习型组织首先是一个学习团队，通过培养组织良好的学习氛围，充分发挥成员的创造性思维，建立起一种有机的、柔性的、扁平的、符合人性的、可持续发展的组织。学习型组织有成员共同遵循的价值观、理想信念和使命，具有顽强的生命力，能够不断创新和变革，并能够很好地适应时代的变化。

(2)学习型组织的五项修炼

美国麻省理工学院教授彼得·圣吉(Peter M. Senge)和他的同事们吸收东西方管理理念的精髓，将组织学习、认知科学、群体讨论、模拟演练、系统动力学等进行综合研究，提出了学习型组织的五大要素，写成了《第五项修炼——学习型组织的艺术与实务》一书。他们认为，学习型组织的五项修炼是：自我超越、改善心智模式、建立共同愿景、团队学习和系统思考。其中，

系统思考是灵魂，它渗透于各项修炼之中。

①自我超越。通过学习不断观察和面对现实，以真心向往的心态出发，不断努力实现愿望，这是学习型组织的精神基础。进行自我超越的修炼，要从建立发自内心的个人愿景开始。愿景是一个特定的结果、一种期望未来的景象，愿景可以是一种物质上的追求，也可以是渴望对社会的贡献。通常，愿景与现实之间的差距产生了创造性张力。

②改善心智模式。一个人的心智模式是在长期的生活实践中日积月累形成的，它会潜移默化地影响个人的思维方式和行为方式。两个心智模式不同的个体对于同一个问题，会产生截然不同的看法，在不同看法的指导下，又出现了具有差异性的行为方式。心智模式将随着时代的变化而变化。在一个组织中，组织成员陈旧固化的思维会对组织整体运行产生阻碍，通过团队学习等方式，改变成员的心智模式，才有利于学习型组织的发展。

③建立共同愿景。愿景是对企业前景和方向的高度概括，愿景能够鼓励组织成员为实现共同的目标而努力，能够凝聚公司上下的意志力，保证组织成员的方向一致。如果没有共同愿景，就没有学习型组织，共同愿景将组织中的每个人紧密结合在一起，形成一个有效的团队。当然，建立共同愿景之前要先鼓励员工建立个人愿景，有了个人愿景才能汇集成组织共同的愿景。

④团队学习。多数情况下，团队智慧高于个人智慧的平均值，团队通过集体思考和分析，屏蔽个人弱点，做出科学的决策。在团体的学习过程中，每个人彼此之间相互启发，所得到的学习效果要好得多，学习的速度也会快得多。团体学习一般采用"深度会谈"和"讨论"两种不同的团体交谈方式。

⑤系统思考。企业乃至整个社会都是一个系统，在系统中，各个组成部分之间相互关联，其中各项活动与系统的组成部分间密切联系互相影响。局部甚至细节问题可能对整体产生重大的影响。但是局部问题的根源可能是在其他部分，或者受到相互之间、与外部环境之间复杂关系的影响。"只见树木，不见森林"，致力于解决局部或者细节的问题，可能失去了"退后一步审视大画面"的视野，从而既难以理解问题的复杂性，也难以找到解决问题的根本途径，所以组织特别需要系统思考。

(3)创建学习型组织

①个体学习的促进。学习型组织是强调个体学习与个体管理的组织。组织建立的出发点就是高层管理人员相信员工的自我学习能力与自我管理能力，相信他们不断积攒的专业化知识和经验，并愿意让每一个员工加入到决策的过程中来。因为每个成员都具有实现自我超越的渴望，团队只需要对他们进行一些方向上的引导以及渴望的强化，即对个体学习的促进。如定期组织学习交流会，进行优秀员工学习交流大会等。力求每个成员都能保持这种持续学习不断向上的劲头，促进组织的不断发展进步。

②学习型团队的创建。学习型团队是学习型组织的基本单位，通过对一个小组的管理可以有效地代替以往的针对个人的管理。共同愿景把志同道合的员工聚集在一起，自我超越和改善心智模式的操作方法让团队不停成长进步。在持续的团队学习中，不断地培养成员系统思考的能力，这样，一个学习型团队就进入了成长的轨道，随着处理各种突发情况与例外问题，团队对各种情况的处理能力日益提高，工作效率不断改善，团队日益成熟，逐渐发展成为一个真正的学习型团队。

③学习型领导的培养。构建学习型组织的核心在于学习型领导的培养。在有些企业中，领导的权力被无限放大，员工必须听从领导的指挥，在工作中员工由于缺少话语权与选择权，难免会对领导产生一种畏惧情绪，从而增大了组织的沟通难度。但在学习型组织中，领导的地位产生了质的改变。他们不再是高高在上的发号施令者，而成了帮助员工不断学习进步完善自我的导师；学习型领导虽然仍拥有企业决策的决定权，但他们采取了会使决策结果更能体现群众智慧的管理方式，他们是群众智慧的收集者、总结者与升华者；他们让每一个组织成员的价值都可以得到充分的体现；他们和员工共同进退，共同成长。

2. 蓝海战略理论

（1）蓝海战略的内涵

市场由红色海洋和蓝色海洋两种海洋所组成，其中，红海代表已经存在的所有产业，是已知的市场空间；蓝海则代表当今还不存在的产业，是未知的市场空间。在红海中，每个产业的边界已被清晰划定，竞争规则也已经明确并为人们所知。在红海中，企业只有打败对手才能获得更大的市场份额。随着进入市场的企业越来越多，市场空间便越来越拥挤，利润增长的机会越来越少。

欧洲工商管理学院的 W. 钱 · 金（W. Chan Kin）教授和勒妮 · 莫博涅（Renee Mauborgne）教授在其合著的《蓝海战略》一书中第一次提出"蓝海战略"和"红海战略"的概念。蓝海战略指的是开创无人争抢的市场空间，超越竞争的思想范围，开创新的市场需求和市场空间，经由价值创新来获得新的空间；红海战略则是指在现有的市场空间中竞争，通过降价来实现份额的增加，但降价往往引发价格战，造成"伤敌一千自损八百"的痛苦局面。

红海战略象征企业在需求增长缓慢甚至萎缩的传统市场空间采取白热化的竞争行为，而蓝海战略则是跳出传统市场空间，不局限于已有的产业边界，开辟新市场和新竞争力的创新战略思维。

（2）蓝海战略的原则

蓝海战略应遵循四项战略制定原则，分别是：重建市场边界、注重全局而非数字、超越现有需求、遵循合理的战略顺序。蓝海战略两项战略执行原则：克服关键组织障碍、将战略执行建成为战略的一部分。

3. 人力资源三支柱理论

在中国古代，就有"知人善任""人尽其才"的说法，这是最早关于人力资源管理的概念。一般来说，人力资源管理产生和发展的过程可以划分为五个阶段，分别是：手工艺制度阶段、科学管理阶段、人际关系运动阶段、组织科学—人力资源方法阶段和战略人力资源管理阶段。在这个发展过程中，关于人力资源管理的理念、方法也在不断变革，而在实践中，也经常出现类似于"人力资源部门是否应该存在"这样的讨论。在争论声中，密歇根大学教授尤里奇（Dave Ulrich）提出了一个更具价值的问题：人力资源部到底该如何创造价值？对于这个问题的探讨推动了人力资源三支柱模型的出现。

（1）人力资源的三支柱

尤里奇认为，人力资源部门应该像企业一样运营，因此首先要将人力资源部门的组织架构进行优化，提出了人力资源的三个支柱：人力资源业务伙伴（HR Business Partner，HRBP）、人力资源专家中心（HR Center of Expertise，HRCOE）、共享服务中心（HR Shared Service Center，HRSSC）。这个模型也被称为3D模型（图2-1），HRBP的角色是挖掘业务部门需求，即discovery；HRCOE的角色是设计方案，即design；HRSSC的角色是交付和执行，即deliver。

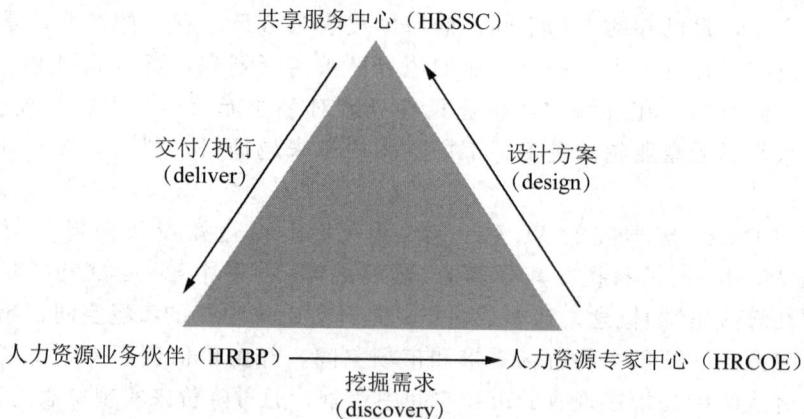

图 2-1　人力资源三支柱模型

（资料来源：戴维·尤里奇：《人力资源转型：为组织创造价值达成成果》，北京，电子工业出版社，2015）

具体来说，三个支柱的分工如下。

HRBP要参与到业务部门的工作中去，作为人力资源部门和业务部门之间的纽带，为业务部门提供必需的人力资源支持。一方面，在业务部门中负责处理一些常见的、简单的人力资源问题；另一方面，也为业务部门的管理者管理本部门人力资源事项提供专业支持。此外，从专业性的角度，向业务部门提供专门的人力资本相关服务，如制定人事方案、开展人才选留工作、制定激励政策等。

HRSSC 是企业人力资源标准服务的提供者，他们的工作是借助技术平台，将企业运作中与人力资源管理相关的工作整合起来，建立一个服务中心对这些事项进行统一管理，帮助企业更高效地管理人力资本，也为员工获取人力资源信息提供便利。可以进行整合的业务有很多，如新员工招聘、人事档案管理、劳动合同管理、薪酬发放、报销等。

HRCOE 的角色是企业人力资源专家，他们必须具备专业的 HR 能力，从战略的层面为企业进行人力资源管理整体设计。具体来说，他们为企业制定与战略目标相符合的人力资源政策，包括人力资源规划、员工招聘、员工培训、薪酬体系等，也为各个业务部门提供人力资源咨询服务。在三个支柱中，HRCOE 是核心，帮助 HRBP 解决与业务部门协调的问题，也指导 HRSSC 开展工作。

（2）人力资源三支柱的价值

传统的人力资源管理是按照工作过程划分出不同的职能单元，比如员工招聘、员工培训、薪酬福利几个板块完全切割，三支柱模型实质上颠覆了这种形式，创造出一种新的人力资源组织架构。三支柱模型将人力资源管理的各项职能嵌入到各个支柱，每个支柱都能从事人力资源管理工作，但各有侧重。

这样的机制设计使得人力资源管理深入到业务层面，解决了过去人力资源管理部门仅仅从自身职能出发，而忽视业务部门需要的问题。在三支柱中，尤其是 HRBP 的角色就体现在重视业务部门的需要，为业务部门更好地开展工作提供人力资源方面的支持，从而服务于企业总体目标的实现。

另外，三支柱能够提高人力资源管理的策略性。在三支柱中，HRBP 聚焦于服务业务部门，HRSSC 负责从技术角度整合人力资源管理工作而提高效率，因此 HRCOE 能够从简单而又烦琐的工作中解脱出来，从企业战略的层面对人力资源管理系列工作进行思考和设计，实现人力资源的增值。

4. 互联网思维

随着"互联网＋"时代的到来，互联网技术和网络信息技术的发展在很大程度上改变了企业的生产运作方式，同时也使人们的思想观念受到了潜移默化的影响。我们可以发现，传统的企业管理模式已经不能适应企业进一步发展的需求。企业要想在市场竞争中保持有利地位，获得长期可持续发展，就要融入"互联网＋"时代开放、包容、普惠、平衡、共赢的环境中，不断创新企业管理方式，提高企业运营效率，树立企业良好形象。这里简要介绍 4 个新的管理思维。

（1）跨界融合

跨界融合是一个庞大的课题。在不同的时期，跨界融合的重点也会有所不同。当前，随着大数据、云计算、人工智能等的发展，在我国鼓励创新的背景下，互联网与其他行业的跨界融合成为热潮且越演越烈，形成了任何一种产业都无法脱离互联网的趋势。

将互联网与传统产业有机结合，将互联网的创新成果和优势应用到经济社会发展的各个领域，用"互联网＋"的技术优势助推企业升级，不仅能带动产业转型升级，也将催生我国未来经济发展新的增长点。如今，以互联网为纽带的产业跨界融合仍在加快，跨界合作、结盟、并购十分活跃，成为传统企业和互联网公司进行产业布局、打造生态系统的重要手段。

（2）平台互动

互联网思维的本质是平等、开放、参与、互动，企业更加注重的是用户体验、口碑效应、生态系统等。依靠创新、创意驱动，同时要跨界融合、推进协同，就一定要做好平台互动。企业应优化内部生态，并和外部生态做好对接，形成生态的融合性、开放性。

过去的组织和价值链基本上是串联关系，互联网时代则进入了一个串联、并联并行的网状结构关系。在网状结构中，各个网的节点、节点背后的分支，都通过互联互通成为一个有机的生态圈。有机生态圈的各有机体之间既竞争又合作，既独立生存又开放包容，企业和社会之间、各个利益相关者之间、组织内各价值创造体之间形成彼此独立、相互依存、相互影响和互动交流的有机生命体。

（3）开放式创新

创新在任何时期都是企业发展的强大动力，到了知识经济时代，如果企业仅仅依靠自身进行创新，不仅成本很高，也难以适应快速发展的市场需求以及日益激烈的企业竞争。在这种背景下，"开放式创新"正在逐渐成为企业创新的主导模式。

开放式创新的重点在于企业走出传统封闭的创新模式，协调外部资源，引入外部的创新能力，发挥外部创意和外部市场的作用，积极寻求外部的合资、技术转让、战略合作、风险投资等，借助外部渠道来拓展市场，把创新思想转化为经营利润。

（4）做到极致

互联网时代是绝大部分产品和服务过剩的时代，也是消费者至上的时代，只有将用户体验做到极致，才能吸引用户、留住用户。将用户体验做到极致，要求企业深入理解客户需求的细节，并迅速跟进客户需求的变化，在产品设

计、使用效果、用户评价等所有流程达到极致的平衡，创造极致的产品和
服务。

2.3.3　中西方管理思想的差异与融合

扫码听课 2-10

由于东西方在地理环境、社会基本结构、历史民族传统等方面的显著差
异，形成了中国文化和西方文化两种截然不同的文化体系，两者既相互影响、
相互渗透，又彼此冲突甚至对立。管理思想作为一种文化的体现，也呈现出
各自的特点。

1. 中国传统文化中的管理思想

（1）中国传统文化中的自我管理

中国传统文化中与自我管理相关的思想主要有君子慎独、反求诸己、自
胜者强以及厚德载物。

①君子慎独。《中庸》中提出的君子慎独，就是君子应该在别人不在的时
候更加严格地要求自己，特别是在独处的时候应更加注重自己的行为。《中
庸》中说"道也者，不可须臾离也，可离非道也。是故君子戒慎乎其所不睹，
恐惧乎其所不闻。莫见乎隐，莫显乎微。是故君子慎其独也。"就是说道不可
以片刻离身。慎独在儒家思想中其实是一种道德上的自我约束，而在组织的
管理中个体的慎独是要有高度的自觉，不管是否有外部的监督和制度的约束，
都要注重自身行为并且端正自己的工作态度，不能在自己独处或者无人监督
时就放松只做表面的工作。

②反求诸己。《孟子》中说"行有不得者，皆反求诸己，其身正而天下归
之。"意思是，凡是行为得不到预期的效果，都应该反过来检查自己，自身行
为端正了，天下的人自然就会归服。反求诸己也就是说从自身找原因，也可
以说是"严以律己，宽以待人"，凡事多做自我批评，从自身做起，从身边事
做起。反求诸己与西方的归因理论有很多一致之处，归因理论提到人们归因
时是有自利性偏差，面对挫折和失败时，人们总是习惯从外部环境找原因，
其实应该主动进行自我反思，反求诸己。

③自胜者强。"知人者智，自知者明。胜人者有力，自胜者强。知足者
富，强行者有志。"用现在的话说，就是"自强者胜"，意思是能够了解他人的
人是有智慧的，能够了解自己的人是高明的。能够战胜他人的人是有力量的，
能够战胜自我的人是真正的强者。知道满足而不妄想的人是富有的，努力不
懈地去奋斗的人是有志气的。这告诫我们要保持自信心，只有努力克服自己
内心的障碍，才能有所进步并克服其他更多的困难。

④厚德载物。"地势坤，君子以厚德载物。"意思是大地的气势宽厚和顺，
君子的品德应如大地般厚实可以载养万物。管理者要有能包容一切的宽广的

胸怀，并且要做到有德行。面对下属或者他人的错误和缺点，尽量选择包容，这样可以使员工更加忠诚，从而提高员工的工作效率和积极性，这是管理者对于企业内部的厚德载物。同时，管理者也要做到对于社会的厚德载物，不能一切以利益为目的，在企业运营获利的同时兼顾社会责任。

（2）中国传统文化中的人际管理

中国传统文化中关于人际关系的表述有很多，研究中西方一些主要思想之后，会发现许多相似之处，有的虽然表达方式不同，但所涵盖的深层次行为准则、内在价值观念是十分相似的。

"己所不欲，勿施于人"，是儒家学说的核心内容之一，也是中华民族的重要信条，它诠释了中国人处理人际关系的重要原则。人们应当以对待自身的行为为参照物来对待他人，善于换位思考。人们应该有宽广的胸怀，待人处事之时切勿心胸狭窄，要尊重他人，平等待人，宽以待人。

"己欲立而立人，己欲达而达人"出自《论语·雍也》，此句意指：自己要站稳，也要让别人站稳，自己要腾达，也要让别人腾达。这是儒家思想"仁"的具体体现。一个仁爱的人，是一个以"博施济众"为己任的人，是一个乐善好施的人。仁爱之人应该不断地提升自己，让自己具备帮助他人的能力，并且乐于帮助需要帮助的人。

孔子曰："益者三友，损者三友。友直，友谅，友多闻，益矣。友便辟，友善柔，友便佞，损矣。"意思是，有益的交友有三种，有害的交友也有三种。有益的交友是心地正直的、诚信宽容的、见多识广的，有害的交友是善于奉承的、表面和善的、花言巧语的。在人际管理中给我们的启发是，要交好的朋友、志同道合的朋友。

（3）中国传统文化中的团队管理

中国传统文化中有很多思想可以应用到企业团队建设中，为企业团队管理提供智慧支持，下面举几个例子进行说明。

《孙子兵法·谋攻篇》中有言，"故知胜有五：知可以战与不可以战者胜；识众寡之用者胜；上下同欲者胜；以虞待不虞者胜；将能而君不御者胜。"其中的"上下同欲者胜"，意思是指上下要有共同的愿景，齐心协力，才能取得成功。也就是说，团队建设中最重要的是要有一个统一并且明确具体的目标和愿景，这是高效团队的基础条件。

儒家一直强调以人为本的观念，军事家孙膑提出的"莫贵于人"与此异曲同工。在戴尔·卡耐基（Dale Carnegie）、亚伯拉罕·马斯洛（Abraham Maslow）和道格拉斯·麦格雷戈（Douglas M. McGregor）等人的理论中，都强调了雇员满意的重要性，他们强烈反对将组织看作冰冷机器，他们相信人的能力和潜力，并认为管理的关键在于提高雇员的满意度。

"无为而治"是老子《道德经》中体现的道家的治国理念，这是一种高明的管理手段，能够给组织带来浑然的向心力、凝聚力，以及各在其位的秩序感和井然有序的分工协作。在团队中，"无为而治"并非不做任何事，而是不做过多的干预，让下属充分发挥自己的创造力，以达到充分发挥自我创造力的状态。在一个组织中，"可为"与"不可为"的评判标准应当是看该行为对组织发展是否有积极的作用。领导者在实现组织建设方面应当有所作为，一般涉及团队建设和组织发展。而在其他方面，尤其是在管理者所不擅长的专业领域以及具体工作中，则应该学会"放权"和"授权"，充分发挥成员的积极性。

（4）中国传统文化中的权变管理

"事异则备变"出自战国韩非的《韩非子·五蠹》，大意是：情况不相同了，所采取的措施就应当有相应的变化。这个理论包含着韩非子的变革管理思想，与权变理论不谋而合。权变理论认为不存在一种普适的管理方法，正如菲德勒（Federer）的权变模型提出，有效的群体绩效取决于两个方面的恰当匹配：一是与下属发生相互作用的领导者风格；二是领导者能够控制和影响情境的程度。在现代企业管理中，管理者应该在不同的情境中采取不同的管理策略，应当准确判断所处的工作状况结构类型。

"悬权而动"出自《孙子兵法·军争篇》，是孙子军事思想的精髓。"权"原意是秤锤，是古代的称量工具，悬权而动最初是指将秤锤悬挂在秤杆上不断移动以保持平衡，来称量物品重量。孙子在兵法中用来强调权衡利弊在战争中的重要意义。权变的本质内核是因变制变、因变制胜。悬权而动在当今飞速变化和发展的环境下尤为重要，如果说事异则备变是依据变化而做出的有效调整，那么悬权而动则具有更高的要求，它要求管理者时刻保持柔性，并做出适宜的对策。

荀子强调："权不可预设，变不可先图，与时迁移，随物变化"，也就是今天我们所说的"与时俱进"，这是在"事异则备变"和"悬权而动"的基础上做的综合和概述，并将之提到一个更加通用的高度。在前文讲述的人际管理和团队管理中，与时俱进的内涵也始终贯穿其中。

（5）中国传统文化中的战略管理

中国传统文化中有非常丰富的战略管理思想。其中，《孙子兵法》作为举世公认的兵学经典，蕴含着独具特色的现代企业战略管理思想。

《孙子兵法·势篇》中写道："故善战者，求之于势，不责于人，故能择人而任势。"在战争中，"势"一是可以看作利用优势，制造机变；二是战术实施要取决于临战的实际发挥，特别是随环境变化的动态调整。把这一理论应用到现代企业的战略管理上来时，则可以将"任势"这一要点分为三个阶段。第一阶段是要能做到识势，洞悉事物发展的态势，明晰时代发展的趋势和特点；第二阶段是顺势，即顺势而为，而非逆势而动；第三阶段是造势，不再是被动顺应时势，而是在自身条件成熟的情况下，化被动为主动，创造出一种对自己有利的态势。

《孙子兵法·计篇》中提出："攻其无备，出其不意。"这是中国传统文化里另一个特别强调的策略——出奇制胜。在战争中，能出奇兵往往是一支军队扭转战局的关键；而在商战中，出奇制胜则是企业赢得市场先机的重要手段。在与竞争对手角逐的过程中，不能因循守旧，要有新的思路，发现新的商机。企业要提高竞争力必须大力提倡管理创新，正如前面提到的，当在传统的红海竞争中很难胜出时，就应该考虑另辟蹊径，以全新的方式开拓未知的领域，甚至创造一个新市场，也就是实施蓝海战略。《孙子兵法·谋攻篇》中写道："是故百战百胜，非善之善者也；不战而屈人之兵，善之善者也。"孙武强调的不是百战百胜，而是要不战而获得全胜。在商业竞争中，选择"不战而屈人之兵"的战略对己方来说代价最小，获益最大。

2. 东西方管理思想的差异与融合

由于历史、地理、经济、政治、文化等诸多要素的不同，东西方在管理思想上存在着很大的差异。

一个显著的差异体现在道与术方面。东方的管理思想更多地侧重于基本规律和原则层面，也就是管理哲学和管理理念方面；而西方的管理思想更多地强调术的层面，也就是注重具体的操作和管理工具的应用。

另一个差异体现在德治与法治方面。东方的管理思想更偏向于德治，强调道德教化，在整个管理的过程中，东方的管理思想关注组织中的人际关系，强调"和为贵"，不强调精确，不强调泾渭分明，很多时候给人一种边界模糊的感觉，比如"水至清则无鱼"的说法。西方的管理思想从科学管理开始更多地偏重法治，强调契约精神和管理的科学性，以利润最大化为根本目的，所以管理的严密性、精确性也较高。西方在管理过程中注重组织成员间的分工，他们认为越是细致的分工越能提高企业运作的效率。从整体上看，西方的企业组织更加像一台复杂的机器，企业中的每个人都是这台机器中的一个小小的零件，他们只需要在自己的岗位上按部就班地做好自己所负责的事情就好，成员之间的感情联系比较少，成员间的关系相对于东方的组织来说也比较简单。

随着信息技术的发展，世界各国的联系越来越紧密，世界逐渐成为一个整体，经济全球化的趋势越来越强，各国企业的发展也不仅限于自己的国家，越来越多的跨国公司的建立推动着东西方管理思想的融合。正如爱因斯坦所说，西方的科技如果少了东方的智慧就会变成瞎子，而东方的智慧如果少了西方的科技就会变成瘸子。通过对近20～30年来管理学理论发展的研究，我们可以更清晰地看到东西方管理思想的深度融合，特别是东方管理思想对西方管理理论的影响越来越大。比如前面提到的《第五项修炼》中就包含了浓厚的东方管理哲学思想，甚至可以说理论是建立在东方管理哲学基础上的，后文所讲的正念领导力则更是东方管理哲学的体现。因此，我们在学习西方管理理论的同时，更要注重中国传统文化思想的学习，要对我们 5 000 年的传统文化有自信，要在这样一个巨大的思想文化宝库中，不断地汲取力量。

思考题

1. 思考泰勒、法约尔、韦伯的管理理论有何异同点，并分别说出其创新和不足之处。
2. 思考古典管理理论与行为科学理论有何异同。
3. 谈谈你对人力资源管理三支柱的理解。
4. 论述东西方管理思想的差异。

在线测试

案例分析

开篇导语

我们经常说"方向比努力重要""凡事预则立，不预则废"，这两句话道出了计划的重要性。计划是分层次的，哈罗德·孔茨（Harold Koontz）将计划分成八个层次，在使命愿景清晰的基础上，一个组织进行计划的首要工作就是确立好目标与战略，"一张蓝图绘到底"讲的就是目标和战略的问题。目标与战略是计划工作的逻辑起点，是计划的前提。管理者要有目标与战略思维意识，特别是中层管理者不要片面地认为目标与战略是高层管理者的事情，要学会把当下工作和组织的目标与战略相对照，看有没有走偏；管理者还要不断提升计划方面的管理素养，能够用计划来管理变化，实现动态管控，而不是抱怨"计划赶不上变化"；最后，管理者既要做好组织战略计划与其他各类计划的管理，也要高效地做好个人计划的管理。本篇的学习重点是学会编制各类计划，计划是目标与战略得以实现的一系列统筹规划与安排，计划的好与坏直接决定管理工作是否有效能。

学习目标

● 掌握目标的概念、目标设定的基本原则

● 掌握目标管理的思想方法，学会目标分解

● 理解计划的层次性和多维性，学会编制计划的基本工具和方法

● 理解企业战略计划、经营计划的特点

● 学会进行个人目标与计划管理，克服拖延症，提高时间管理效率

 思维导图

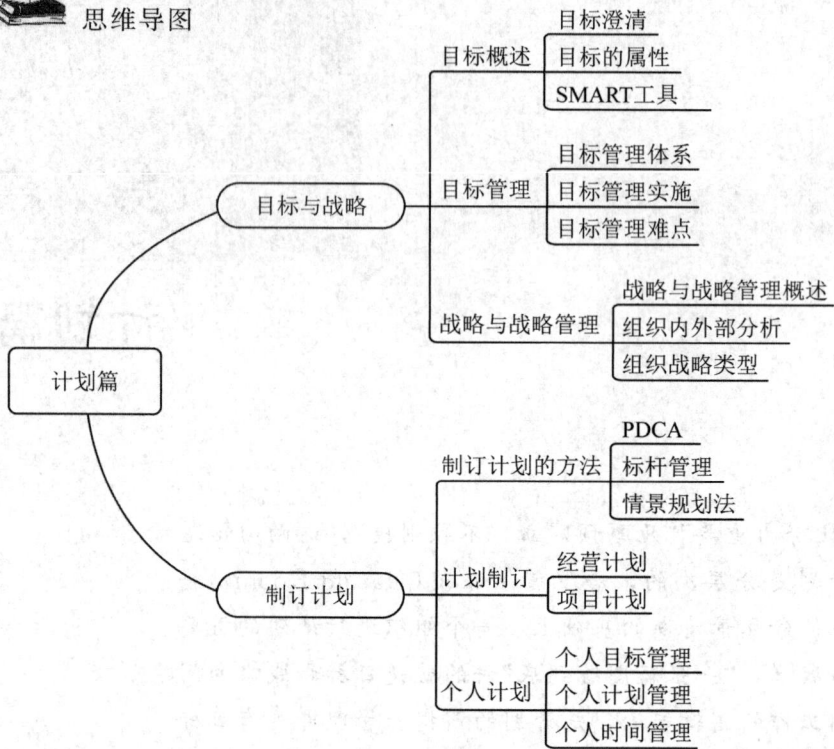

- 计划篇
  - 目标与战略
    - 目标概述
      - 目标澄清
      - 目标的属性
      - SMART工具
    - 目标管理
      - 目标管理体系
      - 目标管理实施
      - 目标管理难点
    - 战略与战略管理
      - 战略与战略管理概述
      - 组织内外部分析
      - 组织战略类型
  - 制订计划
    - 制订计划的方法
      - PDCA
      - 标杆管理
      - 情景规划法
    - 计划制订
      - 经营计划
      - 项目计划
    - 个人计划
      - 个人目标管理
      - 个人计划管理
      - 个人时间管理

 思政元素

扫一扫，看资源

第3章 目标与战略

3.1 目标概述

3.1.1 目标澄清

彼得·德鲁克曾经有一个经典之问"先有目标？还是先有工作？"在解释经典之问前，先来看一个案例。

A公司即将召开年会，时间紧迫，经理把年会短片的制作工作交给了大鹏。接受任务后，大鹏问经理：对于年会短片有哪些具体的要求？经理说：对于视频制作，我也不是特别懂，你可以参考一下公司前几年的年会视频。公司明年会有非常大的变革措施，这个短片一定要营造好这种气氛。听说你是学传媒的高才生，在这件事上你就看着办吧，年会前三天务必完成，给我看一下。

接受任务后，大鹏把公司前几年的年会短片看了一遍，了解到近年来短片的制作风格、长度和内容要素，又听说这次年会的预算很低，于是大鹏带领两位同事，加班加点，使出了九牛二虎之力，还找了朋友免费帮忙，终于在规定的时间内把短片做完了。因此，他很高兴，很期待地把短片放给经理看。没想到，经理看到一半就连连摇头，等到全部看完，经理非常生气地批评说："这部短片完全没有体现出本次年会的主旨思想，制作太简单了，关键在于不能营造出我们想要的氛围。"

大鹏非常委屈："以前的短片都是这样的呀，而且我还没怎么花钱呢！"

经理一听，更加生气了："谁让你不花钱？我们明明有预算，而且资金不够，你可以打报告给我申请追加呀，我们追求的是效果！明年公司要有非常重大的变革措施，年会就要营造这个氛围，你这部短片平平淡淡，怎么能体现变革前夜的氛围呢？你可给我耽误大事啦！"

本案例中，大鹏和经理都有失误，两人的共同问题就是在目标没有搞清楚的情况下就盲目地开展工作，结果大鹏被经理批评，经理当然也要为这件事情承担责任。制作年会短片视频这个工作虽然有明确的工期目标和费用目标，但质量目标是不清晰的。经理没有布置清楚，只是说了要烘托出变革的氛围，这个说法很模糊，这是做视频这件工作要取得的效果，要达到的目的，

这不是目标。

目的是组织各种行动最终要达到的宏观上的结果，为了实现组织确立的目的，需要制定一系列的目标。目标是为了达到目的所采取的步骤。

实际工作中，很多时候，领导未必把工作目标说得太清楚或者根本就混淆了目的和目标。下属接受任务后，第一件事情就是要澄清目标，大鹏必须把突出变革氛围这个目的进行澄清，进行目标化处理，比如可以给经理提出ABC 三个烘托变革氛围的方案，每个方案预算和工期当然也会不一样。在目标上一定要和经理达成共识，工作才不会盲目。从另一方面来说，领导布置工作时最重要的是把目标说清楚，而不是"这件事我不想说两遍"。追求工作一遍布置清楚的领导太高估自己的表达能力和下属的理解能力了，一个组织最不能容忍的成本就是由于目标搞错带来的返工。日本企业管理界中流行"布置工作五遍法"，即：

第一遍，麻烦你做个什么事。

第二遍，请你重复一遍我让你做的事情。

第三遍，请你说一下我让你做这件事情的目的。

第四遍，请你想想在做这件事的时候会不会出现什么意外，你怎么应对？

第五遍，你自己做这个事，有什么想法和建议？

五遍工作法的好处是接受任务者不再是被动地、稀里糊涂地接受任务，而是在接受任务的时候，充分澄清任务的目标，并对目标实现的路径进行了思考，从而大大提高目标完成的成功率。

肯·布兰查德(Ken Blanchard)在《一分钟经理人》中写道："在相当多的企业里，员工其实并不知道经理或者企业对自己的期望，所以在工作时经常出现'职业偏好病'——即做了过多经理没有期望他们做的事，而在经理期望他们有成绩的领域里却没有建树。造成这样的情况，完全是由于经理没有为员工做好目标设定，或者没有把目标设定清晰地传递给员工。"

3.1.2　目标的属性

扫码听课 3-2

关于"先有目标还是先有工作？"这个经典之问，德鲁克先生在《管理的实践》一书中做出了回答。他认为"并不是有了工作才有目标，而是相反，有了目标，才能确定每个人的工作。"所以，"企业的使命和任务必须转化为目标，如果一个领域没有目标，这个领域的工作必然被忽视。"目标是组织根据自身发展使命和任务提出的在未来一定时期内经过努力达到的成果或状态。组织的目标具有如下属性。

1. 目标来源于组织的使命、愿景和价值观

目标应该从"我们的事业是什么？我们的事业将是什么？我们的事业应该

是什么?"这三个问题的答案中得出。它不是抽象的,而是组织对未来的承诺。在当下这个充满变化的时代,有的企业很好地保持了"战略定力",有所为更有所不为,其关键就在于企业的使命、愿景和价值观是清晰的,组织目标是不易动摇的。

2. 目标是超越现状的,实现起来是有挑战性的

目标是组织发展的动力来源。目标是面向未来的,是站在组织发展与成长的角度提出的,是超越现状的。组织的现状和目标间一定有差距,消除这个差距的过程就是实现组织目标的过程,也是组织发展的过程。目标的挑战意义还推动着管理者正视当下与目标的差距,通过各种管理手段,合理配置资源,统筹协调,激发士气,不断缩小与目标的差距,逐步实现目标。

3. 目标一定具有可操作性,是可实现的

目标必须是可操作的,也就是可以转化为具体的工作对象和可以具体分配的工作任务,只有这样的目标才不是"水中月,镜中花"。目标是组织中上下级之间的一种彼此承诺,而不是命令。可以转化为具体工作,并和具体绩效指标相关联,这样的目标是可以落地的,目标实现的路径也是清晰的。

4. 目标是组织开展其他工作的基础

组织目标是组织进行计划和决策的依据。一个组织的运行必须考虑要开展哪些具体的工作,开展这些工作有哪些要求,需要什么条件的支撑等,这些问题的确定有一个重要的前提条件,那就是组织已经确定了清晰的目标。因此,目标是开展各项管理工作的基础。在组织运行过程中,对于应该做什么、什么时候做、组织结构应该如何设置、职权如何分配、应该考核什么内容、建立怎样的报酬体系等各种问题,都必须基于对组织目标和理念的清晰理解。目标不清,各项管理工作就会迷失方向。

3.1.3　SMART 工具

目标制定应该遵循 SMART 原则。具体来说,是指目标必须是具体明确的(specific);目标必须是可以衡量的(measurable);目标必须是可以实现的(attainable);目标必须和其他目标具有相关性(relevant);目标必须具有明确的截止期限(time-based)。这五个原则在目标制定与澄清方面有着重要的作用。

扫码听课 3-3

1. SMART 原则一:明确性(specific)

明确性指的是要用具体的、清晰的、准确的语言说明目标要达成的结果。比如设定目标——"提高服务质量"。这个目标的描述就不符合明确性原则,

因为这个目标要达成的结果不明确，提高服务质量到底体现在什么地方，是减少客户的投诉，还是服务的流程更加规范，还是得到上级的肯定。在实际操作中，组织成员很难确定最终应该达到什么标准。不明确就没有办法评判、衡量，如果修改为"在本季度的客户调查中，得到90%以上客户的满意评价"，这样就明确了。所谓具体是指目标要与任职者的工作职责或部门的职能相对应；所谓准确是指目标的工作量、达成日期、责任人、资源等都是一定的，是可以明确的。

2. SMART 原则二：衡量性(measurable)

衡量性的意思是，能有一组明确的数据作为衡量是否达成目标的依据。比如组织制定的目标是"持续推进项目"，这个目标就是无法衡量的。在考核项目是否完成时，不同的组织成员对此都会有不同的理解，有的员工认为只要在这个项目上花了任何一点时间都算是推进了，有的员工可能会认为项目要取得大的突破才算推进，无法达成共识，自然也就无法确定这个目标是否已实现。在日常生活中，经常听到有人说，制定目标时"能量化的量化，不能量化的细化"，这就是为了使目标制定者与执行者有一个统一的、标准的、清晰的、可度量的标尺。

3. SMART 原则三：可实现性(attainable)

目标必须是可以让执行者实现和达到的，目标虽有难度，但应当能够实现，即员工对目标的实现拥有控制力，也就是说在员工拥有的资源和能力条件下，经过努力可以实现。如何使制定的目标是可实现的呢？首先，在设置目标时要让员工充分参与，做充分的沟通。其次，目标不能定得过高，必须考虑在组织的努力下有实现的可能，也就是我们经常说的"跳一下可以够到"，而不是遥望星空就想"摘星星"。如果目标过于容易实现或无法实现就会影响员工的士气，具有挑战性的目标则可令员工享受工作带来的乐趣，这个度的把握很重要。管理者在布置下属目标时要做好目标的澄清，通过鼓励和支持手段打消员工的顾虑，使之朝着既定目标，撸起袖子加油干。

4. SMART 原则四：相关性(relevant)

目标的相关性是指实现此目标与组织其他目标的关联性。如果组织设置的一个目标与其他目标相关性极小或者毫不相关，也就是与组织的大方向是偏离的，这种情况下这个目标的实现其实也是无意义的，甚至还可能会影响其他目标的实现。管理者必须了解自己的工作能否符合公司大环境的需要，是否和公司战略方向保持一致。这里特别要强调管理者的大局意识和战略意识，要有系统思维，不能把思维局限在本部门的业务上，不仅要"埋头拉车"，还要"抬头看路"。

5. SMART 原则五：时限性(time-based)

目标的时限性指的是设定目标时需要定好完成目标的最后时间限制。例如，"我将在明年 8 月 20 日之前完成新员工入职培训"，这是有明确时限的，而不能是"我要尽快完成新员工入职培训"。设置目标时不仅要确定完成的时间限制，还需要拟定出实现目标过程中的进展安排，定下一些关键节点的完成时间，并在这些关键的时间节点对实施情况进行检查，掌握项目进展的变化情况，以方便对下属进行及时的工作指导，以及根据工作计划的异常情况变化及时地调整工作计划。

在具体应用 SMART 原则的过程中，要充分考虑所研究问题的具体情况，制定出现实可行的工作目标，特别要注意澄清一些错误认识。比如有些职能部门的经理会认为，只有业务部门才能制定出完全符合 SMART 原则的工作目标，因为业务部门的工作成果好坏本身就必须用量化的数字加以限定和考核，所以制定的工作目标就具有可衡量性；可是，对于职能部门，特别是行政部门的所有工作，用数字说明和限定起来并不是一件容易的事，而且也不太现实。应当明确，SMART 原则中可衡量的目标并不等于必须将目标量化，事实上，不能量化不等于不能衡量，职能部门设定的定性目标也是可以像定量目标那样进行衡量的。

3.2 目标管理

3.2.1 目标管理体系

1. 目标管理的内涵

目标管理(Manage by Objective，MBO)是彼得·德鲁克提出的一种现代管理方法。德鲁克认为，"组织在得到任务和使命后，应该将其转化为系统的目标，在这个过程中，企业的管理者与下级都参与目标的制定。最后组织以工作成果来衡量考核组织中的成员。目标管理使个人劳动价值最大化，同时使组织取得最好绩效。"概括起来，目标管理是以目标为导向，以人为中心，以成果为标准，而使组织和个人取得优秀业绩的现代管理方法。目标管理强调企业整体的绩效，而非个人专业能力的强弱。组织管理层明确组织该达到怎样的绩效，同时强调组织的团队合作和团队成果；组织中各部门的员工则参与到制定关于自己工作的具体目标中，例如在两周后做完一份报告，在一个月内联系到十位新客户等。这些明确的目标相较于空泛的目标使员工在指定时期内拥有完成工作的动力。目标管理的逻辑如图 3-1 所示。

扫码听课 3-4

```
┌─────────────────────────────┐
│        公司长期经营目标         │
└─────────────────────────────┘
              ⇩
┌─────────────────────────────┐
│        公司中期经营目标         │
└─────────────────────────────┘
              ⇩
┌─────────────────────────────┐
│        公司年度经营目标         │
└─────────────────────────────┘
              ⇩
┌─────────────────────────────┐
│      公司季度、月度经营目标       │
└─────────────────────────────┘
              ⇩
┌─────────────────────────────┐
│     部门年度、季度、月度工作目标    │
└─────────────────────────────┘
              ⇩
┌─────────────────────────────┐
│     个人年度、季度、月度工作目标    │
└─────────────────────────────┘
              ⇩
┌─────────────────────────────┐
│  个人年度、季度、月度绩效考核目标的设定  │
└─────────────────────────────┘
```

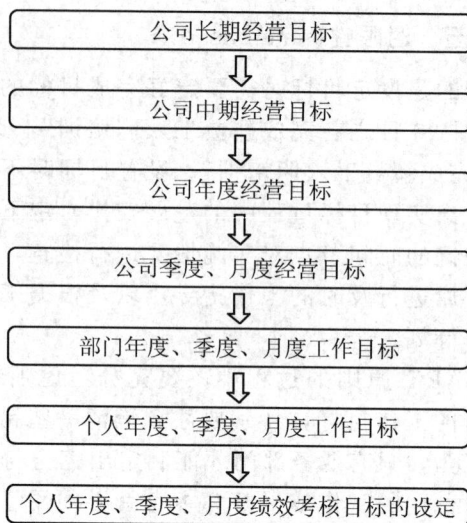

图 3-1　目标管理的逻辑

目标管理需要完成四个关键管理要点：如何让目标更加清晰化？如何进行目标实现过程的有效任务分解？如何给出清晰的目标标准定义？如何做好目标实现过程中的跟踪、检核工作？为了解答这四个问题，目标管理大致遵循以下四个步骤来进行。一是"清晰"，也就是目标的澄清，做到对目标进行清晰的描述。二是"分解"，目标实现的过程是一个完成诸多任务集合的过程，需要对整体目标进行有效分解，只有这样才能把控实现目标的可行性。三是"标准"，即对目标的具体标准给出更加准确的定义，这个定义不仅是目标制定者的自我定义，更是目标实现过程中所有参与者的执行标准。四是"跟踪"，在目标实现的过程中，需要设定过程中的关键时间节点并进行检查，只有这样才能保证目标的实现不会出现偏差。

2. 目标管理的优势

（1）形成激励

目标激励可以使组织中的个体从相互竞争的状态转变为自我激励。个体通过高质量与高效率的努力来实现企业的目标和愿景，同时也可以满足个体的某些需要，这种情况下员工更容易产生工作的动机。当目标未被完成时，组织员工内心会产生压力和紧张的情绪，从而激发个体的内驱力，转化为继续工作的动力；当目标被完成时，组织员工内心会产生一种强烈的满足感和放松的舒适感，这对进一步完成新目标也有促进作用。

（2）有效管理

目标管理可以显著提高组织的管理效率。首先，目标管理促进上下级之间的双向沟通。在制定目标时，员工与上级共同商讨，以确保目标的合理性和有效性。同时，及时的交流与沟通使上下级之间相互理解，从而增加组织的协调性，使得组织的工作在彼此接受的基础上进行。其次，目标管理以工作成果衡量工作质量，是一种倾向于结果的管理方式，这种管理方式使组织各个部门和层次的员工都倾向于高质量完成指定的目标，这就有效地提升了组织管理的效率。最后，目标管理可以有效地促进自主管理，它给予每个人完成任务的责任感，这种责任感体现在自我监督、自我控制等方面。

（3）明确任务

目标管理使组织各层次成员明确自己的目标。在此种管理模式下，组织由管理者到成员自上而下地制定目标，所以组织的每一层都清晰地了解企业的战略总目标，这有利于成员在大方向下制定自己具体的任务目标。这些任务的明确，一方面使管理者明确每一层级的下属都具有自己的职责，相应地也应该有一定的权利和空间来完成各自的目标；另一方面使管理者明确优化组织结构的目标，可以从实施目标管理的其他组织吸取经验教训，用于改善自己组织的缺点与不足，这种做法有利于组织的持续进步。

（4）控制有效

首先，目标管理使制定目标的过程得到有效控制，目标管理强调自上而下地制定目标，所以从组织的管理层到各个层面的员工制定的目标将形成一套完整的体系，是自上而下对上一级目标的清晰分解，也就是说每个目标都有上一级目标作为基础和指导，从而确保整个组织的目标都有相同的战略方向，防止成员盲目工作，保证了组织成员工作的有效性。其次，目标管理实施过程得到有效控制。在目标实施的过程中，组织管理者可以通过检查审核职工的工作目标来把握任务的完成进度，同时通过目标和职员工作效率的横向比对，在任务完成的进度中不断调整目标，不断提高工作质量。

3.2.2 目标管理实施

目标管理的实施分为三个阶段：第一阶段为设置目标；第二阶段为实现目标过程的管理；第三阶段为总结和评估。

扫码听课 3-5

1. 设置目标

设置目标是目标管理过程中最基础、最重要的阶段，这一阶段可以按以下五个步骤进行。

第一步，暂时设定一个目标，这是一个未来可以改变的目标预案。这个目标预案既可以由上级提出，再同下级讨论；也可以由下级提出，报上级批准。无论采用哪种方式，都必须由上下级共同商量决定。在设定目标时，组织成员尤其是高层领导者必须对组织的优势、劣势、机遇和挑战进行分析，对组织应该完成、能够完成的目标做到心中有数。

第二步，重新审议组织结构和职责分工。组织目标的实现最终靠的是组织中各个成员，也就是要将目标分解到具体的责任主体。因此，在预定目标之后，需要重新审查现有组织结构，如果有必要，可以根据目标的分解来适当调整组织结构，明确各目标责任者之间的协调关系。

第三步，确立下级的目标。在上级明确了组织目标的前提下，就可以通过与下级进行沟通的方式来确立下级的目标。在沟通中，上级要做到尊重下级，认真倾听下级的意见，帮助下级在组织目标的大框架下确定自己的目标。分目标要具体量化，便于考核；分清轻重缓急，以免顾此失彼；既要有挑战性，又要有实现可能。每个员工和部门的分目标应当是组织整体目标的有机组成部分，而且各个部分应该相互协调、方向一致，共同支持组织整体目标的实现。

第四步，在下级目标明确之后，上级和下级对实现目标所需要的支持条件、资源以及目标达成后的奖惩等事宜达成协议，这个协议最好形成书面文件。

第五步，基于各个责任主体的分目标、各项目标完成的时间节点、目标实现过程中的关键事件等，绘制出目标图，制作目标记录卡片。

2. 实现目标过程的管理

目标管理直接指向项目实施的结果，组织成员为了实现各自的目标、集体的目标而行动，这不等于管理者可以不关注实施过程，而只等待目标的实现。相反地，目标实施的每一个环节都可能对结果产生影响，因此管理者要在过程中发挥作用，保证工作过程不偏离目标轨道。

在进行过程管理时，要遵循适时性和重要性两个重要原则。遵循适时性才能确保管理者及时发现目标实现过程中的偏差或问题，并及时采取措施，防止问题变得更加复杂。所谓重要性，一是重点关注对工作目标实现起到决定性作用的关键任务，二是重点关注任务责任人在能力和工作经验上的差距，这些潜在差距是需要管理者进行跟踪和帮助的。

实际操作中，首先要进行定期检查，有条件的情况下双方最好见面接触，条件不允许的情况下可以采用信件等信息反馈渠道；其次要向下级通报进度，便于互相协调。最后，当下级工作遇到困难时要积极提供帮助，当出现意外事件严重影响组织目标实现时，则要修订原定的目标。

3. 总结和评估

在达到设定好的期限时，各项分任务的责任主体首先自行评估目标是否完成，提交书面报告；然后由上级按照预定的标准考核目标完成情况，这个过程也必须和下级沟通，共同确定项目完成与否；同时讨论下一阶段目标，开始新循环。

在进行评估时，应该注意避免对结果和目标进行机械比较，而应深入分析产生偏差的原因，必须分清哪些是由员工无法控制的因素所引起的，哪些是由员工本人引起的，对两类问题采取不同的处理措施。此外，管理必须实现闭环，总结和评估的结果是进行改善的基础，管理者应该将评估的结果反馈给员工，这样员工才能知道自己表现的优劣，并主动寻求改善自己不足的方法，建立自我工作跟踪及管理的习惯。

3.2.3　目标管理难点

正如任何管理都有挑战，目标管理工作同样有难点所在，本书从组织、管理者和员工三个角度进行阐释。

扫码听课 3-6

1. 组织层面

在组织层面，目标管理的有效运作真正需要的并不是某种管理技术或方法，而是能充分发挥个人的长处和责任心，能统一各种见解和努力，能建立起集体协作，能协调个人目标和公共利益的管理理念或管理环境。目标管理将组织的集体目标分解到每一个人，也实现了公共利益成为每个人自己的目标，相对来说，外部控制的效力较小，内部控制则更严格、要求更高、更有效。对于员工来说，工作的动力来源并不是别人的要求，而是组织目标客观提出的任务要求。他在工作中采取某种行动，并不是由于别人要他这么行动，而是由于他自己根据组织召唤自主决定必须采取这样的行动。总之，目标管理是有关人的行为内在激励的一种普适性民主管理理念，适用于各种层次和职能的管理人员，适用于大大小小的各种组织。它把客观的组织需要转化成为个人的奋斗目标，并保证其能积极自主地取得工作成就，在各个方向上"自由自在"地获得一种"自我价值实现"意义上的人生价值和事业成就。

2. 管理者层面

从管理者层面，目标管理的过程中可能出现一些问题而影响目标的实现。比如，没有制订过程管理计划，违背适时性和重要性原则，在必须进行管理的关键时间、关键问题上有所疏漏，就可能导致目标管理过程的失败。又比如，跟踪过程中基于错误的信息做出错误的判断(比如某员工夸大自己的工作业绩，使得管理者认为已不需要关注)，或者不跟踪到底(比如认为员工认识到错误就一定会及时纠正而放松，或管理者以没有时间为借口，忽略对一些细节的管理)，或只对做得不好的员工进行跟踪，这种做法会让员工误解管理者在目标管理过程中的作用，认为是纠错、挑刺。此外，管理者的态度和行为也会对目标管理过程产生影响。如果管理者对于目标管理工作的过程非常重视，能够坚决执行，员工就会形成完成目标需要的工作习惯和工作态度；相反地，如果管理者表现出松懈，员工自然也不会重视自身的目标，最后造

成计划和目标的混乱甚至落空。

3. 员工层面

从员工层面看主要存在两个问题：一是目标管理要求高自我控制，必然要求员工有"自我约束"，愿意承担责任，愿意为组织做出贡献，愿意有所成就，因此，一些软弱的、不愿承担责任或懒惰的员工，很难完成目标管理的过程。二是在管理者进行目标管理跟踪的过程中，员工可能存在抵触心理。产生抵触心理的原因可能是员工不愿意承认和暴露自己的缺点，或者不清楚管理者进行跟踪的目的，以为是上级不放心自己的工作而有意进行监督；也有可能是员工不认同自己的目标，或者不认同实现目标的路径、考核的方式等。此外，也有部分员工过分相信自己的能力，对于管理者的监督或指导不以为意。这些问题的客观存在对于目标管理的实施是一个极大的挑战，员工作为目标管理中最基础的一环，如果抵触心理过大，必然导致目标管理的失败。

3.3　战略与战略管理

3.3.1　战略与战略管理概述

扫码听课 3-7

随着经济社会的快速发展和时代更替，市场竞争日趋激烈，客户的需求也在不断变化，这些给企业的生存和发展提出了越来越多的挑战。企业在复杂多变的经营环境中生存、发展、持续增长，需要有战略作为支撑。战略（strategy）一词来自希腊语中的军事术语"strategos"，指的是在一场战争或战役背后所隐含的筹划、谋略与构想，后来"战略"这一军事用语也被移植到企业的经营管理之中。具体而言，企业战略是企业在激烈的市场竞争环境中，在充分总结、分析企业内外部所面临的一系列复杂环境，并结合环境科学预测未来的基础上，为谋求生存和发展而做出的长远的、全局性的谋划或方案。

1. 战略管理理论的发展

战略管理的启蒙思想可以追溯到 20 世纪初，法约尔提出管理有五大职能：计划、组织、指挥、协调和控制，其中计划职能是企业管理的首要职能，这可以说是最早出现的企业战略管理思想。到 20 世纪 30 年代，美国经济学家切斯特·巴纳德在其所著《经理人员的职能》一书中首次使用了战略概念，认为管理工作的重点在于创造组织的效率，并应使企业组织与环境相适应。1962 年，美国管理学家艾尔弗雷德·钱德勒（Alfred D. Chandler, Jr.）出版了《战略与结构》一书，第一次从大型企业成长史的角度，研究了企业战略与

结构的相互关系，正式开始了企业战略问题的研究。与此同时，伊戈尔·安索夫(Igor Ansoff)提出了成功战略的范式并提出了安索夫矩阵，指出企业可以选择四种不同的成长战略来达到增收目的。美国旧金山大学国际管理和行为科学教授海因茨·韦里克(Heinz Weihrich)在20世纪80年代初提出并系统论述了SWOT分析法，把公司战略提升为管理咨询业中的一个专业领域。20世纪70年代，布鲁斯·亨德森(Bruce Henderson)提出了波士顿矩阵，为战略咨询领域的发展奠定了基础。进入80年代，迈克尔·波特(Michael E. Porter)对战略理论的发展起到了重要的推动作用，他的贡献在于对企业、整个行业和国家层次的竞争优势进行分析，并提出了五力模型和三种基本竞争战略思想。日本学者大前研一(Ohmae Kenichi)研究了日本式竞争战略的特点，提出了有别于波特的竞争战略的四种新的战略方法，并首创了"战略三角"(战略3C)的概念。20世纪80年代末到90年代以后，世界经济发展迅速，企业之间的竞争进一步加剧，如何在竞争中存活并得到收益成为所有企业都必须重视和思考的问题。这一时期出现了以核心能力理论(the core competence theory)为代表的诸多企业战略管理理论，该理论与以往理论的切入点不同，开始从企业内部寻求问题的答案。核心能力理论以普拉哈拉德(C. K. Prahalad)和加里·哈默尔(Gary Hamel)为代表。他们对世界上很多优秀公司进行分析研究，提出竞争优势的真正源泉在于企业的核心能力，即"组织的积累性学识，是能够提供给消费者特殊价值的一系列技能和技术的组合"，因此战略管理的主要因素是培植企业对自身拥有的战略资源的独特的运用能力，通过一系列的组合和整合形成自己独特的、不易被模仿和替代的理论。战略管理经历了从重视战略制定过程到重视战略本身的内容，从重视组织外部环境到重视组织内部优势，从被动适应环境到主动培育组织的核心竞争力的转变。

总而言之，战略管理是企业一系列的决策和行动，既包含外部竞争策略，也包含内部管理优化。对外部来说，战略为企业选择进入何种产业、提供何种产品或服务、开展哪些业务、采取何种竞争方式提供了答案；对企业内部来说，战略使得企业能够选择并实施最优经营管理。

2. 战略管理定义及过程

战略管理是指企业确定其使命，根据组织外部环境和内部条件设定企业的战略目标，为保证目标的正确落实和实现进行谋划，并依靠企业内部能力将这种谋划和决策付诸实施，以及在实施过程中进行控制的一个动态管理过程。

从上述定义可知，战略管理是对企业的生产经营活动各个环节、各个领域实行的整体管理，是企业关于制定战略、实施战略的一系列管理决策与行为。战略管理的关键在于使企业找准自身定位、适应外部环境，在市场中得以长期生存与发展。具体而言，战略管理过程主要包括战略分析、战略制定、战略实施、战略评估和控制等几个步骤。

(1)战略分析

战略分析(strategy analysis)指通过资料的收集和整理来分析组织的内外部环境，主要包括组织诊断和环境分析两个部分，其目的是确定企业的使命和目标、了解企业所处的环境变化以及分析这些变化将带来机会还是威胁。根据定义，战略分析主要进行外部分析和内部分析。外部分析(external analysis)是指考察组织的运营环境，分析企业所面临的各种机会以及所受到的各种威胁。一般来说，对组织的外部环境进行分析时可以围绕三个层次：总体环境、产业环境和竞争环境。而内部分析(internal analysis)的重点则在于组织的核心竞争力。这里的核心竞争力是指能给组织创造价值，特别是给组织带来竞争优势的特定资源和能力。

(2)战略制定

战略制定(strategy formulation)是利用战略分析的结果，确定企业任务，认定企业的外部机会与威胁，明确企业内部优势与弱点，建立长期目标，制定供选择战略，以及选择特定的实施战略，做出最终决策。同时，研究确定战略实施过程需要的政策、资源等保障。根据战略的不同层次，公司还需要在组织层面、事业层面和职能层面上分别建立相应的战略，各个战略共同组成整体战略。

(3)战略实施

战略实施(strategy implementation)是战略管理的行动阶段，把战略制定阶段所确定的意图性战略转化为具体的组织行动，以保障战略实现预定目标。战略制定的关键在于其正确性，而战略实施的关键在于其有效性，只有有效的战略实施才能完成战略制定目标的实现。战略实施的过程中，要将实施战略必需的组织、资金、人员、技术等资源及与之相匹配的各项管理功能充分调动起来。这里有必要指出的是，战略制定和战略实施两个阶段并不一定是战略制定在先，战略实施在后，可能是相互交融的，因为战略管理过程往往是信息和决策之间的持续循环。

(4)战略评估和控制

如上面所述，战略实施是战略管理的行动阶段，其有效性直接决定着战略目标的实现，战略的制定和实施是否正确、有效，需要进行验证，这就是战略的评估和控制。在战略实施过程中进行战略评估(strategy evaluation)和控制能够进一步验证战略分析的正确性，以及所确定的战略实施途径和实施手段是否有效等，从而发现问题和差距，分析产生偏差的原因，适时对组织战略进行适当调整，并在必要时采取矫正性措施。

3.3.2　组织内外部分析

战略管理过程的第一步是战略分析，战略分析主要包括外部分析和内部分析两部分，接下来介绍几个经典的分析模型。

1. 外部分析

（1）PEST 分析法

PEST 分析法是战略外部环境分析的基本工具。如图 3-2 所示，它从政治法律环境、经济环境、社会文化环境和技术环境四个角度来分析宏观环境，并评价这些因素对企业战略目标以及战略制定的影响，辨识企业长期的变化驱动力及外部各环境要素对企业的不同作用，从而确定关键环境因素，并以此制定企业战略，调整组织结构，使企业与环境相适应。

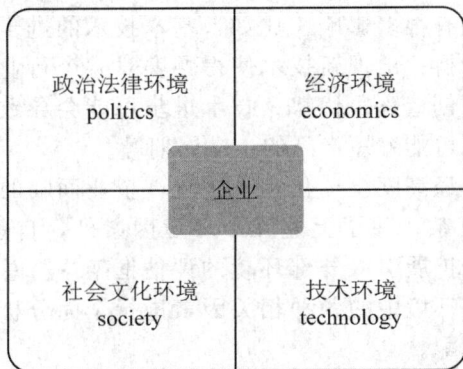

图 3-2　PEST 分析法

①政治法律环境，是指会对企业经营活动产生影响的政治环境、政治力量，以及相关的法律、法规等因素。一个国家或地区的政治制度、体制、方针政策、法律法规等因素常常制约、影响着企业的经营行为，但这些因素通常是不可预测的。此外，政治法律环境的影响是直接且不可逆转的，当政治制度与体制、政府对组织所经营业务的态度发生变化时，或者当政府发布了对企业经营具有约束力的法律、法规时，企业的经营战略也必须随之做出调整。企业必须重视和研究政府关于商业的法律法规、政策和思路，如国家的税法、反垄断法以及管制的趋势，同时了解与企业相关的一些国际贸易规则、知识产权法规、劳动保护和社会保障等，这些相关的法律和政策往往能够对各个行业的运作产生影响，也直接影响着企业经营的利润。

②经济环境，是指国民经济发展的总概况，包括国际和国内经济形势及发展趋势，以及企业所面临的产业环境和竞争环境等。构成经济环境的关键要素包括 GDP 的变化发展趋势、利率水平、通货膨胀率、就业率、居民可支配收入、汇率水平、社会经济结构、市场需求状况等。企业作为处在宏观大

环境中的微观经营个体,其自身战略的制定受到经济环境的影响很大,因此企业在各种战略的决策过程中必须关注、搜索、监测、预测和评估本国及国际的经济状况。

③社会文化环境,是指组织所在社会中一定时期整个社会发展的一般状况,主要包括内部成员的社会阶层、家庭结构、风俗习惯、文化传统、价值观念、宗教信仰、教育水平等因素。构成社会环境的要素主要包括人口规模、社会流动性、年龄结构、种族结构、收入分布、消费结构和水平等。每一个社会都有其核心文化,这是一个国家或地区在较长历史时期内形成的一种社会习惯,常常具有高度的持续性和稳定性,企业发展必须能够与其所处的社会文化相适应。

④技术环境,是指社会技术总水平及变化趋势,包括技术变迁、技术突破对企业的影响,以及技术对政治、经济社会环境之间的相互作用的表现等。技术环境对战略管理有很多影响,比如:基本技术的进步使企业能对市场及客户进行更有效的分析;出现新技术使得顾客对某个行业产品或者服务的需求增加;技术进步可创造竞争优势;技术进步可能会导致某个行业或者其产品、服务被淘汰,也可能缩短产品的生命周期等。

当今世界经济已经高度全球化和一体化,企业面临的外部环境挑战比以往任何时候都更加复杂,除了上述几个环境因素外,自然环境、道德环境、全球环境等也逐渐被扩展引入外部环境的评估框架中。总之,企业在制定战略之前,必须对外部环境中的各种相关因素进行全面分析,以确保组织发展战略能够与环境相匹配。

(2)波特五力模型

哈佛大学商学院教授、美国战略学者迈克尔·波特(Michael E. Porter)在1979年提出了战略分析的五力模型,构建了一个标准化、规范化的分析框架(图 3-3)。波特认为,在企业经营的外部环境中,有五种力量影响着企业的战略选择,分别是:现有企业间的竞争、潜在替代产品的开发、潜在新进入者的出现、供应商的议价能力以及购买者的议价能力。

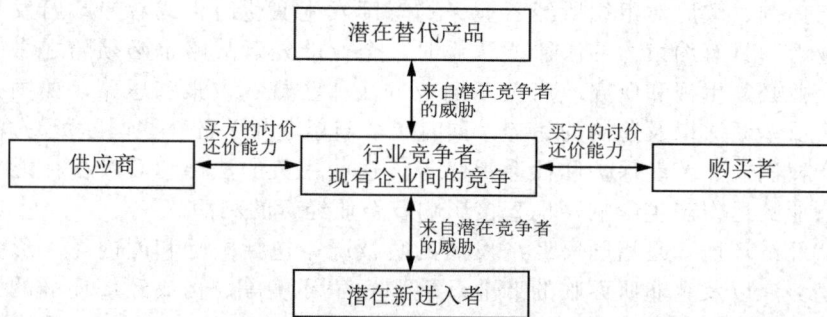

图 3-3 波特五力模型

①现有企业间的竞争。同一个行业中的企业，其相互之间的利益通常都是紧密联系在一起的，只有获得相对于竞争对手的优势，才能在市场竞争中取得胜利。因此，任何一个企业在进行战略制定时，首先必须考虑现有的竞争者。对行业内的竞争者进行分析时，要关注主要竞争者的基本情况、对本企业的主要威胁、竞争企业的未来发展趋势等，在对竞争各方进行比较时，需要考虑企业的经营成本、市场需求、产品差异、退出壁垒等，这些因素会影响到竞争强度。

②潜在替代产品的开发。两个处于不同行业中的企业，可能因为生产经营的产品或服务互为替代品而产生竞争。替代品的存在为消费者提供了更多的选择，替代品价格越低、质量越好，则用户转换成本越低，就会对同类产品产生巨大的威胁。从短期来说，一种产品的出现和兴起可能将另一个产品挤出市场，从长期来说，则可能是一个行业的消失。

③潜在新进入者的出现。一个行业如果有可观的前景，就会吸引潜在进入者出现。新进入者一方面能为行业带来新生产能力、新资源，另一方面也必然会与现存企业在原材料、市场份额等方面展开竞争，最终导致现有企业盈利水平降低，严重的话可能会使得现有企业退出市场。潜在新进入者的威胁程度取决于进入新领域的壁垒和预期现有企业对于进入者的反应两个因素，如果进入壁垒高，或者预期现有企业可能会进行强烈报复，那么进入的威胁就较小。

④供应商的议价能力。当供应商提高投入要素价格或者降低单位价值质量时，行业中现有企业的盈利能力与产品竞争力就会削弱。供应商的力量强弱主要取决于供应商所属行业的集中度、供应产品的不可替代性、供应产品在企业经营中的重要性等。

⑤购买者的议价能力。购买者购买企业提供的产品或服务，企业从中获得收益，因此购买者对于企业也有很大的影响。购买者提出压价的需求，或者要求企业提供较高的产品或服务质量，都会影响行业中现有企业的盈利能力。如果购买者的总数较少，而每个购买者的购买量较大，占了卖方销售量的很大比例，则购买者议价能力较强。

2. 内部分析

(1)核心能力分析

核心能力分析是进行企业内部分析的一种方法，这里的核心能力是指公司的主要能力，即公司在竞争中处于优势地位的强项，是其他对手很难达到或者无法具备的一种能力。企业核心能力关乎各种技术和对应组织之间的协调与配合，可以给企业带来长期竞争优势和超额利润。

①核心能力具有价值性。核心竞争力是企业的根本所在，企业的战略也

围绕核心竞争力展开，核心竞争力能带来顾客所需的关键利益，是企业在市场竞争中处于有利地位的重要前提，可以为企业创造超过同业平均利润水平的超值利润。

②核心能力具有独特性。核心能力的独特性也称作独具性，即一个企业的核心竞争力是这个企业独自拥有的。一般来说，在同一个行业中，几乎不存在两个或以上的企业拥有相同或相似的核心竞争力。

③核心能力具有延展性。企业的核心竞争力能够支持企业向更好的事业进行拓展，这种能力实质上是一种应变能力，表示企业能够适应市场的变化。

④核心能力具有难以模仿和不可替代性。由于企业核心竞争力是整合企业自身资源、技术和知识等的综合能力，竞争对手通常难以模仿和替代，如果被模仿或者替代了，那么企业的核心能力便不存在了，也会失去竞争优势。例如：华为的创新研发能力、阿斯麦尔光刻机制造能力、中国交建的填海造岛能力等。

⑤核心能力具有长期性。核心竞争力是在企业长期的经验、教训中积累下来的，也包括这个过程中形成的知识、技术、管理理念等，需要很长的时间才能形成。

（2）波特价值链分析

波特提出价值链分析法，将企业价值增加的活动分为基本活动和支持性活动，基本活动包括企业进料、生产、销售、发货后勤、售后服务，支持性活动涉及基础设施、人力资源管理、技术与开发、计划、采购、财务等，基本活动和支持性活动共同构成了企业的价值链（图 3-4）。

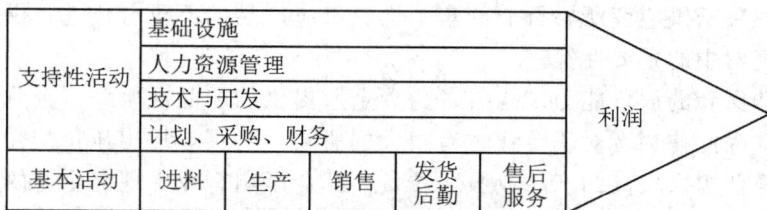

支持性活动	基础设施				
	人力资源管理				
	技术与开发				利润
	计划、采购、财务				
基本活动	进料	生产	销售	发货后勤	售后服务

图 3-4　波特价值链分析模型

并不是每个生产环节都能为企业创造价值，实际上，只有某些特定的活动才创造价值，这些活动就是价值链上的"战略环节"。运用价值链分析法来确定核心竞争力时，要求企业密切关注组织的资源状态，培养在价值链的关键环节上获得重要的核心竞争力，以核心竞争力来创造和保持企业的竞争优势。

3. 内外部综合分析

SWOT 分析法是一种对企业外部环境中存在的机会、威胁和企业内部条

件的优势、劣势进行综合分析，据此对备选的战略方案做出
系统的评价，最终选择出最佳竞争战略的方法。SWOT 模
型（图 3-5）中的 S 是指企业内部的优势（strengths）；W 是指企
业内部的劣势（weaknesses）；O 是指企业外部环境中的机
会（opportunities）；T 是指企业外部环境中的威胁（threats）。

图 3-5　SWOT 模型

　　企业的优势和劣势是与竞争对手相比较来说的，一般表
现在企业的资金、技术、员工、产品或服务、市场成就、管
理技能等方面。判断企业内部的优势和劣势一般有两项标准：
一是单项的优势和劣势。例如，企业资金雄厚，则在资金上
占优势；市场占有率低，则在市场上占劣势。二是综合的优
势和劣势。为了评估企业的综合优势和劣势，不能只关注某一个或某几个方
面，而应该确定一些重要的因素，对这些因素分别加以评价打分，然后根据
重要性经过加权计算得到结果。

　　企业的机会是从外部环境来说的，指的是那些对企业有利的因素，如市
场需求增加、特殊政策支持、原材料价格下降等。企业的威胁也是从外部来
看的，是指市场环境中对企业不利的因素，如市场需求减少、出现强劲的竞
争对手、原材料供应者不足、购买者议价能力提高等，这些因素都会对企业
当前以及未来的竞争地位产生影响。

　　通过 SWOT 分析，能够帮助企业确定战略能力，继而在此基础上，选择
所要采取的战略，SWOT 两两组合产生的四种战略的具体意义如下。

　　"S—O"（优势—机会）战略：是一种增长型战略，即通过整合企业的内部
资源，充分发挥企业的优势，抓住外部环境的机会，提高企业的市场竞争力，
从而获取更大的利益。

　　"S—T"（优势—威胁）战略：是一种多元化战略，即通过整合企业自身优
势的资源条件来应对外部环境中出现的危险，从而将企业的损失风险降到
最小。

　　"W—O"（劣势—机会）战略：是一种反转型战略，即企业通过利用外部
环境的机会来弥补自己的短板，或通过弥补自己的短板来抓住机遇，如企业
通过增加投资、重新分配资源等手段改善薄弱环节，迎合外部机遇。

　　"W—T"（劣势—威胁）战略：是一种保守防御型战略，即企业通过改善
内部弱点来应对威胁，或者通过割舍短板来规避风险，从而降低企业运营过
程中的风险。

3.3.3　组织战略类型

　　关于战略，我们会看到"加强型战略""稳定型战略""人力资源战略""财务
战略""差别化战略""多元化战略"等诸多不同的表述，仔细分析，实则是从不

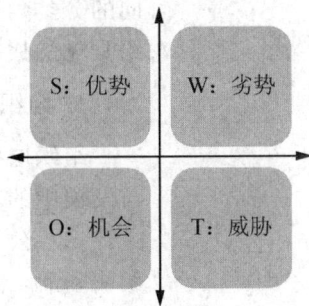

扫码听课 3-9

同的分类角度提炼出的战略类型。下面从组织层面和职能层面两个维度，介绍常见的战略类型。

1. 组织层面常见的战略类型

组织层面的战略以组织为研究对象，是组织的总体战略，研究企业生存与发展中的基本问题。如：公司的使命和愿景是什么？公司的总体经营目标是什么？公司应该采取什么战略态势，应该有哪些战略组合？这些问题的答案明晰后，企业的业务也就随之明确了。

这里简要介绍组织层面常见的三种战略类型：总成本领先战略、差别化战略和专一化战略，由美国学者迈克尔·波特（Michael E. Porter）提出。

（1）总成本领先战略

营利是企业经营的基本目标，而战略是企业实现目标的手段，一个企业要实现营利，要么降低成本，要么增加收入。总成本领先战略就是降低成本的战略，企业通过有效途径，严格控制生产成本和间接费用，使企业的产品总成本降低到最低水平。企业在竞争中如果能处于低成本的地位，就能够很好地防御竞争对手的进攻，因为较低的成本使得企业可以选择降低产品或者服务的价格，以此与对手在市场中进行竞争，而且在降低产品价格之后仍然能够获得盈利，从而在市场竞争中处于有利地位。

一般来说，采取总成本领先战略的企业提供的产品在质量和特色上都是有限的，产品本身的竞争力可能不强，但可以通过大批量的生产取得规模效益。总成本领先战略对于企业来说有很大的吸引力，因为当公司赢得了成本的优势，并由此获得较高的边际利润，又可以对设备、设施甚至技术等进行投资以维护成本上的持续领先地位，这种再投资对于企业保持低成本状态是非常关键的。

（2）差别化战略

实施差别化战略的企业要创造其产品与其他企业产品的不同价值，树立在产业内的独特性，以此获得竞争优势。差别化战略可以有许多方式，如设计鲜明的品牌形象、独特的技术、具备独特性能的产品、独特的顾客服务等，最具竞争力的情况是公司在几个方面都有其差别化特点。成功的差异化战略一方面能够提高产品出售时的价格，另一方面以独特产品使用户产生高度依赖，也获得了用户忠诚。

波特认为，实施差别化战略有时会与争取更大的市场份额产生矛盾。因为企业为了创造独特性的产品，必然伴随着高成本代价，而且会有一部分顾客不愿意或者没有能力支付产品的高价格，因此差别化战略与高市场份额不可兼得，公司是否实施这一战略需要做好权衡和取舍。在市场竞争日益激烈的环境下，产品差异更是个人和组织创造性的体现，只有企业具备了实施差异化战略的意愿，并且充分发挥企业中个人和集体的创造性，充分利用外部环境中存在的机会，才能创造出有效的产品差异优势。

（3）专一化战略

专一化战略是指企业集中力量主攻某个特殊的顾客群、某产品线的一个细分区段或某一地区市场，其主旨是利用狭窄的目标市场与整体市场及其他细分市场的差别来突出企业的差异化特点，在较小的市场范围内形成企业的规模经济优势。我们可以发现，低成本与差别化战略都定位于在全产业的范围内实现其经营目标，而专一化战略则相反，是定位于某一特殊目标而开展竞争。专一化战略主要有两种形式，一种是成本集中战略，即以比竞争对手更低的成本服务于某一市场范围；另一种是产品差异化集中战略，即为某一市场范围中的客户提供他们认为更好的产品。

专一化战略常常会限制可以获取的整体市场份额，比较适用于中小企业。在实施专一化战略时，也会有很多风险。竞争对手可能会争夺该目标市场；目标市场中顾客的需求偏好可能会转向大众化市场或其他细分市场；如果该目标细分市场利润非常丰厚，可能会刺激其他企业进入而成为竞争者，瓜分市场利润。

2. 职能层面常见的战略类型

职能层面的战略是为了支持组织整体战略而在企业特定的职能管理领域制定的战略，与企业总体战略相辅相成。换言之，组织层面战略强调"做正确的事"，职能层面战略则强调"正确地做事"。在组织层面战略的指导下，职能层面战略将事业部级战略进行具体落实和具体化，通过制定职能战略，实现将企业的总体战略转化为职能部门具体的行动计划。根据这些行动计划，职能部门的管理人员可以清楚地认识到本单位在总体战略实现过程中应该承担的责任和工作任务。

具体来说，职能层面的战略与企业组织层面的战略相比有以下主要区别。首先，职能层面的战略是更具体的。组织战略为企业发展提供了大的方向，职能战略从更精确、更具体的层次上支撑着组织战略的实施，从企业管理的角度来说，职能战略也增强了职能部门管理人员的战略落实与推进能力。其次，职能层面的战略期限较短。组织层面的战略通常有较长的期限，提出了在较长时间范围内企业的目标及其实施路径，而职能战略则聚焦于相对短的时间内各个职能部门为实施组织战略而分解到的任务，在这样的设计中，职能部门能集中于各个阶段应该完成的工作，也能根据组织总体战略适时对职能战略进行必要的调整。此外，组织战略由企业高层管理人员负责制定，职能战略由职能部门的管理人员在总部的授权下负责制定。

按照职能战略在企业运营中发挥的作用，可以将职能战略分为三类，分别是：生产运营型职能战略、资源保障型职能战略和战略支持型职能战略。生产运营型职能战略是企业以及各个业务单元最基础的职能战略，这一类战略从企业和业务单元的基本职能上为战略提供支撑，具体来说，又包括研发战略、筹供战略、生产战略、质量战略、营销战略、物流战略等。资源保障型职能战略则是为总体战略或业务战略提供资源保障的职能战略，包括财务战略、人力资源战略、信息化战略、知识管理战略、技术战略等。战略支持型职能战略是从企业全局上为总体战略和业务战略提供支持的战略，包括组织结构战略、企业文化战略、公共关系战略等。

思考题

1. 设置目标的原则有哪些？
2. 如何进行目标分解？
3. 如何实施目标管理？有何难点？
4. 组织战略有哪些类型？分别有什么特点？

在线测试

案例分析

第 4 章　制订计划

第 3 章讲述了目标与战略的相关内容，正如本篇导语中所说，目标与战略是计划工作的逻辑起点，是计划的前提。因此，在目标与战略已经确定时，就需要通过制订计划来对战略实施进行统筹规划和安排，以保证战略目标的达成。

4.1　制订计划的方法

4.1.1　PDCA

PDCA 循环(图 4-1)最早由"统计质量控制之父"沃特·阿曼德·休哈特(Walter A. Shewhart)提出，在爱德华兹·戴明(W. Edwards Deming)的普及下被广泛接受，因此又称戴明环。PDCA 循环早期作为质量控制的基本方法被广泛应用于质量管理活动中，它的作用在于通过模式化流程使人们的行为向自身预期目标靠拢。这一循环包含以下四个方面。

A
action（改进）

P
plan（计划）

C
check（核查）

D
do（执行）

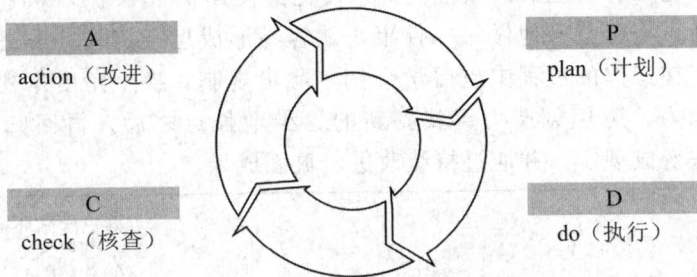

图 4-1　PDCA 循环

1. **计划(plan)**

计划阶段包括明确任务，设定符合 SMART 原则的目标；盘点资源，收集相关信息，制订备选方案；找出最佳方案；制订行动计划表。

2. **执行(do)**

这一阶段要求我们根据前一阶段的规划进行对应的行动。这是计划的执行阶段，是上级不断辅导下级的阶段，是克服困难，逐步实现目标的阶段。

3. 核查(check)

核查阶段的重点在于检查与纠偏。通过比对实际操作结果与预期结果的差距，区分出有效的规划、行动和无效的规划、行动，做必要的反馈并反思前两阶段的缺陷。

4. 改进(action)

这一阶段主要是对核查的结果进行处理，修正后再执行，起到承前启后的作用。对于成功的经验进行标准化和推广，对于失败的经验进行总结，并将未解决的部分放入下一个循环，形成新的行动。

PDCA循环并不是一次性的行为，而是一个周而复始、不断改进的过程。当我们向循环内输入一个目标，之后的行为就会在循环的一次次规整下向理想状态靠拢，绩效也会呈螺旋式上升，达到持续改进的状态。当一轮循环完成后，留下的成功经验就成为下一轮循环的基础，没有改善的部分成为下一轮循环要解决的问题，在一轮轮的修正下逐渐减少错误。

PDCA循环通过一个闭环(图4-2)将从设立目标到实现目标的过程变为标准化的流程，使人们的思想方法和工作流程更加富有条理性、科学性。最有价值的是PDCA循环使管理活动走上了持续改进、不断提升的轨道，只要坚持下去，管理活动就可以从粗放式管理逐步发展到精益管理，管理成熟度不断提升。

PDCA也具有一定的局限性。如果僵化的使用PDCA循环来管理我们的工作、生活，按部就班地做每一件事，就容易形成思维定式，失去创造的活力。因此，在工作的过程中也要学会偶尔跳出规制，换个角度审视问题，释放出创新能力，运用创造力寻找到新的思维增长点之后，再回归PDCA循环，将想法变成现实，并通过持续改进，巩固成果。

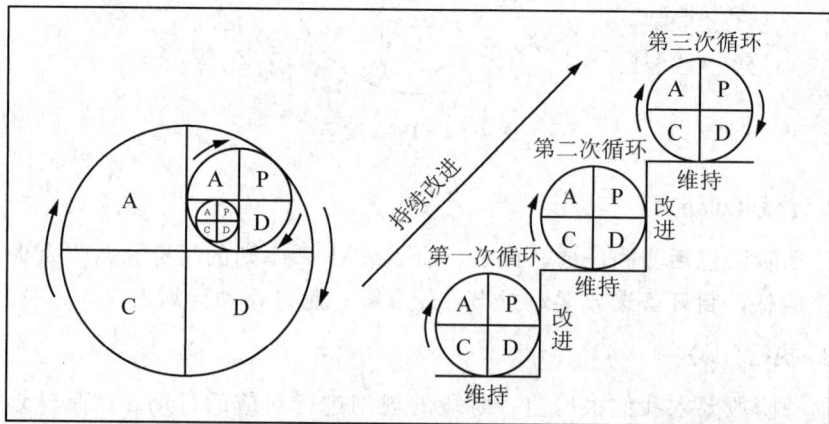

图4-2　PDCA循环的闭环

4.1.2　标杆管理

1. 标杆管理的内涵

扫码听课 4-2

顾名思义，标杆管理就是寻找标杆进行对标，找出差距，进而自我改进的一种方法。标杆管理是通过衡量比较来提升企业竞争地位的过程，它强调的是以卓越的公司作为学习的对象，通过持续改善来强化本身的竞争优势。

"标杆环"是标杆管理中的一个重要概念。标杆环由立标、对标、达标、创标四个环节构成，前后衔接，形成持续改进、围绕"创建规则"和"标准本身"的不断超越、螺旋上升的良性循环。

（1）立标

立标有两重含义，一是选择业内外最佳的实践方法，以此作为基准、作为学习对象。二是在企业内部培养、塑造最佳学习样板，可以是具体方法、某个流程、某个管理模式，甚至是某个先进个人，成为企业内部其他部门或个人的榜样，即试点工作。

（2）对标

对标是指对照标杆测量分析，发现自身的短板、寻找差距，并分析与尝试自身的改进方法，探索达到或超越标杆水平的方法与途径。

（3）达标

达标是指改进落实，在实践中达到标杆水平或实现改进成效。

（4）创标

创标是指运用标杆四法创新并实施知识沉淀，形成超越最初选定的标杆对象，形成新的、更先进的实践方法，进入标杆环，直至成为行业标杆。

2. 标杆管理的推进步骤

标杆管理按以下五个步骤推进。

（1）内部研究与初步竞争性分析

明确企业的战略定位以及自身在同行业中的水平，将多个定标对象排出完成的顺序，画出相对应的流程图，区分主要内容和次要内容。审查团队中各个方面的优势和劣势，将各个标杆排入不同的生产或审查部门以及不同的生产时期中。规划企业未来的发展方向，分析企业未来可能需要进行的改革或是可能会面临的困难。

（2）组成标杆管理团队

标杆管理团队最不可缺少拥有良好的规划能力、前瞻性和统筹能力的成员，在成员们互相了解之后，还需要聘请专业的标杆管理团队直接进入团队内部进行指导，协助成员深入理解标杆管理的过程以及实施时的注意事项。

（3）选定标杆管理伙伴

标杆管理伙伴指的是提供标杆管理调查相关信息的组织，选定标杆管理伙伴的过程即选定一个标杆的高度以及制订方案的大致方向。如我国的大型企业可以以全球领先的企业为目标进行对标，中小型企业应以大型企业为标杆，如果一开始就将目标定在过于优秀的行业标杆性企业上的话，容易造成目标与现实的差距过大的问题，则需要达到目标的时间过于冗长，无法得到准确具体的激励刺激，也很难让成员专注于目标，还是应该看清现有资源（时间、人力、资金），尝试收获等于甚至大于投入的回报。

（4）收集及分析资讯

企业首先应该彻底了解自己，找出企业内部需要改进的地方，确定收集外界信息的大致方向，不应该将其他公司的所有工作流程都全盘抄袭。采用问卷调查、访谈、网络资料收集等方式，有针对性地收集标杆企业的信息。在资料整理完毕后，寻找与标杆企业在关键问题上的差异，并分析得出提高本公司水平的可行方案，由此拟定出一份改革行动的计划书，以其作为标杆管理改革行动的蓝图。

（5）采取改革行动

按照行动蓝图落实改革任务，在进行完每一步改革之后，都应该及时对完成工作的过程进行总结和反思，以及按照原定的绩效考核标准反复比对，有必要时对方案进行及时的调整。

4.1.3 情景规划法

1. 情景规划的内涵

情景规划是一种新型的战略规划方法，要求企业对未来可能发生的情形提前做好设计，这种分析方法使得计划制订时可以开展充分客观的讨论，让战略更有弹性。与传统的规划思路相比，情景规划的主要优点是增强了决策的科学化和民主化。首先，情景规划显著增强了规划人员和决策者之间的沟通，不再是由规划人员制订一个方案并设法说服决策者，而是利用规划人员自身知识、专业性、分析能力等优势，提出未来可能发生的一些情景，为决策者提供参考，决策者根据丰富的实践经验来判断这些情景的合理性，反馈给规划人员，通过这样的机制对未来情景不断进行校准和改进。其次，情景规划有利于多方利益主体充分参与计划制订的过程，规划人员可以关注到不同利益主体的利益诉求，将不同的价值观、利益诉求等分别体现在不同的情景设计中，再将多种情景展示给不同利益主体，听取他们的反馈意见。通过这种方式，使得不同的利益主体能够进行协商，增进沟通和理解，从而增强决策的民主化。

2. 情景规划的作用

(1)有助于增强组织的应变能力，从容应对未来

在进行情景规划时，企业必须对未来可能出现的情况进行设想，这个过程要求企业整合各种信息，做出系统的分析，管理者的视野随之得到拓展。经过对未来情景进行模拟决策和反复检验，当未来这些情景真正发生时，企业可以采用已经验证过的决策，最大限度地避免因为突然出现意外而陷入慌乱的情况，增加把握住机会的概率。

(2)有助于团队学习，汇聚集体力量

传统的战略制定过程是由少量的战略制订者完成主要计划，再说服决策者，或者决策者提供主要的方向，由战略制定者加以落实和加工。这样的形式容易使得战略制定成为毫无意义甚至争夺资源、讨价还价的工作，企业中成员的真实想法很难表达和体现出来。而情景规划法依据组织学习的理论，在制定规划的过程中使得组织成员进行充分的对话和集体协作，对话与合作的氛围轻松和谐，也营造了一个安全的团队学习环境。同时，也能够激发参与者的创造性，包容多样性的观点，从而汇集集体的智慧，促进团队学习。

(3)有助于改善管理者的心智模式

情景规划不是简单的预测，而是基于逻辑和经验事实的分析、推演。通过情景规划，管理者可以将其所关心的影响决策的各种因素进行周密的全盘深入剖析，有助于拓展管理者的视野，改善管理者的心智模式，避免狭隘的个人偏见。此外，情景规划是一种使心智保持开放状态的学习方式，是一种思维上的独特修炼，有助于人们转变心智模式，跳出惯常思维的局限。

3. 情景规划的实现过程

情景规划是一个螺旋上升的动态过程，需要通过信息的沟通和反馈不断对未来可能出现的情况进行判断、验证及修正。比尔·莱尔斯顿（Bill Ralston）等提出了情景规划的 18 步方法：①设置情景模式；②赢得高级管理层的理解、支持和参与；③定义决策焦点；④设计情景规划流程；⑤选择主持人；⑥搭建情景规划团队；⑦收集可以得到的资料、观点以及构想；⑧识别并评估关键的决策因素；⑨识别关键力量和推动因素；⑩开展专题研究；⑪评估关键力量和推动因素的重要性、可预测性以及不确定性；⑫识别关键的"不确定性的主轴"，以此作为情景规划的逻辑和结构；⑬选择情景推理方式以应对"不确定区域"；⑭设定情景的故事情节；⑮用情景预演未来；⑯征集决策建议；⑰识别监控标志；⑱向组织汇报结果。

4.2　计划制订

4.2.1　经营计划

扫码听课 4-4

　　经营计划是指企业根据经营战略决策方案有关目标的要求，对方案实施所需的各种资源，从时间和空间上所做出的统筹安排，即根据市场需求和企业内外环境和条件变化并结合长远和当前的发展需要，合理地利用人力、物力和财力资源，组织筹谋企业全部经营活动，以达到预期目标，提高经济效益。

1. 经营计划分类

　　企业经营计划按照时间可以分为长期计划和短期计划两类。长期计划包括长期利润计划、产品发展计划、投资设备计划、市场开拓计划等。短期计划包括销售计划(产品计划、销售渠道计划、价格计划、促销计划、销售费用计划、销售人员计划、贷款收回计划)、生产计划(生产量计划、资本设备计划、研发计划、采购计划、制造费用预算)、人事计划(人员任用计划、教育训练计划)、财务计划(损益计划、资金计划、资产资本计划)等。

　　企业经营计划按计划内容又可分为供应、销售、生产、劳动、财务、产品开发、技术改造和设备投资等计划。

2. 经营计划的特点

　　(1)经营计划具有决策性

　　经营计划将企业作为相对独立的商品生产者和经营者，编制时充分考虑企业的内外条件与外部环境，直接影响着企业的生存与发展。

　　(2)经营计划具有外向性

　　经营计划与顾客、市场和社会有着密切的联系，其基本目的就是实现企业与外部环境的动态平衡，并获得良好的经济效益和社会效益。

　　(3)经营计划具有综合性

　　经营计划涵盖了市场调查、预测、生产、销售等各个流程，还包括技术、财务和后勤等各种支持条件，对企业全部生产经营活动都起到引导作用。

　　(4)经营计划具有激励性

　　经营计划将企业利益和职工个人利益有机结合起来，形成一股强大的动力，能激励企业员工为之努力投入。

3. 制订经营计划的步骤

　　经营计划的编制是一个过程，为了保证编制的计划合理，保证能够实现组织的战略目标，计划编制的过程必须采用科学的方法。下面提供了一个制订经营计划的步骤。

（1）步骤 1：确定目标

确定目标是制订计划的前提条件，目标为组织整体、各个部门乃至各个员工指明了方向，并且可以转化为衡量绩效的标准。在确定目标时，首先确定组织的总体目标，然后确定每个下属工作单位的目标，工作单位的目标再分解为个人的工作目标，从而形成组织的目标结构。目标规定了计划的预期结果，并且明确了要完成工作的具体结果，以及哪些是需要强调的重点。

（2）步骤 2：条件分析

在组织目标确定之后，需要对组织的过去、现在、将来进行全面的分析。

对组织的过去进行分析，能够从过去的事件中得到经验和启示，为未来组织目标的实现总结规律。从过去的事件中总结规律，可以进行演绎或归纳，根据所掌握的信息，采用个案分析、时间序列分析等，重点关注企业在过去的经营中有哪些优势和劣势，在市场中的竞争力如何。

对组织的经营现状进行分析也是至关重要的，目的在于寻求合理有效的实现目标的途径。分析现状的重点在于将组织、部门置于更大的系统中，对外部环境、竞争对手和组织自身的实力进行比较研究，清晰认知环境给组织带来的机会与威胁，明确与竞争对手相比自身的优势与不足。

分析组织的未来，就是考虑制订计划的前提条件。这里的前提条件是关于要实现计划的环境的假设，也就是组织的计划将要在何种内外部环境中实施。组织对前提条件的认识越清楚、越深刻，计划工作就越有效。组织成员对前提条件越认同，企业的计划工作就越协调。但未来是极其复杂的，计划不可能对将来环境中的每个细节都作出假设。因此，只需要关注那些对计划来说具有关键意义的假设条件，比如：未来的市场有多大？如何筹集资金？产品或服务的核心竞争力是什么？

（3）步骤 3：确定主要计划

制订计划的第三个步骤是确定主要计划，具体又包括三个内容：拟订备选计划、评估备选计划和选定计划。

在拟订备选计划的前期，需要拟订尽可能多的计划，可供选择的计划数量越多，被选中计划的相对满意程度就越高，行动也越有效。当一批备选计划被提出之后，要进行评估，用总体效益的观点来对备选计划进行衡量，不仅要考虑计划执行所带来的利益，还要考虑计划执行所带来的损失，认真考察每一个计划的制约因素和隐患。最后，按照一定的原则选择出一个或几个较优计划，这个过程实则是一种决策。

（4）步骤 4：制订支持计划

为保障计划的顺利实施，还有必要制订一些支持性的计划，比如雇用和培训人员的计划、筹集资金计划、广告计划等。

（5）步骤 5：用预算量化计划

在做出决策和确定计划后，需要将计划转变成预算，对计划进行量化。编制预算一方面能够使计划的指标体系更加明确，另一方面也有利于企业对计划执行的过程进行管理和控制。

4. 制订经营计划的要求

在制订经营计划时，首先，要重视协调性。既包括企业运营内部各环节、组织各部门之间的相互协调，又包括企业与外部环境条件之间的协调。其次，要加强灵活性，计划指标要留有余地，不能过于死板，对计划实施过程中各种可能出现的情况要提前做好应变措施预案，甚至对计划本身做好备选方案，当计划执行出现严重问题以至于目标不可能实现时，选择备选方案。最后，在制订经营计划的过程中，需要进行充分的信息沟通，提高企业内部各个层次的部门、人员对计划的理解一致性，消除计划隔阂。

4.2.2 项目计划

1. 项目计划的内涵

项目是为创造独特的产品、服务或成果而进行的临时性工作。组织的活动可以分成两大类，一类是持续的、周而复始的活动，称为运作；另一类是临时性的、有明确开始与结束时间的活动，称为项目。随着组织内外部环境中不确定因素的增多，组织中各类项目活动也越来越多，做好项目计划的意义也越来越突出。

项目计划根据项目全生命周期的管理活动，可以分为以下十类：①整合管理计划；②范围管理计划；③进度管理计划；④成本管理计划；⑤质量管理计划；⑥人力资源管理计划；⑦风险管理计划；⑧采购计划；⑨沟通管理计划；⑩干系人管理计划。

2. 项目计划的作用

一个良好的项目计划在项目的实际进行当中往往起着至关重要的作用，它使得项目运行过程是可控的，也能够使项目组成员少走弯路。其具体作用表现在以下两方面。

对于项目组内的成员来说，项目计划一方面可以确定项目组成员工作的责任范围及相应的职权，以便按照既定要求去指导和控制项目的工作，减少项目运作过程中的各类风险。此外，项目计划能够促进项目组成员、项目委托人、管理部门等多方的交流和沟通，增加客户的满意度，并使得项目工作协调一致、稳步推进，不出现大的偏离。同时，项目计划使得项目组成员能

扫码听课 4-5

够清楚地知道自己的目标和任务，以及实现这个目标应该采取的方法和途径，并且确保在需要的时间内尽量用最低的成本、最少的资源消耗完成项目。

对于项目的管理和控制来说，项目计划是进行项目实施过程分析、协调及记录的基础，也是预定时间、人员和经费的基础。这样项目计划就为项目的进一步跟踪和控制过程提供了一条最基准的线，可以拿它来衡量进度、计算各种偏差及决定预防或修正措施，便于进行项目的动态管理。

3. 制订项目计划的一般原则

（1）目的性

项目都必须有明确的目标，可能是一个或者几个，这些目标的实现象征着项目完成，而任何项目计划的制订正是围绕着项目目标的实现而展开的，因此项目计划具有较强的目的性。

（2）系统性

项目计划是一个系统，它由一系列支撑项目完成的子计划所组成，各个子计划在具有相对独立性的前提下，彼此紧密相关，相互制约，共同作用。任何一个子计划的变化都会影响到其他计划的实施，进而最终影响到整个项目计划的执行和完成。因此，在制订项目计划时，需要考虑到相关性和协调性，使得项目计划形成一个有机协调的整体。

（3）动态性

项目实施的生命周期一般来说是比较长的，在这个过程中需要对项目进行动态管理，时刻注意项目的实施状况。在项目的生命周期内，内外部环境不是一成不变的，始终处于变化之中，因此计划的实施很难同原先计划完全一致，在实际执行过程中，经常会出现偏离项目初始计划的情况，因此项目计划也需要随着环境和条件的变化而不断进行调整和修改，适应不断变化的环境和各种约束条件，以保证完成项目目标。

（4）完整性

项目计划必须是完整的，如果在项目实施过程当中突然发现在制订项目计划时遗漏了某个工作，再进行重新安排，可能会造成极大的损失和风险。因此在制订项目计划时，要做到通盘考虑，使得计划富有弹性，留有一定的余地，从而能够从容应对各种突发事件，这对于项目计划来说是极其重要的。

（5）相对稳定性

在实际情境中，当项目实际进展与计划存在偏差的时候，往往会修改项目计划，这是技术人员不懂得技术、管理人员不重视管理的一个表现，导致管理人员和技术人员没有进行良好的沟通，计划成了一纸空文，这是项目管理的失败。保证项目计划的相对稳定性，使得项目实施在项目计划的范围内运作和调整，才是项目管理的正确方向。

4. 项目时间进度计划编制方法

（1）甘特图法

甘特图是在 20 世纪初期，由亨利·劳伦斯·甘特（Henry Laurence Gantt）先生提出的。如图 4-3 所示，它是一种横道图，横轴代表项目实施的时间，纵轴代表项目任务，而线条则表示项目实施期间的计划和实际完成的情况。甘特图用图形化的方式清晰地呈现了项目任务、何时开始、当前完成进度的情况，项目负责人可根据甘特图预估哪些任务可提前完成、哪些任务滞后或按计划进行中，以方便对项目整体进行有效的管理。

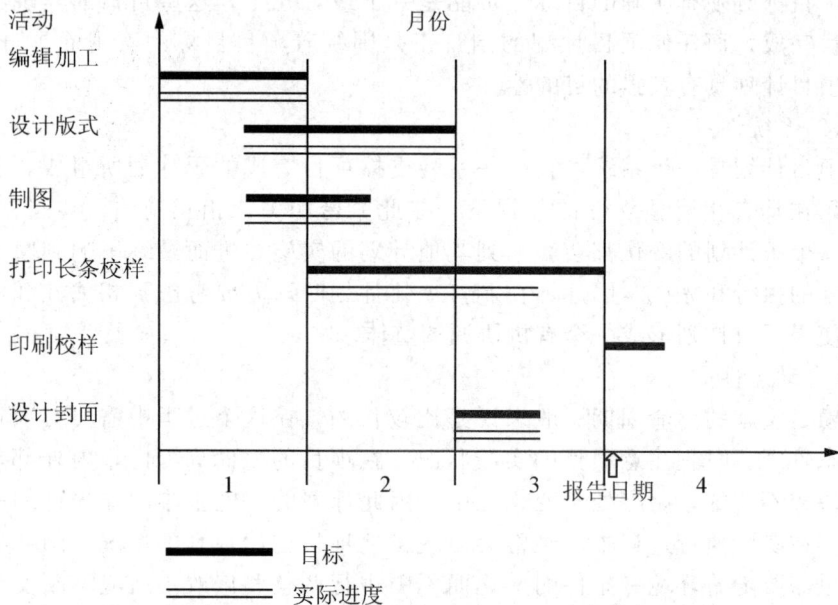

图 4-3 甘特图

（资料来源：王硕、胡宁：《管理学原理》，北京，清华大学出版社，2018）

（2）网络计划技术

网络计划技术于 20 世纪 50 年代后期在美国产生和发展起来，它通常应用于工程项目，是一种以网络为基础制订计划和控制的管理技术，如关键路径法、计划评审技术、组合网络法等。网络计划技术的原理，是把一项工作或项目分成各种作业，然后根据作业顺序进行排列，通过网络图对整个工作或项目进行统筹规划和控制，以使用最少的资源，用最快的速度完成工作，网络计划技术的基本步骤如图 4-4 所示。

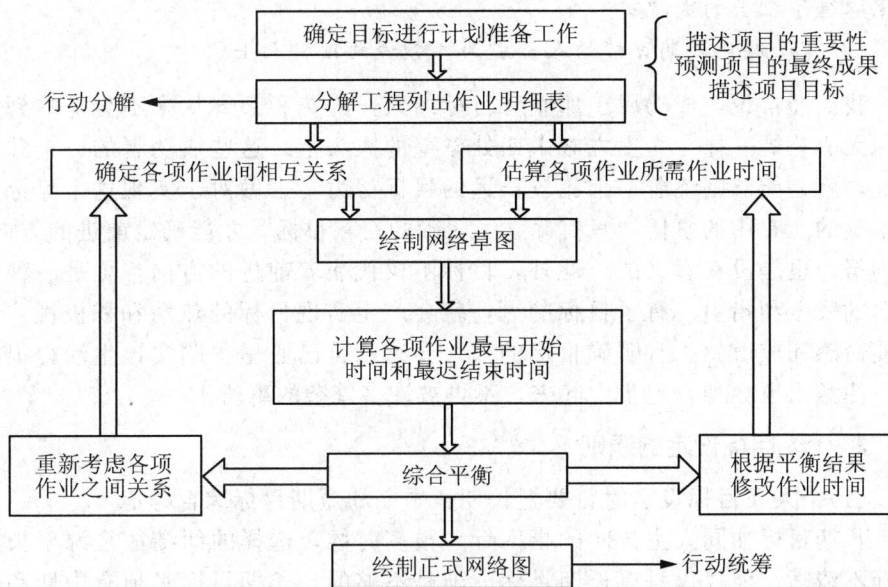

图 4-4　网络计划技术的基本步骤

（资料来源：王硕、胡宁：《管理学原理》，北京，清华大学出版社，2018）

4.3　个人计划

4.3.1　个人目标管理

1. 个人目标管理的含义

个体目标管理指的是将目标与自身需求相结合的管理方法。在个体目标管理的体系中，强调通过目标与需求两者的协同，形成自身对目标的认同感，个体在达成目标的过程中获得了自我满足，从而形成强大的内驱力，进而促成目标的实现。有些人之所以迷茫，主要是没有之奋斗的明确目标。因而有时会变得慵懒，甚至听天由命，叹息茫然。

例如：某西方知名大学 1953 年曾对毕业生做过一次调研，就目标对人生的影响进行过一项长达 25 年的跟踪研究，研究对象在智力、学历等其他条件上都差不多。比较 25 年前和 25 年后，研究结果如下：

27％没有目标的人，生活在社会最底层，生活过得很不如意；

60％目标模糊的人，生活在社会的中下层，并无突出成就；

10％有清晰但较短期目标的人，生活在社会的中上层，在各自所在的领

扫码听课 4-6

域里取得了相当的成就；

3%有清晰且长期目标的人，成为各领域的顶尖人士。

我们经常说，成功属于那些有目标的人，鲜花和荣誉从来不会降临到那些像无头苍蝇一样在人生之旅中四处碰壁的人头上。这些成功者的一个独到之处，就是能够围绕着一个比较长远的目标努力，去做对于实现这个目标而言正确的、有用的事情。只有确立了明确的奋斗目标，才能确定前进的方向，否则努力也是没有意义的。此外，目标不仅代表着前进的方向，更是一种对自己的鞭策和指引。有了目标的人，就会产生实现目标的热情和积极性，有了使命感和成就感。有明确目标的人，会感到自己心里很踏实，生活得很充实，注意力也会神奇地集中起来，不再被许多繁杂的事所干扰。

2. 个人目标设定的原则

(1)个人在目标设定时，要把长期、中期和短期目标综合考虑

长期目标如同人生方向的指南针，很多时候，选择的纠结往往源于长期目标不清晰。但仅仅只有长期目标清晰是不够的，长期目标必须有中期和短期目标做支撑。短期目标的实现可以不断地提振当事人信心，鼓舞他一步一步实现中期和长期目标。安德鲁·杜布林(Andrew Dubrin)博士在《做到这一点》一书中说过："看上去让人感到头疼的巨大任务是造成不去行动的主要原因。你可能听说过一种方法，叫作吃大象技术。这项技术基于这样一个想法……那就是：在一次宴席上吃掉一整头大象，对任何人来说都是办不到的。一个更明智的方法是，一次只吃一口。"

(2)个人在设定目标时，要充分考虑个人自身能力和条件状况

要实现这个目标，需要具备的能力和条件是什么，目前已经具备了哪方面的能力和基础条件，还需要提升哪方面的能力，还需要形成哪方面的基础条件，能力提升路径是否清晰，基础条件创造的过程是否可控，资源好不好整合等。比如，个人要读 MBA 学位，就要考虑国家统考的挑战有多大，个人能否负担较高的学费支出，不同的学校考取难度不同，学费也有较大差异，要结合自身条件进行评估，能否通过上考前辅导班提升考上的概率，学费能否通过申请学业贷款或向亲朋好友借款来解决。

(3)个人在设定目标时，要充分考虑组织目标

组织是由人组成的，组织目标是由人在一起通过相互作用、共同努力来实现的。组织目标与成员个人目标如果不一致，或者一致程度较低，那么组织目标实现起来也很困难。相应地，个人目标和组织目标相一致的话，可以更加便利地搭上组织发展的快车，特别是在组织转型时，如果适时把个人目标调整到组织发展的新方向上来，往往能够获得组织的优先支持。反之，个人目标和组织目标不一致，甚至还有严重冲突，即在"身在曹营心在汉"的情

况下，个人不太可能成为组织高度认可的员工。在这种个人和组织都别扭的情况下，个人可以考虑更换工作或岗位，"人挪活"就是这个道理。

（4）个人目标设定过程中还要考虑工作、家庭的平衡

工作与家庭问题是大多数人必须考虑的问题，两者往往会相互影响，员工可能会将个人家庭中的问题带到工作中来，而工作中的问题也可能会影响其家庭生活。工作与家庭冲突的产生，主要有以下两方面的原因。一是多重角色带来的冲突。目前社会中双职工家庭居多，大多数人至少承担着工作和家庭两种角色，而这两种角色往往造成时间上和精力上的相互争夺。二是在工作和家庭两种情境下的情绪体验会相互扩散。研究表明，男性更容易将工作中的消极情绪渗溢到家庭中，而女性更容易将家庭中的不良情绪带到工作中。

（5）个人可以采用多种途径减少或消除工作与家庭的冲突

比如通过请家政人员或者采用家务外包等方式，减轻角色要求；或者从工作与家庭的边界管理入手，在业余时间，将工作电话转移到语音信箱，以免家庭生活受到干扰。寻求相关的帮助也是一种很好的途径，当自己面临家庭角色的紧急要求时，可以请求上司批准暂时调整工作时间，或请求同事帮助分担手头工作。

（6）组织需要为员工平衡工作与家庭的冲突提供一定的支持

研究发现，赡养老人、照顾小孩等家庭义务与责任，和经常加班、经常出差等工作安排，是导致员工家庭与工作冲突的重要因素。组织可以通过工作职责的调整，或者设计更有弹性的工作方式，帮助员工处理好家庭义务与工作职责之间的关系。弹性的工作时间和工作场所安排，带薪事假，倡导家庭工作同等重要、营造鼓励员工热爱家庭生活的组织文化，都是组织可以采取的有效措施。

4.3.2　个人计划管理

与个人的长期目标、中期目标和短期目标相对应，个人计划也分为长期计划、中期计划和短期计划，当然也有专项计划，比如减肥计划、置业计划、考取某项专业证书计划等。

扫码听课 4-7

1. 长期计划

长期计划最长可以是人生计划，根据人生的总目标，制订相应的长期计划，长期计划更像是人生宣言和里程碑计划，比如，个人人生的追求目标有哪些，30 岁前要完成哪些，40 岁前要完成哪些，50 岁前要完成哪些等；为了实现人生计划，个人要坚持什么价值观，要遵循什么准则，要坚持走什么路径。个人制订长期计划时一定要考虑国家和社会的发展需要，要对国家发

展充满信心，要善于分析国家发展的形势，做到顺势而为。

2. 中期计划

除了人生计划外，一般一年及以上周期的计划也都可以称为长期计划，如五年计划、三年计划、一年计划等，相对于人生计划，这类中期计划目标和实现路径都更清晰，计划也更具体可操作性。比如刚走入社会的年轻人可以设定自己的五年计划，包括五年的职业计划，严格遵循"一万小时定律"，成为所在专业领域的专家。五年的财务计划，比如经过五年积累，攒够买房的首付款。五年的学习计划，比如每年阅读 50 本书，取得 MBA 学位，考取职业相关领域专业资质证书等。

3. 短期计划

短期计划一般为月（季）度计划、周计划和日计划三种。制订这类计划，要充分要好"SMART"和"PDCA"等工具管理好计划。比如要充分考虑与上一级计划的关联，要突出主线，要有一定的弹性以适应持续变化的环境，要不断回顾，持续改进。如下是周计划和日计划的示例（表 4-1、表 4-2）。

表 4-1　周计划表

周计划	计划内容	未计划的事项
• 部门有什么目标要实现 • 个人工作有何要求，诸如工作质量、最后期限、工作标准等 • 个人工作内容的重大要求 • 预留出重要会议等的时间 • 一定的、不受干扰的时间	星期一： 星期二： 星期三： 星期四： 星期五：	• 要有一次重要的出差 • 有可能出现的新情况

表 4-2　日计划表

早中晚	时间	事件	完成情况
上午	06:00—06:20	考虑一天的重要任务	
	06:20—06:35	制订一天计划及浏览一周计划	
	07:30—08:30	长期目标的学习	
	08:30—10:00	正常工作	
	10:00—10:10	5～10 分钟茶休	
	10:10—11:40	正常工作	

续表

早中晚	时间	事件	完成情况
中午	11:40—12:10	午餐	
	12:10—13:30	午休冥想	
下午	13:30—14:30	正常工作	
	14:30—14:40	5～10 分钟茶休	
	14:40—15:40	正常工作	
	15:40—15:50	10 分钟简单运动	
	15:50—17:00	正常工作	
	17:00—17:20	查看计划完成情况及接下来几天重要事项	

　　在制作日计划时，往往需要配合制作工作备忘录（表 4-3），工作备忘录就是将每日要做的一些工作事项先列出一份清单，排出优先次序，确认完成时间，以突出工作重点，避免遗忘未完事项的一份工作表单。

　　工作备忘录一般包括：①特殊事项及干系人；②行动计划中的工作；③昨日未完成的事项；④待办单不应包括的内容；⑤已形成惯例的一些日常事务性工作；⑥立即要做的事。

表 4-3　工作备忘录示例

年　月　日

优先顺序	待办事项	完成人	干系人	完成确认
1				
2				
3				
4				
5				
6				
7				
8				
9				
10				
……				

扫码听课 4-8

4.3.3　个人时间管理

时间管理是指合理使用时间的工作技能。时间管理的关键不在于时间，而在于如何善用以及分配时间，并提高自己的工作效能。

关于时间管理的理论出现很早，并不断发展更新。第一代理论着重利用便条和备忘录记录下重要的事件，以便在忙碌中不至于忘记这些事情。第二代理论强调行事历与日程表，将未来事项的规划反映到时间管理中。第三代理论注重事务的次序安排，需要衡量事件的轻重缓急，将有限的时间进行分配，争取最高的效率。第四代理论兼顾重要性与紧迫性，讲求多方面的平衡。

1. 个体时间管理的方法

（1）时间矩阵图

时间矩阵图是把时间按其紧迫性和重要性分成 A、B、C、D 四类，形成时间管理的优先矩阵（图 4-5）。

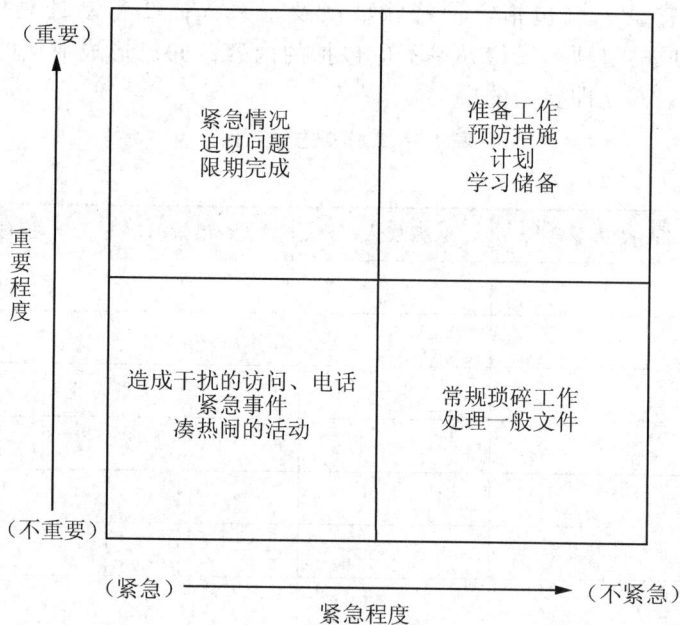

图 4-5　时间管理矩阵图

按照时间矩阵图，我们的任务被分为重要紧急、重要不紧急、不重要紧急、不重要不紧急四类。如果我们把大多数时间分配在重要紧急的事件上，时间就得到了很好的优化，但这是有问题的，因为一直在处理重要紧急的事情，重要不紧急的事情也会变成重要紧急，这样我们就只能被时间推着前进。

一个优秀的时间管理者，要在重要紧急事件可控的情况下，把工作的重心放在重要不紧急的事件上，提前做好规划，就可以完善时提高工作完成的效率。而对于那些不重要不紧急，或者不重要紧急的事件，只需要分出很少的一部分时间就可以完成。这是一套非常有效的时间管理工具，能够突出重点，合理安排时间和精力。

（2）效能矩阵图

时间矩阵提出按照任务的紧急度和重要度来进行时间管理，但有时紧急度和重要度的决定权我们可能掌控不了，比如工作日程经常会被上级和同事影响。实际工作中，很多人工作多年还不善于说"不"，造成个人做了不少别人认为重要的，自己又不擅长的工作，既浪费了时间，又没什么绩效。日本人力管理协会执行长松本利明提出，在决定工作的优先顺序时，可以用"胜任"和"能做出成果"作为判断主轴。他在《努力，不如用对力：认真≠绩效，精准做重点才是赢家!》一书中指出，"胜任"指的是，你能轻松、快速地完成某件事；"能做出成果"是指完成某个工作后，你能得到赏识或是达到预期效果。在松本利明看来，那些你既胜任又能做出成果的工作，才是最该优先处理的。这类工作可以优先安排到工作日程里，如果是你擅长做的工作，那么你就能乐在其中还可以做出成果，接着，别人会产生"这类工作果然要交给你来做才最有保障"的评价，之后便会有越来越多你擅长的工作找上你，形成一个良性循环。接下来需要优先去做的，是你胜任但做不出成果的工作。这类工作就是那些能够帮你提升工作技能，或成为未来收入来源的工作。效能矩阵图如图 4-6 所示。

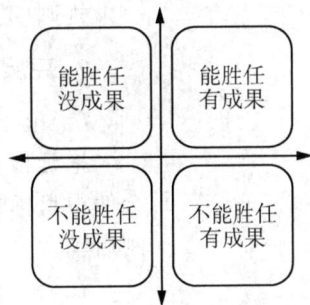

图 4-6　效能矩阵图

（3）ABC 时间管理法

ABC 时间管理法从本质上来说就是一种权重管理法，它将事件依据重要紧急程度，合理并且贴切地分配到相应管理层级金字塔中，由此，可以通过观察事情的轻疏急缓，进行时间的分配与行动的落实。

A 级事务对于达成目标非常关键，可以认为是最重要的事项；B 级事务对于达成目标具有一般性的作用，可以认为是次重要的事项；C 级事务对于达成目标没有特别大的作用，可以认为是不重要的事项。

三级事务所占的时间比例和价值是不同的。A 级事务约占任务总量的 15%，价值高达 65%，因此是"重要但少"的；B 级事务约占任务总量的 20%，完成后价值也约为 20%，因此是"较重要但少"的；C 级事务约占任务总量的 65%，价值只有约 15%，因此是"不重要但多"的。

在将事项分配为 A、B、C 三级后，就要相应地进行落实。一般而言。A 级事务不进行授权，自己完成；B 级事务做好策略规划，规定期限完成；C

级事务则可以授权别人来完成。

（4）番茄工作法

番茄工作法是一种微观的时间管理方法，对于个体来说简单易行。使用番茄工作法时，首先选择一个待完成的任务，对这个任务设定一个番茄时间，接下来要求在番茄时间内专注于这项任务，不做任何与该任务无关的事，坚持到番茄钟响起，然后在纸上画一个记号，记录下来；接下来设定一个番茄休息时间，短暂休息一下可以提高效率。结束一天的工作后，根据记录对当日的工作学习情况进行复盘，同时可以对第二天的时间进行规划。

番茄工作法遵循如下规则：

规则一：一个番茄时间共 30 分钟，包括 25 分钟的工作时间和 5 分钟的休息时间。

规则二：一个番茄时间是不可分割的。番茄工作法中，时间的最小单位是一个番茄时间。一个番茄时间不能被划分：不存在半个番茄时间或者一刻钟的番茄时间。

规则三：每四个番茄时间后，停止你的工作，进行一次较长时间（15～30 分钟）的休息。

规则四：完成一个任务，划掉一个番茄。

2. 克服拖延

（1）拖延的内涵

拖延指在开始或完成一项外显或内隐的活动时实施有目的的推迟，拖延会使得目标任务在要求的时间内完成不了，或者目标任务在最后期限内才刚刚启动。

在当今社会中，拖延心态十分常见，甚至将产生了"拖延症"这一精神心理疾病，拖延症是自我调节的失败，在能够预料后果有害的前提下，仍然把计划要做的事情往后推迟。拖延是一种普遍存在的现象，一项调查显示大约75％的大学生认为自己有时拖延，50％认为自己一直拖延。严重的拖延症会对个体的身心健康带来消极影响，如出现强烈的自责情绪、负罪感，不断的自我否定、贬低，并伴有焦虑症、抑郁症等心理疾病，一旦出现这种状态，需要引起重视。

拖延主要有两种形式。一是慢性拖延，是一种心理与行动相悖、即使知道时间的紧迫性还是缺乏行动力的状态。二是互联网拖延，指日常工作、学习大多离不开电脑，每天几乎都要启动电脑、登录网络，却常常被网络信息"诱惑"，从而把该做的工作、学习推后、拖延的现象。

（2）拖延的成因

诱发拖延的因素主要有以下三个方面。

①天性：注意力分散和易冲动。研究表明，人的注意力是不能够长期高效率集中的，在一段时间过后，总是会出现走神的情况，这时如果不及时调整，就会影响任务的完成进度。冲动也会导致拖延，这是因为过分活跃的注意力和情绪会导致个体表现出做决定太快、注意范围缩小的特征，这些将导致个体拖延行为。而且冲动让个体更多地关注即时收益，容易忽略长期责任，因而冲动的人更可能拖延。

②价值判断。在面对一个任务时，个体会进行价值判断，如果个体认为回避失败动机高于追求成功动机，个体将倾向于以拖延的方式逃避可能的失败。在完成任务的过程中，由于方法的不确定性和结果的出乎意料性，每个人都承担着失败失望的风险，因此，为了减小风险，我们往往会停下来审视，这就会使将要执行的任务被拖延。

③适应不良（追求安全感，自尊心，缺乏激励机制）。拖延可能源自安全感与自尊心的缺乏，对于一项非常重要的、不得不完成、却又冗长困难的任务，害怕完成不好，从而产生逃避心理，不断地推迟。此外，激励机制的不完善也会间接导致拖延，由于看不到及时的、有吸引力的激励，个体便缺乏推进工作事项的动力。

（3）个体拖延管理方法

个体可以从心理和行动两个方面对拖延进行干预，比如：

①改变认识。运用积极暗示、增加成功体验和放大优点等方法获取自信；改变完美主义，分析完成任务带来的益处。积极情绪和调节动机，可以通过适当休息，转移注意力，适当地放松娱乐等来转换心情，获得暂时的积极情绪，尝试将厌恶的任务转换为喜欢的任务或附加一些奖励。增强自我效能感，个体在任务完成过程中对自己进行自我管理，积极监控自己的行为并评估干预期。

②行动管理。OEC 管理法是海尔公司独创的一种全方位优化管理法，其所谓的 OEC，是 Overall Every Control and Clear 的缩写，即 O——overall（全方位），E——everyone（每人）、everything（每件事）、everyday（每天），C——control（控制）、clear（清理）。简单来说，也就是"日事日清，日清日高"。日事日清，即把当天遇到的各种任务和问题在当天之内解决，不进行积累。任何一个人每天都会面对很多的事务，比如会接到来自高层的工作指令，还有来自其他部门的协作要求、来自同事的需求等，还有工作之外的家庭、朋友等需要处理的问题。任何一件事情如果不在当天解决，又拖到下一个工作日，工作就会越积越多，最后就会出现事情多到导致根本无法推动的局面。按照 OEC 的管理模式，上至总裁，下至一般员工，无论在什么岗位，都应该十分清楚自己一天的工作目标，知道自己应该干什么，干多少，按什么标准干，

要达到什么效果。"今天的工作必须今天完成，今天完成的事情必须比昨天有质的提高，明天的目标必须比今天更高。"

思考题

1. 简述计划制订的几种方法。
2. 常见的个体时间管理的方法有哪些？
3. 尝试为自己做一份个人计划。

在线测试

案例分析

第 3 篇

组织篇

开篇导语

　　组织是由一群人按照既定的规则分工协作实现共同目标的过程。组织是管理工作的核心内容，是管理的重要职能，在战略目标以及计划明确后，有效组织工作就成了落地战略，它是实现目标的关键。要开展有效的组织工作，既要从总体上把握组织的特征，设定适宜的组织结构与工作流程，也要具体关注组织中"人"的有效配置、分工协作与授权，这样才能更好地把组织战略转化为组织中每个人的行动。本篇内容包含三大部分，一是如何有效地进行组织管理，主要包括组织设计、组织文化以及组织变革；二是如何有效地进行人员管理，主要包括人岗匹配，人员招募、培训与开发以及人员绩效与薪酬激励；三是如何有效地进行团队管理，包括团队生命周期阶段管理、团队效能管理以及典型团队成员管理。

学习目标

- 掌握组织的概念和特征、组织设计的原则和关键要素
- 掌握四种基本的组织形式及其优缺点、适用场合
- 理解组织发展的生命周期，认识组织各个阶段的特征和管理方法
- 了解虚拟组织、无边界组织、学习型组织的含义及特点
- 理解组织变革、组织发展、组织文化的含义
- 了解现代战略人力资源管理的含义、体系、特征和机制
- 掌握团队生命周期管理、理解团队典型成员管理的规律

思维导图

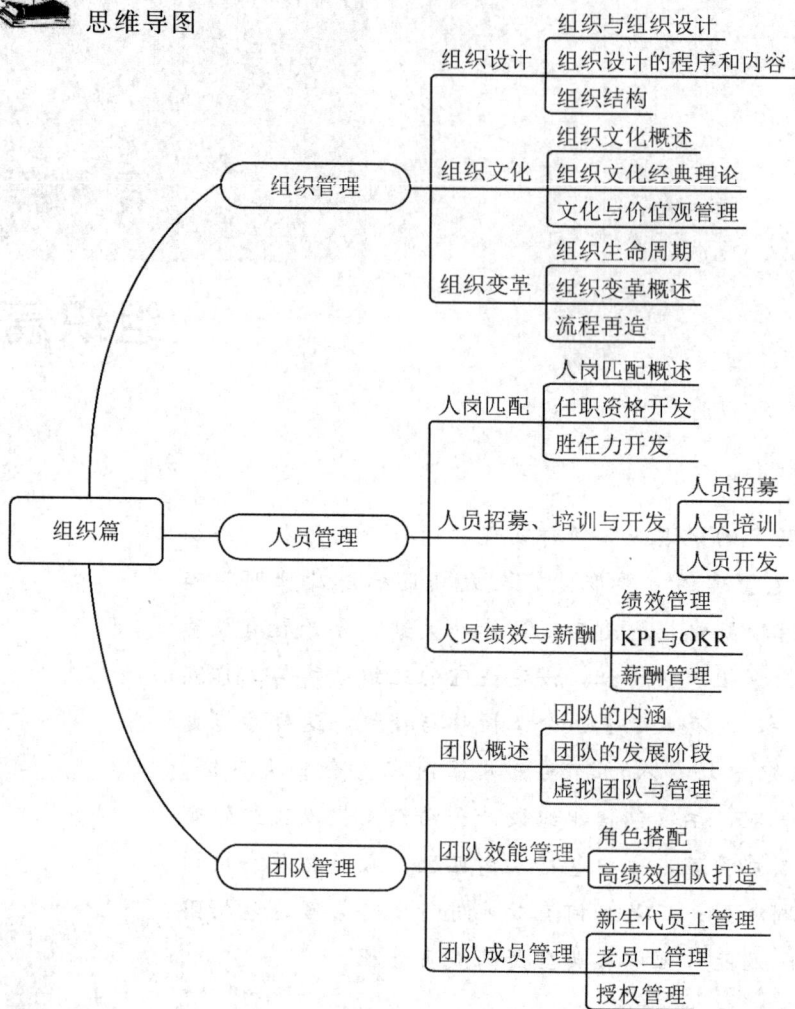

组织篇
├─ 组织管理
│   ├─ 组织设计
│   │   ├─ 组织与组织设计
│   │   ├─ 组织设计的程序和内容
│   │   └─ 组织结构
│   ├─ 组织文化
│   │   ├─ 组织文化概述
│   │   ├─ 组织文化经典理论
│   │   └─ 文化与价值观管理
│   └─ 组织变革
│   ├─ 组织生命周期
│   ├─ 组织变革概述
│   └─ 流程再造
├─ 人员管理
│   ├─ 人岗匹配
│   │   ├─ 人岗匹配概述
│   │   ├─ 任职资格开发
│   │   └─ 胜任力开发
│   ├─ 人员招募、培训与开发
│   │   ├─ 人员招募
│   │   ├─ 人员培训
│   │   └─ 人员开发
│   └─ 人员绩效与薪酬
│   ├─ 绩效管理
│   ├─ KPI与OKR
│   └─ 薪酬管理
└─ 团队管理
    ├─ 团队概述
    │   ├─ 团队的内涵
    │   ├─ 团队的发展阶段
    │   └─ 虚拟团队与管理
    ├─ 团队效能管理
    │   ├─ 角色搭配
    │   └─ 高绩效团队打造
    └─ 团队成员管理
        ├─ 新生代员工管理
        ├─ 老员工管理
        └─ 授权管理

思政元素

 扫一扫，看资源

第 5 章　组织管理

5.1　组织设计

5.1.1　组织与组织设计

1. 组织的含义

扫码听课 5-1

在动物学中，"多细胞动物中相同或相似的细胞及其相关的非细胞物质彼此以一定的形式连接，形成具有一定的结构，担负一定功能的组织"。相应地，在管理学中，人们为某一个共同的目标，按照一定的结构与秩序也会结合成为具有特定功能的组织。"现代管理理论之父"切斯特·巴纳德（Chester I. Barnard）将组织定义为"两个或两个以上的人有意识地协调其活动和力量的系统"，组织工作是有目的、有计划、有分工地协作完成的，要求组织内部有沟通协作，组织成员有共同目标，并为这个目标而做出自己的努力与贡献。理查德·霍尔（Richard H. Hall）在以往众多理论中对组织的含义加以总结延伸，他认为"组织是有相对明确边界、规范的秩序（规则）、权威级层（等级）、沟通系统及成员协调系统（程序）的集合体；这一集合体具有一定的连续性，它存在于环境之中，从事的活动往往与多个目标相关；活动对组织成员、组织本身及社会产生结果。"也就是说，组织需要有目标、有边界、有既定的规则和管理层级、有连贯性，组织成员之间有沟通协作，组织来源于一定的社会环境，受环境影响，同时又影响其外部环境。

组织是静态结构及其动态运行的统一，有静态和动态两种含义：静态的组织是指依据一定的目标而建立起来的集体；动态的组织则是指有目的、有秩序地将人力和物力集合起来，安排和设计工作任务，以实现一个既定的目标，是管理的四大职能之一。组织的实质是特殊的人际关系，它通过一定的秩序将拥有共同目标的人结合到一起，从而完成个人无法完成的事，组织中的分工协作、管理层级、秩序规则等无不体现着特殊的人际关系。

2. 组织的特征

巴纳德早年总结出了组织的三个特征：既定目标、既定分工、既定秩序。只有具备了这三个特征的组织，才能运转并维系下去。

（1）既定目标

组织往往有自己明确的目标，即组织成员一致努力以求达成的共同目标，这就是组织的既定目标。组织的既定目标是一个组织的灵魂，是组织中所有成员努力的共同方向，当一个组织有了目标，它才有了前进的方向和动力。组织的既定目标同时也是一组织区别于其他组织的最显著特征。

（2）既定分工

既定分工是指组织成员通过分工而专门从事某项职能工作，它使得组织中的每个成员都有明确清晰的任务，尽量避免"冗官"现象；同时，这也使得组织的每一项工作都可以被落实，即所谓"人人有事做，事事有人做"。既定分工将基本固定的任务与固定的职位联系在一起，因此当组织吸纳新成员时，新成员能更快融入组织工作中去，有利于组织的连贯性。

如果一个组织有合理的既定分工，依据各组织成员不同的专业技能安排合适的岗位，就可以发挥出组织中每个成员的最大优势，提高组织的工作效率，使组织能够更快、更好地达成既定目标。

（3）既定秩序

既定秩序是指通过有关规则设定所形成的成员之间的正式关系，它有利于维护一个组织内部的稳定与正常运转。各类既定的规则在一定程度上也可以保证组织成员的工作质量，并对组织成员的工作有所指导。如果一个组织内部没有确定的秩序，那么它必将因混乱而以失败告终。

3. 组织设计的含义

组织设计是对组织进行系统的设计，其核心在于组织结构的设计，良好的组织设计是组织管理职能有效发挥的重要前提。组织设计一方面侧重研究组织的职权结构、部门结构以及规章制度等；另一方面侧重研究组织结构设计完成后运行的各种问题，如协调、控制、信息联系、激励、组织文化、组织变革等。

4. 组织设计的原则

虽然组织设计有多种不同的情境和条件，但是在长期的实践中，可以提炼出一些应该普遍遵循的原则。不同的学者对此有不同的看法，其中林德尔·厄威克（Lyndall F. Urwick）和哈罗德·孔茨（Harold Koontz）的观点比较具有代表性。

林德尔·厄威克在其早年的著作中曾提出过适用于一切组织的八项管理原则：①目标原则；②相符原则；③职责原则；④组织阶层原则；⑤控制幅度原则；⑥专业化原则；⑦协调原则；⑧明确性原则。

哈罗德·孔茨概括了 15 条组织设计原则：①目标一致原则；②效率原则；③管理幅度原则；④分级原则；⑤授权原则；⑥职责的绝对性原则；⑦职权和职责对等原则；⑧统一指挥原则；⑨职权等级原则；⑩分工原则；⑪职能明确原则；⑫检查职务与业务部门分设的原则；⑬平衡原则；⑭灵活性原则；⑮便于领导原则。

综合各种理论观点，并结合当今企业管理的实际，可以归纳出组织设计的七项较重要的原则。

（1）目标一致性原则

设计组织结构时首先要考虑何种结构形式更有利于实现组织目标，组织中每一个部分都应当和组织目标相联系，每一个部分都在组织目标实现中有特定的作用。组织设计完成后的调整也应该以能否促进组织目标实现为重要标准。

（2）分工与协作原则

在实现组织目标的过程中，组织结构的每个部分各自发挥一部分作用，只有建立良好的分工与协作机制，才能保证达成目标。进行组织设计时，要根据需要和可能性，对管理层次、部门、职权都做好分工，并确定分工与协作的要求。

（3）有效管理幅度原则

在一个组织中，一名领导人能够有效领导的直属下级人数不是越多越好，适宜的数量才有利于发挥领导职能。因此，在进行组织设计时，要将领导人的管理幅度控制在一个合适水平。在一个组织中，管理幅度大小与管理层次多少成反比例关系，管理幅度越大，则管理层次越少。

（4）权责对等原则

在一个组织中，每个部门或者个人的职权与职责必须对称，权责失衡会带来严重的组织管理问题。因此在进行组织设计时，既要明确每一部门或者个人的职责范围，又要对应地赋予其完成职责所必需的权力，两者必须协调一致、达到平衡。

（5）集权与分权相结合原则

在组织管理中，集权有利于实现统一的领导指挥，也能促进人力、物力、财力的合理分配使用。而分权有利于基层迅速、正确做出决策、解决问题，把上层领导从繁重的日常事务中解脱出来，集中精力抓大问题。集权和分权各有利弊、相辅相成，因此在组织设计时要做好权衡。

（6）精干高效原则

为了在最低成本消耗的情况下达成组织目标，就要使组织结构精干、有力、高效。因此，组织设计时，在满足正常运行需要的前提下，应该尽量减少管理层次，精简管理机构和管理人员，充分激发各级各类人员的积极性，更好地为提升组织绩效服务。

(7)稳定性和适应性相结合原则

由于组织外部环境总在发生变化，组织内部也不是一成不变，因此组织设计要做到稳定性与适应性的统一，稳定性指的是在外部环境或内部任务发生变化时，组织能保持有序的正常运行；适应性指的是组织能够根据各种变化做出相应的调整，具有一定的弹性。

扫码听课 5-2

5.1.2 组织设计的程序和内容

1. 组织设计的关键要素

组织结构设计涉及六方面关键要素，这些要素分别是：工作专门化、部门化、命令链、管理幅度、集权与分权和正规化，其中管理幅度、集权与分权在组织设计的七项原则中有介绍，这里仅做些补充说明。

为了设计恰当的组织结构，管理者需要面对以下六个问题(表 5-1)。

表 5-1 组织设计的六个关键问题

关键问题	由谁回答
把任务分解成相互独立的工作单元时，应细化到什么程度？	工作专门化
对工作单元进行合并和组合的基础是什么？	部门化
员工个人和群体向谁汇报工作？	命令链
一名管理者可以有效指导多少员工？	管理幅度
决策权应放在哪一级？	集权与分权
规章制度在多大程度上可以指导员工和管理者的行为？	正规化

(1)工作专门化

亚当·斯密于 19 世纪后期首次提出了劳动分工的思想，并指出分工有利于提高工作效率。亚当·斯密认为分工就是将组织的整体功能按照一定原则划分为若干个功能单位，每个功能单位分别由相应的人专门从事一项或少数几项工作，分工能够使个人技能和组织整体绩效都得以提高。

在实践中，工作专门化是通过动作和时间研究，将一项整体的工作分解为若干个独立的单元，这些单元应该具有标准化、专业化的操作内容与操作程序，以达到提高生产效率的目的。工作专门化的实质是将整项任务细分成若干个部分，每一个部分由单独的成员负责，而不是某个人承担着整项任务。换言之，个人是专门从事活动的一部分，而不是全部活动。

工作专门化具备很多优点：首先，通过专门化分工，能使组织成员对业务性质、自己所承担的任务和职责、自己完成任务应该达到的目标、自己能得到的收益等都有一个明确的认识，员工能根据分工在企业中从事程序化的工作，清楚自己的责任和义务，不至于不知道应该干什么；其次，从组织这个整体来看，通过工作专门化，可以提高组织的培训员工的效率，降低培训成本，只需要从具体的、重复性的工作中挑选或者训练员工即可；最后，员工长时间在一个熟悉的领域工作，如果能进行总结和创新，通常可以在该领域有所突破。

通过实施工作专门化，确实能够在一段时期内提高企业的生产效率。但是，进入 20 世纪 60 年代以后，人们逐渐发现，工作专门化也会带来一定的负面效应。在某些工作领域甚至出现了工作专门化带来的负面效应超过其经济性，这些负面效应体现在员工的厌烦情绪、疲劳感、压力感等负面情绪，以及低生产率、低质量、缺勤率和人员流失率上升等。

随着管理理论和实践的发展，管理者逐渐认识到，工作专门化确实是一个重要的组织方式，在组织中仍然有实施的必要，但不是一个能够无止境提高生产率的方法。为了降低工作专门化带来的负面影响，在实践中可以引入工作轮换、工作扩大化、工作丰富化等更加多样的形式，以此丰富员工的工作内容，减少工作倦怠感、压力感，提高生产效率和质量。

（2）部门化

部门化是将组织的管理系统进行分解，并把其中若干职位组合成一些相互依存的基本管理单位的过程。这些基本管理单位就是部门，一个部门是一个工作领域，也是一个权力领域。每一个组织都可以有其划定部门的独特方式，划分部门的方式通常有以下几种。

①职能部门化。职能部门化是根据业务活动的相似性来划定部门，将一些业务性质相似、从事业务所需技能相似或者业务目标相似的活动划分到一个部门，比如财务、人力资源、销售、生产等就可以划分为不同的职能部门。

通过职能部门化，组织中具有相同专业的专家和拥有相同技能、知识与观念的人员能够组合在一起，有利于本专业领域内部的协调和沟通，从而提高管理专业化程度，也有利于提高组织生产效率。但是，职能部门化也存在不足。首先，由于各个部门都集中于本领域的工作，与其他职能部门的沟通相对较少，因此在需要部门间协调时可能会遇到障碍。此外，对于管理者来说，职能部门化下的管理者只熟悉和关注一个特定的领域，不利于高级管理人才的培养。

②产品部门化。产品部门化顾名思义是根据组织生产的主要产品类型来划定部门，一个部门生产特定的产品，每一个主要的产品领域有一位管理者，该管理者既要是该产品领域的专家，也要对本部门所开展的一切活动负责。

产品部门化有利于特定产品或服务的专门化经营，有利于提高顾客满意度，增加顾客黏性，也能够使各部门的管理者成为某产品领域的专家。但是，这种部门设置方式会导致重复配置职能,从而浪费了组织的资源。此外,由于各部门只关注本产品领域的活动,导致缺乏对组织整体目标的认识。

③区域部门化。区域部门化根据地理位置来划分部门,不同的部门负责不同区域的业务和职责。

如果组织的业务范围比较广,尤其是地域分布较广,则有必要实行区域部门化。因为不同的地域有不同的经济政治形势、文化环境、科学技术水平等,这些因素对组织运作都有重要的影响。将组织部门进行区域化设置,能够有效处理特定区域的问题。但是,这种方式和产品部门化一样,会导致职能的重复配置。同时,各个区域部门之间由于空间距离远,很容易与其他领域相隔离,如果需要不同区域进行协调或合作,难度会比较大。

④流程部门化。流程部门化是按照生产产品或提供服务的流程来划定部门,使各项工作活动沿着处理产品或提供服务的工艺流程来组织。比如在一个机械制造企业中,按照流程部门化可以划分出铸工车间、锻工车间、机加工车间、装配车间等。

流程部门化在生产程序复杂、要求严格的情况下是必要的,它有利于严格管理,确保生产质量,也能够充分利用专业技术和技能,取得经济优势。但是,流程部门化的条件下,不同部门沟通协调不便,而且各个部门只对自己部门负责的流程负责,"铁路警察,各管一段",容易出现难以解决的交叉问题。

⑤顾客部门化。顾客部门化是根据顾客的类型以及顾客的不同需求来划定部门,每个部门面向的顾客类型比较相似,且存在着共同的需求。例如,银行设置的商业信贷部、农业信贷部、普通消费者信贷部,就是顾客部门化。

顾客部门化能够更好地满足顾客需求,在现如今顾客需求导向的市场中尤为重要,顺应顾客需求有利于创造竞争优势。但是,该方式只有在顾客数量达到一定规模时才比较经济,并不适用于一般的企业。此外,高层管理者对各个部门的协调和管理难度较大,各部门对组织整体的目标缺乏认识。

(3)命令链

命令链是指从组织高层延伸到基层的一条持续的职权线,它界定了谁向谁报告工作,也就是回答了员工"我遇到问题时向谁请示"或"我对谁负责"等问题。要更好地理解命令链的概念,首先必须弄清以下几个概念。

①职权与职责。职权是指管理职位所固有的发布命令和希望命令得以执行的一种权力,特别需要注意的是,职权基于组织中的职位,和任职者是谁没有任何关系。

按照古典学者的划分,职权可以分为直线职权(line authority)和参谋职权(staff authority)两种类型。直线职权是指给予管理者直接指挥其下属工作的权力,这种上下级之间的职权关系贯穿于组织当中,自上而下地形成一条命令链。在命令链的每个链环处，拥有直线职权的管理者均有权指挥其下属的工作，在做决策时不需要征得他人的同意。同样，每一位管理者也都要接受其上级主管的指挥。参谋职权是一种顾问性质的权力，是为直线职权而服务的，拥有参谋职权的管理者不能直接对下属发布命令，需要得到授权。但是，在实际的企业管理中，经常出现参谋人员行使直线职权的情况，直接指挥下属甚至不是下属的人员，不管是有意还是无意的，都会导致组织管理混乱。

职责则指的是职权应承担的相应责任，与职权具有对等的重要性。职责可分最终职责与执行职责两类。最终职责指的是管理者应该对他授予执行职责的下属人员的行动最终负责，最终的责任永远不能下授；执行职责是指管理者应当下授与所授职权相等的执行责任，执行职责可以向下授予。这就是说，管理者应对其授权负最终责任而不管具体执行人是谁。

在任何一个组织中，都必须做到权责对等，也就是一定的职权应该与一定的职责相一致。如果职权大于职责，会出现滥用职权的情况，对组织管理有很大的负面影响。相反地，职权小于职责则会导致管理者职能发挥失灵。

②命令统一原则。命令统一原则是法约尔提出的 14 条管理原则之一。命令统一指的是使组织保持一条持续的职权线，每个下属应当而且只能向一个上级主管直接负责。它包括两方面意思：一是一个下属只能接受一个上级的指挥；二是一个下属只能向一个上级汇报工作。在实践中，命令统一原则能够减少多头指挥、遇事推诿的情况，保证组织管理的有效性，协调各个方面、各个部门的力量共同实现组织目标。

在早期，管理学理论研究者和企业管理者都非常推崇命令链单一、职权职责对等、命令统一，但随着信息技术不断融入企业管理，以及不断扩大员工授权，这些理念逐渐受到了挑战。现在，借助信息技术，组织员工可以在很短的时间内获得原来只有高层管理者才能获得的信息，员工与其他人沟通交流也可以不通过命令链，并且一线员工更清楚终端的真实情况，更了解客户需求的变化。有一些企业开始授权员工作决策，"让听得到隆隆炮声的人来指挥炮火"，在上述这些情况下，职权、职责、统一指挥这些传统的思想正变得越来越不那么重要。

(4)管理幅度

管理层次与管理幅度决定了两种基本的组织结构形态：扁平结构(flat structure)与高耸结构(tall structure)(图 5-1)。扁平结构是指管理层次少而管理幅度大的一种组织结构形态。与之对应，高耸结构是指管理层次多而管理幅度小的一种组织结构形态。

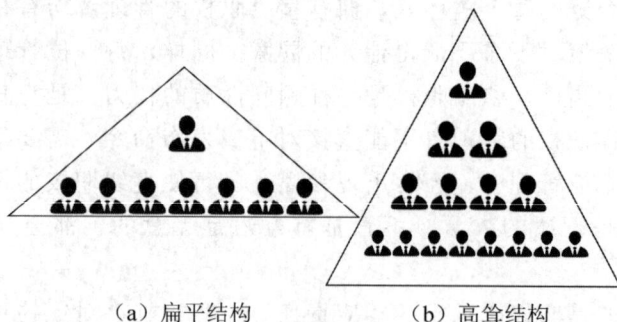

（a）扁平结构　　　　　　　（b）高耸结构

图 5-1　组织结构形态

宽管理幅度与窄管理幅度的优缺点如表 5-2 所示。

表 5-2　宽管理跨度与窄管理跨度

项目	宽管理幅度	窄管理幅度
优点	1. 迫使上级授权 2. 必须制定明确的政策 3. 必须谨慎地选择下级人员	1. 严密的监控 2. 严密的控制 3. 上下级之间联络迅速
缺点	1. 上级负担过重，容易成为决策的"瓶颈" 2. 上级有失控的危险 3. 要求管理人员具备特殊的素质	1. 上级往往过多地参与下级的工作 2. 管理的多层次 3. 多层次引起高费用 4. 最低层与最高层之间距离过长

随着信息技术的发展，以及经济社会环境的变化，越来越多的组织倾向于选择扁平化的组织结构。与高耸式结构比起来，扁平化组织更能够适应市场竞争的需要，因为扁平化结构管理运行效率、组织灵活度更高，在实践中能够实现更快的决策，也更加接近顾客。

（5）集权与分权

集权与分权解决组织的决策权放在哪一层级的问题。集权是指决策权在组织系统中较高层级上一定程度的集中；分权是指决策权在组织系统中较低层级上一定程度的分散。

集权与分权是一个相对的概念，组织既不可能是绝对集权的，也不可能是绝对分权的，也就是说组织不能将所有的决策权都集中于某一高层领导者团体，也不能把所有的决策权都授予最底层的员工。集权与分权的程度，是随着条件的变化而变化的。对其有影响的因素主要有以下几个。

①决策的代价。做决策时，预估决策失败需要付出的代价是决定分权程度的一个重要因素。如果预估决策失误所付出的代价很大，那么这种决策就

不适宜交给下级人员处理，需要由高层主管亲自负责，进行非常谨慎的决策。

②组织的规模。一般来说，当组织规模较大时，分权管理更加有效和经济。这是因为组织规模越大，组织的层次和部门就会越多，层次增多会使上下沟通的速度减缓，容易造成信息延误和失真。此外，规模越大的组织所需要的部门和成员间配合工作也会迅速增加。因此，为了加快信息交流速度和决策速度、减少失误，使最高主管能够集中精力处理重要决策，也需要向下级分权。

③组织的生命周期。组织都有生命周期，总是处于不同的阶段。通常在组织的成立初期需要采取高度集权的管理方式，并维持一段时间。随着组织规模逐渐壮大，管理趋于稳定时，可以过渡到分权的管理方式。

④组织中人员的数量和素质。如果组织人员数量少，素质不高，应该采用集权的管理方式。反之，如果管理人员数量充足、经验丰富、训练有素、管理能力强，则可有较多的分权。

⑤控制的可能性。即使采取分权的管理方式，也不意味着失去有效控制，因此要实施有效分权，必须解决控制的问题。在实践中，管理者将决策权进行下授时，也必须保证对下属工作的控制，如果无法有效控制，则可能因为下属无法胜任工作而承担连带责任。

近年来，较多企业选择分权化的管理方式。一方面，分权管理的组织更加灵活，更能适应市场环境的变化。另一方面，组织中的基层管理人员更了解生产实际，他们对自己管辖范围内的问题的反应远远快于公司总部的高级主管，处理方式也会更得当。

（6）正规化

正规化是指组织中各项工作标准化以及员工行为受规则和程序约束的程度。如果一项工作的正规化程度较高，那么该项工作的工作方式、工作内容、工作时限等灵活度很低，从事该项工作的人没有选择权，而是以完全相同的方式、完全相同的要求处理工作，因而能够产生一致的、统一的产出。

高度正规化的组织对各项工作有明确的要求，对组织成员有明确的职务说明，对每项任务有具体的工作程序和与之配套的规章制度。而在正规化程度较低的组织中，各项规定相对灵活，员工对工作的处理有较多的自主权。不同的组织正规化程度有很大的差别，一些组织仅仅有很少的规范，运行比较灵活，一些组织则制定了较多规定，对员工的行为有严格要求。即便在同一组织中，由于部门工作性质的不同，正规化程度也可能不同。

2. 组织设计程序

组织设计包含了众多的工作内容，是一个动态的过程，这个过程要遵循组织设计的内在规律有步骤地进行。具体来说，按照以下程序。

（1）确定组织设计的基本方针和原则

进行组织设计时，首先要确定企业进行组织设计的基本思路、基本原则，并确定几个重要的维度，主要依据企业的发展目标、内外部环境等来确定。例如，各部门分工是职能制还是事业部制？管理跨度是宽些还是窄些？决策权应该放在组织的哪一层级上？正规化程度有多高以及如何保证？这些问题对于组织设计都非常重要，是组织设计的基本依据。

（2）进行职能设计

这一步骤重点在于分析和设计组织需要的各项职能，包括经营职能和管理职能。在确定组织总体职能的基础上，还要将其分解为各项具体的业务和工作。在具体工作确定后，需要初步设计一个合适的管理流程。

（3）设计组织结构框架

在组织职能确定之后，需要设计承担这些职能的各个管理层次、部门、岗位及其权责，搭建出组织结构的框架。这个过程可以采用自下而上的设计方法，也可以采用自上而下的方法。自下而上即先确定各个岗位及其职务，然后按一定的要求和原则将某些岗位和职务组合成多个相应独立的管理部门，最后根据部门的和管理幅度要求划分出各个管理层次。自上而下的设计方法则是首先确定企业的管理层次，再确定各管理层次应设置的部门，最后将每一个部门应承担的工作分解成各个管理职务和岗位。

（4）设计组织联系方式

当组织结构框架确定后，需要设计一个组织的联系方式，即上下管理层次之间、同级管理部门之间如何协调和控制。组织的联系方式对于组织运行非常重要，因为只有通过完善且合理的联系方式，组织的各个部分才能联结成一个整体，组织才能正常运作，组织的目标也才有可能实现。

（5）制定管理规范

在确定了组织结构的框架及联系方式的基础上，需要进一步确定各项管理业务的管理工作程序和标准、管理人员应采用的管理方法等，这些要素将成为组织的管理规范，并作为各管理层次、各部门和人员的行为规范。

（6）人员配备

在上述步骤完成后，组织本身的设计已经完成了，下一步就需要为组织配备人员，只有配备了人员的组织才能运作起来。一般来说，在组织设计的过程中，暂不考虑企业现有人员的具体情况，而是在设计实施时按设计要求的数量和质量配备各类人员。

（7）反馈和修正

完成人员配备后，一个可以进入运行的组织就建设完成了。但组织设计是个长期的、动态的过程。在组织运行过程中，会发现有不完善的地方，也会有新的情况出现，这就要求对组织进行必要调整。因此，企业要将组织结构运行中的各种信息反馈到前述各个环节中去，定期或不定期地对原有组织设计做出修正，使之不断完善，不断符合新的情况。

5.1.3　组织结构

扫码听课 5-3

组织结构包括横向结构和纵向结构。横向结构主要解决组织内部如何划分部门的问题；纵向结构主要解决如何科学地设计有效的管理幅度与合理的管理层次问题。在设计组织结构时，横向结构与纵向结构需综合考虑。

组织结构形式的变化发展，不仅同社会对劳动分工的发展和变化密切相关，而且还同人们对管理层级与管理幅度的认识与实践密切相关。常见的组织结构的类型包括直线型、职能型、事业部型、矩阵型等形式。

1. 直线型结构(图 5-2)

直线型组织结构是最早使用的也是最为简单的一种结构，又称单线型或军队式组织结构。直线型组织结构中不设专门的职能机构，从最高管理层到最基层，实行直线垂直领导，每一个人只能向一个直接上级报告。

图 5-2　直线型结构

这种组织结构设置简单、权责分明、命令统一、联系简洁、决策迅速，比较容易维护纪律和秩序。但直线型结构也有缺点，主要是缺乏横向的协调关系，管理者没有助手，在实践中容易产生混乱现象，尤其是在企业规模扩大时，管理工作逐渐变得复杂，领导者的经验、精力可能不足以处理那么多问题，难以进行有效的管理。

这种组织结构只适用于规模比较小，生产和管理工作都比较简单的企业。

2. 职能型结构(图 5-3)

职能型组织结构，又称多线型或 U 型组织结构，它在组织内除了直线部门之外，还根据分工的要求设置了一系列职能部门。各职能部门都有权在各自的业务范围内向下级下达命令和指示。

职能型组织结构能够充分发挥专业人员的人力资源优势和技术优势，实现了组织有效的分工，有利于提高生产效率。此外，组织中的职能部门可以行使直线主管的部分管理职能，有利于分担直线主管的压力。但是，这种组织结构也有缺点。从组织领导的角度来说，多个职能部门之间的分权与组织中必要的集中领导存在冲突，可能会妨碍统一指挥；从部门的角度来看，各个部门都可能存在更关注本部门工作的倾向，在需要与其他部门合作时可能协调成本较高，不利于组织整体目标的实现；此外，职能型组织结构中的管

理者对本部门工作十分熟悉，但对其他部门了解不多，因此不利于组织培养全面的管理人才。

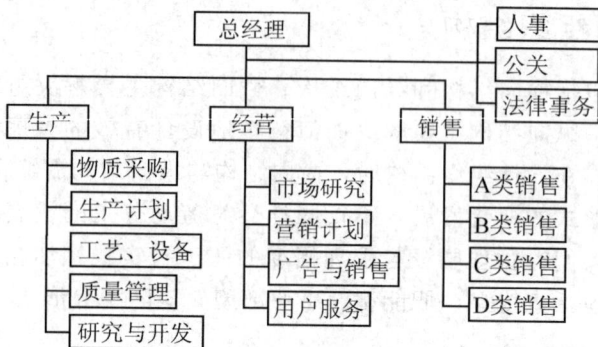

图 5-3 职能型结构

3. 事业部型结构(图 5-4)

事业部型组织结构首创于 20 世纪 20 年代，最初是由美国通用汽车公司总裁艾尔弗雷德·斯隆(Alfred P. Sloan, Jr.)于 1924 年提出来的，目前已成为特大型企业、跨国企业普遍采用的组织结构形式。事业部型组织结构是一种分权制组织形式，也称为"联邦分权化"，是在产品部门化的基础上建立起来的，在公司总部下设立多个事业部，各事业部独立核算，自主经营。同时，事关组织的大政方针、长远目标以及一些全局性问题的重大决策集中在公司总部，以保证企业的统一性。

设置事业部型组织结构需要具备以下条件：①企业需要有多种产品，或者多个经营地点；②企业的产品需要有独立的市场，这样事业部才能按照各自的产品或区域进行生产经营，以达到企业高层设置的利润指标；③必须给事业部配备全面的管理人才。

事业部型组织结构的优点是：①组织最高层摆脱了具体的日常管理事务，有助于使其集中精力做好战略决策和长远规划；②由于各事业部单独核算，在生产经营上具有较大的自主权，这样既有利于调动各事业部的积极性和主动性，有利于培养高级管理人才，又便于各事业部之间展开竞争，从而有利于增强企业对环境条件变化的适应能力；③各事业部专门从事某一产品的专业生产和经营，有利于提高部门的生产经营效率。

事业部型组织结构的缺点是：①由于机构重复，造成了管理人员和管理费用的增加；②由于各个事业部独立经营，各事业部之间要进行人员互换就比较困难，相互支援较差；③各事业部在考虑问题时，容易忽视企业整体性而从自身局部利益出发。

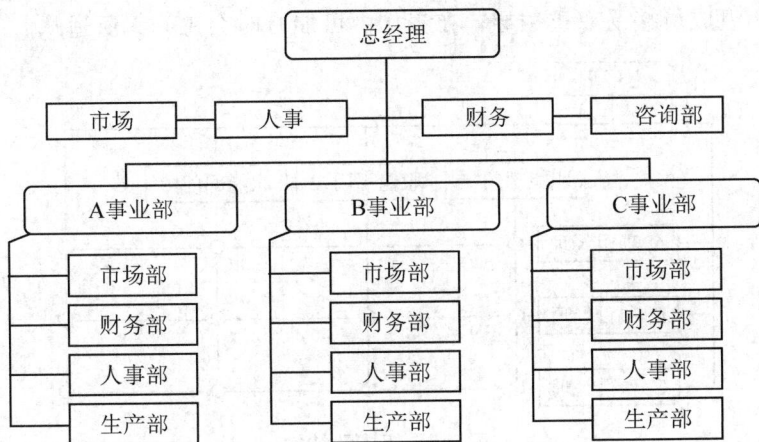

图 5-4 事业部型结构

4. 矩阵型结构(图 5-5)

企业部门之间的协调是组织结构设计的一个大问题。特别是在一些技术性、专业性很强的企业中,产品部门和技术、职能部门之间的协调问题就更突出。比如,在一个按项目划分部门的建筑企业中,一位电路工程师可能仅在工程完工阶段才会真正派上用场,可是如果按照传统的部门划分方法,这位工程师就不得不在这个项目部门全程驻守,这对人力资源而言是一种浪费。又如一名会计师可能更愿意待在财务部门而不是与技师、工人待在一个部门。但是有些时候,职能部门的人员参与到项目中却又是必需的。因此,如何在项目中将产品项目人员与职能人员组合在一起又不致浪费资源和挫伤员工的积极性?在这种背景下,一种新的组织结构形式应运而生——矩阵型组织结构。

矩阵型组织结构的实质是在同一组织结构中把按照职能划分部门和按照产品划分部门结合起来。在矩阵型组织结构中,除设有负责职能工作的职能经理外,还同时设有负责若干个最终产品(或项目)的项目经理,从而形成一个项目系统。项目系统是个临时组织,没有固定的工作人员,而是随着任务的进度,根据工作的需要,从各职能部门抽人参加,这些人员完成了与自己有关的工作后,仍回到原来的职能部门工作。

矩阵型组织结构具有较大的弹性和适应性,可以根据工作的需要,集中各种专门的知识和技能,在短期内迅速完成重要的任务;由于一个项目小组的成员具有不同的专业背景,这可以促进新的观点和设想的产生,同时来自不同职能部门的成员还可以促进部门之间的沟通和协调。但由于项目小组成员是根据工作的进展情况临时从各职能部门抽调的,其隶属关系不变,从而不仅可能使他们产生临时观念,影响工作责任心,而且职能经理与项目经理之间容易产生矛盾,因为他们要争夺有限的资源(资金、人力等),这也会导致项目小组成员接受双重领导，在工作中可能有时会感到无所适从。

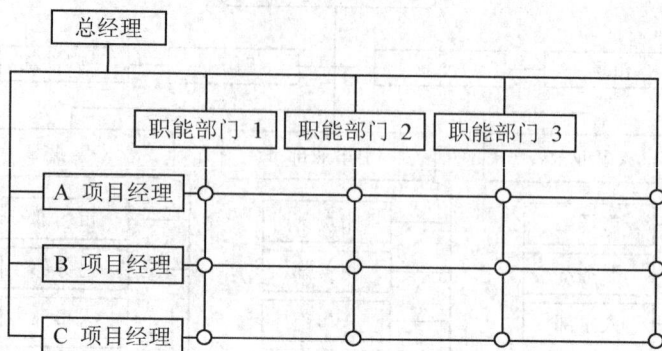

图 5-5   矩阵型结构

5.2   组织文化

5.2.1   组织文化概述

1. 组织文化的含义

企业文化概念的提出和研究源自 20 世纪七八十年代日本企业的崛起，以及日本经济实力的强大对美国乃至西欧经济形成的威胁和挑战。人们注意到日美企业管理模式以及文化的不同对企业管理效能和经营业绩的影响，进而发现了社会文化与组织管理融合的产物——组织文化。佩蒂格鲁（Pettigrew）于1979 年在《关于组织文化研究》一文中首次提出"组织文化"（organizational culture）的概念。

对于组织文化的定义有很多，如：①群体规范，在一个企业中的工作群体内部形成的规范；②主导性价值观，包括类似于客户为中心、质量生命等组织中所信奉的核心价值观；③游戏规则，为了在组织中生存而学习的规则，例如一个新成员必须学会这种规则才能被接受；④组织氛围，组织成员在与外部人员进行接触过程中所传达的组织内部的风气和感情；⑤思维习惯、心智模式、语言模式，包括组织成员共享的思维框架。

关于组织文化由哪些层次构成的问题，也没有统一的说法，目前应用最广泛的是"四层次"结构理论，即理念层、制度层、行为层、物质层，四个层次层层包围，因形似洋葱，故也称为组织文化的"洋葱"模型（图 5-6）。

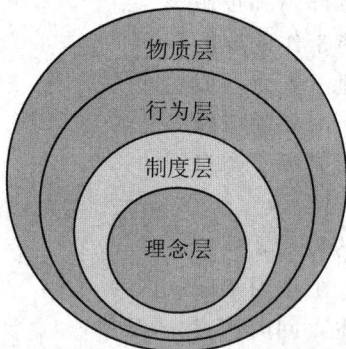

图 5-6   企业文化"洋葱"模型
（资料来源：杨杜：《文化的逻辑》，北京，经济管理出版社，2016）

　　具体来说，理念层是组织文化的内核，是包括使命、愿景、企业精神、核心价值观、经营理念、管理理念等的价值理念体系。制度层即企业的各项管理规章制度、规范与流程，这是企业文化核心理念融入管理的重要载体。行为层即员工践行企业文化理念的具体行为表现，包括员工的行为规范、思维方式、行为习惯等，还包括企业风俗、仪式活动等。物质层通过企业产品和各种设施等构成的器物文化。企业生产的产品和提供的服务是物质文化的首要内容，客户等利益相关者主要是通过企业的产品和服务水平体验到企业文化的。其次企业的生产环境、企业建筑物、厂容厂貌、企业广告、产品包装与设计、员工服装、企业标识以至于商标等也构成企业物质文化的重要内容。

2. 组织文化的功能

　　组织文化的功能具有双重性，既能为组织带来正面效应，也会有负面影响。组织文化的正功能能够提高组织承诺，增强组织成员行为的一致性，引导组织的成长、进步，进而提升组织的效能。但同时也需注意，在特定背景下，组织文化会对组织发展产生束缚和限制等负面效应。

　　(1)组织文化的正功能

　　①导向功能。组织文化体现在方方面面，比如文化陈设、组织活动、培训等外显的层面，也有组织价值追求、道德标准、行为准则等内隐层面，通过这些表现形式，组织文化对组织整体和组织中成员的价值选择与行为方式起引导作用。组织成员高度认同组织文化时，则形成了高度一致的价值观、行为取向，并与组织目标保持一致，从而确保组织目标的实现。

　　②凝聚功能。组织文化是一种黏合剂，把成员的个人目标融入组织目标当中，通过共享的价值观、行为准则和道德规范使成员固守在组织之内，并与组织紧密地联系在一起，以此实现组织的聚合。当组织成员对组织产生了强烈的"认同感"，组织就成为一个具有共同的价值观念、精神状态和理想追求的统一体，此时成员更加忠诚，组织具有更强的凝聚力和向心力。

　　③约束功能。组织文化对组织成员具有约束作用，包括对成员的思想、心理和行为等。这种约束不是硬性的，而是一种软约束，这种约束产生于组织的文化氛围、群体行为准则和道德规范。组织可以发挥文化的这一功能来减少那些起消极作用的"破坏分子"，从而维持组织的良好秩序。

　　④激励功能。组织文化能够满足成员的多种需要，并能约束不合理的需要，使组织成员产生积极的情绪和奋发进取的精神，最大限度地激发员工的积极性和首创精神。同时，积极向上的价值观念和行为准则会形成强烈的使命感、持久的驱动力，从而引导员工自我激励。组织可以发挥文化的这一功能，促使适当的组织成员充当"活性因子"，从而增加组织的活力。

⑤树立组织形象。组织文化是组织鲜明的特色，是一个组织与其他组织相区别的重要因素，比如迪士尼公司的"微笑文化"、微软的"精英文化"、华为的"奋斗者"文化，都是企业独一无二的标志。一个在文化上具有鲜明个性特征的组织更容易在社会公众面前树立自己的形象，提高组织的知名度。

（2）组织文化的负功能

尽管组织文化存在上述正功能，我们也应该认识到组织文化也存在一些负功能，可能成为组织变革和发展的潜在障碍。这些障碍主要表现在以下三个方面。

①变革创新的障碍。组织文化往往需要经过多年的建设和沉淀才能形成，一旦形成，组织文化便具有长期的稳定性。当组织面对的环境比较稳定时，组织文化便会成为一种资本；而当组织面对动态的环境时，组织共享的价值观就可能会与进一步提高组织效率的要求发生冲突，从而成为组织发展的束缚。当今社会已经进入了一个飞速发展的阶段，新技术和新思想使组织面临的环境更加动荡不安，现代组织需要不断对自身的结构和战略进行调整与变革，从而对环境的变迁做出快速的反应，以便在竞争中保持优势。而面对变革和调整时，组织内部根深蒂固的文化就可能变成一种可怕的惯性，束缚组织的手脚和成员的思想，使其不敢或不愿创新或对组织进行变革，使组织难以适应变幻莫测的环境。

②多样化的障碍。组织文化正面效应得到有效发挥的前提是组织成员高度认同这些文化，但是，成员可能同时会感受到来自组织强文化的压力，他们必须在组织文化限定的价值观和行为准则下开展工作。在组织运行中，管理者希望通过聘用各具特色、存在差异的员工，为组织发展增加活力，获得多元化的优势，促进企业的创新和发展。但是一旦新成员试图融入强文化之中，这些多元化的行为和优势就可能丧失。因此当组织文化特别是强文化大大削弱了来自不同背景的人带给组织的独特优势时，它就成了组织发展的障碍。

③兼并和收购的障碍。以前，组织在进行兼并和收购时主要考虑资金成本、融资优势、产品和管理协同性等，然而在组织文化越发重要的今天，兼并、收购时也必须考虑文化因素。兼并或收购的对象在文化方面与本公司相容，是一个重要的条件，如果两个组织的文化个性分明甚至存在分歧，即便在财务和生产方面可以整合，也不适宜进行兼并。

5.2.2　组织文化经典理论

1. 霍夫斯泰德文化维度理论

扫码听课 5-5

霍夫斯泰德文化维度理论（Hofstede's cultural dimensions theory）是一个

衡量不同国家文化差异的框架，由荷兰心理学家吉尔特·霍夫斯泰德提出。他认为文化是在一个环境下人们共同拥有的心理程序，能将一群人与其他人区分开来。通过研究，他将不同文化间的差异归纳为六个基本的文化价值观维度。

(1)权力距离(power distance)

权力距离维度指某一社会中地位低的人对于权力在社会或组织中不平等分配的接受程度。各个国家和民族对权力的理解不同，在权力距离上也存在着很大的差异，比如，欧美人更注重个人能力，不太看重权力，而维度亚洲国家由于体制的关系，更注重权力的约束力。

(2)不确定性的规避(uncertainty avoidance)

不确定性的规避维度指一个社会面临不确定性事件或受到威胁时是否通过正式渠道来避免和控制不确定性。在回避程度较高的社会中，组织和成员比较重视权威、地位、资历、年龄等，倾向于通过建立更正式的规则，以及用绝对知识和专家评定等手段来规避不确定性的出现，对偏激的观点和行为容忍度不高。相反地，回避程度较低的社会约束较少，能够宽容一些反常的意见和行为，在哲学、宗教方面他们容许各种不同的主张同时存在。

(3)个人主义/集体主义(individualism versus collectivism)

个人主义/集体主义维度衡量的是某一社会总体关注个人利益更多还是关注集体利益更多。在个人主义倾向的社会中，人与人之间的关系是松散的，人们倾向于关心自己及小家庭；而在具有集体主义倾向的社会中，人们更注重族群内关系、关心大家庭，牢固的族群关系可以给人们持续的保护，而个人则必须对族群绝对忠诚。

(4)男性化与女性化(masculinity versus femininity)

男性化与女性化维度主要看某一社会代表男性的品质更多还是代表女性的品质更多。代表男性的特征有竞争性、独断性等，代表女性的品质则是谦虚、关爱他人等。男性度指数(Masculinity Dimension Index，MDI)的数值越大，说明该社会的男性化倾向越明显，男性气质越突出；反之，则说明该社会的女性气质突出。

(5)长期取向与短期取向(long-term versus short-term)

长期取向与短期取向维度指的是某一文化中的成员对延迟其物质、情感、社会需求的满足所能接受的程度。研究表明，长期取向与经济增长有着很强的关系，长期取向指数较高的经济体，经济增长比较明显。

(6)自身放纵与约束(indulgence versus restraint)

自身放纵与约束维度指的是某一社会对人基本需求与享受生活享乐欲望的允许程度。自身放纵的数值越大，说明该社会整体对自身约束力不大，社会对任自放纵的允许度越大，人们越不约束自身。

2. 迪尔和肯尼迪的组织文化因素理论

迪尔和肯尼迪于 1981 年出版了《企业文化——现代企业的精神支柱》一书，这本书是组织文化理论诞生的标志性著作。组织文化因素理论指出企业文化的五个因素是企业环境、价值观、企业英雄、风俗与礼仪、文化网络。

（1）企业环境

在迪尔和肯尼迪的组织文化因素理论中，企业环境主要指的是企业的外部环境，包括市场、顾客、竞争者、政府、技术等。宏观上主要包括社会政治、经济、科技状况、民族文化传统、自然地理环境等；微观上则主要包括企业所在地区局部性经济发展计划、地方法律法规、风土人情等。

（2）价值观

企业的价值观是企业在生产经营过程中的信念和基本目标，同时，也是企业大部分员工对企业意义的价值判断，是他们所推崇和追求的。一个企业的价值观是企业进行生产经营活动的依据和根本遵循，影响着企业的选择，决定了企业的个性。除此之外，一个良好的价值观能够为企业提供精神支柱，并且当企业与员工的价值观趋向一致时，才能够产生巨大的稳定性和凝聚力，为企业的生存保驾护航。

（3）企业英雄

法国作家卢梭说，"榜样的力量是无穷的。"企业英雄就是企业员工的榜样，企业英雄是企业想要向员工传达的价值观的实在体现。企业利用"每个员工都想在组织中出人头地"的心理，将员工们取得成功的强烈愿望通过榜样的力量转化为为公司奉献谋利的实际行动，从而为公司创造出最大的效益。为了更好地借助榜样的力量，"企业英雄"通常都是"平凡的英雄"，他们对企业员工的影响是深远持久，润物无声的。普通员工能够平视他们的身份而仰视他们的成就，大大缩小了普通员工与企业英雄之间的距离感。

（4）习俗与仪式

习俗与仪式指的是企业中经常进行人人知晓却没有明确规定的东西。习俗与仪式大致有以下几个作用。第一，增加团队之间成员（包括同级、上下级）的互相了解与默契程度，调动气氛，营造轻松愉悦的环境，形成创新的沃土。比如开展各种各样的团建活动。第二，增加员工对于自己工作的了解，对公司整体文化氛围的认同，加速融入企业集体，使得企业的价值观逐渐影响员工个人，产生强大的合力。第三，增加员工的归属感，比如以员工的名字命名其做出重大贡献的产品、举办年会进行年终表彰，这些都可以极大地提高有贡献员工的幸福感，进而提高这些优秀员工对企业的忠诚度。

（5）文化网络

文化网络通俗而言就是一个"八卦网"，即企业内部传播逸事、小道消息、猜测等的非正式渠道。管理者面对这种非正式的文化传播渠道，必须充分认识到它的重要性并懂得如何掌控它。企业文化比较成熟的企业通过成功地开发文化网络，使管理者与员工的联系得到加强；同时又培育了一大批向各个阶层不同员工传递事态信息的人，在无形中传递企业的价值观。

企业环境、价值观、企业英雄、风俗与礼仪、文化网络五个因素相互影响，对企业文化的形成与发展产生了重大的影响，进而作用于企业自身的生存和进步。在这五个因素的影响下，各种不同的企业文化渐渐形成，针对其中的差异，迪尔和肯尼迪将企业文化大致分成四种类型，即：强人文化、"拼命干/尽情玩"的文化、攻坚文化和过程文化。强人文化强调个人英雄主义，能力强的人在企业中占据绝对领导地位；"拼命干/尽情玩"的文化，顾名思义，工作的时候将效率提到最高，而玩的时候则尽情潇洒；攻坚文化重视攻坚克难不断挑战攀登；过程文化是强调管理过程高效的文化。

3. 7S 管理框架

20世纪七八十年代，美国饱受经济滞胀、失业率高等问题的困扰，日本企业文化乘虚而入。为了摆脱困境和不适应美国国情的日本组织文化的渗透，他们迫切找寻着能够使企业振兴的新的组织管理理论。托马斯·J. 彼得斯(Thomas J. Peters)和小罗伯特·H. 沃特曼(Robert H. Waterman)通过对各个行业翘楚的深入调查，总结了这些企业成功的共同原因，并提出了组织管理中七个需要注意的要素，即战略(strategy)、结构(structure)、制度(systems)、技能(skills)、风格(style)、人员(staff)以及共同价值观(shared values)。由于这七个要素均以"S"开头，故称为"7S"管理框架。

在这个模型中，战略、结构和制度被称为企业成功的硬件条件。

战略是经营管理的总体布局，是企业根据其自身所处的内外环境和发展目标确定的，它是企业经营思想的集中体现，也是企业日常经营管理的思想支柱。彼得·德鲁克曾指出，"企业遭受挫折的唯一的且最主要的原因恐怕就是人们很少充分地思考企业的任务是什么"。战略的有效贯彻执行需要良好的结构保驾护航，这种结构就是组织。战略决定组织，组织执行战略。特别强调，这个"组织"不单纯指我们常说的组织结构，它主要指组织的状态与布局，组织结构仅仅是一个体现，状态与布局才是呈现的本质。成员、信息、职务、人员间协同及相互关系等组织结构要素高效组合，是形成一个良好的组织结构的要件。这也就是说，把企业的任务目标分配到各个职位，再把各职位汇总综合到部门，上下级部门间垂直领导，同级部门之间相互协作，纵向与横向交错，形成一个有机的整体。

制度是企业内部成员都需要遵守的办事规程或者行为准则，制度一方面会给定特定的信息空间，形成稳定的预期和特定的认知模式，有利于指导个人和组织行为，起到提高经济效率和实现资源高效分配的作用；另一方面制度能够对成员起到鼓励引导的作用，规范着他们对于行为方式的选择，也就提高了组织中各种资源尤其是人力资源的利用效率。

技能、风格、人员和共同价值观被称为企业成功的"软件"，软件条件与硬件条件是同等重要的。在一个企业的成长过程中，需要不断地从这七个要素着手进行卓有成效的努力，刚柔并济，软硬兼施。

5.2.3　文化与价值观管理

扫码听课 5-6

1. 组织文化发展阶段

不同组织的文化管理水平不同，我们常说"三流组织没文化，二流组织学文化，一流组织靠文化，超一流组织卖文化"，随着组织从不成熟到成熟，组织文化也相应的不断发展演化直至成熟，浙江大学邢以群等提出组织文化演化模型，组织文化发展可以分为以下四个阶段。

（1）不成熟阶段

组织对各方面的认识有限，组织经营管理经验也不足，既提不出明确的价值主张，也不知道文化建设的重要性。群体间有模糊的共同目标，行动上也只是本能地保持相互间的配合。这个阶段组织文化是隐性的，由于这个阶段组织往往规模较小，组织成员之间互动较多，会逐渐形成自发的默契，这个阶段组织"一把手"的理念和行为往往对组织隐性文化有巨大的塑造作用。"企业文化就是一把手文化"的说法往往来自于此。

（2）初步成熟阶段

随着组织发展状态，组织经验的积累和认识水平不断提升，组织为了规范成员的行为，会进行组织结构设计，形成部门，确定流程，在业务不断推进过程中，不同部门干部往往各有不同的经营方式和行为习惯，这时候组织往往并没有意识到文化建设的重要性，"不管黑猫白猫，抓住老鼠就是好猫"，只片面地注重于企业的业务发展，组织内部存在不同的价值主张和行为方式，此时的组织文化通常属于离散企业文化状态，相应地企业处于初步成熟阶段。

（3）较成熟阶段

随着组织的发展，领导人理念的提升，组织认识到了文化建设的重要性，这时候，往往通过模仿或借助外脑，提炼出组织的愿景、使命以及核心价值观等，并在组织内进行落地。这个阶段组织文化建设往往形式大于内容，不少组织把文化建设落地为工会各项文体活动上，文化标语高高挂在墙上，把文化建设落实到其他形象识别系统建设上，文化建设到了嘴上，未必走心。

虽然这个阶段组织文化建设仅停留于形式，但组织已意识到了文化的重要性，并已经在形式上形成了统一的企业文化理念和行为要求，为组织文化的进一步发展奠定了基础。

（4）成熟阶段

随着组织持续不懈的进行文化建设，愿景使命与核心价值观逐渐深入人心，并体现到组织成员的行为上，组织文化建设就进入了成熟阶段。这时组织会更加强调思想认识的一致，通过行为规范建设乃至价值观考核把组织文化渗透到组织的方方面面，真正成为组织行为的依据。这个阶段组织文化就从形式文化走向了系统文化。

组织文化发展四阶段模型如图 5-7 所示。

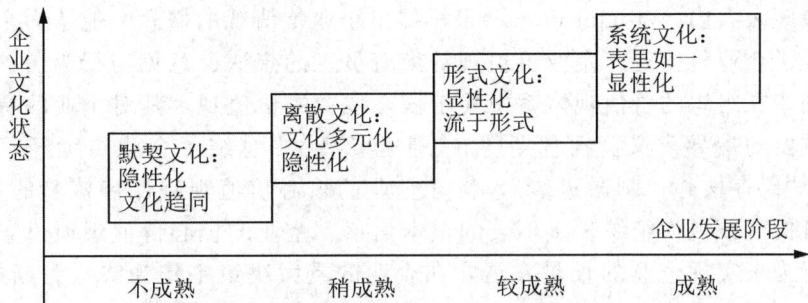

图 5-7 组织文化发展四阶段模型

（资料来源：邢以群、张大亮：《管理是要系统的——企业管理实用指导手册》，北京，机械工业出版社，2015）

组织文化发展演化过程中始终需要组织上下认识到组织文化的重要性，聚焦文化建设，特别是组织第一领导人要强力推进组织文化建设，"一把手工程"往往是组织文化走向成熟的保证。

2. 组织文化建设的重点

（1）组织文化澄清

使命、愿景与核心价值观的澄清是组织文化建设的前提。彼得·德鲁克说："管理就是界定企业的使命，并激励和组织人力资源去实现这个使命。"使命回答了"组织为什么存在"的问题，它描绘了企业存在的根本意义和价值，指明了企业前进的方向，使命可以鼓舞人心，激发员工的内在动力，使企业长久不衰。正如柯林斯（Jim Collins）在《基业长青》中指出，长盛不衰的企业的一个共同之处在于，它们在公司建立不长的时间内就明确了企业使命，而且无论历经沧桑多少年，产品更新换代多少次，它们最初的使命始终不变。

愿景是组织描绘的未来蓝图。相对于使命，愿景更加清晰明确易懂，愿景所勾勒的图景往往是生动的，饱含吸引力的，是广大组织员工共同期望和认同的。彼得·圣吉在《第五项修炼》中提出了第三项修炼就是"建立共同愿景"，即组织中所有成员的共同愿望、理想或目标，并且这种愿望、理想或目标表现为具体生动的景象，来源于成员个人的愿景而又高于个人愿景。它建立在共同价值观基础上，是对组织发展的共同愿望，并且这个愿望不是被命令的，而是全体成员发自内心想要争取、追求的，它使不同个性的人聚在一起，朝着共同的目标前进。柯林斯在《基业长青》中将企业分成两种类型：第一种类型是明确企业愿景，成功将它扎根于员工之中，这类企业大多数是排名世界前列且受尊重的企业；第二种类型认为只要提高销售额即可，没有明确提出经营理念或企业愿景，或没有把愿景扩散到企业，这些企业绝不可能居世界前列。

威廉·大内（William Ouchi）最早提出企业价值观的概念，他认为企业文化代表了企业价值观，企业价值观约束着员工的想法、意见与行为。核心价值观则指在组织的价值观体系中处于核心位置的价值观，其对企业的持续发展有重要的指导意义。柯林斯等在《基业长青》中总结了企业永续经营的准则——"保存核心，刺激进步"，恪守企业的核心价值观是保持核心的关键，核心价值观被视为组织长盛不衰的根本信条。企业的核心价值观通过影响组织的行为来实现企业的长足发展，在企业的重大决策中作为终极判断标准。华为公司一步步成为国际知名公司和长期始终如一的坚持"以客户为中心，以奋斗者为本，长期坚持艰苦奋斗"的核心价值观分不开。任正非曾非常朴素地告诫员工："天底下唯一给华为钱的，只有客户。我们不为客户服务，还能为谁服务？客户是我们生存的唯一理由！"奋斗者不同于劳动者，是真正给客户创造价值的人，以奋斗者为本体现出价值评价的终极标准就是能否给客户创造价值。长期艰苦奋斗就是华为倡导的价值实现路径，发扬艰苦奋斗精神，以勤补拙，刻苦攻关，夜以继日地钻研技术方案。在华为每个开发人员的办公桌下都有一个床垫，一旦需要加班加点，就睡在公司，这种独特的"床垫现象"正是核心价值观的直接体现。

（2）组织文化落地

组织文化建设的难点就是组织文化如何落地的问题。组织文化真正落实成组织成员的自觉行为需要一个漫长艰苦的过程。在这个过程中，组织需要有相当的耐心，有长期坚持不懈的努力，有充分配套考核机制、保障机制、沟通机制，有一定的经费保障，其中有效的考核机制往往能起到关键作用。"员工只会做你检查的，不会做你期望的"这句话不无道理。

华为公司就认为，"考核就是将企业文化明确化、具体化和制度化，使全体员工在考核过程中共同提高认识，强化对文化的理解和认同。"华为的核心价值观是在落实的具体考核中的，考核内容主要为工作态度考核，将核心企业价值观具体细化为责任心、团队精神、敬业精神和奉献精神等纳入考核内容，采用主观等级评价的方式，将各项工作态度要素划分为五个等级，对每个等级进行描述和赋分，考察员工行为与哪一级别的描述相符合。

企业核心价值观考核结果应用于安全退休金的发放、职务调动、培训和工资增长等。同时，华为也将核心价值观考核应用于干部的选拔过程。它建立起了一支庞大的高素质、高境界和高度团结的队伍，以及创造一种自我激励、自我约束和促进优秀人才脱颖而出的机制，为公司实现快速成长和高效运作提供保障。

通过价值观考核，华为对干部的考核实行一票否决制。在价值观考核中得低分的人是不会被提拔为干部的。在华为干部选拔的四个标准中，绩效是必要条件和分水岭，只有绩效前 25% 的人才可以被选拔为干部；核心价值观是基础，只有在核心价值观方面跟华为高度契合的人（同心人）可以被选拔；能力是关键成功的要素，品德是底线，不符合品德要求的干部是要一票否决的。

这种业绩考核和企业价值观考核的双轨制考评体系能够造就一支利出一孔的员工队伍，以奖优罚劣的考核措施，促使员工自觉践行企业价值观，将个人利益与企业的整体利益相联系。

5.3 组织变革

5.3.1 组织生命周期

葛瑞纳（Larry E. Greiner）最早提出企业生命周期理论，他认为企业的成长类似于生物的成长，一样要经过诞生、成长和衰退几个过程。罗伯特·奎因（Robart E. Quinn）和金·卡梅隆（Kim S. Gameron）把组织的生命周期细分为四个阶段：创业阶段、集合阶段、正规化阶段和精细阶段（图 5-8）。他们认为，企业的成长是一个由非正式到正式、由低级到高级、由简单到复杂、由幼稚到成熟的阶段性发展过程。四个阶段中的每一个阶段都由两个时期组成：一个是组织的稳态发展时期，组织在这个时期的结构与活动都比较稳定，内外条件较为吻合；另一个是组织的变革时期，即当组织进一步发展时，就会从内部产生一些新的矛盾和问题，使组织结构与活动不相适应，此时必须通过变革使结构适应内外环境的变化，使组织保持适应性。组织就是在如此循环往复的过程中不断得以发展、成长的。

扫码听课 5-7

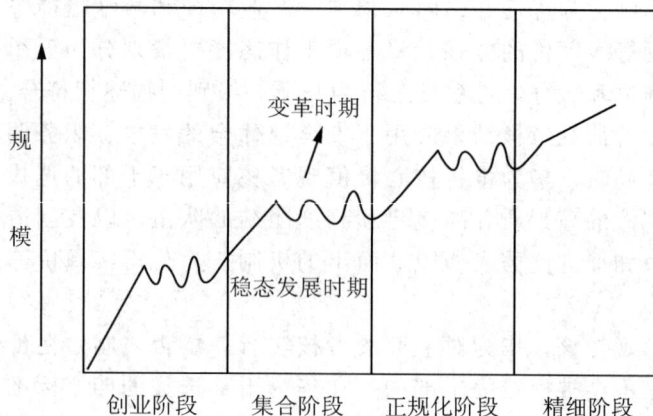

图 5-8   组织生命周期

综合来看，组织结构在生命周期各个阶段中的特点见表 5-3。

表 5-3   组织生命周期的各阶段特征

发展阶段	特征				
	目标	组织结构	产品	薪酬体系	高管风格
创业阶段	生存	非正规化 个人指挥	单一	人治 家长式	个人主义
集合阶段	成长	逐步正规化 简单程序	以主导 产品为主	人治 强调组织贡献	指导方向
正规化阶段	内部稳定 和市场扩张	正规化 全面标准化	单一系列产品	非人治 规范制度	控制和授权
精细阶段	名誉和完善 的组织	总部行政权	多系列产品	非人治 多方面考量	抨击行政 式机构

1. 创业阶段

在创业阶段，组织的规模还比较小，呈现出非官僚制、非正规化的特点。高层管理者制定组织结构框架并控制着整个组织的运行，组织的精力集中于单一产品的生产及服务上。随着组织不断成长，组织规模扩大，组织需要及时调整产品的结构，这就必然会给高层管理者带来压力。

2. 集合阶段

集合阶段是组织发展的成长期。一般情况下，随着调换高层管理者，组织会明确新的目标和方向，此时便进入了迅速成长期。在这个阶段，权力层次、劳动分工逐渐确立，组织中成立部门，尝试开展程序化工作，但结构可能不一定是正规和合理的。员工受到不断激励之后也开始与组织的使命保持一致，但沟通和控制未达到较高水平。这个时期容易出现一个突出的矛盾，高层主管不愿意放权，倾向于集权化管理，组织面临着从集权到分权的过渡，必须创造良好的环境使得基层管理者能更好地开展工作，以及在放权之后协调和控制好各部门的工作。

3. 正规化阶段

组织进入正规化阶段主要体现在规章制度、工作流程、控制系统的规范化。在这一阶段，组织可能会大量增加人员，建构清晰的组织架构和明确的劳动分工，高层管理者主要关注组织的战略的计划，而将其他管理工作交给中层管理者。组织的主要目标是提高内部的稳定性和扩大市场，往往会通过建立独立的研究和开发部门来实现创新。

4. 精细阶段

当组织进入精细阶段时，往往规模很大，并且可能有严重的官僚化问题，如果不加以控制，继续演化可能会步入僵化的衰退期。这时，组织亟待提高效率，阻止进一步的官僚化，可以通过跨越部门界限组建团队等形式来推动组织变革。如果绩效改善仍不明显，必须考虑更换高层管理者并进行组织重构以重塑组织的形象，否则，组织的发展将会受到很大的限制。

5.3.2　组织变革概述

1. 组织变革的含义与动力

组织变革（organizational change）是指组织根据外部环境变化和内部情况变化，及时调整和改善自身的结构与功能，以提高其适应环境、求得生存的应变能力。组织变革并不是不得已的选择，而是发展过程中的必要性路径。组织变革是多种因素共同作用的结果，其基本动力可以分为外部动力和内部动力两大方面。

扫码听课 5-8

（1）外部动力

①经济的力量。当今社会的市场竞争日趋激烈，组织一方面面临传统竞争对手的威胁，另一方面又受到新进入者的挑战。另外，由于经济全球化的影响，组织所面对的竞争领域也随之增大，这种变化为组织发展带来机遇的同时，随之而来的风险也进一步增大，如果组织不能有效实施组织变革，就无法应付竞争的压力。与此同时，消费者的需求水平、需求结构、价值观和生活方式、审美观和闲暇时间等都发生了一系列的新变化，为及时满足消费者的需要、迅速占领市场，组织也需要进行变革。

②技术的进步。当今时代是科学技术飞速发展的时代，现代科学技术正在深刻地影响和改变着社会生产及人类生活的方方面面，对于组织来说，结构、管理跨度、管理层次、信息沟通方式等都受科技的巨大影响。信息技术的使用改变了组织内部的信息沟通方式，使得组织中部门之间、上下级之间的沟通更加便捷。计算机技术的运用可以代替直接监督，管理者幅度更加宽广，管理层次减少，组织结构向扁平化发展。此外，随着科学技术的进步，产品的技术含量越来越高，产品从研发到投入市场的周期日益缩短，产品更新的速度也越来越快，这就要求组织必须有针对性地进行变革，使组织更具灵活性，能够迅速做出反应。

③社会和政治变革。环境变革力量的第三个来源是社会和政治变革，其影响力量包括政权易位、政治体制的改革、国内政治局势的动荡和稳定、方针政策的正确与偏差、社会风气的好坏、国际政治风云变化等，这些因素的变化都会使组织产生变革的需求。

④就业人口的改变。近年来，由于高等教育的普及，高学历员工比例增加，女性受教育的机会增多，大量的妇女成为就业人口，新生代员工与老一辈员工相比，其工作态度、工作伦理观、工作价值观也发生了很大的改变。因此，组织内的人力资源结构发生了较大的变化，这就要求组织随之进行相应的调整，以适应新形势下管理人力资源的需求。

（2）内部动力

①组织目标的改变。随着组织的发展，组织目标必然会做出相应的改变和调整。要么组织既定的目标已经实现或即将实现，需要寻求新的发展、新的目标；要么组织既定目标无法实现，需要及时转轨变型；要么组织目标在实施过程中与环境不相适应，出现偏差，需要进行及时修正与调整。这些原因引起的组织目标的改变会促使组织调整结构、重新组织人员和财力，有针对性地做出变革。

②管理条件的变化。管理现代化要求组织对其行为做出有效的预测和决策，对组织要素和组织运行过程的各环节进行合理规划，以充分调动员工的积极性，最大限度地发挥本单位人力、物力、财力的作用，取得最佳效益。推行各种现代化管理方法，运用计算机辅助管理，转化企业经营机制，深化企业改革，改革用工制度，优化劳动组合等，都会要求企业组织机构做出相应的改革，以适应企业管理条件的变化。

③组织发展阶段的变化。和任何有机体一样，组织也有其生命周期，在生命周期的不同阶段，组织有不同的运行模式。在每个阶段的后期都面临某种危机和管理难题，这就要求组织适时做出变革，采用一定的管理策略解决这些危机，达到成长的目的。

④组织成员社会心理及价值观的改变。组织的成长会带来员工工作动机、

工作态度、行为方式等的变化，随着组织发展，组织成员需求层次提高，参与意识、自主意识的增强，以及个性化趋势增强，这就要求组织改变激励手段，改善工作环境和工作条件，改变工作设计，以适应组织成员变化了的社会心理需要。同时，员工的价值观、对组织的期望和劳动态度的变化都要求组织随之做出变革。

⑤组织内部的矛盾与冲突。组织内部的矛盾与冲突也是组织变革的重要动力。由于部门扩大、人员增多、业务量增加、目标不一致等，会引起组织内部矛盾增加，人际关系复杂，群体冲突不断。这一方面会对组织的运行产生不利影响，另一方面也会促使组织调整结构，改变沟通方式，以缓解矛盾、理顺关系，从而实现组织有效运行。

2. 组织变革的类型

组织变革发生在随时随地，细致划分可以分为微观变革、中观变革、宏观变革三类。

（1）微观变革

微观变革指组织变革中简单、细化、局部的变动。如组织中一些流程、小的制度的变动等。这些变动看似微小，却也可以对组织的整体运营带来巨大的影响。

（2）中观变革

中观变革指介于微观、宏观变革之间，以较为平常的视角来变革的类型。中观变革相比微观变革来说要大得多，比如部门的调整、岗位职责发生了调动等。中观变革在各种变革中发生的频率是较高的，组织在某些需要调整生产、改变现状等时，往往会选择相对保守却效果较好的中观变革。

（3）宏观变革

宏观变革指组织变革中大的、整体的、方向性的变动。宏观变革所需的条件比较复杂，需要长时间、有计划、大范围的组织准备。与微观、中观变革相比就显得更激进，相应的，改革的阻力也会很大。因此，在宏观变革之前，管理者要制订详细的改革计划，并计划出克服阻力的方法，做好人员思想准备。

总结来说，完整的组织变革正是由微观、中观、宏观变革三部分组成的，三者之间相互影响，相互作用，因此没有具体、明确的界限和屏障。

3. 组织变革的过程与程序

组织变革是系统性和科学性的，需要先对组织变革有个宏观的理解，再按照科学的标准程序来实施变革。

（1）组织变革的过程

①解冻阶段。解冻阶段是组织变革的初始阶段，也称心理准备阶段。它

主要是对组织现状进行解冻，这个阶段的首要任务就是动员员工了解变革的原因和新的组织目标，通过积极的引导，激励员工更新观念和态度，理解变革的意义并参与到变革中去。

②变革阶段。变革阶段是组织变革的行为转换阶段，也是变革措施正式的开始。它主要是对组织已经激发起来的变革热情转化为变革行动。与此同时，进一步激励大家参与变革的积极性，使组织变革成为全体员工为之奋斗的目标。

③再解冻阶段。再解冻阶段是组织变革的行为强化阶段。它主要是在组织已实施的变革措施之后，对新的组织模式和状态对员工心理状态、行为规范、行为方式的情况进行持续地关注，不断地加强和巩固。以确保变革的成果可以长期的巩固维持和贯彻组织。

(2)组织变革的程序

①诊断组织，确定问题。组织变革的第一步就是要对组织的现状有针对性地进行全面诊断。要通过收集资料的方式，调查了解和掌握组织结构的现状和存在的问题。组织诊断的范围通常会覆盖到岗位职能划分、决策系统、组织体系、业务流程等相关重要方面。为了能够明确具体需要整改的部门或人员，结合收集的大量内外部信息资料，组织不但需要找到外部环境对自身发展不利的影响因素，还需要能够从各种征兆中找到导致组织或部门绩效差的具体原因。

②分析因素，制定方案。通过诊断组织，明确了现行的组织结构存在的问题，第二步是要结合组织变革的因素进行具体的分析，比如组织的战略目标、运营体系、职能系统是否及时响应了内外部环境的变化，流程中的业务衔接是否紧密，决策对各职能的影响，各职能机构之间的关系是否易于协调。通过分析这些因素，制定若干可行的改革方案，可供后续选择。

③选择方案，实施计划。在完成了制定改革方案的任务之后，组织需要从这些可行的改革方案中，选择合适的方案并制订具体的改革计划。组织在选择具体方案时，要充分地考虑到改革实施的深度和难度、影响的广度、员工的可接受和参与程度，从而做出周密的计划安排并贯彻执行，确保改革有条不紊且可控的进行，对于改革中可能出现的偏差，要有备用的纠偏措施及时改正。

④评价效果，持续改进。组织变革计划的实施是一个复杂多变的过程，做好计划评价是制订计划中必不可少的一环，它关系到改革计划实施的质量、水平和可行性的评估。因此，组织需要对其变革后所期望达到的理想效果进行评估与总结。对改革中没有取得理想效果的措施，应该给予必要的分析和评价，然后再做取舍或进一步改进。

5.3.3 流程再造

管理的组织职能就是通过建立、维护并不断改进组织结构以实现有效的分工、合作的过程。组织除了要保证企业内部的每一项职能范围活动都有部门和岗位承接，比如每个部门、每个岗位都负责做什么活动都有明确分工，还更应该重点关注各部门、各岗位每个员工之间的协调关系，比如执行某个活动所涉及的部门和人员，他们之间工作的先后顺序和工作关系等。这就需要通过流程管理来解决这些问题。

流程管理的最根本目的是在于创造价值，所谓流程就是一组能够给客户带来价值的活动。流程可以提升运营效率、促进销售量和销售额的增长、提高客户满意度、提高员工的业务和管理水平。流程再造不同于流程优化，它并不是在原有的流程基础上进行微小的改进和点滴的提高，而是将原有的价值链体系和商业模式打破后，重新系统性地设计组织的业务流程。它是根治组织顽疾的一剂"猛药"，促进组织可以实现跳跃式的进步，并获得重生。

1. 原则

组织在进行流程再造的过程中，要基于组织实际的内外部环境情况，不可以不切实际地追求过高过远的目标，组织流程再造应遵循以下基本原则。

(1)围绕结果而不是围绕任务进行组织

应围绕组织目标对其整体进行流程再造，而不是针对某一个任务来设计流程中的工作。

(2)让利用流程结果的人执行流程

随着计算机的数据和专门技能越来越普及，各职能部门以及员工可以独自完成更多的工作，可以取消那些用来协调流程执行和流程使用者的机制。

(3)将信息处理工作归入产生该信息的实际工作流程

(4)有效集中分散资源

组织可利用各种信息获取手段方式，在获得规模和合作益处的同时，保持灵活性和优良的服务。

(5)将平行的活动保持连接，而不是合并它们的结果

将平行职能连接起来，并在活动进行中而不是在完成之后，对其进行协调。

(6)设置关键节点并进行有效控制

将开展工作的关键节点设定决策点，并在流程中形成控制，把控制系统嵌入流程之中。

(7)从源头上一次性获取信息

以前收集信息很难进行传递共享，导致经常不断地重复收集相同的信息。

扫码听课 5-9

现在可把收集到的信息储存到云端数据库中，以供所有需要的人进行查阅。

（8）高层领导支持

高层管理人员对流程再造工作支持的决心，可使部门以及员工更加重视并认真对待流程再造，员工中不乏会有安于现状并缺乏驱动力进行变革的心态，唯有领导表现出投入和坚持才可以激励组织共同努力做出改变。

2. 核心步骤

组织流程再造可分为七个核心步骤，即明确组织战略、确定标杆、诊断、重新设计、实施、效果评估和持续改善，如图 5-9 所示。

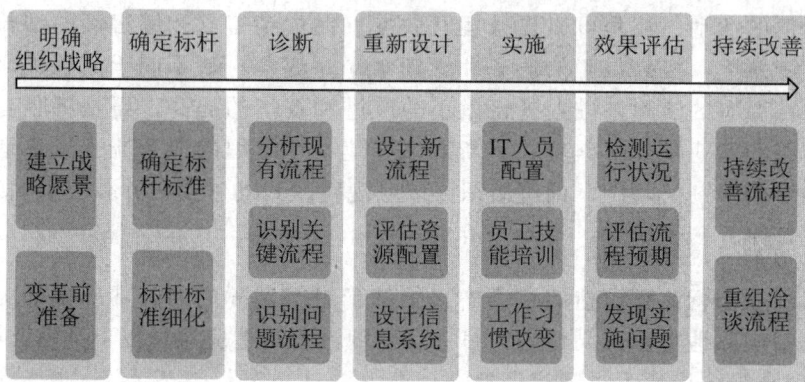

明确组织战略	确定标杆	诊断	重新设计	实施	效果评估	持续改善
建立战略愿景	确定标杆标准	分析现有流程	设计新流程	IT人员配置	检测运行状况	持续改善流程
变革前准备	标杆标准细化	识别关键流程	评估资源配置	员工技能培训	评估流程预期	重组洽谈流程
		识别问题流程	设计信息系统	工作习惯改变	发现实施问题	

图 5-9　流程再造的七个核心步骤

（1）明确组织战略

战略是组织发展方向的指南针，它决定着组织的行动目标和组织的价值链。战略回答了组织做什么正确的事，而流程就是研究怎么做。在进行流程再造时，首先要对组织的价值链和商业模式进行全面地分析，系统性地进行组织流程体系的规划。除此之外，在这个阶段，获得高层领导们的支持对流程再造的成功也是至关重要的。

（2）确定标杆

标杆管理的先驱是施乐公司的罗伯特·开普（Robert Camp），他将标杆管理活动分为五个阶段。第一，确定标杆管理的流程范围、标杆公司以及资料收集。第二，分析现有做法和最优做法之间的绩效差异，拟订未来绩效水准。第三，与各管理层级沟通并确认标杆管理过程中的发现，确立部门目标。第四，制订并实施行动计划，监测进展。第五，完成标杆管理，整合各种活动，重新校验标杆。

（3）诊断

首先，组织需先描述现有流程，通过收集流程图资料、与现有流程负责人访谈、案例调查分析、问卷调查等方式对现有流程的现状进行梳理和客观性描述。其次，在流程现状描述清楚后，通过多种问题分析模型对现有流程进行"望闻问切"的诊断，找到关键和问题流程。

（4）重新设计

首先，组织需重新设计再造方案。连接内外部的业务和流程专家在系统诊断的基础上，参照标杆企业流程再造的经验做法，以新的运营模式为中心重新设计企业流程和推进流程再造的实施方案。其次，建立流程配套设计。流程的变革会影响组织其他的管理优化，如基于流程的 KPI、流程的管理制度体系、基于流程的信息化建设等。最后，重新设计的流程和配套体系需与相关部门进行研讨和沟通，根据其实际的操作经验判断再造流程和配套体系是否具有合理性和可行性。

（5）实施

首先，如流程再造所涉及的业务范围很广、影响很大，可采取局部试点的方式推进，通常情况下会选择非核心流程进行试验，此类流程不会对组织正常运营造成致命影响。这样，可以通过先观察试点流程运行适应性的情况，再逐步将核心流程推广到更大范围和整个组织中实施，从而降低流程再造实施的风险性。其次，新旧流程需要同步切换。当流程再造稳步向前地推进之后，一旦时机成熟，就可以完成新旧流程的同步切换。对于过渡期的设置，由于新旧流程相互可能会有冲突，不建议保留太长时间。最后，在实施过程中，需要与组织各部门建立沟通渠道以加强交流，从而获得大多数员工的支持与理解。如组织员工进行分层培训和宣传教育，让员工明白改革的目标和意义、如何去做、对自己的影响是什么等重要问题。

（6）效果评估

评估与诊断流程再造的成果是否达成了所期望的目标。面对不断变化的组织外部环境、市场中的客户需求、竞争情况，组织需要不断审视自己的商业模式和战略规划。与此同时，也要对业务流程随时进行诊断，查找问题，提供改进意见，供决策参考。

（7）持续改善

流程再造并不是一劳永逸、一成不变的，而是一个循环往复、逐级递进的过程。企业要根据实时监测诊断的情况，对流程进行反复完善，不断改进。

思考题

1. 组织设计的原则是什么？有哪些关键要素？
2. 简述四种基本组织形式，并说出其优缺点和适用条件。

3. 论述企业文化对企业发展的影响。

4. 思考组织的发展会经历怎样的生命周期。

5. 什么情况下企业需要进行组织变革？

在线测试

案例分析

第6章　人员管理

6.1　人岗匹配

6.1.1　人岗匹配概述

扫码听课 6-1

"人岗匹配"从字面意思看，就是人和岗位之间的对应关系。有时"人岗匹配"也被称为"人员配备"，即组织通过对工作要求和人员素质的分析，为每一个岗位配备合适的人员，以完成实现组织目标所开展的各项工作的过程。不难看出，"人岗匹配"不仅要满足组织内部的需要，也要满足成员的需要。为了做好人岗匹配工作，必须明确人岗匹配的基本要求、程序和原则。

1. 人岗匹配的基本要求

人岗匹配要从两个方面进行考察，一是组织需要的角度，二是员工需要的角度。

（1）组织需要的角度

从组织需要的角度出发，人岗匹配应该满足以下三方面的要求。

①组织中的每个岗位都要有合适的人员，所在岗位的人员能够胜任其岗位要求，并且组织在开展各项工作时，都有相应的岗位人员去配合完成，只有这样组织才能高效地运转。

②要求组织内部可以提供转岗、轮岗以及岗位的再升级等场景，以满足人员发展的需要。组织作为平台为员工提供工作的同时，也要能让员工获取自身的利益。流动对于员工个人发展而言是客观存在的，但是对于组织而言，内部人员的稳定尤为重要，而组织为员工提供尽可能多可供选择的岗位，是维持员工对组织忠诚度的重要条件。

③在人岗匹配的过程中，除了要考虑当下组织发展的需求，还要考虑未来组织机构变化的需要，为将来的组织发展提供可匹配的人员，尤其是管理人员。管理人员是组织发展的重要因素，往往需要长时间的培养，因此在人岗匹配时要提前关注未来管理人员的培养与任用。

（2）员工需要的角度

从员工需要的角度出发，人岗匹配首先要使每个人的知识和才能得到公平的评价和运用。工作任务和要求与员工自身能力是否相符，设定的工作目标是否合理，这些都影响着员工工作的积极性和主动性，最终影响组织绩效。

其次，人岗匹配要能够使每个人的能力和素质得到不断提高。员工在所属岗位各尽其责，能力和素质得以最大发挥并且不断提升，不仅是满足员工自我价值实现的前提，也是员工职位得以晋升的基础。

2. 人岗匹配的程序

(1)确定岗位类型和人员数量

在人岗匹配过程中，首先要明确组织内部岗位职务类型和岗位职务数量。岗位职务类型可以分为管理者和一线工作人员；管理者又分为高层、中层、基层，不同层级的管理者根据组织需要设定相应的数量。因为组织是不断发展的，因此组织中岗位职务类型以及岗位职务数量也会随之发生改变。发生改变时则需对岗位职务类型进行重新设计，对岗位人员进行重新调整和匹配，并根据组织内部情况，决定人员是由内部员工转岗或是从组织外部招聘。

(2)选聘合适人员

组织内部岗位职务类型的设计，确定了组织需要具备哪些素质的人员。为保证每个岗位的人员都能胜任其工作任务，就必须对人员进行筛选。待选聘人员可能来自组织内部，也可能来自组织外部。组织选聘内外部员工各有优劣势，内部员工对组织更熟悉，对组织文化更认同，不用花更多精力在组织内部融合上，但在工作创新性、积极性上可能存在不足；选聘外部员工能够为组织注入新鲜血液，增强组织内部活力，同时也会出现由于对外部员工能力素质不够了解，导致任务分配不合理，或者没有将人员放到适合的岗位上等问题。

(3)制订员工培训计划

虽然在人岗匹配过程中，已经按照岗位要求选聘人员，但是人员能力的发展是一个循序渐进的过程。要想人员的能力素质跟上组织的发展，必须对组织内部人员进行培训，使其符合组织的需要。尤其招聘的组织外部员工，通过培训可以加速员工对组织的认同感，缩短胜任周期。当然，何时培训、培训何种内容以及如何开展培训，这些也是管理者应该着重思考的问题。

3. 人岗匹配的原则

(1)因事择人，符合组织发展

在人岗匹配的过程中，要根据组织目标选择所需人员，所匹配的人员无论是在工作技能方面还是思想品质方面，都要符合组织的用人标准，这样才能保证一个组织能够正向发展，确保组织目标的达成。此外，选择人员要用发展的眼光看问题，不能仅满足于当下需求，要做好人力资源储备。这样在组织发展过程中，当需要岗位人员承接更具挑战性工作任务的时候，所匹配人员有能力去胜任，而不是难以应对组织发展所需。

（2）因人择岗，灵活匹配

因人择岗就要求组织针对人员的能力素质、性格特征、兴趣爱好等，将其分配到合适的岗位中，以便于发挥更大价值。同样，在组织内工作过一段时间的员工也是如此，应实时注意到员工和岗位是否匹配，并及时进行调整。这也是对组织人力资源利用的最大化。

（3）人岗动态平衡

岗位人员的工作技能、知识水平等会随着组织的发展和自身的学习不断提升，组织对成员的能力素质认知也是不断变化和完善的。因此，人和岗位的匹配也要随之调整。应当使具有更高能力的员工承担更加复杂且困难的工作。而对于能力一般，无法胜任其岗位职责的员工，通过转岗或培训，分配适合其能力的工作。随着组织发展的需要，组织要找到适合的人员，来填补组织内空缺的岗位，或者根据组织发展要求解聘员工。

6.1.2　任职资格开发

1. 任职资格开发概述

扫码听课 6-2

对于任职资格的定义有很多，有学者认为任职资格是指从事某一种职位功能的任职者所具备的知识、技能、经验与成果和行为的总和；有的认为任职资格是指某个职位对任职者在学历、专业、工作经验等方面的要求，也就是任职角色能够胜任该职位所必备的知识、经验、技能、行为等方面的总和。综合来说，任职资格是为了保证工作目标的实现，组织对个人所具备的知识、技能、能力素质等方面的要求。这在招聘信息中比较常见，比如"3～5 年工作经验""大学本科及以上学历"等。随着任职资格应用的深入，人力资源管理中形成了"KSAO"的任职资格模型（图 6-1），便于对任职资格进行体系化的归类，具体解释如下。

K（knowledge）：是指胜任某项工作任务所必须具备的专业知识、岗位知识和其他知识。

S（skill）：是指在工作中所需的包括专业技能、人际技能以及基于工作任务和工作目标所需具备的其他技能。

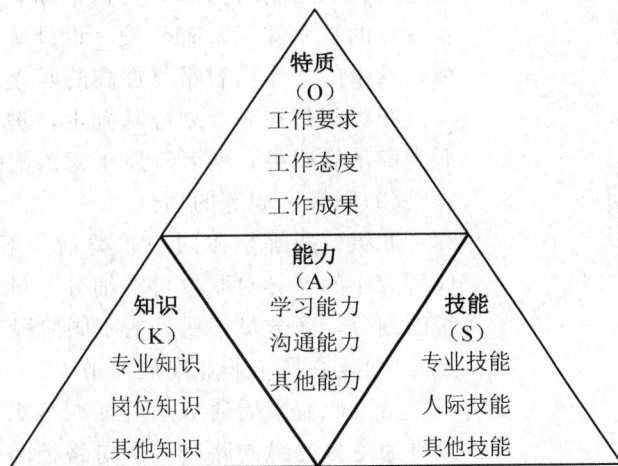

图 6-1　任职资格模型

A(ability)：是指个人的基本能力，如学习能力、逻辑思维能力、观察能力、沟通能力、表达能力、解决问题的能力等。

O(others)：主要是指完成某一项工作所具备的其他特质，包括组织对员工的工作要求、工作态度、工作成果以及其他能够胜任工作岗位的要求。

任职资格开发是实现"人岗匹配"的重要前提。组织是一个动态的系统，为了实现组织战略目标，需要不断完善组织的内部机构。职位作为组织内部机构的重要组成单元，有承载组织目标分解的重要作用。任职资格开发是组织在发展过程中进行人员配备的基本要求。

2. 任职资格开发的步骤

进行任职资格开发时，按照以下五个步骤进行。

(1)职位分析

职位分析就是收集、分析整理与职位相关的信息，对职位进行准确描述的过程。职位分析的内容包括基本信息、职位目的、工作汇报关系、职位范围、主要工作职责以及任职要求等。值得注意的是，职位分析分析的是职位而不是任职者，其关注的应该是职位本身，而非任职者的个性、风格等其他个人因素。

(2)职族、职类的划分

职位分析完成以后，将工作性质和主要职责相似的职位划分到一起，形成若干大职位的集合，就是"职族"。比如，管理族：掌握一定的管理知识，运用计划、组织、领导、控制等手段，带领团队成员达成组织目标的职族；营销族：承担销售指标，负责市场开发或客户拓展的职族；技术族：要求具备专业的技术知识，有研发、设计等工作职责的职族；操作族：根据工作指南，从事的工作内容重复性高的职族。

职类就是在职族划分基础上，进行进一步的细分。比如营销族包含销售职类和市场职类，两者都属于营销族的范畴，但主要工作职责又各有侧重。

(3)职级、职等的划分

职级、职等是在同一职类划分下，按照任职者的知识技能、行为标准、职责大小的差异对职位再次细分。员工的任职能力是有阶段性的，要通过职级的划分，区分员工所处的不同阶段。

(4)建立员工职业发展通道

员工职业发展通道是员工在组织内的职业发展路径。一般情况下，员工发展通道分为纵向路径和横向路径两个路径。比如一个员工工作几年后各方面表现都比较出色，符合晋升标准，就可以成为基层管理者，基层管理者工作一段时间后又晋升到中层管理者，然后到高层管理者，就是纵向路径的"管理路线"。一部分员工能力或者意愿不满足纵向路径的需求，可以往横向路径发展，比如成为岗位专家、行业专家。在此基础上还有双重路线，就是根据组织发展目标结合自身实际情况，在纵向路径与横向路径之间的切换，或是延伸到管理路线与专家路线以外的方向。这需要组织在进行任职资格体系构建时，根据企业自身情况来设计员工职业发展通道。表 6-1 为××集团采用的双序列职业发展体系。

表 6-1　××集团的双序列职业发展体系

层级	层级名称	层级	层级名称
—	—	M10	董事长（Chairman）
P14	资深科学家	M9	副董事长（Vice Chairman）
P13	科学家	M8	执行副总裁（EVP）
P12	资深研究员	M7	资深/高级副总裁（SVP）
P11	高级研究员	M6	副总裁（VP）
P10	研究员	M5	资深总监
P9	资深专家	M4	总监
P8	高级专家	M3	资深经理
P7	专家	M2	经理
P6	高级工程师	M1	主管
P5	中级工程师	—	—
P4	初级工程师	—	—

（5）设计任职资格标准

设计任职资格标准，就是将每一个职级所需要的知识、技能、经验与行为标准规定明确。主要包括以下环节。

①资料收集。在进行任职资格设计之前，必须先收集各类职级的资料，包括行业资料、企业的制度和流程等。收集方式包括问卷调查、访谈等。

②业务分析。业务分析的主要内容是对组织机构设置、主要业务流程、关键工作步骤以及主要工作职责进行梳理和分析。业务分析是任职资格标准的基础，也是实施任职资格体系的关键和难点。

③标准设计。标准设计简单来说就是如何确定任职者的任职资格，以什么作为参考。在任职资格标准设计中，比较常见的是 BEI 行为事件访谈法。通过对同一岗位不同绩效人员进行访谈，总结归纳出该岗位应该具备的知识技能和能力素质。如果访谈的岗位只有一人，则可对本人、上下级、同级等进行多维度访谈。

6.1.3 胜任力开发

1. 胜任力概述

胜任力一词由英文 competence(或 competency)翻译而来,同时也被翻译为能力、资格、胜任素质。有学者认为,胜任力的观念萌发于古罗马时代,当时人们曾通过描绘"胜任轮廓图"(competency profiling)来说明"一名好的罗马战士"的特征。麦克利兰(McClelland)教授认为,智力并不是决定个人工作绩效好坏的唯一因素,胜任力才是影响工作绩效的关键因素。他指出胜任力能区分在特定工作岗位、角色或者情境中绩效水平的个人潜在的特性。

国内学者对"胜任力"的定义中,比较有代表性的如:时勘等学者认为,胜任特征是能将某一工作(或组织、文化)中有卓越成就者与表现平平者区分开来的个人的潜在特征;王重鸣等学者认为,胜任力特征是导致高管理绩效的知识、技能、能力以及价值观、个性、动机等特征,即管理胜任力;安鸿章等学者认为,胜任特征是指根据岗位的工作要求,确保该岗位的人员能够顺利完成该岗位工作的个人特征结构,它可以是动机、特质、自我形象、态度或价值观、某领域知识、认知或行为技能,且能显著区分优秀与一般绩效的个体特征的综合表现。

根据上述关于胜任力的定义,我们可以总结出胜任力的两个表现。首先,胜任力是员工高绩效的表现,胜任力是职位中表现优异者的体现。其次,胜任力具有潜在的、持久性的特征。这一点也是胜任力与任职资格的区别。任职资格包含学历背景、工作经验、知识技能等岗位的基本要求,是客观可描述的。它可以鉴别员工是否合格,但却无法保证合格员工达到优秀的水平。

2. 胜任力模型

我们常见的胜任力模型有两种。一种是由麦克利兰教授提出的"冰山模型"(图 6-2)。他认为胜任力主要包括知识、技能、社会角色、自我概念、特质和动机这六部分。其中知识和技能是能够被人们看到的部分,也是最易于学习和模仿的,是"冰山模型"里显露在水面上的冰山。而社会角色、自我概念、特质和动机,是人们不能看到的部分,就像人们看不到水面下的冰山一样。

知识
技能

社会角色
自我概念
特质
动机

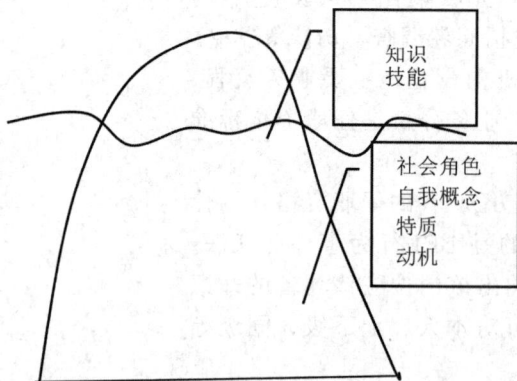

图 6-2 冰山模型

另一种是美国学者理查德·博雅特兹(Richard Bovatzis)在冰山模型的基础上提出的洋葱模型(图 6-3)。他把胜任力体系描述成洋葱状，分为三层，由外到内分别为显质层、变质层和潜质层。其中显质层包括知识和技能，这是最容易被看到和评价的。变质层包括自我形象、价值观、社会角色和态度，变质层的胜任力特征是可以学习和培养的。最内的一层是潜质层，包含个性和动机，这也是胜任力里最难培养和模仿的特征。

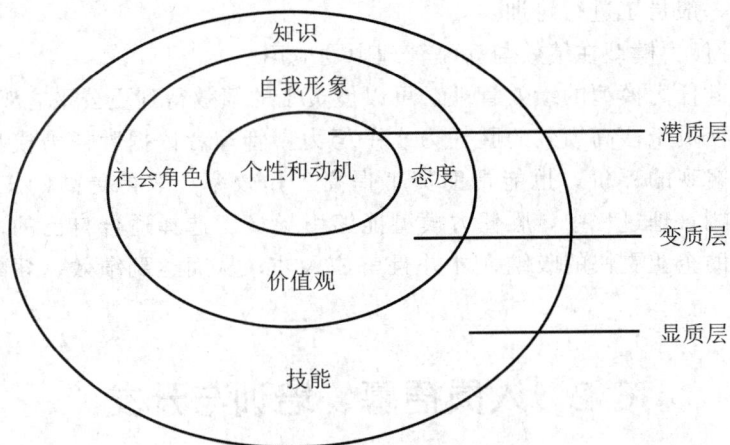

图 6-3　洋葱模型

"冰山模型"和"洋葱模型"本质上是一样的，都是将人的胜任特征分为显性和隐性、可模仿和难模仿、可衡量和难衡量。研究者将胜任力总结为以上模型，目的是全面分析组织内人员的综合特征，从而提高各组织的人力资源管理水平。

3. 胜任力模型在人力资源管理中的应用

胜任力模型的构建对人力资源最直接的作用就是进行人岗匹配，并依据胜任力模型将员工分配到适合的位置。也就是说，通过胜任力模型可以有效的配置组织的人力资源，对组织的人才招聘、人员培训、绩效薪酬体系都有非常重要的作用。

(1) 胜任力模型在人才招聘中的应用

在企业进行人才招聘时应用胜任力模型，除了考查人员的知识、技能以外，还能发掘人才的潜能，考查人才的动机，从而为组织选拔更适合的人才。企业可以根据胜任力模型设置不同的面试或访谈形式，根据需要设置针对性问题，从而甄选出与岗位更加匹配，更符合组织需要的人才，达到人岗匹配的高度融合。

(2) 胜任力模型在人才培训中的应用

传统的员工培训基本上都是针对当下岗位所需，往往是工作过程中出现了问题，或是有了新的技术、新的制度等，才会对人员进行培训，关注的是绩效短板。并且在制订培训计划的时候，往往没有对具体岗位的培训需求进行分析，将人岗进行打包培训，这种培训效果往往都比较差。而基于胜任力模型的培训则要求在传统培训的基础上，结合组织战略发展目标，分析绩效一般员工与高绩效员工的胜任特征，萃取高绩效员工的胜任特征，有针对性地对绩效一般员工进行培训。

（3）胜任力模型在绩效与薪酬管理中的应用

基于胜任力模型的绩效管理，可以使员工的绩效得到更公平客观的评价，同时也促使员工往高绩效的胜任力水平努力。管理者依据胜任力模型能够给到员工更客观的评价，也能帮助员工提高工作效率，取得更高的工作绩效。同时在薪酬管理过程中，胜任力模型能够引导员工选择适合自己的职业发展路径，帮助企业更快的吸纳人才并且留住人才，从而达到绩效、薪酬激励的作用。

6.2　人员招募、培训与开发

6.2.1　人员招募

扫码听课 6-4

人员招募就是为组织寻求合适的人员填补组织内部职位的空缺。人是一切活动的行为主体，组织根据自身战略发展需要，能否招募到符合各岗位任职资格的员工，将直接决定着组织发展的好坏。在各组织的人力资源管理工作中，也把人员招募这一项工作看作人力资源工作的重中之重。

1. 人员招募的基本程序

（1）分析职位空缺，制订招募计划

进行人员招募时，首先要对现有的岗位进行工作分析，根据工作分析的结果来确定各岗位的职位空缺，并在此基础上做招募需求的决策。决策内容包括：①哪些岗位需要招募人员？需要招募人员的数量是多少？招募的人员需要符合什么条件？②人员招募的区域？招募时间的起止？人员招募工作的预算？③招募工作各阶段如何安排？人员测试的方法和内容如何制定？④何时发布招募信息？通过何种渠道发布？是组织内部来招募还是依托外部招聘机构？当这些决策内容都确定后，就可以进行下一步人员招募的工作。

（2）选定招募责任小组，发布招募信息

对于小规模组织而言，人员招募的数量不多，工作量不大，一般由人事部门来完成人员招募工作。但对于大型组织而言，需要招募的人员数量大，招募过程比较烦琐，而且人员招募工作可能会涉及多个部门。这种情况下组

织通常会临时成立专门的招募责任小组，专门负责人员招募工作的相关事宜。责任小组一般由人力部的领导、从事招聘工作的人力专员以及职位空缺部门的相关人员组成，以确保人员招募工作能够顺利进行。

发布人员招募信息时，应尽量向所需人群能接收到的信息平台传播，所以选择适当的传播途径也非常重要。常用的人员招募途径有：招聘网站、中介机构、学校、人才市场、电视、报纸、员工推荐等。如何能低成本、高效率的进行人员招募，是每个组织都十分关心的问题。所以在人员招募时应遵循以下原则：①覆盖面广，面越广招募到合适求职者的概率越大；②发布及时，招募信息发布越及时，人员招募周期就越短，人员招募工作的效率就越高；③需求明确，对招募人员的需求越明确，任职资格越清晰，人员招募的成功率也就越高。

（3）结果反馈与过程评估

人员招募工作结束后，对面试的求职者要给出相应的结果反馈。获得录用资格的求职者确定录用后，下一步就是双方协商薪资等相关事宜，在双方达成协议的前提下签订劳动合同。对于没有录用的求职者，人事部门要通知到个人，并说明没有录用的理由。切记不能做出批评或指责，并且要留有余地，为日后的招募工作做准备。我们往往会遇到这种情况，求职者在当下没有被录用，但过了一段时间后，会再次接到人事部门的来电，询问对方对之前面试的岗位是否还感兴趣。

人员招募过程的评估要在招募工作结束后第一时间进行，因为这时的工作记录和相关数据记录都比较完备，面试人员对整个招募过程的记忆也最清晰，所以招募工作刚一结束，最适合做过程评估。

2. 人员招募的途径

当组织内部职位出现空缺时，就需要通过人员招募填补这些空缺。根据不同的职位分析，分为内部招募和外部招募两种形式。

（1）内部招募

内部招募是指组织的岗位空缺由企业内那些已经被确认为接近提升线的人员或平级调动的人员来补充。用于吸引和确定将担任更高职务或有更高技能水平的现有人员的方法，主要有主管推荐、布告招募、利用技术档案的信息等。

①主管推荐。主管推荐是指由本组织主管根据组织的需要推荐其熟悉的、可以胜任某项工作的员工供人事部门考核。这种方法的有效性在于推荐者本人对组织比较熟悉，对空缺职位的要求比较了解，对申请者的能力也有相当的考虑，因此成功的可能性较大。

②布告招募。这是最常用的一种内部招聘办法，它是指通过向员工通告

现有的工作空缺，从而吸引相关人员来申请这些空缺职位。布告中应包括空缺职位的各种信息，如工作内容、资格要求、工作时间以及薪资等级等。

③利用技术档案的信息。在企业的人力资源部，一般都有员工的个人资料档案，从中可以了解到员工在教育、培训、经验、技能以及绩效等方面的信息，通过这些信息，企业的高层和人力资源部门就可以确定出符合空缺职位要求的人员。使用这种方法，要保证档案的资料信息真实可靠、全面详细和及时更新，并且在人选确定以后，应当征求本人意见。

（2）外部招募

外部招募是指在组织外部吸收申请人，可以采用多种形式。比较普遍采用的方法有推荐招募、广告招募、职业介绍机构介绍、猎头公司推荐、校园招募、网络招募等。

①推荐招募。推荐招募是指通过企业的员工、客户或合作伙伴的推荐来进行招募的一种方法。这种方法的好处在于其成本低廉，并且推荐人对应聘人员比较了解。但是选择的范围比较有限。

②广告招募。广告招募是企业进行外部招募时最常用的办法，是指通过广播、报纸、电视和行业出版物等媒介向公众传递组织的人员需求信息。使用该方法时，要考虑到广告媒体的形式和广告内容的构思，以便吸引到企业需要的目标群体。

③职业介绍机构介绍。职业介绍机构是指帮助组织招聘员工，同时又尽力帮助个人找到工作的一种组织。职业介绍机构一般有公立和私立之分。在国外，公共职业介绍机构主要为蓝领工人服务，有时兼管失业救济金的发放，而私人职业介绍机构针对的对象主要是办公室职员、白领雇员和管理人员。我国的私人职业介绍机构产生比较晚，经营上还不够规范，通常企业只是在招募临时员工时才会利用私人职业介绍机构，相比而言，我国的公共就业服务机构发达得多，在人员招聘供给等方面发挥着重要作用。

④猎头公司推荐。猎头公司是一种专门为企业寻找和推荐高级管理人才与专业技术人才的服务机构，它与职业介绍机构类似，但由于其特殊的运作方式和服务对象，经常被看作一种独立的招募渠道。这类机构只向企业客户收费，并且一般中介费用不菲。很多大公司都通过猎头公司来寻找高级人才。

⑤校园招募。校园招募针对的对象主要是在校的毕业生群体。大学校园是潜在专业人员、技术人员以及管理人员的重要来源，而中等专业学校、技工学校和普通中学则是基层员工的重要来源。目前，越来越多的组织选择进入校园进行招募，发掘潜在的人才，同时借此机会树立自身形象。

⑥网络招募。网络招募是随着互联网发展起来的一种新型的招募方式。企业可以利用互联网络发布招募广告，也可以利用求职人员输入计算机的资料进行搜寻。网络招募已经成为很多企业使用的一种手段，同时也有越来越

多的求职者去网上搜寻就业机会。我国目前就有多家网站提供各种形式的人才招募服务。

3. 人员招募的测试方法

（1）面试

面试就是面试者与应聘者面对面进行交流，进而面试者对应聘者做出面试评价的过程。这也是现代企业中，最为常见的人员招募方法。面试可以分为以下几种类型。

①按照面试的结构化区分，面试可以分为结构化面试、半结构化面试和非结构化面试。结构化面试是按照设计好的问题对应聘者进行提问，可以根据企业的需求，针对性地设计有倾向性的问题。比如偏向考验应聘者的沟通能力，还是应变能力，或逻辑思维能力等。不足就是结构化面试灵活性较低，比较刻板。非结构化面试事先不设计问题，根据应聘者的信息和表现进行追问，是完全开放的场景。这种面试方式灵活，能够深入了解应聘者，同时这一面试形式人工成本和花费的精力较高。半结构化面试是以上两种面试形式的结合，既有设计好的问题，又有开放的问题，也是现在企业较为青睐的面试形式。

②按照面试的程序区分，面试可以分为一次性面试和多次面试。一次性面试通常是人事部在通过资料筛选出应聘人后，有职位空缺部门负责人直接面试，一次面试就可以确定是否录用。多次面试通常是应聘者要进行几轮的面试环节，都通过后方可被企业录用。不同的面试形式跟职位和企业都有关系。

③按照面试人员数量区分，面试可以分为一位应聘者同时面临几位面试者的情况和一位或者多位面试者面试多位应聘者的情况。前者面试者数量通常为单数，避免出现意见平均的情况。这种面试形式有助于对应聘者综合考量，但是人工成本大；后者虽然可以节约大量时间和成本，但是也有照顾不到所有应聘者的现象存在。

（2）知识测试

知识测试考查的是应聘者对岗位知识的了解程度，这种测试可以对所有应聘者同时进行，成本低、效率高、客观公正。知识测试往往考验的只是应聘者的记忆能力，对应聘者的工作能力和人际关系能力等考查不到，所以在进行知识测试时，通常会跟其他测试方法同时进行。

（3）人格心理测试

人格（personality）是指个体情感模式、思维模式和行为模式的独特组合，这些模式通常会影响一个人如何应对各种状况以及如何与他人互动的方式。人格心理测试主要是为了了解应聘者对生活中的人和事、外在环境以及自身

的了解和反应。比较著名的人格测试是 MBTI 人格和大五人格模型。MBTI
人格共有四个维度，每个维度有两个方向，共计八个方面。分别是外向
(E)和内向(I)、感觉(S)和直觉(N)、思考(T)和情感(F)、判断(J)和知
觉(P)，四个维度两两组合，共有 16 种类型。大五人格模型将人分为五项人
格特质，分别是外倾性、随和性、尽责性、情绪稳定性和开放性。企业可以
根据所需人员的不同要求采取不同形式的人格心理测试工具。

6.2.2 人员培训

扫码听课 6-5

现在胜任工作的员工不会永远胜任。员工的技能和知识会随着组织的发
展产生新的要求，这时员工就需要学习新的技能和知识，以适应组织的发展
和社会环境的变化，因此组织要对员工开展培训工作。员工培训是指组织为
获得或改进员工的知识技能、价值观、工作态度和工作行为，使其能在现在
或将来的岗位上的工作表现达到组织的要求而进行的一切有计划、有组织的
努力。

1. 培训的目的

（1）提升组织竞争力

随着科技的不断进步，社会经济环境不断发生改变，各企业之间的竞争
愈演愈烈。企业间的竞争，归根结底是人才的竞争。通过人员培训，不断提
升员工的知识技能、业务水平，才能使其适应岗位的发展要求，提高企业在
市场中的竞争力。越来越多的企业把员工培训作为组织战略发展的重中之重，
对培训的投入成本也随着企业的不断扩大越来越高。在美国，公司的培训费
用一般占公司销售额的 1%～5% 或工资总额的 8%～10%，如美国通用电器
公司每年用于员工培训和拓展的费用高达 10 亿美元，美国有超过 1 600 家公
司有自己的培训大学，平均年预算达到 1 700 万美元。自 1993 年摩托罗拉中
国区企业大学成立后，国内越来越多的知名企业创办了自己的企业大学，比
如我们熟知的华为创办的华为大学、招商银行的招银大学、中粮集团的忠良
书院等。

（2）实现员工自身发展需要，维护企业稳定

员工在企业中的需求各不相同，包括收入提高、职位晋升、知识得到增
长、自我价值能够实现等。培训是员工实现自我发展目标的重要途径。组织
根据自身发展需要，结合员工职业生涯发展规划所做的培训计划，不仅有助
于提高组织的竞争力，还有助于发挥员工的内在潜能，提高组织成员的综合
能力素质，为员工在接下来的工作中提供新的知识、思路、方法、技能等。
员工的个人价值越得到满足，对企业的忠诚度就会越来越高，从而为组织的
发展创造良好的环境，有助于企业内部人员的稳定。

（3）加强企业文化，形成共同的价值观

培训能够促进组织员工与管理者之间的双向沟通，增强组织的凝聚力。对塑造组织文化有重要的作用。组织文化是组织的灵魂，是向组织员工传递企业思想和企业价值的无形资产。好的企业文化能够增强员工对组织的认同感，增强员工自身的主人翁意识，也是无形中推动员工提高自身知识技能的强大力量。这是实现组织战略目标达成的重要条件。

2. 培训需求分析

培训要想成功，首先要对培训需求了解清楚，不基于组织发展的培训计划，为了培训而培训，不仅使培训效果大打折扣，还会严重浪费组织的资源。

（1）组织层面需求分析

培训分析要先从组织层面入手，既要着眼于组织当前所面临的问题，还要基于组织未来的发展，制订培训计划。首先要全员达成共识，使管理层和基层员工都能够认同培训的重要性。其次要从组织战略层面了解各岗位的发展现状，高层领导者务必向各部门管理人员传达培训需求分析的重要性，以保证各部门提交的培训需求计划能满足组织战略目标的需要。

（2）员工层面需求分析

员工层面的培训需求分析就是将员工的个人绩效与组织要求的绩效进行对比，找出两者之间的差距，从而分析员工在工作中的短板，针对性地提供培训，也可称之为基于任职资格的培训分析。一般人事部在进行员工需求分析时，会采用观察法、访谈法、问卷调查法、差距预测法、关键事件法等，对培训需求进行分析和信息的收集，尽可能提高培训的效果。

3. 制订培训计划

在培训需求明确后，需要制订培训计划，按月度、季度等阶段，都是哪些人员培训，具体培训哪方面的内容，采取何种培训形式，年度的培训预算是多少，这些因素都要列于培训计划中。制定培训计划的同时，还要根据各岗位的培训需求，确定相应的培训目标。培训结束后根据培训目标做培训效果的评估，以及提出改进计划。培训效果评估主要是了解培训，员工的知识技能等是否有相应的提高，员工参与培训的程度如何，以及培训计划的安排是否合理。培训效果评估与培训需求分析同样重要，这些项目结合在一起，相当于把培训工作作为一个闭环，培训前有分析，培训后有总结，才能让培训工作真正的发挥作用。

4. 培训的形式与方法

（1）培训的形式

①岗前培训。岗前培训针对人群一般为新员工，在新员工入职前，对他

们进行公司规章制度或工作技能等方面的相关培训。

②在岗培训。在岗培训的特点是培训发生在员工真实的工作场景中，由培训师对员工进行手把手教授，员工直接接受对自身工作技能的指导。这种培训常发生在生产活动、岗位技能学习活动中。

③脱产培训。脱产培训即被培训员工暂时脱离工作岗位，集中到指定地点，由培训师进行短期的专题培训。脱产培训一般以理论知识为主，培训对象多为管理人员和专业技术人员。

（2）培训的方法

①课堂讲授法。课堂讲授法是最传统也是最常见的培训方式。这种培训方式易于组织和操作，培训师能够全程控制培训过程。不足之处在于互动性不强，被培训者单方面接受信息，不利于讨论和交流。这种培训方式常用于理论知识方面的培训。

②讨论交流法。讨论交流法有专题讲座和小组讨论两种形式。专题讲座一般在讲座中或讲座后，给被培训者与讲授者沟通交流的机会，有利于信息的传递；小组讨论是将被培训者按照职务、部门等分成若干小组进行讨论的形式。为了保证培训质量，小组人员和整体人数不宜太多，最好保证培训讲师能照顾到每个小组。这种形式的培训学员参与度高，不仅能巩固培训学员的知识，同时还能提高学员的人际技能。

③案例分析法。案例分析法是培训讲师提供真实的案例，培训学员分析案例中的问题，并给出解决方案。这一过程不仅可以有效地训练培训学员分析问题的能力，同时可以学习到不同的解决问题的思路和方法。

④角色扮演法。角色扮演法是培训讲师给学员设定与工作情景相关的角色，要求学员处理与角色相关的问题，以观察学员的反应，并给出反馈和指导。角色扮演法的形式趣味性强，学员参与程度高，并且能够站在角色的立场上考虑问题，有助于帮助学员改善思考问题的方式。这种培训方法常用于面试、竞争上岗等场景。

⑤师带徒法。师带徒法即由入职时间早或者工作经验多的老员工，指导新入职的员工。师带徒的形式能帮助学员在工作技能、人际关系、企业文化等多方面提升。这种形式在企业中非常多见，给"师傅"制定相应的激励政策非常关键。

⑥网络培训法。网络培训法分为两种形式，一种是企业有自己的网络学习平台，在平台上提供关于工作技能或相关知识的理论课程，员工可以灵活运用时间进行学习；另一种是实时网络培训，培训讲师不用到现场，培训学员也可以在各地，一般是以某个专题为内容的相关培训。网络培训能节省学员的时间，也能节省组织培训的成本。不足是学员与培训讲师的互动性弱，但这种培训方式在各组织中越来越受青睐。

6.2.3　人员开发

扫码听课 6-6

市场经济下，企业间的竞争愈演愈烈，与其说是企业间的竞争，其实更是人才之间的竞争。科学合理的人员开发管理制度，对实现企业可持续发展以及长期的盈利能力，都有至关重要的作用。

1. 人员开发的重要性

人员开发对企业的可持续发展有着重要的作用。在激烈竞争的市场经济中，企业要想在竞争中立于不败之地，就要在市场中取得核心地位、掌握核心技术、加强技术创新，而这些都离不开人才资源。一方面，对于企业而言，企业的技术、设备都可以被模仿，但是人才资源以及人员开发的模式是很难被模仿的，这也是企业在竞争中持续健康发展的重要保障。通用汽车公司前总裁史龙·亚佛德说过："你可以拿走我全部的资产，但是你只要把我的组织人员留下来给我，五年内我就能够把所有失去的资产赚回来。"宝洁公司总裁也说："假若你拿走了宝洁的人才，却留下了金钱、厂房和产品，宝洁将会失败；假若你拿走了宝洁的金钱、厂房和产品，留下了人才，宝洁将在十年内重建王国。"不难看出，在企业经营的各要素中，人才是至关重要的因素。

企业科学、健全的人员开发体系，有利于企业进行合理的人岗匹配。人员开发体系要求企业对员工有更确切的认识，将合适的人放在适当的岗位，为企业创造更大的效益。人员开发还能促进员工自身成长，通过对员工的培训，挖掘员工工作潜力，增强工作技能，提高业务水平，让员工不断充实提升自己的同时加大了工作效率。

2. 企业在人员开发中面临的问题

（1）人才资源短缺的问题

从各种数据报道中不难发现，当下越来越多的企业都面临着人才资源短缺的问题，特别是缺少掌握核心技术的专业人才。另外，人口老龄化现象日趋严峻，企业也同样面临着这类问题，也有不少企业出现优化年龄较长员工的现象。良好的企业发展形态应该呈"橄榄球"形状，中层力量足够，才能使企业用人时有选择，培养员工时有人手。

在近些年的新员工招聘中，大学生求职人员越来越多，但是企业更看重求职者的工作技能和工作经验，这些在大学毕业生的求职群体中十分欠缺，这种因素也导致在人员开发中的资源短缺问题。

（2）绩效考核的问题

很多企业的绩效考核只是走形式，没有真正重视到绩效考核对人员开发和组织发展的作用。合理规范的绩效考核能够端正员工的工作态度，引导员工自发提升工作技能，督促员工把关键工作做好。而流于形式的绩效考核，绩效评估者怕得罪员工，不管工作完成与否都不影响员工绩效；或者绩效考核不合理，只关注业绩，使得有些员工消极应付；或是绩效评估人员缺乏专业的评估技能，致使绩效评估结果不公平，使员工对绩效评估反感，导致员工抵制绩效评估；绩效评估人员在评估过程中，没有及时与被评估者沟通，缺乏指导和管理，使员工在主观学习和被动接受上都难以成长，从而对组织的人力资源造成极大的浪费。

（3）企业缺乏对人员开发工作的重视

在当今企业的发展中，仍有不少企业缺乏现代化的管理思想和意识。比如有些企业花大量的资金引进新技术、新设备、新产品，但是如果在员工培养上需要投入一定的资金，管理者会认为没有必要，这就是管理者缺乏对人员开发的重视。技术、机器、设备需要革新，人员的能力、知识、思想也需要进步。如果不顺应社会经济发展的潮流，在人员开发方面依然延续落后的方式和管理，势必会在发展中遇到越来越多的问题，最终影响整个组织的运转。

3. 提升企业人员开发工作的举措

（1）完善人员开发体系

首先，要根据本企业的战略目标和发展规划制定科学合理的人员开发体系，并且能够为接下来的人员开发工作给予人力和物力上的支持，让人员开发工作在企业中真正发挥作用。其次，对于人员开发工作来说，人才资源的储备是第一生产力，具备了一定的人才储备量才能保证企业在选人、用人时有资源可用。这就要求企业不仅要在人才招募的环节把好第一道关，还应为企业招募人才进行全方位考虑，包括人员的工作经验、工作能力以及沟通能力和人际技能等，要用发展的眼光招募人才。最后，重视企业中对人才的培养和能力的传承，争取做到每一名新入职的员工都有老员工进行指导，接受指导后的员工能够继续指导新晋员工，将"老带新"作为企业文化接力，保持团队的持续稳定和竞争力。

（2）建立完善的培训制度

人员开发工作在企业发展中的作用不言而喻，而人员培训工作开展得如何，是人员开发工作的重要保障。企业在开展培训活动时，对员工进行的知识、业务、技能等方面的培训，可以使员工跟上组织的发展步伐，快速适应组织的每一个发展阶段，满足组织的需要，这也正是组织人员开发工作的目标。只有这两方面相互促进，才能为组织的长远发展夯实基础。培训制度的完善是顺利开展培训工作的前提，能够大大提高企业培训的效果。培训制度的完善能够促进培训的规范化、标准化，为人员开发工作打下坚实的基础。要肯定人员培训在人员开发中的作用，也要正视人员开发是人员培训的前提。一个员工只有在人员开发和教育培训的共同促进下，才能更好地发挥自身潜能，从而为组织贡献更大的力量。

(3)建立完善的绩效激励体系

绩效评估工作在人员开发工作中有着重要的作用，前文中也提到过，很多企业做不好人员开发的工作，是因为没有合理的绩效评估手段。通过对员工工作过程和工作结果进行科学、有效的评估，不仅可以促进企业的生产力提高，还可以将评估结果反馈给员工，帮助他们了解企业的绩效体系，从而提高自身的绩效。同时在人员开发工作中，仅仅依靠绩效评估是不够的，还要根据绩效评估的结果对绩效表现好的员工进行鼓励和奖励，在肯定员工成绩的基础上，激励员工能够为组织创造更大绩效。对绩效表现较差的员工，要给予批评和指导，更重要的是加强对这部分员工的培训工作，让他们在认识到短板的基础上，有针对性地提高自身技能。绩效评估工作不仅仅是人事部门的工作，管理者和员工在这一环节中也承担着重要的责任。企业只有把绩效考核落到实处，才能促进组织生产效率不断提高。

6.3　人员绩效与薪酬

6.3.1　绩效管理

1. 绩效的内涵

从最一般的意义上讲，绩效指的是活动的结果和效率水平。从管理实践来看，人们对于绩效的认识是不断发展的，例如，从单纯地强调数量到强调质量再到强调满足客户需求，从强调"即期绩效"发展到强调"未来绩效"，等等。不论是对于组织还是个人来说，都应该以系统和发展的眼光来认识和理解绩效的概念。

一个组织内部往往根据若干组织原则分为若干层次和数量的群体，群体由具体的员工组成，每个群体的目标和任务之间存在差异，因此每个群体都有不同层面的绩效。广义的绩效概念中包括了组织绩效、群体绩效和员工个人绩效三个层次。组织绩效是组织的整体绩效，指的是组织任务在数量、质量及效率等方面完成的情况。群体绩效是组织中以团队或部门为单位的绩效，是群体任务在数量、质量及效率等方面完成的情况。员工个人绩效是组织成员在工作过程中能够被评价的工作行为以及工作的结果。

2. 绩效管理概述

(1)绩效管理的含义

绩效管理是指各级管理者和员工制定绩效目标并收集绩效相关信息，对

扫码听课 6-7

员工的目标完成情况做出评价和反馈，以持续提升员工个人、部门和组织整体工作绩效的制度化过程，绩效管理着眼于组织绩效水平的提升。对于绩效管理，在实际应用中存在着很多错误的看法，尤其是将绩效管理片面地理解为绩效考核。这种观点显然是不可取的，事实上，绩效考核只是绩效管理的一个环节。具体而言，绩效管理是组织为实现其战略目的、管理目的和开发目的而建立的一个完整系统，由绩效计划、绩效监控、绩效评价和绩效反馈与应用四个环节形成一个闭合循环，该闭环强调的是持续改进。

（2）绩效管理的目的

绩效管理工作是围绕其目的展开的。一般来说，绩效管理主要有以下三个目的。

①战略目的。绩效管理是实现组织战略目标的重要保障，通过设置绩效目标，将员工的工作任务与组织整体的战略目标统一起来。绩效管理的过程中，在员工的个人绩效不断提高的同时，组织的整体绩效也在提高，从而实现组织的战略目标。

②管理目的。绩效管理过程需要收集员工工作的各种信息，这些信息对于组织进行管理决策非常重要（尤其是绩效评价的相关信息）。企业调薪决策、晋升决策、岗位调动决策、保留/解雇决策等重要的人力资源管理决策都需要员工的绩效评价结果作为参考。

③开发目的。绩效管理过程收集了大量员工工作的信息，组织和个人能够在这个过程中发现员工的不足之处，以便对他们开展针对性培训，从而提高员工的工作能力和工作绩效。

（3）绩效管理的环节

一个完整有效的绩效管理系统必须具备绩效计划、绩效监控、绩效评价和绩效反馈与应用四个环节。

①绩效计划。绩效计划是绩效管理过程的起点。在新的绩效周期开始时，管理者与员工经过充分的沟通，明确为了实现组织经营计划与管理目标，员工在绩效周期内应该做什么事情以及事情应该做到什么程度，并对为什么做、何时应做完、员工的决策权限等相关问题进行讨论，促进相互理解并达成协议。

②绩效监控。在绩效计划确定后，员工就应按照计划开始工作。在工作过程中，管理者要对员工进行指导和监督，及时解决所发现的问题，并根据实际情况及时对绩效计划进行调整。在整个绩效管理期间，管理者要不断与员工进行绩效辅导与绩效沟通，预防或解决绩效周期可能发生的各种问题，帮助员工更好地完成绩效目标或者下个绩效期绩效能够改善。

③绩效评价。在到达设定的时间期限时，组织需要使用合理的评价方法，依据事先制订的绩效计划，对员工的工作绩效进行评估。在绩效实施期间所收集到的能够说明被评价者绩效表现的事实和数据，可作为判断员工是否达

到绩效要求的事实依据。评价绩效是绩效管理过程的核心环节，也是技术性最强的一个环节，对评价环节必须给予特别关注。

④绩效反馈与应用。绩效反馈是指在绩效周期结束并完成绩效考核之后，管理者与员工进行沟通，最好采用面谈的方式，向员工反馈绩效评估情况，使员工充分了解和接受绩效评价的结果，并由管理者指导员工在下一周期如何改进绩效的过程。绩效反馈贯穿于整个绩效管理的周期，在绩效周期结束时进行的绩效反馈是一个正式的绩效沟通过程。绩效应用指将绩效评价结果作为其他管理决策的参考，如招聘、晋升、培训与开发、薪酬福利等。

6.3.2　KPI 与 OKR

扫码听课 6-8

1. KPI

（1）KPI 的概念

KPI 是 Key Performance Indicators（关键绩效指标）的英文缩写，这是"80/20"原则在绩效管理中的应用。组织 80％的绩效实现往往依赖于组织中20％关键任务的完成，每位员工 80％的绩效也往往和 20％的关键行为高度关联。因此 KPI 具有非常重要的管理价值，是组织绩效实现的关键管理工具。KPI 在指标数量上，是"少而精"的，多重点等于没重点；在指标性质上，是基于战略推导而来的，是组织战略落地的主线；在实际操作中，通过在 KPI上达成的承诺，中高层管理人员和基层员工能够在工作方向和工作内容上形成一致，持续改进。

（2）KPI 的形成

形成 KPI 首先需要明确企业的战略目标，根据战略目标确定企业的业务重点或者绩效领域，然后，系统分析这些关键绩效领域的关键业绩指标，即企业级 KPI。企业级 KPI 确定后，通常有两类方法确定部门及岗位的 KPI：一是职责分析法，也称为功能分析法（Function Analysis System Technique，FAST），即各部门的主管结合本部门职责寻找组织级 KPI 落地的关键成功因素，由部门职责做进一步的分解到各岗位，然后再提炼 KPI 的一种方法。二是流程分析法（Process Analysis System Technique，PAST），即首先明确公司的战略目标和价值链业务流程，然后通过价值树模型寻找那些能够驱动公司战略目标的关键流程，再分别由战略目标和关键流程推导出相对应的绩效指标。与 FAST 聚焦部门职能提炼 KPI 不同，PAST 法强调跨部门提炼KPI。如图 6-4 所示总资产周转率为组织 KPI，那么实现该 KPI 有三个关键驱动流程，分别是应收账款管理流程、存货管理流程和固定资产管理流程，驱动这三个关键流程的 KPI 又有九个，这九个 KPI 的实现要依赖四个部门和公司总部的协同。

战略目标	关键绩效指标	关键驱动流程	流程绩效指标	可能涉及的部门
提高资产利用率	总资产周转率	应收账款管理流程	应收账款周转率	销售部门
			过期应收账款比率	销售部门
			坏账比率	销售部门
			业务员应收账款周转率	销售部门
		存货管理流程	存货周转率	储运部门/生产部门
			材料周转率	储运部门/生产部门
			产成品周转率	生产部门/销售部门
		固定资产管理流程	在建工程按期完工指标	企业发展部门
			固定资产利用率	公司

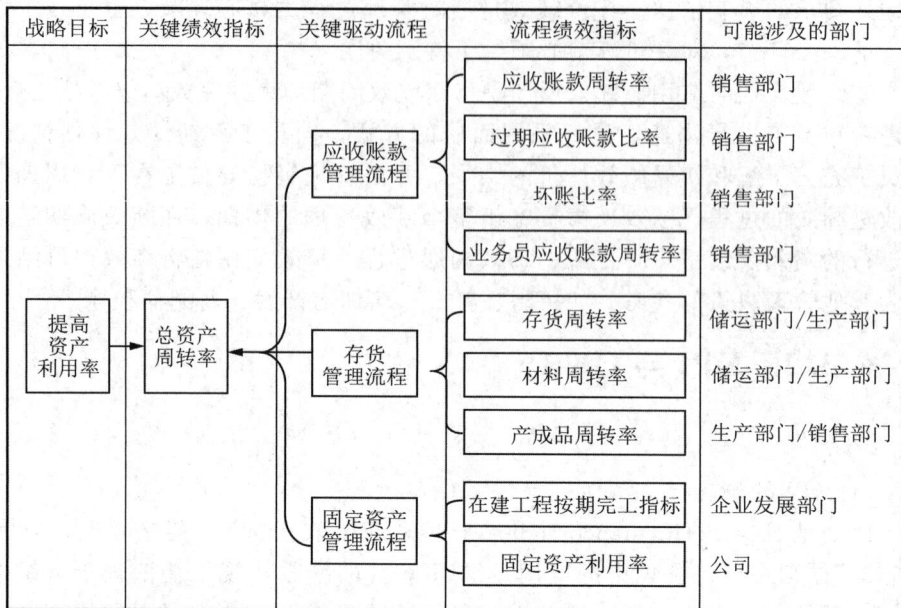

图 6-4　KPI 的形成示例

（资料来源：王小刚：《战略绩效管理最佳实践》，北京，中国经济出版社，2012）

（3）KPI 的确定

选择和确定 KPI，需要逐一检核和澄清下列六个问题：

①该指标是否与战略一致？

该指标是否与某个特定的战略目标相联系？

该指标承担者是否清楚企业的战略目标？

该指标承担者是否清楚该指标如何支持战略目标的实现？

②该指标是否与整个绩效指标体系一致？

实际工作中要分析该指标和组织中上一层的指标相联系吗？

该指标和组织中下一层的指标相联系吗？

③该指标是否可理解？

该指标是否可用通用业务语言定义？

该指标能否以简单明了的语言说明？

该指标是否有可能被误解？

④该指标是否可控制？

对该指标的结果是否有直接的责任归属？

绩效考核结果是否能够被基本控制？

⑤该指标是否可实施？

是否可以用行动来改进该指标的结果？

员工是否明白应采取何种行动对指标结果产生影响？

该指标是否可低成本获取？

⑥该指标是否可衡量？

该指标是否有稳定的数据来源来支持？

该指标可以量化吗？该指标是否有可信的衡量标准？

该指标是否可以定期衡量？

2. OKR

(1)OKR 的简介

OKR 全称是 Objectives and Key Results，即目标与关键成果法，是一套定义和跟踪目标及其完成情况的管理工具和方法。OKR 是一套严密的思考框架和持续的纪律要求，旨在确保员工紧密协作，把精力聚焦在能促进组织成长的、可衡量的贡献上。1999 年，Intel 公司最先使用了这套方法，后来逐渐在 Oracle、Google、LinkedIn 等公司流传起来，现广泛应用于以创新驱动型(或不确定性较大)业务为主要形式的组织。

O(objective)——目标，是一种定性描述，它主要回答"我们想做什么"的问题。一个好的目标应当是有时限要求的，如某个季度可完成的、能激发团队达成共鸣的目标。

KR(key results)——关键结果，是一种定量描述，用于衡量指定目标的达成情况。它要回答"我们如何知道自己是否达成了目标的要求"的问题。一般理解关键结果是指为了实现目标我们必须做的事情，但 OKR 中的关键结果是产出导向(outcome based)，而不是做事导向的(task based)。所谓产出导向就是关注做事情产生了什么成果，而不仅仅是事情做了没有。OKR 要求公司、部门、团队和员工都要设置明确的目标，并且要明确完成目标的具体行动方案。

(2)OKR 的特点

①简单、直接、透明。简单就是抓住重点，容易操作，每个被考核者的目标最好不超过五个，目标多了方向不清晰、重点不明确，每个目标最好不超过四个具体 KR(具体行动)。每个 KR 都必须是能够直接完成相对应目标的，不是间接完成，更不是协助完成，而是与完成相应目标直接关联的关键具体行动。每个单位、每个人的目标和 KR，以及最终的评分都是对整个公司，甚至对每个人都是公开和透明的。当员工能看清楚自己的同级、直接上级、间接上级、最高领导的目标时，他也会把跑偏的罗盘调整一下方向。

②OKR 不直接用于绩效评估。OKR 是发展导向而非评估导向，不是绩效考核的工具，是目标管理的工具。在谷歌公司，分数永远不是最重要的，只是起一个引导作用。如果设定的目标 100％完成，并不意味着成功，反而

说明目标设定不具野心，没有挑战性。通常争取 0.6～0.7 的得分就很好了，0.4 以下也不意味着失败，但要考虑项目是不是应该继续进行，明确该做什么及不该做什么。OKR 不与薪酬和晋升直接挂钩能够很好的规避了为了考核而工作的短期行为。

③OKR 目标更多源于基层员工。OKR 强调自下而上的目标制定，让员工有基于自己兴趣和特长选择工作的自由，这正好体现了内在动机里的"自主"要素和"趣味"要素，是"我要做"而非"要我做"，尽可能地将工作变成内在驱动。由于组织内各级目标是透明的，员工设定的目标要经得起同行的评议，而这种同行的评议使得目标设定过程变得既科学又有趣。这种方式同时也很好地规避了上级不懂下级具体工作的尴尬。

3. KPI 与 OKR 比较

（1）相似处

OKR 与 KPI 在表面上存在诸多相似：①OKR 讲的是目标与关键结果，而 KPI 同样讲的是关键业绩指标。两者都强调了关键，都符合少而精原则，都满足 SMART 原则。②两者都满足目标层次分解的特点，组织层面、部门层面、个人层面都有目标，并且达成一致。③目标和指标都是有挑战性的，需要努力才能实现。

（2）差异处

OKR 与 KPI 的差异也是非常明显的：①OKR 将工作重心从"考核"回归到了"管理"，把目光集中在真正重要的事情上；KPI 主要从结果上考察绩效，一切用指标说话。②KPI 指标更多的是自上而下的分解，上级对下级的工作是清楚的，能够为下级设定合理的目标；OKR 设定时 60％的目标源于底层，对于创新型的业务，直接负责业务的人更清楚该怎么干。③KPI 指标在组织内往往是不透明的，而 OKR 则强调组织中每个人的 OKR 都是公开透明的。④KPI 是重要的绩效考核工具，OKR 则不与考核挂钩。

（3）评价

传统 KPI 在组织运用中往往遇到一些无法回避的问题，比如，有些创新型的工作非常值得去做，但过程不确定性非常大，在计划阶段无法明确提出可具体化的目标，目标设定往往遇到困难，如果按照 KPI 思路，结果往往是目标看似清晰但其实是流于形式，考核时往往比较尴尬，无法实现 KPI 应该有的激励效果。同样，这种不确定性高的工作往往是一线负责人更清楚如何完成，如果让上级来设定下级的考核目标，有可能陷入上级不同而瞎指挥的状态。如果授权下级自己设定目标，上级再根据此目标来考核下级的话，这种考核也失去了考核应有的价值。因此 OKR 的出现，能够改变以往员工层面围绕着"考核什么我干什么"的怪圈转：离数字、公式很近，离目标、计划很远，在个人层面推行 OKR 目标管理工作方式，能体现员工各期重点工作目标和达成结果，更容易了解其工作饱和度，体现工作过程。OKR 能够化被动为主动，让员工敢想、敢干。传统的 KPI 操作方式由于直接涉及利益，目标设定变成上下级斗智斗勇、甚至尔虞我诈的谈判过程，员工有想法也不一定提。OKR 不评价分数和等级，不与考核直接挂钩，剥离了直接利益因素之后，员工只要认为有利于公司发展，就会"敢为人先"。对部门而言，OKR 能够促使团队同心协力，目标一致、力量集中，开放透明、团结协作，保持上下层组织机构运作协调高效，每一个成员都以可见的方式支撑着整个公司。

OKR 方法虽然很好，但也有一定的适用范围，和组织的成熟度、业务的类型等具有高度关联性，并不是所有类型的组织都适合 OKR。同样，KPI 方法也仍然具有很强的生命力，OKR 和 KPI 并不是互相取代关系，而是互为补充的关系。

6.3.3　薪酬管理

1. 薪酬的内涵

报酬，是指员工从企业那里得到的作为个人贡献回报的他认为有价值的各种东西，一般分为内在报酬和外在报酬。内在报酬通常指员工由工作本身所获得的心理满足和心理收益，如决策的参与、工作的自主权、个人的发展、活动的多元化以及挑战性的工作等。外在报酬通常指员工所得到的各种货币收入和实物，包括财务报酬和非财务报酬两种类型。非财务报酬包括宽大的办公室、动听的头衔以及特定的停车位等。财务报酬又可以分为两类：一是直接报酬，如工资、绩效奖金、股票期权和利润分享等；二是间接报酬，如保险、带薪休假和住房补贴等福利。

扫码听课 6-9

薪酬是报酬中的一个部分，是指员工从企业得到的各种直接的和间接的经济收入，相当于财务报酬。美国薪酬管理专家米尔科维奇（George T. Milkovich）对薪酬的定义为：薪酬指雇员作为雇佣关系中的一方，因为工作和劳动，而从雇主那里所得到的各种货币收入以及各种特定的服务和福利之和。

2. 薪酬的构成

薪酬通常包括基本薪酬、绩效薪酬及福利三种形式。

（1）基本薪酬

基本薪酬是指一个组织根据员工所承担或完成的工作本身或者是员工所具备的完成工作的技能或能力而向员工支付的相对稳定的报酬。基本薪酬属于薪酬总额中不变的部分，根据支付的依据不同，基本薪酬包括职位薪酬、技能薪酬、知识薪酬等。

（2）绩效薪酬

绩效薪酬是将员工的薪酬收入与员工、团队或组织的绩效结合起来的一种薪酬支付方式。在这种薪酬体系下，员工个人或群体的绩效水平是支付薪酬的依据。绩效加薪与绩效奖金虽然都是在基本薪酬体系的基础上，根据员工绩效考核结果来调整薪酬水平的薪酬制度，但两者是相互区分的两个概念。绩效加薪是指根据员工绩效评价的结果，相应调整员工未来薪酬的基本水平的一种薪酬管理方案。绩效奖金则是在基本薪酬之外，根据员工绩效水平给予的一次性奖励，虽然它也与员工的绩效水平相关，但它不改变基本的薪酬水平。

（3）福利

福利是企业支付给员工的间接薪酬。福利的形式多种多样，既有货币形式，也有实物形式，不同企业的福利的项目和内容也往往有所差别，常见的福利包括社会保险、津贴、带薪休假等。传统的福利管理向所有员工提供单一、固定的福利组合，但是由于每位员工在福利的需求上是不同的，传统的方式在应用上会大打折扣。从 20 世纪 90 年代开始，弹性福利计划开始在欧美一些国家兴起，并取得了很好的效果。弹性福利计划又称自助餐式福利计划，是指在国家法定福利项目必选的基础上，根据员工的特点和具体需求，给出一些其他的福利项目，员工可以按照自己的需求和偏好自行选择。这种方式与传统的固定福利计划相比，具有更强的灵活性、选择性，不仅可以满足员工多样化的需要，增强其工作满意度，还有利于企业控制成本、吸引人才、激励员工。

3. 不同人才的薪酬类型

企业为了优化人力成本结构，获得最大的人力资本投资收益，需要对不同人才采取不同的薪酬类型。

根据易获得性及其对公司的贡献，可以将员工分为四类。

（1）核心人才

对公司贡献大，同时又很稀缺的人才被称为核心人才。对于核心人才，不仅要为其提供在行业中有竞争力的工资水平，而且可以通过股权以及其他额外的福利来将其锁定。

（2）通用型人才

对于通用型人才，则需要参考他们的生产效率，依据绩效来付薪酬，只要工资水平在市场上具有一定的竞争优势，一般情况下就可以保证这些通用人才的保留。

（3）独特人才

对于在特定情况下的独特人才，企业应该采取"不求所有，但求所用"的态度，可与其签订短期雇用合同，根据合同来支付薪酬。

（4）辅助型人才

对于供给充分，绩效一般的辅助型人才来说，这类人才可以通过专业公司以劳务分包的方式为企业提供服务，企业只需与人力资源服务公司进行劳务合作即可。

4. 薪酬管理决策

（1）薪酬管理的定义

薪酬管理是企业在考虑外部环境、经营战略、发展规划等的情况下，针对员工所提供的服务来确定他们应得的报酬的过程，这里的报酬包括报酬总额、报酬结构、报酬形式等各个方面。在薪酬管理过程中，企业必须就薪酬形式、薪酬水平、薪酬体系、薪酬结构以及特殊员工群体的薪酬等做出决策，同时作为一种持续的组织过程，企业还要持续不断地制订薪酬计划、拟订薪酬预算，就薪酬管理问题与员工进行沟通，同时对薪酬系统本身的有效性做出评价以不断完善。

（2）薪酬管理决策的内容

为达到薪酬管理的目标，企业在薪酬管理的过程中必须做出一些重要的决策，主要包括薪酬体系、薪酬水平、薪酬等级结构、薪酬构成以及薪酬管理政策五项重大决策。

①薪酬体系。薪酬体系决策的主要任务是确定企业员工基本薪酬的基础是什么。如前所述，目前比较通用的薪酬体系是职位薪酬体系和能力薪酬（又分为技能薪酬、知识薪酬和胜任力薪酬）体系，其中以职位薪酬体系的运用最为广泛。

②薪酬水平。薪酬水平是指企业中各职位、各部门以及整个企业的平均薪酬水平，薪酬水平决定了企业薪酬的外部竞争力。对企业的薪酬水平决策产生影响的主要因素包括：同行业或地区中竞争对手支付的薪酬水平、企业的支付能力和薪酬战略、社会生活成本指数以及在集体谈判情况下的工会薪酬政策等。薪酬水平政策包括领先市场、追随市场和低于市场水平三种。

③薪酬等级结构。薪酬等级结构指的是同一组织内部的薪酬等级数量以及不同薪酬等级之间的薪酬差距大小。典型的两种薪酬结构的设计是窄带薪酬和宽带薪酬。窄带薪酬等级多，每一个等级的薪酬幅度相对较小，员工往往只能通过职位的提升来增加薪酬；宽带薪酬的等级少，每一个等级的薪酬幅度大，员工不需要为了薪酬的增长而去斤斤计较职位的晋升，只要注意发展企业所需要的技术和能力就可以获得相应的报酬。

④薪酬构成。薪酬构成是指在员工和企业的总体薪酬中，不同类型的薪酬的组合方式。通常情况下，薪酬被划分为直接薪酬和间接薪酬。前者是直

接以货币形式支付给员工并且与员工所提供的工作时间和业绩、质量有关的薪酬；后者则包括福利、服务等一些有经济价值但是以非货币形式提供给员工的报酬，往往与员工的工作时间、业绩、质量等没有直接关系。

⑤薪酬管理政策。薪酬管理政策主要涉及企业的薪酬成本与预算控制方式，企业的薪酬制度、薪酬规定以及员工的薪酬水平是否保密等问题。薪酬管理政策必须确保员工对于薪酬系统的公平性看法，必须有助于组织以及员工个人目标的实现。

5. 薪酬设计

科学合理的薪酬体系可以提高员工积极性和对企业的满意度，能为企业带来更多利益，是企业实现战略目标的重要工具，因此薪酬体系的设计对企业的发展有着重要的意义。

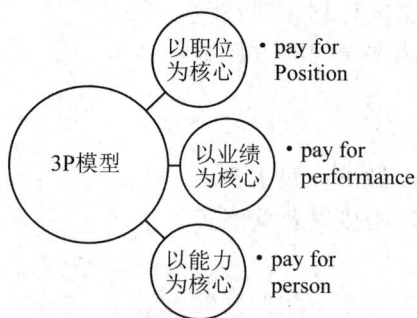

下面介绍薪酬设计的 3P 模型（图 6-5），该模型是以岗位因素、业绩因素以及能力因素为依据进行分配的薪酬体系，即 pay for position、pay for performance、pay for person，故称为 3P 模型。

（1）以职位为核心的岗位薪酬体系（post compensation system）

所谓岗位薪酬体系指对岗位的职责、劳动条件、劳动强度等进行客观的评价，然后根据评价结果决定员工的薪酬的制度，以岗定薪。这是一种实用性与操作性较强的薪酬体系，但这种体系具有一定的应用前提，一是需要可以做到准确地评价与计量岗位的价值，二是需要具有按个人能力安排工作岗位的机制，即人与岗位相匹配，该岗位的员工刚好具有此岗位所需的技术与资格。

设计岗位薪酬体系首先要进行环境分析，这是薪酬设计的基础。环境分析指的是调查分析企业内外部的现状以及未来发展趋势。调查内容包括组织结构、员工素质、企业发展阶段等内部环境和国家法律、产业政策、失业率等外部环境，调查范围广泛且调查内容具有动态变化性，因而环境分析是一项复杂的工作。完成环境分析后，就要根据企业的内外环境以及企业战略来确定有关薪酬水平、薪酬分配原则等的政策，即确立薪酬策略。

接着需要进行工作分析，在这个过程中一般采取观察法、工作日志法、访谈法及问卷调查法等方法来全面地了解工作流程、职责权限、工作环境等与职位相关的信息，并得出职位说明书。然后在此基础上进行职位评价，即比较不同职位的职权大小、工作难易程度、创造价值的多少等内容，并依此确定职位的相对价值。常见的职位评价方法有海氏评估法、排序法、计点法

图 6-5　薪酬设计的 3P 模型

（图中内容：3P模型——以职位为核心·pay for Position；以业绩为核心·pay for performance；以能力为核心·pay for person）

等方法。在得出不同职位相对价值后，就能以此为基础进行职位等级划分，一般来说，等级数目越多，员工晋升越快，对员工的激励性越强，但企业的管理成本也会增加。

然后，企业还需要进行市场薪酬调查，主要是收集分析市场薪酬信息来明确薪酬发展趋势，解决的是薪酬的外部竞争性问题。

最后就可以参考职位等级划分和市场薪酬调查来确定薪酬结构与水平。至此，岗位薪酬体系已基本设计完成，但在之后的实施过程中要注意与员工进行及时有效的沟通，结合企业所处环境的变化，及时调整薪酬体系的不合理之处，不断调整与优化体系，提高员工满意度与企业薪酬的竞争力。

岗位薪酬体系具有易执行性以及客观性的优点，但也存在前期职级设定过程较复杂、易僵化、对员工激励性较弱的缺点。

(2) 以业绩为核心的绩效薪酬体系(performance compensation system)

绩效薪酬体系指将薪酬与员工个人或团体的绩效水平相连，薪酬以业绩为确立依据的薪酬体系。广义上来说，该业绩可分为公司整体绩效、团队绩效以及员工个人绩效。狭义的绩效薪酬指员工个人的业绩决定薪酬，员工的薪酬随员工行为与绩效的变化而发生改变。因为薪酬直接与业绩挂钩，所以绩效薪酬体系有很强的激励性，一个良好的绩效薪酬体系有利于提高员工的积极性，有助于企业提高生产效率。但绩效薪酬体系的应用也具有一定的前提，如员工对其绩效有较高的可控性，即员工通过努力可以提高业绩；另外，员工的业绩需要能够准确测量。

与岗位薪酬体系设计相同，绩效薪酬体系的设计也需要充分调查分析企业内外的环境。特别的是，绩效是该体系设计的分析、评估对象，绩效评估是绩效薪酬体系的核心内容。在该体系的设计过程中要注意对于不同时期的绩效选择不同的薪酬形式与之匹配；对于不同的绩效形式选择不同的绩效评价方法；另外也要适当设计个人绩效、团队绩效、公司绩效的比例，例如个人绩效所占比例过高可能导致员工间的过多竞争，不利于团队的合作等。

绩效薪酬体系具有薪酬灵活性高、员工主动性高、改善产品质量等长处，不足之处则包括对绩效标准和人力资源管理有较高的要求、增加员工与员工或员工与管理层产生摩擦的可能性等。

(3) 以个人能力为核心的薪酬体系(capacity compensation system)

能力薪酬体系指通过评估员工的能力、所掌握的技能以及知识来确定薪酬的体系，这里的能力指员工具备的有助于绩效取得的能力，常见的有团队领导力、信息搜寻、组织知觉性、分析性思考等，但需要注意在能力薪酬体系中，这些能力具有组织专属性，即同一能力面对不同组织有不同的价值。企业可以通过建立能力评估标准来激励员工学习知识，提高技能水平。能力薪酬体系通常对于智能开发、科学研究等员工能力对业绩影响较大的企业适用。

能力薪酬体系的优点是可以引导员工提升能力，有利于员工个人发展目标与企业发展目标的统一，员工知识技能的拓展深化，不仅有助于员工的生涯发展，也有利于提高企业的适应能力与灵活性。但也存在缺点，比如因培训等使企业的人力资源成本上升，企业管理难度加大等。

由以上内容可以看出，三种薪酬体系有不同的侧重点，也都存在各自的长处与不足。不同企业在实际应用过程中可以根据企业的不同特点与发展阶段灵活选取，对于构成较为复杂的企业，还可以同时选取多种薪酬体系，如对销售人员采用绩效薪酬体系，对研发人员采用能力薪酬体系，对于普通操作岗位采用岗位薪酬体系等。选取岗位薪酬体系有利于实现企业的内部公平性，选用能力薪酬体系有助于发挥人才积极性与潜力，而选用绩效薪酬体系则对十分有助于员工业绩的提高。总而言之，不管采用哪种体系的目标都是激励员工，提高员工产出，进而实现企业战略目标。

思考题

1. 人员招募与培训的方式有哪些？
2. 简述绩效管理的主要方法及其异同点。
3. 简述 KPI 与 OKR 的异同。
4. 简要说明如何进行薪酬设计。

在线测试

案例分析

第 7 章　团队管理

7.1　团队概述

7.1.1　团队的内涵

组织内的很多工作兼具复杂性与分工协调性的特色,仅仅依靠个人的力量根本无法完成,只有依赖员工组成团队,集合团队中每个人的能力与特色,团队成员同心协力才能完成。因此,需要让组织中的员工组成团队,在团队中互相合作,不仅发挥个人专长及工作潜能,也能与其他员工愉快合作。组织中的成员相互学习、高效协作,充分发挥团队作用,已成为组织成功的关键因素。

1. 团队的含义

斯蒂芬·罗宾斯(Stephen P. Robbins)认为,团队是由两个或者两个以上相互作用、相互依赖的个体,为了特定目标而按照一定规则结合在一起的组织。刘易斯(Lewis)认为,团队是一群认同并致力于去达成共同的结果而努力的组织。在刘易斯的定义中强调了三个重点:共同目标、工作相处愉快和高品质的结果。盖兹贝克(Katezenbach)和史密斯(Smith)对团队的定义是目前被广泛采用的。他们认为一个团队是由少数具有技能互补的人所组成,他们认同于一个共同目标和一个能使他们彼此担负责任的程序。

方振邦等人认为,团队是指一种为了实现某一目标而由相互协作的个体组成的正式群体。陈春花等认为,团队是一群为数不多的、具有相互补充技能的人组成的一个群体,他们相互承诺,具有明确的团队目标且共同承担团队责任。

本书将团队定义为一种为了实现某一共同目标而由相互协作的个体所组成的正式群体。

2. 团队的类型

当我们建立团队时,首先要考虑建立什么类型的团队。根据团队成员的来源、拥有自主权的大小以及团队存在的目的不同,可以将团队分为以下五种类型。

（1）解决问题型团队

解决问题型团队将精力主要集中于他们责任范围内的特殊问题，针对这些问题提出解决方案。团队成员一般来自同一个部门，按照一定的频率定期聚会，在讨论中就如何改进工作程序和工作方法等问题相互交换意见或提供建议。但是，这些团队几乎没有权力根据这些建议单方面采取行动。

20世纪80年代以来，应用最广的一种解决问题型团队是质量圈（quality circle），由8～10个职责相同的员工和主管组成，成员定期聚会，一起讨论工作中面临的质量问题，调查问题的原因，提出解决问题的建议，并在授权范围内采取有效行动。

（2）自我管理型团队

自我管理型团队是一种独立自主的团队，在保留团队基本特征的同时，团队进行高度的自我管理、自我领导、自我负责。自我管理型团队一般由10～16人组成，这些成员每天必须一起工作以生产一种产品或提供一种完整服务。他们承担团队成立以前自己的上司所承担的一些责任，主要包括控制工作节奏、决定工作任务的分配、安排工作休息、设立关键目标、编制预算等。自我管理型团队不仅探讨解决问题的方法，而且亲自执行解决方案，并对工作承担全部责任。彻底的自我管理团队甚至可以挑选自己的成员，并让成员相互进行绩效评估。这样，主管人员的重要性就下降了，甚至可以被取消。

自我管理型团队可以减少管理层次，形成扁平式的组织机构，相较于传统管理团队，自我管理团队有更高的成长满意度、社会满意度和信任感，能够提高30%的工作效率并极大地改善产品和服务质量。但是，与传统的组织形式相比，自我管理型团队的缺勤率和流动率偏高。

（3）多功能型团队

多功能型团队由来自同一等级、不同工作领域、具有不同工作技能的员工组成，目的是通过识别和解决跨部门、跨领域和多功能的问题来完成特定的任务。多功能团队能使组织内（甚至组织之间）不同领域员工之间交换信息，激发出新的观点，解决面临的问题，协调复杂的项目。但是，在其形成的早期阶段往往要消耗大量的时间，因为团队成员需要学会处理复杂多样的工作任务。在成员之间，尤其是那些背景不同、经历和观点不同的成员之间，建立起信任并能真正地合作也需要一定时间。

（4）虚拟团队

虚拟团队是指在不同地域空间的个人通过信息技术进行合作的团队组织形式。与以上三种团队类型不同的是，虚拟团队不需要团队成员之间的密切的面对面接触来工作，可以跨时间、跨地区甚至跨组织地工作。

虚拟团队的核心特征是人、目标和联系，这和其他团队有相似之处，但是虚拟团队最显著的特征是用一系列信息技术为纽带来联系成员和实施任务。在虚拟团队中经常运用到的三大类信息技术是：桌面视听会议系统、合作软件系统、网络系统。

虚拟团队的核心要素是虚拟团队中的信任问题。高信任的虚拟团队融合得更容易、组织自己的工作更迅速、自我管理更有效，信任是虚拟团队完成今后复杂任务的全效润滑剂。

(5)知识型团队

知识经济时代引发了人类社会形态的巨大变革，由来自不同知识领域的人组成团队进行工作越来越普遍，知识型团队的概念应运而生。根据美国知识团队管理专家卡尔-爱瑞克·斯威比(Karl-Erik Sveiby)的定义，知识团队是指运用高智力资本从事创新型工作的群体。而综合目前的研究成果，知识团队是团队概念的延伸，主要特征表现为：承担超常规创新性复杂任务、成员拥有独特的专业技术，团队知识需要进行共享、整合和重组。

3. 团队的特征

(1)团队规模有限制

一般来说，人员规模应当在 2～25 人之间，最好在 8～12 人之间。限制人员规模是为了确保所有成员之间都能够充分了解并且互相发生影响；同时这也保证了团队结构的简单化和组织目标的纯正。团队人员规模大就不可避免地会出现分化、等级，最后出现"目标替代"，使团队的目标被上层精英的个人目标所替代。

(2)团队成员具有不同的技能、知识或经验，每个队员都能对这个团队做出不同的贡献

队员能了解彼此的角色、特长及重要性，他们在团队中分工合作，分享信息，交换信息，并相互接纳，能够认识到每个队员缺一不可，少了任何一个队员，团队的目标将无法顺利达成。

(3)团队队员共同承担团队成败的责任

团队队员的责任分担可以从两个层面来加以分析：第一个层面，团队队员在平常的团队运作过程中或团队会议中共同分摊团队的工作。如：团队的领导角色或团队的各项任务指派。第二个层面，是针对团队的最后成果而言。团队的存在都有其特定任务，能否达成此任务便有成败责任归属问题，而团队的特色之一即在于顺利完成团队的目标时，全体团队将分享此成果，共同接受组织的激励与奖励。同样的，当团体无法顺利完成特定任务时，则全体团队队友将共同承担失败的责任，而非单独团队的领导者或管理者承担失败的责任。

(4)团队的建立以完成团队的共同目标为主要任务

当人们为了共同的目标工作在一起时，信任和承诺会随之而来。因此，

拥有强烈集体使命感的团队必将作为一个集体，为了团队的业绩表现共同承担责任。这种集体责任感常常可以产生丰厚的集体成果作为激励，组织的工作成果又反馈强化了这种集体责任感。从另一方面看，单纯为了改进工作、交流、组织效率而组建的集团很难成为高效率的团队。只有当设定了适当的目标以及实现目标的方式之后，或者在团队成员一起共同承担责任之后，才有可能建成一支高效的团队。

扫码听课 7-2

7.1.2 团队的发展阶段

团队的发展一般可以分成四个阶段，分别是形成阶段（forming）、震荡阶段（storming）、规范阶段（norming）和高效阶段（performing）。每个阶段的团队工作效率和团队凝聚力都有不同，相应的每个阶段团队管理的工作重点也有很大不同。

1. 形成阶段（forming）

形成阶段又称为团队的初创阶段，这个阶段团队具有高度的不稳定性，团队没有统一的愿景，缺乏运作规范，通常也没有明确的领导职责。新形成的团队缺少组织文化，团队成员也缺少对团队的认同，因此成员只是名义上为团队工作。团队成员在初创期通常是谨慎的，往往通过对照和评价其他成员的态度和能力，来决定自己的行为选择，他们对团队的归属还比较弱，是暂时性的。由于成员们需要时间相互适应，这个阶段工作效率通常很低。

这一时期团队领导的工作重点是尽快形成团队开展工作的基本规则，为团队更好开展工作整合更多的外部资源，告知团队成员的工作目标，激发大家都团队工作的信心。这一阶段，团队士气不是团队发展各阶段中最低的，因为团队成员决定参加团队工作本身就表明他们对团队工作有基本的信心。

2. 震荡阶段（storming）

随着团队工作的进展，现实的不如意可能会让团队成员最初对工作的憧憬破灭，另外，在团队协作过程中，由于成员之间彼此性格与行为风格的差异，对任务理解的差异，工作边界的不清晰等会造成各种冲突与矛盾的显露。这个阶段团队是非常脆弱的，士气也是低落的，部分团队会在这一阶段遇到无法克服困难而宣告解散。

在这个阶段，团队领导要耐心做好团队管理工作，多组织团队熔炼活动，让团队成员在各种团队交流活动中彼此熟悉对方的性格与行为风格，并形成对团队目标任务的一致理解。经过一段时间的磨合，团队成员间逐渐相互适应，团队协作意识逐渐增强，对目标和任务的理解逐渐一致，这时团队才顺利度过了震荡阶段。

3. 规范阶段(norming)

随着组建团队时间的增长，成员间建立起了较明确的协作意识，并且对团队运作规则和组织原则都已经熟悉并接受，这时团队就进入了工作效能逐渐提升的规范阶段。这个阶段与前两个阶段的明显区别在于，成员会逐渐意识到，无论是在运作程序中还是在完成任务方面，合作都比竞争显得更为重要。虽然成员间在一些问题上仍然不可避免地存在分歧，但大家都能认为是不同观点的体现，并通过有效的沟通达成一致。

在这个阶段，团队领导要强化团队成员对共同愿景、目标的认识，要在团队文化氛围建设方面多做工作，鼓励团队成员敢于面对问题，推动团队成员在具体工作上表现出主动性和创造性。同时要系统梳理团队工作中的业务流程和工作标准，提升管理成熟度。在这个阶段还要鼓励团队成员多进行工作总结与复盘，形成持续改进的工作氛围。

4. 高效阶段(performing)

当团队发展到成熟期时，团队意识和团队文化已经深深扎根于成员心中，因此成员间能实现紧密的合作。团队能够将时间和精力用于解决一些重要的实质问题上，工作效率有显著的提高。这时，团队发展就进入了高效阶段。

在这个阶段，团队领导要更多授权，给团队成员创造更好的自主发展空间，多鼓励，多表扬，做好服务工作。另外，团队领导要多总结提炼团队的工作经验，适当进行外部展示，提升团队的知名度和美誉度。同时要重点培养团队中的备选管理干部，做好人才梯队建设。

7.1.3　虚拟团队与管理

1. 虚拟团队的定义

虚拟团队是指在不同地域、空间的个人通过网络来沟通、协调，为了共同目标或共同利益，结合在一起所组成的团队。团队成员可能来自同一个组织，也可能来自多个组织，甚至成员之间可能从未见过面。

扫码听课 7-3

从狭义上来说，虚拟团队仅仅存在于虚拟的网络世界中；从广义上来说，虚拟团队早已应用在真实的团队建设中。虚拟团队只需通过网络来沟通、协调，甚至共同讨论、交换文档，便可以分工完成一项事先拟定好的工作。换句话说，虚拟团队就是在虚拟的工作环境下，由进行实际工作的真实的团队人员组成，并在虚拟企业各成员的相互协作下提供更好的产品和服务。

2. 虚拟团队管理要点

在信息技术时代，虚拟团队确实具有很多优点，但是它也使得团队管理

与问题协调变得更加复杂。如何管理这种团队，提高团队效率，是管理层需要认真考虑的一个重要问题。

（1）管理观念的转变

虚拟团队与传统的实体团队存在着很大的区别。要想管理好虚拟团队，团队的管理层必须转变自己的管理观念，调整好团队成员的定位，并使团队形成一种良好的信任氛围。

（2）管理体制的变革

①角色重新定位。在虚拟团队中，成员从"劳动者"转变为"会员"，而且远程管理使得组织的监督与控制功能弱化。在这种情况下，大家需要签订会员协议，享有相应权利和责任，最重要的是参与管理。

②明确战略目标。在虚拟团队中，明确的战略目标成为员工协同工作的基础。因此，要尽量让每个成员了解团队的目标和远景，并及时获得反馈信息，在互动中加深理解。

③建立信任关系。虚拟团队管理的核心问题就是信任，相互信任是虚拟团队运作的基础。在团队中建立信任关系，应注意两点：一是承认"个体"，即充分认可、接受和尊重成员个体的知识、技能、态度、行为、文化、信仰等；二是建立独立工作单元，使他们在各自的领域内充分发挥知识结构优势，进行创造性的活动。

④建立激励与约束机制。其要求在于实现个体目标和整个团队目标的一致性，深入研究各虚拟成员的需要。

（3）技术手段的管理与协调

为了使信息保持通畅，虚拟团队必须保证技术手段的可靠性。

①主要沟通渠道要选择适合的、可靠性强、效率高的通信技术，同时还要交叉运用多种沟通方式，以防止某种技术手段突发故障而影响整个团队的沟通交流。

②要加强对技术设施的配备，技术手段的使用、更新以及开发的管理。

③要对成员进行必要的培训。

④团队中要有1～2名专业技师，负责技术设施的开发、安装和调试等工作和突发故障的排除。

（4）知识信息的管理与协调

知识信息在虚拟团队网络中流动，能够增强整个团队的竞争优势，还能提高团队的创新能力。所以应该建立起知识与信息共享的内部环境，并同时培养这种文化氛围，最大限度地实现知识和信息的共享。

（5）文化差异的管理与协调

①通过文化敏感性培训，减少因不同文化带来的冲突和相应的问题，使成员接受和认可他人的文化背景，尊重他人的语言风格以及行为习惯、宗教

信仰等，使组织能够创造良好的合作氛围。

②成员之间要充分沟通信息，加强协调，形成个体目标与整体目标一致的团队文化。

③工作程序、方法的标准化，可使组织内的成员获得一定范围内的统一性，有利于沟通。

(6)团队成员的管理与协调

使成员产生归属感，增强群体意识，使他们彼此成为朋友和伙伴，营造团队的"社区"氛围。同时，注重成员之间面对面交流的机会，如定期会晤、组织培训、相互走访等。

7.2　团队效能管理

7.2.1　角色搭配

1. 团队角色概述

我们生活的世界因不同而丰富多彩，大千世界很难找到性格完全一致的两个人，任何团队都必须建立在成员的个性、能力、兴趣和特长的差异之上。没有完美的个人，但可以有完美的团队，其核心就在于如何搭配团队角色，形成团队成员的优势互补。剑桥大学产业培训研究部在英国管理学家梅雷迪思·贝尔宾（Meredith R. Belbin）的领导下做了九年的团队研究，系统提出了团队角色理论。该理论认为，在团队中，每个成员同时承担着业务职能和沟通职能，其所对应的角色分别为职能角色和团队角色。其中，职能角色是由团队赋予个人的岗位职能所决定的，是与个体所掌握的业务技能有关的角色；团队角色是由个体的禀赋、性格所决定的，是个体与其他团队成员在沟通中表现出的特点。在一个团队中，每个成员都同时扮演着职能角色和团队角色这两种角色。每种团队角色都有自己独特的行为特征，这些特征不但影响个人在团队中的绩效，更重要的是会影响团队整体的绩效。

扫码听课 7-4

2. 三类九种团队角色

(1)思考谋划相关的团队角色

①智多星（PL）。智多星拥有高度的创造力，思路开阔，观念新，富有想象力，是"点子王"；口头禅通常是"碰到令人困惑的问题，不妨从侧面去思考"。通常在一个项目刚刚启动或陷入困境时，智多星角色非常重要。

②审议者（ME）。审议者冷静、理性，做决定时思前想后，能综合考虑各方面因素谨慎决策；善于分析和评价，善于权衡利弊来选择方案；口头禅

通常是"宁可慢慢做正确的决定，也不要仓促做错误决定"。

③专家(SP)。他们致力于维护专业标准，陶醉在自己的专业中；专家的口头禅通常是"选择你喜欢的工作，那么对你而言生活将不再有'工作'"，由于他们在专业领域知道的比任何人都多，因此他们经常要求别人服从和支持。

（2）任务或执行相关的团队角色

①鞭策者(SH)。说干就干，办事效率高，目的明确，有高度的工作热情和成就感；遇到困难时，他们总能找到解决办法，是行动的发起者，在团队中活力四射，尤其在压力下工作精力旺盛；鞭策者的口头禅通常是"我会让事情动起来"。

②执行者(IM)。执行者有很好的自控力和纪律性，非常务实，传统甚至有些保守；他们计划性强，工作高效可靠，能迅速把计划落地实施；执行者的口头禅通常是"一分行动胜过十分理论"。

③完成者(CF)。做事注重细节，追求完美；喜欢事必躬亲，不放心别人做，不愿授权；完成者的口头禅通常是"没有理由不追求完美"。

（3）人际协调相关的团队角色

①外交家(RI)。他们的强项是与人交往，是天生的外交官，喜欢聚会与交友，调查团队外的意见、进展和资源并予以汇报；对外界环境十分敏感，最早感受到变化；外交家的口头禅通常是"在开拓资源上所花的时间很少是浪费的"。

②协调者(CO)。协调者能够引导一群不同技能和个性的人向着共同的目标努力，他们代表成熟、自信和信任；办事客观，不带个人偏见；除权威之外，更有一种个性的感召力；协调者的口头禅通常是"管理是一门艺术，其核心就是把所有工作都交给别人去做"。

③凝聚者(TW)。凝聚者认为团队的和谐至关重要，因此他们会发挥团队"黏合剂"的作用，使得团队成员协作得更好，团队士气更高；善于化解各种矛盾，善解人意，关心他人，处事灵活，对任何人都没有威胁；凝聚者的口头禅通常是"如果你没问题，我也没问题"。

九种团队角色的贡献及可容许的弱点见表7-1。

表 7-1 九种团队角色

团队角色	贡献	可容许的弱点
智多星(PL)	具备创造力、想象力，不墨守成规，能够解决难题	无视细节；包揽所有点子工作

续表

团队角色	贡献	可容许的弱点
审议者(ME)	沉着冷静，具有战略思维，独具慧眼；能看到所有的选项；准确做出判断	缺少激励别人的内驱力和能力；过分挑剔
专家(SP)	一心一意、工作主动、勇于奉献；具备专一领域的知识与技能	只在狭窄的前端做贡献；沉迷技术；忽视全局
鞭策者(SH)	勇于接受挑战、充满活力、抗压能力强；具备克服障碍的内驱力和勇气	可能会惹恼别人；伤害他人感情
执行者(IM)	有条不紊、值得信赖、保守、高效；能把想法转变为实际行动	缺乏灵活性；对新事物反应迟钝
完成者(CF)	勤勉苦干、尽职尽责、焦虑感强；善于查找错误和纰漏	过度担心，不愿意授权；可能吹毛求疵
外交家(RI)	性格外向、充满激情、善于沟通；寻找各种机会；拓展人脉	过于乐观；一旦最初的激情过后，便失去兴趣
协调者(CO)	成熟、自信，主席的优秀人选；澄清目标、推动决策、善于将职责下放	可能会操纵他人；把本属于自己的工作安排给他人
凝聚者(TW)	合作、温和、圆滑；倾听、消除摩擦、平息风波	困境中表现得优柔寡断；容易被人所左右

（资料来源：R. 梅雷迪思·贝尔宾：《团队角色：在工作中的应用》，北京，机械工业出版社，2017）

3. 团队角色适配

九种团队角色无好坏或强弱之分，作为个人首先要识别自己的团队角色类型，哪一种是主要团队角色，哪一种是次要团队角色。在识别自身团队角色的基础上，要妥善处理角色与角色之间的关系，搭配好团队角色。在团队环境中，不同的角色间有可能是互补关系，也有可能是对立关系。

智多星能够和协调者、外交家和凝聚者这些善于人际交往的同事共事并和睦相处；智多星跟执行者共事最容易发生冲突，但如果智多星是上级，执行者是下属的话情况则不同，这种领导和被领导的关系往往是非常高效的，如果智多星的建议行得通，执行者就会动手干。同样的，审议者做智多星的下属也会有比较好的局面出现。

审议者和协调者、执行者共事，往往协作愉快，沟通障碍少，如果让审议者跟完成者、鞭策者共事，则协作效能会比较差，他们有可能会因为微不足道的小事而争吵不休，导致事情久拖不决；上级如果是协调者，审议者能很好地发挥自己的作用，如果上级是鞭策者的话，审议者能发挥的作用就很有限了；至于下属关系，如果让执行者做审议者的下属，效果最佳，但需要避免让其他审议者做其下属，特别不能让智多星做其下属。

专家和执行者、凝聚者做同事往往合得来，但跟智多星共事往往冲突不断；专家需要信任和重视其专业精神的上级，希望上级能够放松对其的约束，因此专家会欢迎凝聚者和协调者做上级，而反感外交家和鞭策者类型的上级；在对待下属问题上，专家更喜欢那些尊重专业人才、标准一旦制定便坚决执行的下属，执行者和凝聚者都可以成为专家欢迎的下属。

鞭策者往往欣赏那些充满活力的同事，与这样的人在一起才有可能针锋相对地争论，在这一点上，外交家正好符合条件；在鞭策者眼里，上级不应该插手具体事务，但必要时可以提建议，协调者作为上级往往能有效地驾驭鞭策者，审议者如果有足够的智慧去赢得鞭策者的尊重，也能把鞭策者打造成出色的下属，与其他角色类型的上级在一起，鞭策者就很容易出问题；就下属而言，凝聚者、完成者和执行者都可以成为与鞭策者合拍的下属，而协调者、审议者、智多星则差强人意了。

执行者在同事关系上，容易和其他执行者或智多星发生争执或冲突；执行者喜欢那种对下属提出明确要求或建议的上级，因此，鞭策者和智多星或者完成者都能够很好地领导执行者，但上级如果也是执行者的话，协作起来不太理想；就下属而言，最对他们胃口的角色是凝聚者，最难应付的下属是智多星和外交家，因为这些人都是最不愿意尊重既定体制和权威的角色。

完成者最欣赏的同事是执行者，最容易起冲突的同事是"外交家"；完成者给外交家、智多星和鞭策者打下手效果最佳，但给其他完成者打下手则表现最糟糕；完成者喜欢让为人可靠、做事有条理的执行者做自己的下属，而在外交家身上最找不到感觉。

外交家和完成者、专家做同事，很难做到角色互补，但和执行者、凝聚者一起共事，效能往往很高；由于外交家都善于交际，同时又容忍有余，一般能够很好地应对鞭策者类型的上级，但外交家不喜欢那种看重精确性且对下属严加控制的上级，因此，外交家应该避开完成者和专家类型的上级；至于下属，外交家应首选完成者，因为完成者会弥补外交家典型的缺陷，同时完成者不需要有人去监督，该办的事情自然会帮你搞定。

协调者跟大多数团队角色都能和睦相处，除了鞭策者之外，无论是工作风格，还是看问题的侧重点，协调者和鞭策者都很容易产生分歧；同样，协调者由于其协调能力强，能够成为大多数团队角色的好下级，但协调者不太喜欢为凝聚者打下手，因为在这种情形下，协调者容易迷失方向；协调者往往是好上级，尤其善于管理智多星，但最好避免给协调者匹配强势的鞭策者做下级。

凝聚者是最容易相处的人，能够跟各种类型的角色共事，尤其是跟其他凝聚者在一起工作，效果会更好，因为凝聚者之间可以相互支持，彼此都能从团队合作中受益；理想的情况是，凝聚者应该给强势的鞭策者打下手，同时应该避免给另一个凝聚者当下属；凝聚者喜欢积极主动型的下属，专家最符合条件，鞭策者又一次被排除在外。

7.2.2　高绩效团队打造

1. 团队效能的定义

团队效能由团队绩效（周边绩效）和组织绩效（任务绩效）共同构成。团队绩效是指一种心理和社会关系的人际和意志行为，是一种有助于完成组织工作的活动，它侧重于测量组织成员在工作职责外具备的与工作绩效相关的某些品质特征，如帮助他人、团结协助等，这类行为也被称为组织公民行为、亲社会的组织行为等，都是指在组织中与他人合作和帮助他人的有益于组织的行为。组织绩效是指任务的完成情况，即职务说明书中所规定的绩效，它与组织的技术成分直接相关，是传统绩效评估的主要成分。

扫码听课 7-5

2. 高效能团队的特征

（1）目标清晰

高效能团队有清晰的目标，并坚信这一目标有重大的意义和价值，这种目标激励着团队成员将个人目标升华到团队的目标中去。在高效的团队中，团队成员愿意为团队目标做出承诺，并为之努力，不会轻易放弃。

（2）相互信任

高效能团队的成员间相互信任和尊重，对其他人的行为和能力深信不疑，能够相互欣赏、相互支持。

（3）沟通顺畅

高效能团队善于沟通，能够解决各种冲突和矛盾。团队成员通过畅通的渠道交换信息，管理层和执行层之间的信息传递和反馈也是流畅的。

（4）各司其职，人尽其才

每一个团队成员扮演好自己特定的角色，角色之间能够互补，共同促成团队目标的实现。

（5）合适的领导

高效团队的领导往往会以群体的形式表现，比如领导层、领导核心骨干、梯队成员等，而不仅仅是只有某个人在领导。

（6）激励合理

高效能团队具有合适的激励方式，能够激发团队成员的积极性，为团队

的目标实现提供源源不断的动力。

（7）管理完善

高效能团队有完善的管理控制系统，具备良好的反馈机制。通过管理控制系统驱动团队向着目标运行，对于运动过程中出现的问题能够及时反馈并进行校正。

（8）坚实的内部与外部支持

内部支持来自团队成员，外部支持能够为团队提供信息、建议，甚至支撑团队完成具体的任务。

3. 创建高效能团队

基于上述高效能团队的特征以及团队发展阶段的规律，在创建团队的过程中，为了提高团队效能，就要做到：为团队确立清晰可行的目标；确立适当的团队规模；选择适合团队要求的合适成员；选择合适的领导和团队结构；建立合理的激励机制；提供足够的培训让员工体会团队带来的满足感；将团队文化建设贯穿到团队管理的各个环节。同时，团队领导要分析团队所处的阶段，密切关注团队发展阶段的变化，最好团队阶段管理。

7.3 团队成员管理

7.3.1 新生代员工管理

1. 新生代员工的特点

新生代员工通常指价值观、职业个性与生活方式和上一代或以往员工有明显群体差异，并对组织、市场、商业和社会文化产生广泛影响的一代员工。

价值观方面，新生代员工崇尚"自由、平等、多元化"的价值观。

职业个性方面，愿意表现自己，渴望被认可；文化水平高，学习能力强；兼有积极与消极的工作态度；职场抗压能力较弱；强调工作自主和表现力，崇尚民主不惧权威。

生活方式方面，个体自我意识强；现实需求满足胜于远期期待；忠实于自己的生活方式，而不是自己的工作；有激情，有活力，厌倦单调的生活。

2. 新生代员工管理方法

（1）制度建设方面

①从招聘的方面来看，要设置清晰的岗位职责，在招聘过程中将工作职责、工作范围、工作待遇、激励考核等沟通清楚，因为新生代员工喜欢直接

表达和清楚了解自己的工作内容。其次，要建立适应新生代员工特征的招聘渠道，采用个性化的招聘方式。

②从培育员工方面来看，需要对新生代员工开展有效的教育培训，这是提高员工工作能力、使员工长期保持工作热情的必要举措。此外，要做好新生代员工的职业生涯规划，让企业与员工共同成长和发展，明确员工的晋升通道，根据员工的不同特点进行分流和指导。

③从用人的方面来看，要做到岗位设置内容丰富，激励性强；设计合理的工作休息制度，工作时间可以允许一定的弹性；细分管理，量才而用，用员工的长处弥补短处，使每个人都能发挥所长。

④从留人的方面来看，要建立合理的薪酬体系，包括员工福利制度设计、奖励制度等；进行人性化管理，关爱员工成长，为员工解决各种实际问题；打造"家庭式"企业文化，通过人性化的举措激发员工的工作积极性、创造性。

（2）领导者自身方面

①从沟通的方面来看，与新生代员工进行沟通时，要做到充分尊重对方的行为方式，要宽容一些，要正视代沟的存在，学会软化冲突，沟通内容要简洁、清晰，沟通渠道要畅通、互动，沟通方式要灵活、互信。

②从领导方式来看，领导切忌高高在上发号施令，要淡化权威意识，不要太看重之前的经验，要尊重新生代员工，对新生代员工要多鼓励，毕竟他们掌握新技术、新知识和新方法要比老一代快得多。同时，要对新生代员工多宣传组织制度的规则和底线，强化新生代员工的规则意识，明确告知，新生代员工可以追求自主，但不能逾越组织制度的规则和底线。

7.3.2　老员工管理

1. 老员工的特点

根据国内外相关研究，新老员工的划分界定方式主要有年龄、工龄和司龄三种。按照年龄，一般 35～45 岁及以上年龄的员工为老员工，市场上判定企业是否处于年轻化的阶段也多会以 45 岁以下员工占比进行界定；按照工龄，则 10 年工龄以上员工为老员工。按照司龄，一般在一个企业工作 2～3 年及以上的员工被称为老员工。本书采用司龄的划分方式，即探讨在一个企业有相对较长工作时间的员工管理问题。

一般来说，老员工在公司的司龄较长，相较于新员工，会有很多的优势。如：经过长时间在一个岗位工作上的摸索和总结，工作经验丰富；熟悉公司员工情况，协调能力强，拥有良好的人际关系和团队合作能力；对企业的愿景、使命、价值观比较认可，对企业的忠诚度较高。

扫码听课 7-7

但是老员工也会有一定的劣势，因为从业时间长而产生职业倦怠感，暴露劣势。工作方式和思维模式固化，容易守旧，不能接受新鲜的事物，缺乏创新力；自认为为公司创造了高价值，与新员工相比企业内情况熟悉且人缘好，职业危机感较弱，不服从管理，爱摆架子；随着司龄增加，在公司内部涨薪的速度放缓，工作经验的增长速度会快于薪酬增长的速度，薪酬满意度低，容易产生不满情绪。

2. 老员工管理策略

（1）完善晋升制度

完善的晋升制度，可以使员工清晰化在企业内部的职业生涯规划，能够帮助员工充分发挥自身优势，实现职业有效发展，能够最大程度的激发起工作潜能，提高其工作积极性。对于老员工亦是如此，企业还应关注老员工的职业期望，设立多渠道的晋升路径，帮助老员工在企业内部能够会更加长远的发展。

（2）多途径激励

善用赞扬，运用鼓励先进、鞭策后进的方式，将企业老员工的表现按照优秀、良好、适合、较差区分开来，对于优秀的老员工，要善于运用赞扬，在赞扬的过程中，首先，态度一定要真诚，一定要有充分的理由去称赞员工。其次，内容要具体，具体的赞美可以直接引导老员工如何做是对的。

增加更多形式的荣誉激励，如颁发司龄类资历奖项，给在公司服务到一定年龄的老员工颁发荣誉称号，既代表着单位对员工个人工作的一种肯定，也是企业对员工长期服务的感谢，例如阿里公司就为不同司龄的员工颁发不同的司龄奖项。这种做法不仅满足了老员工对于荣誉的心理追求，鼓励其继续为企业服务，同时也能激励尚不够资历的新员工能够以此为目标努力工作。除此之外，还可以设置一些老员工可以胜任的岗位，如企业内训师、布道师等，既能充分发挥老员工的优势，提升新员工对业务和企业文化的熟知度，缩短新员工上岗的时间，又能使老员工增加新鲜感，主动进行学习，在这个过程中也可以给老员工提供常态化的学习机会，学习与实践相结合，不断更新老员工的观念、知识和技能，从而实现为企业长久的人员发展奠定基础。

（3）完善薪酬制度

薪酬问题关系员工切身利益，是企业发展不可忽略的重要因素。在薪酬决策时不仅要考虑到员工的工龄和对企业文化价值观的认可度，还要综合考虑岗位的相对价值和个人能力，不能干多干少一个样、干与不干一个样，要使每个员工的收入真正与其所做贡献挂钩，让每个员工体会到分配制度的公平、公正。例如上进心强、有潜力、有创造力、能和企业一起发展的老员工，对企业来说仍然是潜力人才，企业在制定薪酬时应该充分考虑到这部分员工，在制度上给予积极的鼓励，以点燃其内在激情，让他们继续为企业发光发热，创造价值。

7.3.3　授权管理

扫码听课 7-8

1. 授权管理定义及分类

在组织管理进程中，管理者是组织目标实现的关键环节，他们是组织领导关系、上下级关系、战略落地等的关系中心。但并非每件事都必须由管理者亲自负责，促进组织高效运行并针对下属实现高效管理，最终实现组织绩效的高效达成，必然要学会授权管理、精简流程、适度下放权力。

授权指的是授权人将自己享有的一定的权力授予有关人员或机构代为行使，使其拥有相当的自主权和独立性，以便开展或完成某项工作或任务。在这里，授权人作为权力拥有者，根据规定的权限和程序将权力授予被授权人，从而在双方间形成了授权与被授权的关系。

授权管理是现代企业治理结构的重要内容，对企业正常运转具有重要和关键性的作用。按照不同维度划分授权管理有不同的分类。

(1)依据授权性质的不同可以分为职能授权和事务授权

职能授权是指依据公司岗位职责描述所授予的相关岗位工作人员处理相关业务的权力，此业务通常属于公司及各单位日常经营管理过程中发生的重复性和程序性工作。职能授权一般通过管理制度、岗位职责说明书以及管理授权手册的方式体现，将公司的管理权逐级分解到各个层级和所有岗位。

事务授权是指公司及其员工(主要是管理者)所做出的委托他人处理具体工作的事务性授权，这种授权通常是临时的、分散的，或者非重复性发生的。事务授权的通常表现形式是授权书(委托书或授权委托书)，通过授权书明确授权事项和权限范围以及授权期限等。

(2)根据使用范围的不同可以分为对外授权和对内授权

对外授权的表现形式主要是参加股东会、签署合同、代表进行诉讼或仲裁等，也就是法律意义上的代理，此类授权管理产生的责任由被授权人承担。

对内授权就是授权人授予委托人处理公司内部事务或签署相关文件，比如代理出席公司会议、签署内部审批文件等。

(3)根据授权路径的不同可以分为直接授权和间接授权

直接授权是由授权人直接授予被授权人；而被授权人将授权再行委托就是间接授权，也叫转授权(法律上称为转委托或复代理)。转授权必须得到原授权人的许可或追认，否则该转授权无效。

2. 授权管理的原则

(1)权限清晰明确

授权是在一定范围内、一定层次上的处理权与决定权。授权应充分考虑下级部门的实际管理及运营情况，既要符合现有的制度及流程，又要有与各下级部门相适配的规则。要明确权限适用的范围，使被授权者了解自己的权限范围，鼓励其充分用好所授权力，同时有效避免越权或无权现象。

（2）逐级授权

授权应该逐级递减下放，应该在有着直接关系的上下级之间进行，杜绝越级。既不可以越过自己的上级授权自己的下属，也不可将自己的权力授予隔级下级，更不能代替下属授权给他的下级。

（3）授权有度

授权还应遵循适度原则，实行弹性放权。合理授权应做到授权且不失控，既要避免授权不足造成下级难以充分发挥积极性和主观能动性，也要避免授权过大导致内部失衡。因此，授权需平衡企业管理的分权与集权，防止"一放就乱，一管就死"。

（4）信任与牵制

上下级之间充分的相互信任是授权的基础，只有建立良好信任关系，才能充分授权。但建立在相互信任基础上的授权并不代表上下级互不干预，相反，应有更多的相互交流与沟通。授权范围内需要实行有效监督，在消除上级担忧的同时使下级获取必要的支持与帮助，规避因对个人的信任而放弃对全局控制的局面，以免对组织造成不可挽回的损失。

3. 授权管理建议

适当的授权能够让下属的潜能得到发挥，充分展现授权管理的优势，但在很多企业中，往往是将业务尤其是业绩作为授权的主要核心，很少考虑到员工的性格特征、优劣势等因素，员工的工作是被动的，这种情况下，员工的积极性无法得到发挥，更谈不上开拓与创新。因此，在授权管理中，应注意以下几点。

（1）营造合理授权的企业文化认知

授权是一种对员工的培养和激励手段，同时有助于增加团队凝聚力、激发个性思维，增强组织的创新能力，更易于发挥集体智慧开拓新方向，激发组织活力。合理的授权需要根据组织目标、工作需要、下属能力进行权衡，很多公司存在一定程度上的人情授权，将权力授予自己信赖的人，而不是有能力推动目标实现的人，这既不利于员工个人发展，也不利于组织目标实现。

（2）选择合适的被授权人

在进行授权前针对候选人的个人性格、过往履历、能力与潜力等情况进行全方位的了解和考察，考察其是否能够为企业带来创新与效用，将适合的人放在合适的位置上，行使对应的权力并承担对应的责任。如此还能充分调动员工的积极性和主观能动性，在上任之后快速形成信任关系，更好的融入角色，为企业创造价值。

（3）组织结构与授权有效匹配

随着企业的不断壮大，发展和经营侧重点也会发生变化，需要与之适配的组织结构承载企业的发展规划。企业规模较小时，若采用直线职能结构，在高度集权的同时容易使得管理者深陷各种事务性工作，此时适度的授权管理可以使管理者从繁杂冗余的事务中抽身出来，抓住重点，提升工作效率。当企业业务规模、人员规模扩大时，企业面临的竞争加剧，客观上需要解决权力和责任相匹配的问题，适度授权能够解决权责不明、权责不匹配、行权冲突、滥用权力等问题。

（4）建立对应的行权监督机制

为避免授权之后权力滥用、行权冲突的问题，需要建立完善的监督机制，提供监督反馈渠道，并及时检查被授权人的工作进展情况及权力使用情况。对于工作责任缺失、不能及时回收权力的，更换被授权人；对于滥用权力的，及时发现并予以制止；对需要帮助的，及时给予指导帮助。

📖 思考题

1. 面对不同的团队阶段，如何管理团队？
2. 团队中有哪些典型角色？应如何进行搭配？
3. 什么样的团队才能称为高效能团队？
4. 新生代员工和老员工在管理上有何区别？

🎯 在线测试

🌐 案例分析

第 4 篇

领导篇

开篇导语

"领导"的本意是"带领引导",是带领大家朝着既定方向前进的行为。"兵熊熊一个,将熊熊一窝",领导是组织工作的核心,是管理的重要职能。领导相对于管理而言,更加侧重于确定方向、制定战略、塑造文化、提升士气、激励和鼓舞员工,带领全体组织成员创造更大的绩效。为了取得更好的领导效果,领导者需要持续不断地规范领导行为、提升领导素养。本篇共分三个部分,围绕领导含义、领导特质与领导行为分析、领导力提升的关键以及如何做好激励与沟通展开。第一部分内容包括领导与管理概念辨析、领导者与追随者比较、领导特质理论与领导行为理论、领导素养提升的五个习惯、正念领导力与情景领导力等;第二部分围绕如何做好激励工作展开,讲述激励的经典理论,包括内容型激励理论、过程型激励理论、调整型激励理论以及实际工作中如何灵活综合运用物质激励和非物质激励手段做好激励工作;第三部分聚焦沟通效能提升问题,从沟通的基本模型谈起,讲述沟通效能提升的要素以及人际沟通与冲突解决,以及书面沟通提升要点。

学习目标

- 理解领导和管理的差异、追随者特征以及领导权力内涵
- 理解领导特质理论,掌握领导行为的经典理论
- 践行领导力提升的五个习惯、正念领导力和情景领导力
- 掌握经典激励理论
- 理解物质激励与非物质激励的区别与联系

● 掌握沟通效能提升的要素、提升口头与书面沟通能力
● 理解人际沟通与冲突解决的要点

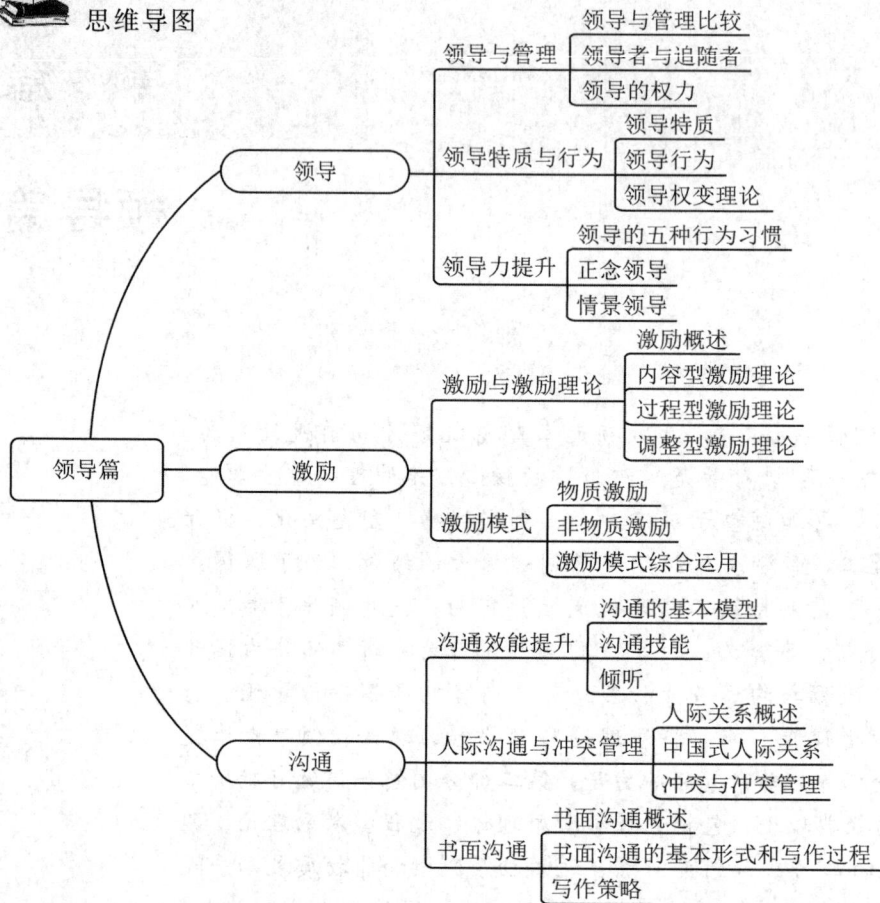

思维导图

领导篇

领导
- 领导与管理
  - 领导与管理比较
  - 领导者与追随者
  - 领导的权力
- 领导特质与行为
  - 领导特质
  - 领导行为
  - 领导权变理论
- 领导力提升
  - 领导的五种行为习惯
  - 正念领导
  - 情景领导

激励
- 激励与激励理论
  - 激励概述
  - 内容型激励理论
  - 过程型激励理论
  - 调整型激励理论
- 激励模式
  - 物质激励
  - 非物质激励
  - 激励模式综合运用

沟通
- 沟通效能提升
  - 沟通的基本模型
  - 沟通技能
  - 倾听
- 人际沟通与冲突管理
  - 人际关系概述
  - 中国式人际关系
  - 冲突与冲突管理
- 书面沟通
  - 书面沟通概述
  - 书面沟通的基本形式和写作过程
  - 写作策略

思政元素

扫一扫，看资源

第 8 章 领 导

8.1 领导与管理

8.1.1 领导与管理比较

扫码听课 8-1

"领导"一词通常有两种含义：其一，作为名词，指的是领导人或领导者，即组织中确定和实现组织目标的首领。一个组织的领导者能影响组织中的每一个成员，并把他们的才能充分发挥出来。其二，作为动词，指的是一项管理工作、管理职能。通过该项职能的行使，领导者能促使被领导者努力实现既定的组织目标。

领导职能与其他管理职能有一个显著的区别，在于领导职能的发挥需要重视人的因素，关注人与人之间的相互作用。也就是说，领导不是领导者个人的行为，而是领导者与被领导者之间进行相互作用的过程。领导是开展有效管理工作必不可少的一项职能，也是最充分体现管理工作艺术性的一项职能。

领导有指挥、协调和激励三个方面的作用，指挥作用要求领导者头脑清醒、胸怀全局，能认清组织所处的环境和形势，为组织指明目标和达到目标的路径。协调作用要求领导者排除各种因素的干扰，协调下属之间的关系和活动，朝着共同的目标前进。激励作用要求领导者通过为下属主动创造能力发展空间和职业发展生涯等行为影响下属的内在需求和动机，引导和强化下属为组织目标而努力。

领导与管理是密不可分的，两者有着千丝万缕的联系。从共性上来看，两者都是一种在组织内部通过影响他人的活动协调并实现组织目标的过程，两者基本的权力都是来自组织的岗位设置。从差异性上看，领导是管理的一个方面，属于管理活动的范畴，但是除了领导，管理还包括其他内容，如计划、组织、控制等；管理的权力是建立于合法的、强制性权力基础上的，而领导的权力既可以建立在合法的、强制性基础上，也可以建立在个人的影响力和专家权力等基础上。

因此，领导者不一定是管理者，管理者也并不一定是领导者。两者既可以是合二为一的，也可以是相互分离的。领导的本质是一种影响力和感召力，

是下属对其的追随关系。人们往往会追随那些他们认为可以满足自身需要的人，正是人们的追随才使得某个人成为了领导者。在正式组织中，管理者是有一定的职位的人，并且对组织负有责任。有的管理者可以运用职权迫使人们去从事某一件工作，但不能影响他人去工作，他并不是真正意义的领导者；有的人并没有正式职权，却能以个人的影响力去影响他人，他是一位真正意义的领导者。领导侧重做正确的事，而管理侧重正确地做事。为了使组织更有效，应该选取领导者来从事管理工作，也应该把每个管理者都培养成好的领导者。表 8-1 所示为领导者与管理者特征对比。

表 8-1　领导者与管理者特征对比

领导者的特征	管理者的特征
个人影响力	职位影响力
远见卓识	理性判断
有感染力　鼓舞人心	面向现实　脚踏实地
积极主动	折中稳重
有创造性	善于分析
有想象力	深思熟虑
大胆革新	稳中求进
着眼实验	看中权威
灵活变通	趋于保守

8.1.2　领导者与追随者

扫码听课 8-2

即使仅从字面上，我们也很容易想到，存在领导者就必然存在追随者，实际上也确实如此。追随者是指"追随别人的意见和教导的人"或者"模仿他人的人"，可以分为个体追随者和群体追随者。个体追随者首先具有强烈的支持领导者实现组织目标的意愿，同时具备良好的交际技能，因此能够与组织中的其他成员保持一致，创造良好的氛围。群体追随者则是由领导者构建的具有一定规模、并经过制度设计为个人提供角色定位的一种组织。

追随者是领导活动中执行具体决策方案和实现组织目标的行动者。合格的追随者能够自我思考，独立工作；能够很好地管理自己；能够对目标作出承诺；能够建构自己的目标并为达到最佳效果而付出努力，因此，合格的追随者是诚实、有勇气、值得信赖的。

罗伯特·E. 凯利（Robert E. Kelley）描述了几类追随者的风格，这几类追随风格被两个维度划分为五种类型。

追随风格的第一个维度为：考察追随者具备独立性和批判性思维还是依赖性和非批判性思维。独立而具有批判性的思考者，可以在一定程度上影响领导的决策，给出具有建设性、批判性的建议和创造性的改革方案，同时这种思考者还会留意到人们为组织做出的贡献，他能够理性地意识到自己和他人行为的价值。相反，一个具有依赖性和非批判性思维的思考者，领导者与其的交流大多是灌输式的，基本不存在深度的沟通，并且这种思考者也只是机械地完成被告知的任务，就像一个水袋，只接受而不输出，根本不考虑其他任何可能性，他们对组织的贡献几乎为零，无条件地接受领导者的主张。

追随风格的第二个维度为：考察追随者是主动还是被动。主动的追随者全身心地参与到组织活动中去，甚至投身超出工作限制范围之外的事务中，加班加点地超额完成任务，表现出一种主人翁意识，主动解决问题，做出决定。被动的追随者则需要领导者花费很大精力监督和鞭策，被动者的消极态度常常被视为懒惰，他们除了被要求的事之外什么也不做，并且对附加的任务和责任唯恐避之不及。

由这两类划分标准可以得出以下五种追随者风格，分别为疏离者、愚忠者、实用者、被动者和有效追随者，如图 8-1 所示。

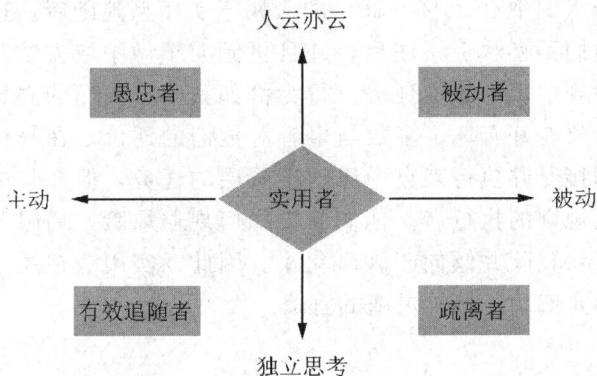

图 8-1 追随者分类

1. 疏离者

疏离者指的是那些被动却独立的思考者。疏离型追随者被认为是有能力但却有点愤世嫉俗，他们总是盯着上级的失误，一旦发现错误便冷嘲热讽，自己却很少在组织建设中出力。一般来说，一个组织中有 20%～30% 的人属于疏离型追随者。有趣的是他们的自我评价与领导者对他们的评价迥然不同。他们认为自己是有异议者、健康的怀疑主义者和真正的敢于提出问题的人。而领导者则把他们视为是幼稚的愤世嫉俗者、刚愎自用者、败事有余者，而不是团队工作者。疏离者与有效追随者只有一墙之隔，有效追随者受到挫折之后，比如感觉上级背信弃义，往往会转变为这种类型；而疏离者如果能通过自我反省和有效地解决问题来降低他们的反叛程度，就很可能成为一个有效追随者。

2. 愚忠者

愚忠者积极追随上级，却什么都不思考，习惯于服从命令，而且不带有任何怨言。一般来说，一个组织中有 25％～30％的愚忠型追随者。由于愚忠者过于信仰领导，一旦他们所执行的命令与社会道义相悖，或是这命令仅仅出于领导的个人意愿，而与组织行为规范相抵触，情形将会变得很危险，执行错误命令的后果往往也会危害到追随者本身。从历史的角度看，愚忠者造成了许多战争中骇人听闻的恐怖事件，譬如德国的纳粹主义、日本的军国主义。愚忠者要想转化成为有效追随者，就需要在形成自己的观点的过程中获得信心，并且学会对他人的观点进行质疑。

3. 实用者

实用者是处于中间的一种类型，他们对组织目标负责但态度较为内敛。一般来说，一个组织中有 25％～35％的人属于实用型追随者。这种追随者是最为普遍的，他们不喜欢引人注目，并且更倾向于做中层人物，职位不高不低，在体制内中规中矩地完成任务，行为恰如其分。他们的立场和观点较为模糊，给人的印象有好有坏，多数与事者对他们的评价是在赞扬与否定之间模棱两可。他们接受并执行来自中级管理阶层的任务，但却与更高层的管理者保持距离，是规则的执行者。他们懂得如何规避风险，局限于自己的小团体的利益，不喜欢冒险并倾向于大事化小。因此，实用者往往被认为是忠诚于书面规则而不是归附于精神灵魂的官僚。

4. 被动者

被动型追随者没有主动性，也不独立思考。要求他们做什么，他们就做什么。一般来说，一个组织中有 5％～10％的人属于被动型追随者。被动型追随者大多仰仗领导者脸色行事，如果没有领导的监督和鼓动，他们是绝对不会主动完成任务的，更不会主动承担额外的任务。他们就像守株待兔的农夫，等待着撞在自己面前的兔子。在领导者的眼中，被动型追随者是能力不足的、惰性强的、缺乏积极性的或者是愚蠢的。被动者喜欢随波逐流，缺乏团队内其他成员那种蓬勃的朝气。如果领导者能够调动起被动追随者的热情，那么他就能成为一个积极向上的追随者。

5. 有效追随者

有效型追随者既能够独立思考，又具备积极性和主动性。这类追随者往往更受到领导者的青睐。在素质方面，有效追随者更加睿智、独立、有创造力，能够在实行新政策的时候为领导者助力，面对其他公司的橄榄枝、自己公司存在的制度性的障碍，也更加经得起考验。领导者可以从这类追随者中获得建设性的建议，节约时间成本和精力。在人格上，领导者和有效追随者的地位几乎是平等的，这种追随者有时候甚至还会成为合伙人。同时，尽管有效追随者的意见十分有建设性，但领导者在聆听这类追随者的意见时，也要做到兼听则明，具有自己的主见，而不是完全附和有效追随者。

在个人利益方面，有效追随者不像实用型追随者那么看重自己的得失，他们往往更关注整个组织的"公共利益"，即长远发展，并不会为了一时的利益出卖组织。因此，有效追随者往往是具有榜样力量的，并且他们在承担了多种责任的基础上，会身体力行地去影响他人。

领导者与追随者之间既有协调统一的一面，也有冲突的一面，实质上是一种相互影响、相互制约的关系。出现冲突的根本原因在于，两者所处的社会地位不同，且代表着不同的利益要求，观察和处理问题的角度也不同。在组织运行中，领导者与追随者之间的沟通还会受到层级限制等因素的影响，彼此之间产生误解和隔阂是经常出现的。因此，组织应当尽量减少领导者与追随者之间的消极互动关系，建构更为积极的关系，以促使组织目标能够顺利实现。

8.1.3　领导的权力

1. 权力的定义

从狭义的角度对领导工作进行定义，它指的是领导者运用其拥有的权力，以一定的方式对他人施加影响的过程。"影响"就意味着领导者的行为使得其他人的态度和行为发生改变，而要产生这种影响，领导者就必须拥有某种比被领导者更大的权力，这种权力是领导者对他人施加影响的基础。换句话说，领导的影响力是由权力派生而来的。

扫码听课 8-3

2. 权力的来源

领导的权力来源于两方面：个人魅力和职位赋予。个人魅力所带来的领导权力主要包含专家性权力和感召性权力，职位所带来的领导权力主要包含法定性权力、奖励性权力和强制性权力。

（1）专家性权力

专家性权力指的是来源于个人技能、专长和知识的一种权力，与个人是否拥有职位权力无关。随着企业的发展，各个部门的分工越来越趋向专业化，企业所制定目标的实现越来越依靠有一技之长的专业人士。比如一些依靠专业技能的职业，如会计师、精算师、律师、教师等，这些人都在某一领域内有所专长，有特殊的影响力，从而获得了专家性权力。

（2）感召性权力

感召性权力是指由于领导者拥有吸引别人的个性、品德、作风而引起人们的认同、赞赏、钦佩、羡慕，从而自愿地追随和服从他。领导者的感召力表现在对追随者的激励和吸引上，这种权力是身为领导不可或缺的。

（3）法定性权力

法定性权力是指在组织结构中，由所处的工作职位（高层、中层、低层）而获得的权力。员工一旦有了正式的任命，就具有了相应的法定性权力，随着职位的丧失，法定性权力也不继续存在。

（4）奖励性权力

奖励性权力指领导者提供奖金、提薪、晋级、表扬，给下属更大权限或其他令人愉悦的东西的权力。这种权力之所以能够激励追随者，主要依靠的是人们对更好生活的欲望和愿景。奖励性权力往往比强制性权力更能够提升追随者工作的效率。

（5）强制性权力

强制性权力指领导者对其下属具有的强制其服从的力量。强制性权力在军队中普遍存在，而在现实生活中大多数领导是循循善诱的。与奖励性权力相反，强制性权力是通过负面处罚或剥夺积极享受来影响他人的。

3. 权力的分类

权力分为正式权力和非正式权力。

（1）正式权力

正式权力主要是组织赋予领导者的岗位权力，它以服从为前提，具有明显的强制性。其中包含决策权、组织权、指挥权、人事权、奖惩权，正式权力与领导者个人因素无关。

（2）非正式权力

非正式权力是领导者以自身的威信影响或改变被领导者的心理和行为的力量。其中包含领导者的素质、能力、品德、学识、资历等。其所带来的权力主要是个人权力，也即通过领导者个人魅力获得的权力。

8.2 领导特质与行为

8.2.1 领导特质

领导特质理论也称素质理论、品质理论、性格理论，着重研究领导者的品质和特性。这个理论是整个领导领域的开端，其理论基础来源于奥尔波

特(Allport)人格特质理论。20 世纪早期的领导理论研究者认为，领导的特质是与生俱来的，与后天的学习、实践无关，能够成为领导者的人天生就具有领导特质。它强调领导者自身一定数量的、独特的、并且能与他人区别开来的品质与特质对领导有效性的影响。

著名管理学家切斯特·巴纳德于 1938 年在《经理人员的职能》一书中提出，领导者应该具备以下五项基本特质(图 8-2)。

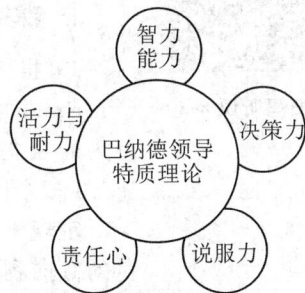

图 8-2　巴纳德领导特质理论

1. 活力与耐力

领导者的活力主要表现在完成任务的积极性、热情和足够强大的内驱力上，这三者可以感染追随者，并对其产生有效激励。只有活力是不够的，与此同时领导者还需要具备一定的耐力。如果领导者的热情表现在急于求成，甚至领导者本人都在团队举步维艰的时候暴躁不已，那么其对追随者不仅没有激励，可能还会产生负面效应。

2. 决策力

领导者与普通人的区别之一就是能当机立断，抓住时机，果断地做出决定。其中实际上包含了领导者对于自我决策的自信，正是因为领导者做了足够的功课，有着足够的经验，才能够自信且全面地做出决策。

3. 说服力

说服力指的是领导者对追随者循循善诱地进行引导和启发，领导者不应该总以命令的语气和陈述性的表达来安排工作，这种高高在上的态度会让追随者认为自己只是服从命令的工具，而应多以启发性的语句安排任务，关心他人，引导他人，从而更加有效地促进合作。

4. 责任心

企业的战略和前景需要负责任的领导带领下属去贯彻，领导的责任心是下属信任自己、安心工作的前提。作为组织发展的组织者和实践者，领导者是否有强烈的责任心，也直接影响着决策水平和工作成效。

5. 智力能力

领导者的智力能力表现在领悟力、理解力和工作能力上。首先，领导者对工作的理解层次、深度、广度要高于普通员工，这样才能得到下属的尊重和响应。其次，领导者的工作能力、工作效率应该强于普通员工，如果一个领导在决策、组织、管理的时候总是要依赖别人，员工们就很难尊重他。

领导的特质理论在当下已经日趋成熟，并被应用到许多方面。中国移动、华为公司、华润集团、小米公司等许多中国企业都开发了领导胜任力模型并

将其运用到考察领导者、选拔人才中去。很多公司在面试时采用无领导团队
讨论的方式，旨在发掘那些更具有领导潜力的面试者。

8.2.2 领导行为

扫码听课 8-5

1. 俄亥俄州立大学的研究

20 世纪 40 年代末期，俄亥俄州立大学的研究人员弗莱里曼
(Freriman)和他的同事们对领导者行为进行了全面的研究，希望确认领导者
行为的独立维度。他们收集了大量下属对领导行为的描述，开始时列出了
1 000 多个因素，最后归纳出定规维度和关怀维度两大类。

定规维度代表的是为了达到组织目标，领导者界定和构造自己与下属角
色的倾向程度。它包括试图设立工作、工作关系和目标的行为。具有高定规
特点的领导者会向组织成员分配具体工作，要求员工保持一定的绩效标准，
并强调工作的最后期限。

关怀维度代表的是一个人具有信任和尊重下属的看法与情感这种工作关
系的程度。高关怀的领导者帮助下属解决个人问题，友善而平易近人，公平
对待每一个下属，关心下属的生活、健康、地位和满意度等。

以关怀维度和定规维度概念为框架，通过对领导者行为的问卷调查，可
以确定领导者在每种维度中的位置。根据这样的分类，领导者可以被分成
四种基本类型：高关怀—高定规型、高关怀—低定规型、低关怀—高定规型
和低关怀—低定规型(图 8-3)。大量研究发现，高关怀—高定规型领导者常常
比其他三种类型的领导者更能使下属达到高绩效和高满意度。但是，高关
怀—高定规风格并不总是产生积极的效果。比如，当工人从事常规任务时，
以高定规为特点的领导行为导致了高抱怨率、高缺勤率和高离职率，工作的
满意度水平也很低。

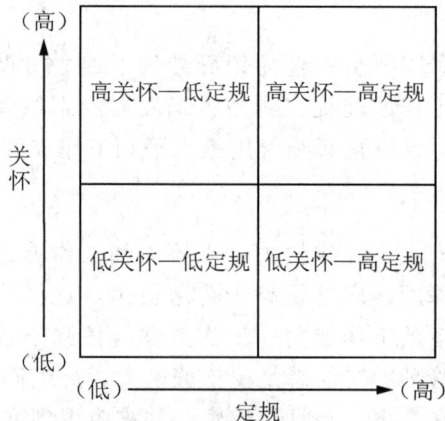

图 8-3　关怀维度和定规维度的领导行为分类

2. 密歇根大学的研究

与俄亥俄州立大学的研究同时，密歇根大学社会调查研究中心的利克特(Rensis Likert)在 1947 年开始了相似性质的研究，目的是确定领导者的行为特点与满意水平和工作绩效的关系。

密歇根大学研究小组研究发现，领导行为可以划分为两个维度，即员工导向和任务导向。员工导向的领导者更加重视人际关系，他们总会主动考虑到下属的需要，并承认人与人之间的不同。相反，任务导向的领导者倾向于强调工作的技术或任务事项，主要关心的是群体任务的完成情况，并把群体成员视为达到目标的工具。密歇根大学的研究认为，员工导向的领导者通常能够产生高群体生产率和高工作满意度，而生产导向的领导者意味着低群体生产率和低工作满意度。

3. 领导作风理论

勒温(Kurt Lewin)及其同事在研究时发现，领导者并非以同样的方式表现其领导角色，通常有三种不同的领导风格，分别是专制型风格、民主型风格和放任型风格。专制型风格即指领导者的独裁作风，这种风格的领导者倾向于把所有的权力集于一身，以命令方式向下属分配工作，单向做出决策，限制员工参与。民主型风格的领导者倾向于把权力下放给其他人，鼓励员工参与相关工作方法及目标的决策，依靠员工的知识来完成工作，并给予员工充分及时的反馈。放任型风格的领导者给予员工充分的自由，让他们自己做决策，按照他们自己认为合适的方式去完成工作。

早期的研究结果显示，民主型风格的领导能实现群体的高生产率和高员工满意度，更有助于产生良好的工作质量和工作数量，这或许能部分解释为什么现在授权管理成为一种管理潮流，但还不足以证明民主型就是最有效的领导风格。后来对专制型风格的研究又显示出另一种结果，在影响群体绩效方面，专制型风格不如民主型效果好，但另一些时候，独裁型风格带来的绩效会更好或者两者没有差别。而且，在员工满意度方面，两种领导风格的效果更趋于一致。但总体来看，在民主型领导者所领导的团队中，员工拥有更高的满意度。

其实，领导者集权和分权的程度与他们所处的环境有很大关系，因此，领导者应当适当调整他们的行为，使之与环境相适应。例如，如果时间很紧张或是下属需很长时间才能学会决策，这时专制型风格比较合适；反之，则适用民主型风格。或者决策所需的能力较强，下属很难达到这种专业水平时，领导者倾向于专制，而民主型风格在下属能力较强时较为实用。

4. 管理方格理论

得克萨斯州立大学的布莱克(Robert R. Blake)和莫顿(Jane S. Mouton)在

俄亥俄州立大学和密歇根大学研究的基础上提出了一个二维的管理方格理论。研究者通过"关心人"和"关心生产"两个标准对领导者进行了划分，并结合于一个坐标图中，横轴代表关心生产，纵轴代表关心人。每个轴分为9个刻度，共分成81个小方格，代表着81种不同结合的领导方式(图8-4)。

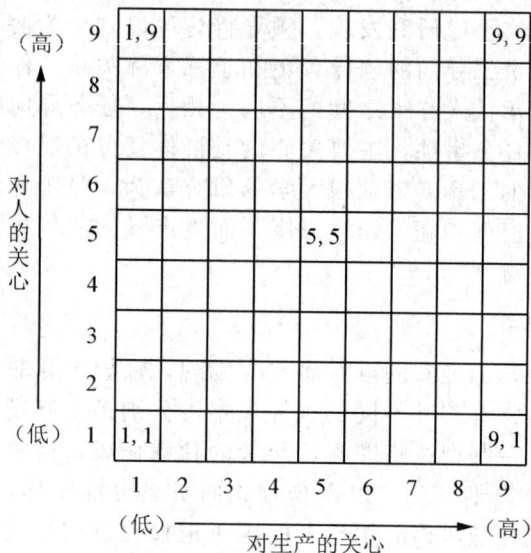

图8-4　管理方格理论

在此基础上，布莱克和莫顿着重分析了以下五种经典领导类型：

(1，1)贫乏型领导。这种类型的领导者不关心人，也不关心生产，仅仅能够完成要求的任务，勉强维持组织的存在。

(9，1)任务型领导。这种类型的领导者强调任务和工作要求，认为员工就是完成工作的工具，将完成任务以外的因素都视作干扰，在安排工作时会尽量降低人的因素的影响，尽可能提高效率。

(5，5)中庸之道型领导。这是一种折中的行为模式，中庸的领导会做到将员工的士气维持在一个令人满意的水平上，同时会采取恰当的组织行为使得总体处于平衡状态，来使工作得以完成。

(1，9)乡村俱乐部型领导。此种类型的领导者更多地关注员工，包括员工的态度、情感、工作行为等，渴望得到员工的认可和拥戴，不将自己的意志强加于人，经常给予员工肯定和赞扬，营造一种舒适友好的组织环境和工作氛围。

(9，9)团队型领导。这种类型的领导者既强调任务导向，又重视人际关系，善于将组织需求和个人需求结合起来，使得组织内达到高度的团队合作和参与，使员工积极、高效地完成生产任务。

布莱克和莫顿坚持认为，风格（9，9）是最有效的管理风格。他们认为，几乎在所有条件下，这种管理风格都能改进组织绩效，减少缺勤和离职率，使员工满意度提高。实际上，既能做到强调任务导向，同时又重视人际关系的领导者应当是非常有效的领导者，但是，在实践中，一个领导者所拥有的气质、技巧或时间，使其往往只能充当好一个角色。

8.2.3 领导权变理论

特质理论和行为理论的研究者们一直在试图找到一种通用的领导特质或行为，它能适用于所有情境。然而，实践告诉我们，同一种领导模式在不同的环境下可能会产生截然不同的领导效果。于是，研究者转向领导行为所处的外部环境研究。他们认为，领导模式的有效性会受到领导行为发生时的外部环境的影响。这些理论解释了特定环境中领导模式与有效性的关系，被称为权变理论。

扫码听课 8-6

领导权变理论表明领导方式的有效性是受多种变量影响的，用公式表示为：

$$S = f(L，F，E)$$

其中，S 代表领导方式，L 代表领导者特征，F 代表追随者特征，E 代表环境。下面介绍几种具有代表性的领导权变理论。

1. 菲德勒权变理论（表 8-2）

弗雷德·菲德勒（Fred E. Fiedler）是领导权变理论的创始人，他提出了第一个综合的领导权变模型。该模型指出，有效的领导绩效取决于领导风格与领导环境的合理匹配。

（1）领导风格的确定

菲德勒认为领导对下属和共事者的看法和感觉会影响双方之间的关系，因此有必要了解领导在对下属的看法和感觉方面属于哪种类型。为此，他设计了一种测定领导者领导风格的调查表，称为 LPC（Least Preferred Coworker）调查表，要求领导者对他目前和过去的同事中最不喜欢的共事者做出描述。这个量表表面上看是领导在评价下属，实际上是说明领导者本人的一些情况。

问卷由 16 对意义相反的形容词构成，如"热心"对应"冷漠"，"好争"对应"融洽"，"自信"对应"犹豫"等，每对形容词都按照从 1（最消极）到 8（最积极）的等级排列，积极的一面对应较高的分数，消极的一面对应较低的分数。

LPC 得分高的领导者，多用赞许的词语评价他最不喜欢的共事者，可以看出是以人际关系为中心的，并通过这种人际关系来维持自己的地位和满足自尊的需要。由此被确定为"关系导向型"领导风格。

LPC 得分低的领导者，多用嫌弃的词语评价他最不喜欢的共事者，可以

看出是以任务为中心的，他们重视的是通过完成任务来达到自尊心的要求。由此被确定为"任务导向型"领导风格。

（2）领导环境要素与分析

用 LPC 问卷对领导者的基本领导风格进行确定之后，需要再对领导环境进行评估，菲德勒列出了构成领导环境的三个关键要素。

①领导与下属的关系。领导与下属的关系即组织成员对其领导者信任、喜爱及愿意追随的程度。下属愿意追随领导，领导与下属的关系程度越高，领导者的权力和影响力就越大，对其开展工作越有利。

②任务结构。任务结构即对工作明确规定的程度，任务结构程度越高，对领导者开展领导活动就越有利。

③职位权力。职位权力即组织赋予领导者的正式地位权力，地位权力的大小是由领导者对下属有多大的直接权力来决定的。一个领导者对其下属的雇用、工作分配、报酬等直接决定性权力越大，对其下属的影响力就越大，越容易开展领导活动。

表 8-2　菲德勒权变理论

因素	非常有利			中间状态			非常不利	
	1	2	3	4	5	6	7	8
领导与下属的关系	好	好	好	好	差	差	差	差
任务结构	明确	明确	不明确	不明确	明确	明确	不明确	不明确
地位权力	强	弱	强	弱	强	弱	强	弱

环境 1 对领导者开展领导活动最有利，因为上下级关系良好、任务结构明确、职位权力较强。环境 8 最不利，其他情况介于两者之间。

（3）领导风格与领导环境的匹配

根据领导情境的八种分类和领导类型的两种分类（高 LPC 值的领导和低 LPC 值的领导），菲德勒对 1 200 个团体进行了抽样调查，得出了以下结论：领导环境决定了领导的方式。在环境较好的 1、2、3 和环境较差的 7、8 情况下，采用低 LPC 领导方式，即工作任务型的领导方式比较有效。在环境中等的 4、5、6 情况下，采用高 LPC 领导方式，即人际关系型的领导方式比较有效。

2. 领导行为连续统一体理论

领导行为连续统一体理论由坦南鲍姆（R. Tannenbaum）和沃伦·施密特（Warren H. Schmidt）于 1958 年共同提出，它细化了领导权变理论的内容。

事实上，在管理过程中存在着一对矛盾，即管理者运用职权的程度与下属享受自主权的程度间的矛盾，管理者越将职权集中在自己手中，则成员享有的工作自主权越少；管理者越放开自己的权利，成员将享受更充分的自主权。

领导行为连续统一体理论根据领导者运用职权的程度和下属享有自主权的程度，主张把领导模式看作一个分布带，左端代表高度专权、严密控制，右端代表高度放手、间接控制，由左到右分布带连续变化(图 8-5)。对于领导风格，我们不能简单地排高低、分优劣，因为现实世界中领导风格具有极强的多样性，同时领导风格的效果非常容易受到影响，现实中存在方方面面的主观或客观因素将会影响领导风格的成效。

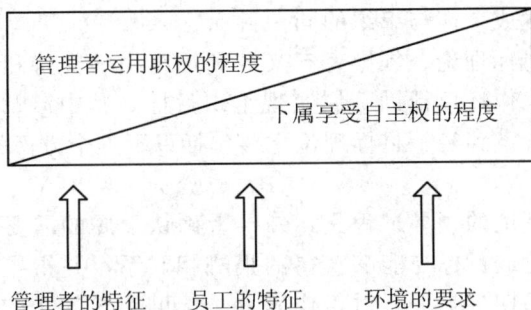

图 8-5　领导模式分布带

那么，什么时候管理者需要集权？什么时候管理者需要放权给下属呢？影响因素主要有管理者的特征、员工的特征、环境的要求三个方面。

(1)管理者的特征

管理者的生活习惯、性格特点、受教育程度、人生观、价值观、以及对待不同任务或下属的期望和重视程度等特征都会影响管理者使用权力的方式。

(2)员工的特征

下属的生活背景、性格特点、受教育程度、人生观、价值观、对自己未来的期望等特征，也在一定程度上影响管理者做出决策。

(3)环境的要求

工作环境、组织中工作氛围、任务的重要程度、时间压力、技术难度等问题都可能是影响管理者使用权力的客观原因。

领导行为连续统一体理论认为，首先，一个成功的领导者必须能够敏锐地判断组织的任务、必须能够确定自己的行为方式，即如果一个任务需要领导者表现集权和独裁，他便能毫不犹豫地发号施令；当任务允许甚至需要员工有参与感并行使自主权的时候，他也能主动地提供给员工机会。其次，成功的管理者必须准确把握自己和群体中的成员的能力、理解组织所处的内部环境和社会环境，谨慎地使用手中的权力。如果一个任务可以适当放权，同时组织中成员表现出独立承担责任的意愿，并且做好了充足的准备，有承担任务、完成任务目标和期望的能力，领导者就该给出较大的自主权力。

该理论对于领导理论的发展有巨大意义，坦南鲍母与施密特在研究领导风格时一改以往理论研究存在的"绝对两极化"倾向，反映出领导模式及情境因素的丰富多样，其研究成果具有普适价值，因而引起西方管理学界的重视。

3. 路径—目标理论

路径—目标理论（path-goal theory）是以俄亥俄州立大学的领导理论研究、激励理论中的期望理论为基础建立起来的。该理论认为有效的领导者应该明确地指出一条途径，为下属完成工作任务清除障碍，使得下属更容易完成自己的职责，从而达成个体与组织的同一目标。

根据路径—目标理论，领导者有义务利用组织的支持和报酬，建立起恰当的工作方式与工作环境帮助下属实现组织目标。其中涉及建立目标、明确路径两个重要概念。路径—目标理论主要包括以下五个方面的内容。

（1）领导过程

路径—目标理论的领导过程是：领导者确认下属的需要，帮助他们建立适宜的目标，将达成目标与能够获得的报酬相联系，并指导下属消除绩效障碍。领导过程中的期望是下属对工作满意，认可领导者并产生积极浓厚的兴趣和动力，这些将反映在绩效和目标实现中。

（2）目标设置

路径—目标理论中能否取得成功绩效的重要前提就是目标设置，检测个体和组织绩效的完成情况时也离不开目标。成员必须感受到组织目标的价值，认可组织目标，并且有信心以现有的资源达到这个目标。

（3）路径完善

领导者帮助下属确立了目标之后，也要为他们修正和完善实现目标的路径，预先了解可供选择的领导方案，尤其要比较衡量下属的两类支持需求。第一类是任务支持，即领导者需提供有助于下属完成任务的要素，消除环境对下属达成绩效的阻碍和限制，并及时给予有效的努力和成果以认可；第二类是心理支持，领导者要对下属表现出积极的影响，使下属产生积极的工作动力。

（4）领导方式

根据路径—目标理论，下属接受领导者行为的程度取决于下属从领导者的行为中获得的满足感，领导者必须结合下属的有效工作绩效来激励下属，并提供有效的工作绩效所必需的指导、支持和奖励。为此，豪斯区分了四种领导风格：支持型、参与型、指导型、成就导向型。

（5）两类情境

路径—目标理论提出了两类情境，是领导行为与结果之间关系的中间变量。情境之一是包括正式权力系统、任务结构以及工作群体等在内的超出下属控制范围的环境因素；情境之二是控制力、经验和感知能力等下属的个性特点。要想使下属有最多的产出成效，环境因素决定了领导行为类型，而个性特点决定下属面对环境和领导者行为时做出何种解释以及选择哪种态度。

路径—目标理论证明，当下属的能力或工作环境存在不足时，领导者的适当干预会给员工的绩效和满意程度带来积极影响。但是，当任务已经十分明确或下属完全具备处理任务的能力和经验时，如果领导者还要花费时间解释或安排工作，下属将会对这些不恰当的指导或帮助表现出厌烦，甚至将之视为侵犯。

8.3 领导力提升

8.3.1 领导的五种行为习惯

在现代社会中，"领导力"越来越成为理论界和企业关注的对象。众多学者和企业管理者都致力于研究"领导力"，探究它的本质和奥妙，致力于用领导力的提高和赋能对企业做出重大贡献。库泽斯（James M. Kouzes）和波斯纳（Barry Z. Posner）通过对几千例个人最佳领导事迹的研究发现，不管在怎样的时代和环境中，能够成为卓越领导者的人，即使其经历各有特点，但都存在着共同的习惯行为。两位研究者把这些共同的习惯行为提炼出来，形成了"卓越领导的五种行为习惯"。

扫码听课 8-7

1. 以身作则

领导者的职位固然重要，但更重要的是通过自己的行为赢得团队成员的尊重。所有的卓越领导者都有一个共同特点：赢得团队新人信任、带领团队达成高业绩的前提是以身作则，为成员树立榜样。在给他人树立榜样之前，先要明确自己想要树立什么样的榜样。一个好的领导应该知道，最能打动人心的不是语言而是行动。

以身作则，要求管理者具有明确的个人指导原则、正确的价值观，通过自身的感染力形成团队共识的行为准则，做到令行禁止。对于团队规则的执行，管理者躬身实践远比时时说教有用得多，能够最大限度地展现团队规则的精髓，同时也能形成管理者的个人影响力。领导者的个人影响力是团队凝聚的核心力量之一。团队需要所有成员以主人翁精神去做他们坚信的、有价值的事情，领导者自己不愿意做的事情也绝不强迫别人去做。

2. 共启愿景

员工在对外讲述个人在工作中遇到的印象深刻的事情的时候，总是会不

自觉地讲述那些激动人心的、代入感极强的、极具吸引力的事件。企业使命、愿景的发布是管理者给所有员工脑海里展现一个宏伟蓝图，是在"造一个梦"。领导者展望未来，想象各种令人激动的崇高的可能，领导员工改变现状，开创无限可能的美好未来。企业文化的深入人心，能够极大增加员工对公司的忠诚度、认同感，提升员工的敬业程度和对公司使命达成的期望值。

组织内必须要有文化价值观的渗透，并且很清楚它们对团队的重要作用，同时也要很清楚地知道团队内每个一起奋斗的人对彼此的重要性。作为领导，在为团队共启愿景的同时，也要让团队内每个人相信你理解他们的需求、把他们的利益放在心上，且让他们相信领导者有带领他们实现愿景的能力。

3. 挑战现状

创新是企业的活力之源，是企业的生存之本。安于现状是创新的最大障碍，对于组织而言，安于现状表现为组织改革乏力，制度惰性甚至内卷化；对于个人而言，安于现状表现为惯性思维，心智模式钝化。作为领导一定要勇于挑战现状，敢于打破常规，不断地寻找创新的方法，改进自己的工作，推动组织的发展。不确定性和持续变化是这个时代最鲜明的特征，可以说"唯一不变的是变化"，领导者需要不断挑战现状、激活组织、包容失败、变革导向，这样才能更好地在百年未有之大变局下抓住机遇。领导者总是带领组织去往从未经历过的领域，因此领导者必须挑战陈规。华为公司自创立以来，任正非带领华为经历了四次大的变革，正是这几次凤凰涅槃式的变革，让华为不断焕发勃勃生机。第一次是从创业求生存，业务主要在农村市场；第二次是再创业，完善公司的人力资源、管理和流程体系，准备迈向国际化；第三次是商业模式变革，从通信设备生产商到典型解决方案供应商的转变，从打败竞争对手到把竞争对手变成友军，从竞争到竞合，专注面向客户；第四次是组织转型期，追求云、管、端一体化，赶超美国竞争对手。卓越的领导总是寻求持续地改进、发展和创新。他们勇于尝试，敢于自我否定，他们总是在问："我们在哪里可以试一试，我们如何能够改变？"他们容忍失败，甚至鼓励各种有价值的失败。他们深知，失败是成功之母的关键是组织形成包容失败的文化。

4. 使众人行

单靠一个人的能力，团队的愿景蓝图无法实现。实现梦想需要团队的力量：精诚的团结、紧密的协作、主动承担责任、坚持不懈的努力以及匹配的能力。

当团队不断壮大，领导者需要学会授权。此处的授权不仅仅是面对人员增长、管理幅宽增加的压力，划分层级管理的授权，也要有决策的放权，能够开放地接纳各种想法，让更多的人参与决策，通过群体的力量解决当前难题、开发新的渠道。优秀的领导者通过建立信任和增加关系紧密度来提升团队向心力、凝聚力，用以提升团队协作效率。给予员工充分信任，能够培养他们的工作主动性，并在工作中不断提升个人能力。此外，通过个别员工的主动状态产生群体效应，在团队内形成正循环，使团队内的成员既是追随者也是管理者。

领导者要增强追随者的能力，锻炼他们进行自主决策和采取行动的能力，这样才能使追随者成长为领导者。也就是要建立一个良性循环，赋予下属权力和责任，帮助他们成长和成功。具体来说，领导者可以赋予追随者选择权并引导他们做出审慎决策，可以设计不同的工作安排和服务方式供追随者选择，也必须促进追随者为行动担负责任和义务。在这个过程中，追随者的能力才会逐渐增强，具备成为领导者的可能性。

5. 激励人心

卓越的领导者重视组织成员的士气，他们会激励员工将精力集中在他们需要做的事情上，对组织的目标充满信心。他们会经常对员工表达积极的期待，并提供明确的反馈来进行强化，激发员工的工作热情，聚集人们的能量，并不断鞭策人们前行。卓越的领导者高度认可并奖励那些为愿景和价值观做出贡献的人，他们喜欢及时地、创造性地表达感谢，奖励的方式远远超过了组织正式奖励体系的局限。

为了激励人心，领导者必须对个人的出色表现给予充分的认可，这就要做到如下 6 点要求：①对团队及每个成员提出高目标要求。②定期和成员清晰地沟通你的期望目标。③创造一种氛围，让大家（包括你在内）都可以舒服地接收反馈和提供反馈。④花时间去询问、观察，找到各种激励方式，了解它们的不同与差异性。⑤认可的方式要有创造性，认可要及时，要有趣。⑥要让说"谢谢你"成为你每天行为的一部分。

表 8-3 所示为卓越领导的五种行为习惯与十大承诺。

表 8-3　卓越领导的五种行为习惯与十大承诺

五种行为习惯	十大承诺
以身作则	1. 明确自己的价值观，找到自己的声音 2. 自身行动与共同的价值观保持一致，为他人树立榜样
共启愿景	3. 展望未来，想象组织在未来的各种可能性 4. 描绘共同愿景，感召员工为实现共同愿景而努力
挑战现状	5. 主动创新，积极地从外部获取创新方法，不断寻找组织改进的机会 6. 进行尝试和冒险，不断积累经验，从实践中学习

续表

五种行为习惯	十大承诺
使众人行	7. 建立与他人之间的信任和良好关系 8. 帮助他人发展能力，增强他人的实力
激励人心	9. 通过表彰个人的卓越表现来认可他人的贡献 10. 通过创造一种集体主义精神来庆祝价值的实现和胜利

（资料来源：詹姆斯·M. 库泽斯、巴里·Z. 波斯纳：《领导力：如何在组织中成就卓越》，北京，电子工业出版社，2013）

扫码听课 8-8

8.3.2　正念领导

"正念"的概念起源于佛教禅修，是佛教中修炼心性的主要方法之一，指所有观察到的个体不经过任何解释，按照其原来的实际进行认知，即不掺杂任何评判地专注于当下。东方禅修中"正念"的方法与西方的领导力理论结合时，产生了正念领导力（mindfulness leadership）这一概念。

正念领导力与传统领导力的主要区别在于，传统领导力强调领导者的行为，而正念领导力则更加关注领导者内心，关注领导者的思维模式及其对自身和他人的影响。目前，越来越多的企业开始把正念融入商业管理和企业文化当中，其中包括雅虎、耐克等国际企业。在学术研究方面，包括哈佛大学在内越来越多的美国大学开始对企业正念训练展开研究。他们发现正念训练通过影响员工的思维模式继而影响了他们的行为。当正念训练应用于领导者身上时，正念影响的便是整个组织的发展。

正念训练可以给人提供一个精神上"独立空间"，使得个体可以观察、感受、倾听与反思眼前以及心内所发生的一切，它让我们在情绪和精神的紧急状态下，也能用冷静、有创意、人性化的方式来应对，不是在面对强烈压力下的紧急应激反应。充分运用正念能力的人，能够在面对重大风险时，自信地承担风险，不惧失败，有从头再来的魄力和决心；也会在失败后，重新振作，锐意进取，不骄不躁；也会积极面对身边人，积极社交，吸引甚至打动他人。如今竞争激烈，机遇伴随着挑战，具有正念的领导者能更好地理解他人及和他人相处，可以在面对危机时依旧冷静镇定，思维清晰、有创造力，从而做出高效的决策，保持领导力的专注和可靠。正念能使得领导者成为更加高效的领导者。

正念不是单纯的减压方式或者放松心情的工具，它是一种经常被人忽视的针对心智的训练方法。心智通过正念的训练可以加强，继而通过心智训练的开启，实现卓越领导，拥有精彩人生。正念领导力让受训者（管理者）知道该如何把他们已有的业务、领导力技能及长期积累的经验与心智训练结合起来，正念领导力的训练能够让他们了解到人们总是急于做出反应的习惯、在压力下思维偏于狭隘的倾向、一些困难的沟通动态也可以在极少共识的情况下得到解决，而不在于做出复杂的选择，以及信息过载的负面影响，等等。这种训练能够帮助受训者在短暂模糊思维的状态下，快速为自己整理出一个"空间"，从而理清现状并做出清晰回应。单一的心智训练或者传统的商业训练都不足以帮助受训者做出最佳决策，只有两者的结合才能发挥更强大有效的作用。

拥有真正强大领导力的管理者，具有让自己短暂"放空、暂停"的勇气，在情绪、思路沉静下来后，再运用他们所有的能力来指导最终的决定，身处乱境但能直面困难挑战，做出最正确的决策的能力。

所有人都有实现卓越领导力的潜力，可能你当前并不处于一个决策者、领导者的位置，但只要你每天的工作、生活让你像领导者一样影响到他人的工作、生活，那么你都有机会发挥深藏在内心的巨大领导潜能，这种潜能是可以被正念领导力训练激发出来的。当你实践了正念领导力后，在工作或生活中越来越处于最佳状态，越来越有能力掌控自己的命运，并能对其他人产生积极影响。

8.3.3　情景领导

情景领导理论（Situational Leadership Theory，SLT），由行为学家保罗·赫塞（Paul Hersey）和肯尼思·布兰查德（Kenneth Blanchard）提出。情景领导理论认为，领导者选择的领导方式应适应下属的成熟程度，依据下属的成熟程度选择领导风格，从而成功达成任务目标。

扫码听课 8-9

这里所说的成熟度是指个体对自己的直接行为负责的能力和意愿，分为心理成熟度与工作成熟度。心理成熟度是一个人做一件事的意愿和动机，即出发点；心理成熟度较高的个体不需要过多外部鼓励，能够依靠自身的动力保持对工作的积极性。工作成熟度则指一个人的知识水平和技能能力；工作成熟度较高的个体不需要过多工作能力方面的指导，已经具备了足够的知识、能力和经验去完成工作。

情景领导理论认为，随着下属成熟度的提高，领导可以不断减少对下属的控制。所以管理者要在强化员工的成熟度上下功夫，而这与管理者的魅力有很大的关系。成熟度分为四个阶段：①下属虽然有积极性但是缺乏足够的技能的阶段（D1 阶段）；②下属既不能胜任工作也不能被信任的阶段（D2 阶段）；③下属有能力但是不愿意干领导希望其干的工作的阶段（D3 阶段）；④下属既有能力又愿意接受工作的阶段（D4 阶段）（表 8-4）。随着下属成熟度的提高，管理者倾向于信任下属，管理者与下属之间的合作愿望就会提高。

表 8-4　员工四个发展阶段的特征

阶段	下属特征
D1	工作能力弱，工作意愿高
D2	工作能力弱至一般，工作意愿低
D3	工作能力中等至强，工作意愿不定
D4	工作能力强，工作意愿高

　　赫塞—布兰查德情景领导理论将领导的行为分为指导行为与支持行为两类。指导行为即领导者采取发布命令以及具体指导的方式安排下属的工作，通过单向沟通决定下属的工作角色，较严格地命令下属该做什么、不该做什么、如何完成任务，同时密切控制和监督下属在工作中的表现和行为。支持行为即领导者对下属的工作采取支持的态度，通过双向沟通根据下属的意愿塑造下属的角色，对下属的工作提出期望，支持并鼓励下属完成。领导者加入到下属制定决议的过程中，倾听下属的意见，增强彼此间的互动，给予下属更大的自主权。

　　在领导他人的过程中，指导行为或支持行为是相互独立的。领导者既可能更倾向通过指导行为来获得成功，也可能更多地使用支持行为来获得成功，或者两者共同使用，抑或均不使用也可以获得成功。根据指导行为和支持行为的高低水平，可以划分为四种不同的领导模式，如图 8-6 所示为领导模式的四象限结构图。

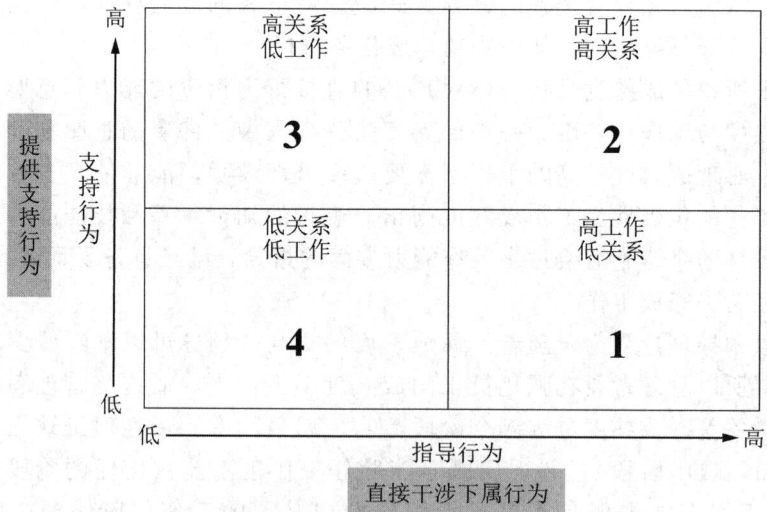

图 8-6　领导模式

具体表现为四种领导风格。

(1)风格 1

领导者采取工作行为高、关系行为低的方式管理下属。这个类型的领导风格属于指导型，它会直接命令下属需要完成的工作目标是什么、应该怎么去完成、何时何地具体由谁来完成。

(2)风格 2

领导者采取工作行为高、关系行为高的方式管理下属。这个类型的领导风格属于教练型，它会针对下属需要支持的地方，提供相应的指导性意见，对工作目标和任务给予具体的解释说明。

(3)风格 3

领导者采取工作行为低、关系行为高的方式管理下属。这个类型的领导风格属于支持型，它会对下属进行鼓励从而促使他们主动思考并寻找答案，领导者在决策中会征询下属的意见和建议。而风格 1 和风格 2 的领导决策是通过直接下命令的方式。

(4)风格 4

领导者采取工作行为低、关系行为低的方式管理下属。这个类型的领导风格属于授权型，它很少与下属直接下命令，也不会进行双向沟通和在工作中主动提供支持。领导者仍然参与下属的讨论，但控制权由下属掌握。

将员工的成熟度与领导行为结合起来，情景领导理论提出了四种领导方式。

一是命令式。适用于下属低成熟度的情况，领导者采用单向沟通，责令下属执行工作任务。

二是说服式。适用于下属较不成熟的情况，领导者以双向沟通方式说服下属接受工作任务。

三是参与式。适用于下属比较成熟的情况，领导者通过双向沟通和悉心倾听与下属充分交流。

四是授权式。适用于下属高度成熟的情况，领导者赋予下属自主决策和行动的权力。

情景领导理论被誉为 20 世纪重大领导理论之一，它与传统的领导特质理论强调修炼领导者的行为能力有所不同，情景领导理论特别强调因人而异，也就是说领导要对不同的下属施以不同的管理方式，情景领导能够增强管理者与下属的沟通效果，培养双方的默契度，领导者除了要正确把握下属处于哪种发展阶段，工作成熟度与心理成熟度如何，也要学习掌握领导行为的正确使用时机，要清楚什么时候采取指导行为更合理，什么时候采取支持行为更合理，判断出是要解决能力问题还是意愿问题。恰当地运用指导行为与支持行为，正是掌握了"弹性"这一技巧。

思考题

1. 简述领导和管理的区别与联系。
2. 简述领导特质理论。
3. 如何进行有效的冲突管理？
4. 正念领导力与传统领导力的主要区别是什么？
5. 领导行为理论、领导权变理论分别有哪些？各有何特点？

在线测试

案例分析

第9章 激励

9.1 激励与激励理论

9.1.1 激励概述

1. 激励的内涵

激励的基本含义是激发动机，学者对激励的定义有很多种，归纳起来基本都涵盖以下三个方面。

(1)激励的出发点是为了满足需要

罗宾斯认为"激励是去做某事的意愿，并以行为能力满足个人的某些需要为条件"。所谓需要引发动机，动机导致行为。

(2)激励的对象是产生某种行为的个体或群体

激励的目的在于引导该类行为的重复与强化，以期实现组织的目标。

(3)动机激发的过程涉及三个要素

①需要来自个体生理或心理上的缺乏；

②内驱力，即力求实现需要的满足，消除这种缺乏或不足状况的内在驱动力；

③目标，即满足需要和减弱内驱力的事物。

总而言之，激励是在个人需要和组织目标整合的基础上，形成强烈实现目标的意愿，并促使其付出努力行为的整个过程。

2. 激励的过程(图9-1)

人们存在得不到满足的需要，这将产生一种动力诱导人们去寻求满足需要的过程，在这个过程中将产生为目标所驱使的行为，经过一段时间，管理者对行为进行测量，如果该目标达到，需要就会得到满足，同时新的循环又将开始。因此可以说，激励的过程是一个需要被满足的过程。需要是指个体在某一时刻体验到某种有价值的东西不足或缺乏的一种主观状态，它是客观需求的反应。这种不足可能是生理上的(如对食物的需要)、心理上的(如对自尊的需要)或者社会性的(如对社会相互关系的需要)。

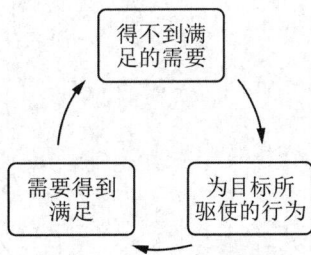

图 9-1 激励的过程

3. 激励理论

提高激励水平是组织行为学的重要研究课题，其中一条重要研究途径是对激发动机的探索。相应的研究成果大致可以归纳为三大类：内容型激励理论、过程型激励理论、调整型激励理论。

（1）内容型激励理论

内容型激励理论着重研究激励的内容，也就是引发动机的因素。主要包括马斯洛的需要层次理论、奥尔德弗 ERG 理论、赫茨伯格的双因素理论、麦克利兰成就需要理论等。

（2）过程型激励理论

过程型激励理论着重对人从动机产生到采取行动的心理过程进行研究。主要包括弗鲁姆的期望理论、亚当斯的公平理论、自我决定理论、目标设置理论等。

（3）调整型激励理论

调整型激励理论着重对达到激励的目的，即调整和转化人的行为进行研究。主要包括强化理论、挫折理论等。

扫码听课 9-2

9.1.2 内容型激励理论

1. 马斯洛的需要层次理论

美国心理学家马斯洛（Abraham H. Maslow）在 1943 年出版的《人类激励理论》一书中，首次提出了"需要层次理论"，该理论认为，人类需要可以大致分为生理需要、安全需要、社交需要、尊重需要和自我实现需要等，它们是由低级到高级逐级形成和发展的（图 9-2）。

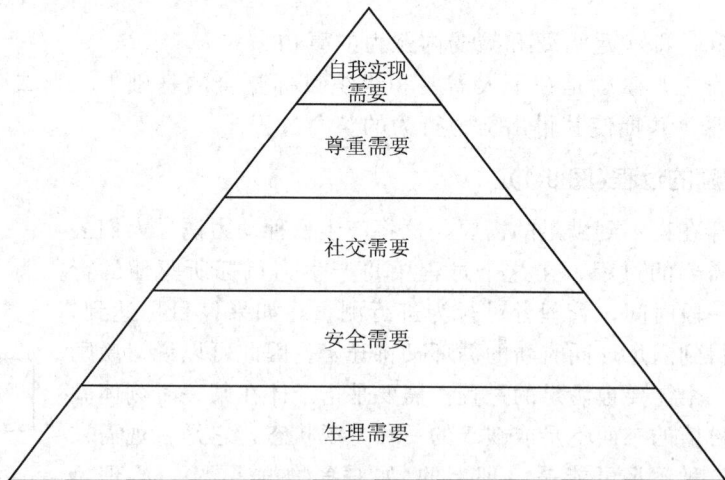

图 9-2 马斯洛需求层次

(1)生理需要

生理需要是人类满足自身生存的最原始、最基本的需要，主要指人们需要获得衣、食、住、行、性、休息、健康等方面的基本满足。只有当生理需要得到基本满足，其他的需要才能成为激励的因素，人们才会把需要的目标指向更高一级。

(2)安全需要

当一个人的生理需要得到满足后，就对自身安全，如劳动安全、职业安全、环境安全、生命安全、财产安全和心理安全等方面有了需要。而当这种需要一旦满足后，就不再成为激励因素了。

(3)社交需要

社交需要也称归属与爱的需要，或社会需要。当基本生理需要和安全需要有了一定保障之后，人们便产生更高一层的社会心理需求，即要进行社会交往，与朋友保持友谊，与家人享受天伦之乐，并被一些团体所接纳和认可。

(4)尊重需要

一个人在前述三种需要获得满足之后，就会进一步产生尊重的需要。尊重需要是个人获得他人的承认、信赖、尊敬而产生的一种自信、自立、自重、自爱的思想感情。其一般表现为尊重自己，不向别人卑躬屈膝，也不允许别人歧视、侮辱自己，并且希望得到领导者和社会的重视，同事的信赖和高度评价。尊重需要得到满足，能使人对自己充满信心，对社会充满热情，体会到自己生活的价值。

(5)自我实现需要

这是人的一种最高的需求。人们会在上述需求被满足的情况下产生出发展的潜能，实现自己的理想，成就一番事业的要求。这种需求与人的价值观和文化素养有极大关系。自我实现需要的产生有赖于前四种需要的满足，只有在基本需要得到满足的基础上，人才会产生人生的最高追求，才能最大限度地发挥自身的潜能和创造力，实现自己的抱负和理想。

马斯洛提出的五种需要像阶梯一样，从低到高地按层次逐级递升，但递升的顺序不是完全固定的，可以发生变化。一般情况下，个体的某一层次需要相对满足时，就会向高一层次发展，追求更高一层次的需要就成为驱使行为的动力。相应地，获得基本满足的需要就不再是一股激励力量。同一时期一个人可能有几种需要，但每一时期总有一种需要占支配地位，对行为起决定作用。任何一种需要都不会因为更高层次需要的发展而消失。各层次的需要相互依赖和重叠，高层次的需要发展后，低层次的需要仍然存在，只是对行为影响的程度大大减小。

2. 奥尔德弗 ERG 理论

1969 年，奥尔德弗(Clayton Alderfer)基于大量实证研究，在马斯洛需要层次理论的基础上提出"生存、关系、成长论"，也称为ERG理论，奥尔德弗认为人有三种基本的需要，分别是生存的需要（existence）、相互关系的需要（relatedness）和成长发展的需要（growth）。这三种需要的内容如下。

生存的需要，即对一个人基本物质生存条件的需要，大体上相当于马斯洛的生理需要和安全需要。

相互关系的需要，即维持人与人之间关系的需要，大体上相当于马斯洛的人际关系方面的安全需要和归属与爱的需要。

成长发展的需要，即个人要求发展的内在愿望，大体上相当于马斯洛的尊重需要和自我实现需要。

这三种需要并不都是与生俱来的。马斯洛认为的五种需要都是人类先天的一种特殊生物遗传，是一种"似本能"的东西。奥尔德弗对此有所修正，他认为生存需要是先天具有的，而相互关系需要和成长发展需要则是通过后天学习才形成的。

这三种需要的发展也不是按照严格的由低到高顺序，可以越级发展。人们可能在低级需要未满足的情况下，就先发展较高一个层次的需要；或是在低级需要未被完全满足的情况下，同时为高层次的需要工作，几种需要共同发挥作用。这与马斯洛需求理论中，需要层次呈刚性的阶梯式上升结构不同。

各个层次的需要获得的满足越少，则人们对这种需要越是渴望得到满足。如当人们的生存需要和成长发展需要都获得了较充分的满足，而相互关系需要没有满足时，人们就渴望与人交往，获得理解。

当较低层次需要得到满足后，人们就渴望向高层次发展，这一点与马斯洛基本相同，奥尔德弗称之为"满足—上升"的趋势。对较高层次的需要不能满足，人们就会转而追求较低层次的需要，奥尔德弗称之为"挫折—倒退"的发展方向。而马斯洛则认为个体会一直停留在某一需要层次上，直到被满足。

3. 赫茨伯格双因素理论

马斯洛提出需要层次理论后，赫茨伯格（Frederick Herzberg）在此基础上进行了进一步的研究，他对美国匹兹堡地区11家工商企业机构中对数百名工程师、会计师进行了调查访问。访问主要围绕两个问题：在工作中，让他们感到身心舒畅、十分满意的因素都有哪些，让他们感到身心不适，不甚满意的因素都有哪些；并且要求说明这些由此而引发的积极或消极情绪会持续多久、会对他们的工作产生什么影响。

通过对调查结果的分析，赫茨伯格发现：造成员工不满的都是外部因素，如公司的政策、管理和监督、人际关系、薪资条件及工作环境等；使员工感到非常满意的因素都是与自己有关的因素，如工作富有成就感、工作的成绩能够得到社会的认可，以及职务上的责任感和职业上能够得到发展和成长等。

据此，赫茨伯格提出了保健因素和激励因素。具体来说，保健因素是使员工在工作中产生不满或厌恶情绪的因素，它与员工的工作环境和工作条件是密切相关的，又称为维持因素。它不能起到激励作用，恰恰相反它只有防御作用。这类因素的满足只能消除员工们的不满意，而并不能调动员工的积极性；而如果这类因素得不到满足，则会引发严重后果，使员工产生不满情绪，甚至消极怠工或罢工，反而严重挫伤积极性。激励因素是使员工在工作中产生满意或良好感觉，并能带来积极态度、满意和激励作用的因素，往往与工作内容本身联系在一起。这类因素如果得到满足，能大大调动员工的积极性，对员工起到很好的激励作用；若得不到满足，也不会导致较大的不满情绪，但或多或少会引起员工的不满，虽无关大局，却能严重影响工作的效率。

同时，赫茨伯格又指出，如果管理者想要调动员工积极性，提高员工效率，激励员工努力工作，那么就不能只重视保健因素，而应更多地注重激励因素，尽量去改善激励因素，激励因素得到越好的满足，员工对工作的满意度就越高，管理者所采取的措施的激励作用也就越大。

4. 麦克利兰成就需要理论

麦克利兰(David C. McClelland)成就需要理论也称为激励需要理论或成就动机理论，该理论认为，在人的一生中有很多种需要，有的需要是先天就有的，如生存需要；而有些需要是靠后天获得的。在人的生存需要得到满足后，个体还有三种主要的需要，分别是成就需要、权力需要和归属需要。

（1）成就需要

成就需要即个体争取成功、希望做得最好的需要，是一种根据适当标准追求卓越、争取成功的内驱动力。

（2）权力需要

权力需要即影响或控制他人且不受他人控制的需要，对这种影响力的渴求程度是因人而异的，具有强烈的权力需要的人，往往对发挥影响力和控制力格外重视。

（3）归属需要

归属需要即建立友好亲密的人际关系的需要，也就是寻求被他人喜爱和接纳的一种愿望。

基于上述研究成果，麦克利兰给企业的管理者们提出了建议，那就是：在人员的选拔和职能分配上，企业要不拘一格选人才，因人而异做分配。对于高成就需要的员工，企业则需要为他们分配一些具有挑战性的任务，而不应将日复一日的机械重复性工作分配给他们；对于高权力需要的员工，适当地为他们提供一些管理性质的工作，使他们拥有适当数量的能够指挥的下属，从而满足他们的权力需要；对于高归属需要的员工，努力为他们创造和睦的工作环境，定期组织公司团建等活动满足他们的归属需要。

9.1.3　过程型激励理论

1. 弗詹姆期望理论

美国心理学家维克托·弗鲁姆（Victor H. Vroom）在 1964 年出版的《工作与激发》一书中提出了期望理论，这是关于这个理论的最早论述。期望理论认为，个体行为倾向的强度取决于个体对这种行为可能带来结果的一种期望度，以及这种结果对行为的个体来说所具有的吸引力。期望理论用公式表示为：

$$M = V \times E$$

其中，M 代表激励力量（motivation），是指产生行为动机的强度，也就是调动人的积极性，激发个体潜力的强度。当激励力量达到一定强度的时候，个体的愿望才能转化成动机，进而产生相应的行为。

V 代表目标价值（valence），也称效价，是指个体对某种结果的效用价值的判断，即某种目标、结果对个体所具有的价值和重要程度的评价。效价越大，对个体的吸引力越强，个体的积极性也就越高。

E 代表期望值（expectancy），是指个体对通过自己努力达成某种结果的可能性大小的一种预期和判断，代表个体主观上估计达到目标的可能性。一般来说，实现目标的可能性越大，越能调动人们的积极性。

因此，期望理论认为，一个人产生最佳动机的条件是：他认为他的努力极可能导致很好的表现；很好的表现极可能导致一定的成果；这个成果带来的奖励对他有积极的吸引力。这个理论也为如何充分调动员工的工作积极性提供了答案，具体来说，在进行激励时要处理好三方面的关系。第一，努力与绩效的关系。人们总是希望通过自己的努力达到预期的目标。第二，绩效与奖励的关系。人总是希望取得成绩后能够得到奖励，这个奖励是综合的，既包括物质上的，也包括精神上的。如果个体认为取得绩效后能得到合理的奖励，就可能产生工作热情和积极性，如果得不到奖励，那么个体就不会产生强烈的动机。第三，奖励与满足个人需要的关系。人总是希望自己所获得的奖励能满足自己某方面的需要。

2. 亚当斯公平理论

公平理论又称社会比较理论，是美国心理学家亚当斯（John Stacey Adams）在其 1965 年出版的《社会交换中的不公平》一书中提出的。该理论是研究人的动机和直觉关系的一种激励理论，其基本观点是：当一个人做出了成绩并取得了报酬以后，他不仅关心自己所得报酬的绝对量，而且关心自己所得报酬的相对量。因此，他要进行种种比较来确定自己所获报酬是否合理，比较的结果将直接影响他今后工作的积极性。

这种比较分为两种：横向比较和纵向比较。所谓横向比较，即一个人要将自己所得的报酬（包括金钱、职位以及赏识表扬等）与自己的投入（包括时间、精力、文化程度和其他无形损耗等）之间的比率和其他人进行社会比较。所谓纵向比较，即一个人会把自己现在的投入产出比率同过去的投入产出比率进行历史比较。无论是横向比较还是纵向比较，人们都只有在两组比率相等时才会认为公平。

3. 目标设置理论

美国心理学教授洛克（Edwin Locke）和他的同事用了将近 20 年的时间研究工作动机与工作激励的问题，他们对 8 个国家、88 个企业的 4 000 多位工作者进行调查研究后发现，大多数的激励因素都是通过目标来影响工作动机的，在管理过程中重视并设置合理的目标是激励员工提高工作积极性的一种重要方法。基于此，他们提出了目标设置理论，阐述从行为的目的性出发来对行为动机进行研究。

目标设置理论认为，目标是人们行为的最终目的，是人们预先规定的、合乎自己需要的"诱因"，是激励人们的有形的、可以测量的成功标准。达到目标是一种强有力的激励，是完成工作的最直接的动机，也是提高激励水平的重要过程。成长、成就和责任感的需要都要通过目标的达成来满足。

在管理实践中，可以有针对性地根据员工的自我效能感的高低来进行合理的目标设置。有效的目标设置也能够影响和调节员工的自我效能感。设置目标太难，员工很难达到，这时他的自我评价就可能较低，而多次达不到目标就会降低他的自我效能感；设置目标太容易，员工也同样难以提高自我效能感。另外，目标的明确度也影响自我效能感。清晰而具体的目标能有效地引导个体的努力。研究表明，人们对于明确的、有挑战性的目标完成得最好；对于模糊的、有挑战性的目标，完成成绩呈中等水平；而模糊的、没有挑战性的目标则导致最低完成水平的成绩。

9.1.4　调整型激励理论

1. 强化理论

强化理论是美国哈佛大学心理学教授斯金纳（Burrhus Frederic Skinner）提出的。斯金纳在巴甫洛夫条件反射理论的基础上，提出了"操作条件反射理论"，也叫强化理论。他认为人类（或动物）为了达到某种目标，本身就会采取行为作用于环境。当行为的结果有利时，这种行为重复出现；不利时，这种行为就减弱或消失。人们可以运用强化的方式来影响行为的效果，从而引导和控制、改造其行为，更好地为组织目标服务。

扫码听课 9-4

斯金纳认为，通过刺激控制人的外部环境中的两个条件，就能控制和引导人的行为。这两个条件是：第一，在行为产生前确定一个具有刺激作用的客观目标；第二，在行为产生后根据工作绩效给予奖或惩，或既不奖又不惩。

利用强化的方式改造行为，主要有四种方式：

（1）正强化

正强化是指在期望的行为发生后提供令人快乐的结果，即对期望的行为进行奖励。

（2）负强化

当某种不符合要求的行为有了改变时，减少或消除施加于其身的某种不愉快的刺激（批评、惩罚等），从而使其改变后的行为再现和增加。

（3）消退

消退有两种方式，一是对某种行为不予理睬，以表示对该行为的轻视或某种程度的否定，使其自然消退；二是对原来用正强化建立起来的、认为是好的行为，由于疏忽或情况改变，不再给予正强化，使其出现的可能性下降，最终完全消失。

（4）惩罚

惩罚产生于一些行为之后而出现的一个令人不愉快或不如意的事件，并使这种行为在以后尽可能少发生的时刻。

2. 挫折理论

挫折理论可以追溯到 20 世纪极负盛名的奥地利心理学家弗洛伊德（Sigmund Freud）创立的精神分析学说，该理论着重研究人因挫折感而导致的心理自卫。

人在趋于目标的过程中，由于主客观原因，致使行为受阻，未能达到目标，遭受挫折是常有的事。挫折理论所注重的不是挫折而是挫折感，后者是行为主体对挫折的心理感受（或称知觉）。挫折一方面使人失望、痛苦，使某些人消极、颓废乃至一蹶不振；另一方面挫折又可以给人以教益，使人们变得比较聪明；它能使人发奋努力，在逆境中奋起。因此，挫折既有正面作用，也有负面作用，两者是对立统一的关系，共存于统一体之中，又能在一定条件下相互转化。其转化机制即心理自卫，即因挫折和挫折感而导致心理紧张，为消除或缓解心理紧张而出现的防卫性的心理反应。

受挫折的人各有特点，其受挫折后因心理自卫而导致的行为表现也总有差异。一般有两类：一类是建设性的心理自卫，采取积极进取的态度；另一类是破坏性的心理自卫，采取消极的态度，甚至是对抗的态度。

（1）建设性心理自卫

建设性心理自卫包括：①增强努力。指当个体在追求某一目标受挫时，不放弃原有目标，而是加倍做出努力，尝试其他方法和途径，最终达成目标。②重新解释。即当个体达不成既定目标时，采取延长完成时间、修订或重新调换目标的方式。③补偿。即当个体在实现某一目标的过程中受挫时，则改为追求其他的目标，以补偿和取代原来未能实现的目标。④升华。即当遭受挫折时，把敌对、悲愤等消极因素转化为积极进取的动力，从而取得更有意义的成就。

(2)破坏性心理自卫

破坏性心理自卫包括：①推诿。指的是人们受到挫折后会想出各种理由原谅自己或者为自己的过失辩解。②逃避。是指人受挫折后不敢直面失败，而是逃避到较安全的地方甚至幻想当中。③忧虑。是指一个人连续遭到挫折，便慢慢失去了自尊和信心，最终形成一种由紧张、不安、焦急、恐惧等感受交织而成的复杂情绪状态。④攻击。也称为侵犯、侵略，是一种无理智的、消极的、带有破坏性的公开对抗的行为。⑤冷漠。当一个人遭受挫折后压力过大，无法攻击或攻击无效，或因攻击而招致更大的痛苦，于是便将他愤怒的情绪压抑下来，采取冷漠行为。

9.2 激励模式

9.2.1 物质激励

1.物质激励的作用

物质激励主要包括基本薪酬、企业福利、股权期权和绩效奖金等，通过市场化的物质手段，满足员工的基本物质需求，保障切身利益，调动员工工作积极性和上进心，从而促进企业生产和经营活动的开展更具活力，并有利于提高员工的企业忠诚度。物质激励主要是通过可衡量价值的资金来激励员工，占企业成本支出的较大比例，是企业较大的经营和管理成本项，始终受到企业管理者的高度关注。由于我国尚处于社会经济发展的起步阶段，社会保障体系还在逐步完善，人们对于基本物质生活的需求较高，员工在择业和职业发展时，十分关注企业的薪酬水平和物质福利等条件。同时，企业的物质激励不仅是衡量员工付出劳动的等价交换物，物质激励水平也代表着员工的社会地位和履职企业的综合实力。在目前社会经济条件下，物质激励是企业人才梯队建设和人力资源管理不可或缺的重要手段，对强化按劳取酬的分配原则和调动员工的劳动热情有很大的促进作用。通过研究分析，物质激励的主要作用具体如下。

扫码听课 9-5

(1)基础性功能

物质激励是员工付出的等价交换物，是对员工贡献的奖励和认可。人们进入劳动力市场的首要目的是通过劳动获得相应的物质报酬，解决最基本的社会生存和生活问题。企业在使用劳动力时，必须支付等价的物质报酬作为交换。

(2)留住核心员工

设置合理的薪酬沉淀制度，能够留住核心人才。可以对部门负责人或骨干员工及关键技术人员实行年薪沉淀制度，即其年薪当年只能拿走一部分，其余在未来几年之后兑付。如果有人提前离职或工作上出现问题，他的沉淀工资是不能全部拿走的。这样可以留住人才，也可以使他们安心工作，尽心工作。

(3)差异化人力资源管理

完善企业多种分配机制。对不同类型人员，不同工作性质的单位或部门应该制定不同的薪酬方案，使之能发挥激励作用。可以结合绩效考核情况，完善薪酬分配方案，使之适应不同类型人员的需求，发挥薪酬激励作用。

(4)心理暗示功能

减少员工生活压力，使其全身心的投入工作。企业之所以提供了各式各样的福利计划，不仅是为了吸引员工，同时也是为了帮助员工缓解生活负担，能够以轻松的姿态投入工作。

2. 物质激励的分类

(1)薪酬激励

薪酬激励可理解为企业对应员工胜任岗位的基础薪酬支出，是一项企业管理者给予员工能力责任匹配程度对应的报酬，基础薪酬覆盖面涉及企业高管、中层管理者和普通员工。合理的货币薪酬激励承诺和契约能有效降低股东与管理层之间的代理成本，显著降低高管人员的风险规避倾向，有效鼓励中层管理者的履职主动性，带动普通员工的工作积极性。薪酬模式主要包括薪酬水平和薪酬结构，企业需要规划好合理的薪酬水平标准，并根据员工职级和分工不同，采取差异化的薪酬结构，此文对此不进行展开论述。基础薪酬体系也是企业最基本、最透明、最公平的一种选人用人制度保障，是决定企业人力资源薪酬管理是否完善是否科学的压舱石。

(2)股权激励

股权激励，也称为期权激励，是企业为了激励和留住核心人才而推行的一种长期激励机制，是目前最常用的激励员工职业发展的方法之一。股权激励主要是通过附加条件，给予特定员工部分股东权益或参与企业分红权力，使其具有企业主人翁意识和责任意识，从而与企业结成稳固长远的利益共同体，促进企业与员工共同成长，从而帮助企业实现稳定发展的长期目标。股权期权主要针对高层管理者或技术核心员工。

股权激励可以使管理者利益与企业长期价值高度统一，减少管理者的短期经营决策行为，同时企业控制方的代理费用将大大降低。在此基础上，持有股权的管理者将更加注重风险控制，不会盲目从资本市场获得利益，通过有效平衡企业发展和风险控制，将激励高管人员为了达到长期稳定发展而采取有效的管理措施。根据某些学者对企业研发投入与高管股票期权比例关系的研究，可以看到在经营资源相对丰厚时，高管会做出增加科技研发的决策，高管持股可保障研发行为的持续性。当高管与股东利益达成一致时，高管将获得更多股权，也会做出更多有益于企业长期发展的决策。

(3)绩效激励

绩效工资体系和激励手段主要是指员工薪资增长依靠年度绩效考核结果决定，充分调动了员工干事立业的主动性和能动性，并且能够将企业发展压力任务逐级分解，保证企业管理的目标导向性。绩效薪酬可划分为业绩工资和激励工资，业绩工资包括业绩加薪和业绩奖金；激励工资包括个人激励计划、团队激励计划和全员激励计划。绩效激励能够广泛的被各类企业采用，主要原因是绩效考核的标准性和量化性为薪酬决策提供了公平、透明的依据。同时，绩效考核指标的设立标准也会影响企业文化；若个人绩效决定薪酬增幅，则该企业是以个人竞争文化为导向；若团队绩效决定薪酬增幅，则该企业是以团队文化为导向。

(4)福利激励

福利激励是指企业通过为员工提供完善的福利以提高员工对企业的忠诚度，从而激发员工的工作积极性。目前，企业福利已成为一种制度化的安排，几乎所有的企业都会为员工提供或多或少的便利政策和人文关怀，据统计，企业平均福利成本已达到薪酬总额的 10%。福利具有两个重要的特性，即刚性和时效性。刚性是指即使员工没有感知到企业福利带来的便利，认为福利安排是理所当然的，但一旦取消，便会极大地影响员工对企业的满意度；时效性是指由于员工的需求具有差异性，且在不断发生变化，企业需要不断地检查自己的福利计划，以了解这些福利是否发挥了最大效用。

福利也是企业的重要经营管理成本，对员工的积极性产生重大影响。因此，企业可以采取一些措施来深化员工对福利的认识，如内部培训、宣传讲座、职业生涯规划等，让员工理解企业在改善工作环境方面所做出的努力。为了更好的满足员工的需求，企业也可以制定弹性福利政策，让员工在有限范围内进行自主选择，如提供可选择的班车上车地点福利、发放免费购物券、生日蛋糕券等。

扫码听课 9-6

9.2.2 非物质激励

非物质激励的方式很多，包括情感激励、文化激励、信仰激励、危机激励、榜样激励、赞美激励等。管理者要把握好物质激励与非物质激励相结合的激励原则。运用好非物质激励，激励效果将比物质激励的持久性更强，更能取得员工对组织的价值认同和方向认同。

1. 非物质激励的内涵

现代企业员工受过良好教育的程度较高，尤其是知识型驱动的研发人员和新生代员工，他们通过科技力量创新和研发成果输出，对企业改革创新的贡献值很大，更加渴望得到团队和公司认可，实现自身人生价值。另外公司内部良好的企业文化和协作氛围，也能够体现企业对人才的重视，增加他们的归属感和责任感，激发他们的创造热情。企业不能变成一家以赚钱为目的的机器或者冷冰冰的机构，正确的价值观和企业文化同样能体现企业对于人才的尊重和珍视。

良好的企业文化既有助于树立企业形象，又可以振奋员工士气、凝聚员工力量、激励员工奋进。在企业充分尊重每一位员工，爱惜每一位员工，真正做到以人为本，善待员工发展，推动员工成长，员工的物质需求和精神需求都得到满足的时候，员工才能发挥其最大的力量为建设企业做出贡献。

（1）知识共享，注重格局

知识经济和互联网经济时代，建立知识共享体系的企业文化是管理者整体思维和集体智慧的集中体现。通过这种企业文化，使企业员工共同拥有集体的知识和经验，使他们能以相同的规范的方式来对环境变化做出反应，并依据共同约定的规范行动，处理常规和突发性事务。通过这种企业文化，使得企业具有凝聚力和向心力，把企业的每一名员工都引导到统一方向统一目标，并使员工不断进取、不断创新、相互合作，从而使企业基业长青。

（2）互信双赢，携手进取

企业以双赢的理念，以信任、诚实和开放的观念来处理企业内部员工之间的冲突与矛盾，改善劳资关系和同事关系。双赢的信念强调协同而不是竞争，使道德与功利能相容相辅。为了实现这套企业价值体系，需要管理者发挥智慧和经验优势，引导修正员工不良心态，如将自利、冷漠、浑水摸鱼、急功近利等心态调整为热情、坦诚、务实、团队为上的心态。企业管理者要从自身能力提升做起，敢于隔离和曝光现代社会积累的一些不良现象，改变员工对于价值认同的刻板印象。管理者以身作则，躬亲示范，大事面前讲原则，小事面前讲风格。

（3）尊重人才，相互学习

当前，很多企业存在一种通过贬低他人来提升自己的价值文化氛围，在这种氛围中，员工总是通过不断寻找别人的缺点和过失来赢得自己的一些竞争优势。知识经济时代，要在企业中建立尊重他人价值、相互学习的企业文化，引导员工相互之间深入了解对方的能力、背景、以往业绩、成功经验等。在企业内部，关注业务链和部门协作的重要性，注重提高集体工作效率和集体激励，在完成个人工作的同时，主动帮助别人。工作中要做到不缺位不越位及时补位。

（4）适当宽松，鼓励创新

企业管理者应该积极关注员工在知识技术开发创新过程中的独创性和主动性，把企业的每位员工都视为具有创新能力的专家，给企业员工创造施展才华的空间和平台。企业发展离不开模式创新和技术迭代，要充分认识到市场经济和互联网经济的加速融合趋势，不能故步自封和思维僵化，更不能限制企业员工的新思路新策略，要广开言路、海纳百川，要善于沟通、乐于倾听，此项建议对科技创新引领型企业更加适用。

2. 非物质激励的实施

（1）建立企业核心价值观

道不同不相为谋，价值观人生观不同就不可能在一起谋划事业，志趣不同目标不同就无法共事合作。企业发展依靠人才驱动，要做好全体员工的思想教育工作，弘扬正确的企业文化和核心价值观；讲好公司创业和事业发展故事，坚定员工理想信念不动摇，通过开展宣讲典型事迹和表彰先进员工等具体工作，践行好"以点带面促发展"和"旗帜鲜明树典型"的时代发展要求。基于以上原则，管理者能够充分认识到企业核心价值观对于企业成长和发展壮大至关重要。一个富有竞争力和创新力的现代企业重要特征是拥有特色鲜明、系统完善的企业文化。因此，无论员工的业绩多么突出，专业技能多么优秀，但如果与企业文化中的主流价值体系相冲突，企业需要坚决做出取舍，针对价值观相悖的员工可以通过人力资源管理手段，使之平稳离开企业。做好人力资源取舍，能够鼓励其他员工强化企业核心价值观的植入。

（2）提前建立底线思维

建立情感激励政策不意味着企业管理者总是充当老好人，为了激励与员工产生情感而放弃基本的组织原则和底线规则。企业文化要体现管理者的鲜明个性和价值准则，通俗来说，企业也要有"做人的底线和制度的红线"。在企业起步发展阶段，需要依靠创始人的言传身教进行底线思维灌输；当企业发展壮大后，随着组织机构和员工人数逐步扩大，底线思维文化要逐渐形成清晰严明的条文和刚性制度，把文化情感方面的倡导落实到制度体系的约束。

（3）打造学习型组织

企业管理者建设学习型组织的目的，是从上至下鼓励员工积极思考如何活出生命的意义，从而夯实优秀的企业价值观，构建积极向上和谐发展的良好局面。学习型组织将人与企业的关系进行了新的诠释，能够保证员工和人才真正成为企业中心，企业也不再是制造利润的经济单元或是实现资本增值的物质整体，从而演变成为员工施展个人才华和能力、进行自我实现和自我超越的舞台。引导企业价值观彻底摒弃员工只是企业实现战略目标的工具，提出了员工为实现自我价值而进入组织的新命题。要体现个人价值与企业价值的深度融合，形成我中有你、你中有我和相互和谐、相互影响的辩证统一体。

（4）树立典型

企业中的先进典型人物反映了企业精神，代表着组织发展的方向。其他组织成员会仿效典型人物，从仿效中得到激励，这种激励具有可感性、可知性、可见性、可行性的特点，说服力强、号召力大，能够激励斗志，鼓舞士气，对组织起到潜移默化的作用。在实施典型激励时，要做到以下几点。

①要善于发现、把握典型，尤其是身边的典型，于细微处见精神，从平凡的人中发现不平凡的事迹。对先进典型不能求全责备，要找出有普遍性、针对性，在某方面表现突出、有重要贡献的先进典型。要引导组织的其他成员学其所长，避其所短，防止机械地模仿或吹毛求疵。

②先进典型的事迹要真实、可行，既不能人为拔高，也不能太普通平淡，典型要具有普遍指导意义。典型竖立起来以后，要大力宣传，造成声势，以弘扬正气。

③榜样要在群众总结评比的基础上产生，要有广泛的群众基础，经得起检查和考验。

④要关心爱护先进典型，给予培养和扶持，对于挖苦、讽刺、打击先进典型的错误行为，要严肃处理，扶正祛邪。

9.2.3 激励模式综合运用

扫码听课 9-7

为达到良好的激励效果，组织往往采取各种激励方法相结合的方式，根据组织成员的特点，动态化地、公平地设计组织的激励制度，并呈现出从关注"财""物"的刚性管理到关注"人"的柔性管理转移的趋势。在激励方法的运用中，组织往往遵循以下原则。

（1）物质激励与精神激励相结合原则

对调动人的积极性来说，物质、精神奖励都是不可缺少的，单独使用效果往往不好。物质激励是基础，精神激励也必不可少，物质激励必须与精神激励相结合。

（2）正激励与负激励相结合原则

正激励指的是用某种正面的结果，譬如认可、赞赏、增加工资、提升或创造一种令人满意的环境等，以表示对员工行为的肯定。而负激励指的是对员工不良的行为或业绩，采用某种负面的结果，譬如批评、扣发或少发工资、

降级、处分等，来表示对员工行为的否定。

（3）内在激励与外在激励相结合原则

内在激励，是从工作本身得到的某种满足，如对工作的爱好、兴趣、责任感、成长感等。这种满足能促使员工努力工作，积极进取。外在激励是指外部的奖酬或在工作以外获得的间接满足，如劳保、工资等。

（4）组织目标与个人目标相结合原则

激励的目的是双重的，既要满足组织目标，也要满足个人目标即满足员工的需要。而企业和员工都在追求自己的利益，在这个过程中，两者之间往往会有矛盾，要激励员工，就必须重视培养与引导员工的个人目标，使其与组织目标保持一致性和相容性。

管理者在具体实施激励措施时，也要注意如下几个问题。

（1）激励方向应该明确清晰

激励手段设计切忌杂乱无章，不突出重点，让员工无法分辨。清晰的激励方向能够给员工发出明确的信号和方向指引，引导员工产生组织乐见的行为。

（2）激励政策要明确具体

只有明确了激励的目的、对象、内容、方式等具体的激励措施，并使员工理解自己该做什么和怎么做能够获得激励，激励才会产生效果。

（3）激励要及时兑现

无论是正激励还是负激励都要及时兑现，不能拖。激励不能及时兑现，会造成员工预期降低，损害了激励效果。毕竟"雪中送炭"和"雨后送伞"是根本不同的。

思考题

1. 相对于马斯洛的需要层次理论，ERG 理论做出了哪些改进？
2. 简述赫茨伯格双因素理论。
3. 根据弗鲁姆的期望理论，应当如何更好地调动员工积极性？
4. 物质激励有何作用？
5. 思考如何综合运用激励模式对员工进行激励。

在线测试

第10章 沟 通

10.1 沟通效能提升

10.1.1 沟通的基本模型

1. 沟通的含义

沟通也称为信息沟通，是指在个人与群体当中，进行事实、思想、意见和情感等方面的传递与交流，使组织成员的理解与认识基本（或完全）达成一致的过程。沟通的目的是通过相互间的理解与认同来使个人或群体间的行为相互适应。

沟通的意义是传递与理解。完美的沟通应该是经传递之后被接受者感知到的信息与发送者发出的信息完全一致。沟通必须具备两个条件。一是沟通必须有主体与客体，即信息发出的一方与接收的一方，涉及两个人以上。沟通可以是面对面，也可以是信息发出者与接收者之间通过其他媒介来实现的。二是沟通要有一定的媒介，如语言、书面文字、电话、网络等。

2. 沟通的过程

沟通是一个由发出信息方（主体）与接收信息方（客体）共同完成的过程，完整的沟通过程如图 10-1 所示，大致包括六个环节。

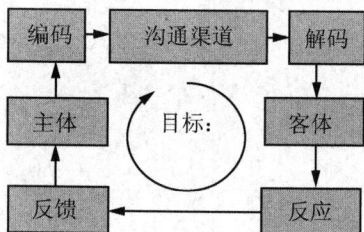

图 10-1 沟通的过程

（1）主体

主体是沟通的逻辑起点，主体是否明确沟通目的，态度上是否重视沟通对象往往是沟通效能的决定因素。

（2）编码

编码是沟通主体向外发出所要传递的信息必须经历的第一个环节。沟通主体即信息的发出者（个体或组织）通过某种编码形式，把所要传递的信息以某种编码形式组织起来，如口头信息、书面信息等。

（3）沟通渠道

沟通渠道一般包括口头沟通、书面沟通、非语言沟通（声、光信号、肢体语言、语调等）、电子媒介等。

（4）解码

解码即沟通客体对接收到的信息所做出的理解。

（5）客体

客体即信息的接收者，信息接收者能否有意愿有能力顺利解码是沟通的关键。

（6）反应与反馈

反应与反馈是指信息的接收者收到信息后对信息的发送者做出的反应。信息接收者的反应对于信息发出者来说就是反馈，信息发出者认真评估信息接收者的反应，是评估沟通是否有效的重要途径。

3. 沟通效能提升三要素

（1）明确沟通目的

提高沟通效能的第一要素是明确沟通的目的。比如进行一次工作对话，对话双方如果都明确了沟通的目标，那么自然容易达成沟通的共识。所以沟通主体和客体明确沟通的目标是什么或者希望达成的目标是什么就非常重要了。实际沟通场景中，不考虑沟通目的，不考虑对方需求的单向沟通往往没有什么效果。

（2）调整好沟通态度

很多时候沟通效能低下往往是沟通双方根本不在一个频道上，不尊重彼此的需求和个性特征，甚至态度上就不尊重对方。在明确沟通目的基础上，沟通双方需要调整好沟通态度，尽可能地尊重对方，考虑对方的实际情况，换位思考并体谅对方的立场和难处。这种沟通方式又称为，同理心沟通。举个例子，你希望 16 岁大的孩子不要太晚回家，孩子说："我长大了，我的生活，我自己做主"，孩子这个观点，做父母的要理解，换位想想自己 16 岁时是不是也有类似想法。这时候父母可以这么和孩子说："作为 16 岁的孩子，你想拥有更多的自由，不希望父母过多的给你设限，这种想法，在我 16 岁的时候也有的……"，这样一来，沟通往往效果会好很多。

（3）营造好沟通环境

很多时候，我们先需要营造一个安全、舒适的沟通环境，再进行沟通。如果沟通氛围较差，沟通方觉得没有安全感，处于自我防备心理状态下，往往难以敞开心扉，沟通效果自然难以保证。有经验的管理者往往非常强调良好沟通氛围的营造，比如往往不在堆满文件的办公桌前谈话，而是改到人更容易放松的沙发区或者咖啡厅。言语表达方面多用"不是……而是"句型来打消对方顾虑。比如，当员工因为工作和家庭左右为难时，领导和这名员工谈话，这时员工有很强的自我防卫意识，认为领导要批评她，不料领导第一句话这么说，"我今天不是要强逼你抛开家庭去工作，而是想和你一起探讨有没有两者兼顾的可能……"。这样员工一下子就放松许多，相应的就更容易达成共识。

除了上述三要素之外，沟通技巧方面也很重要，只是有些沟通技巧会因人而异，不同场景的沟通，沟通技巧使用差别也很大，所以每位重视沟通的管理者都应该梳理适合本人特点的沟通技巧。

10.1.2　沟通技能

扫码听课 10-2

1. 与上级沟通

上级一般是组织中的高层，其主要职责是做出决策和领导下属，下级的职责则是根据上级做出的决策制订并且实施工作计划。作为下属，只有与上级进行有效的沟通才能让上级充分了解工作进展情况，对下级提供及时的指导和帮助，从而提高组织的绩效。与上级沟通还为下级提供了参与企业管理、建言献策的机会，这个过程可以提高下级的归属感。

（1）上级对下级的沟通需求

为了保证与上级的有效沟通，要正确地了解上级的需要，围绕这些需要传递信息。领导在与下属沟通时，更多地关注下属执行指令的情况、工作进展的及时反馈、需要上司提供何种支持等方面。

与之对应的，下属对上司的沟通需求则在于得到关心与理解、获得对工作事项的支持性指导或清晰的指令，以及及时的反馈、沟通与协调等。

（2）与上级沟通的注意事项

①不同的上级有不同的性格特征、思维方式和工作方法。下属要充分了解上级的处事风格，并且用上级的风格去沟通，不能试图让领导适应下属的风格。

②应实事求是，如实报告真实情况。下属向领导报告时，一定要保证信息的准确性，这样才可以使上级正确地了解真实情况，做出符合实际的决策。

③要积极主动，但不能越权。遇到事情想要向上级主动汇报是正确的想法，但在向上级汇报时，不能越权替上级做出决策，也不能把自己的想法强加于上级。当上级做出的决策与下级想要的结果有一定的差距时，可以进行适当的引导。

④主动提出解决方案，与上级沟通时提供选择题，而不是判断题或问答题。这样不仅可以提高自己的工作能力，积累工作经验，还可以为繁忙的上级节省时间。

2. 与同级沟通

不同于上下级之间，同级之间的沟通更多的关于工作事项本身，对于工作任务的推进至关重要。做好同级之间的沟通，可以提高整个组织的沟通效

率，进而促进组织内部的协作。

（1）同级间的沟通需求

同级之间沟通的目的在于解决问题，通过沟通将知道的信息和拥有的资源实现共享，共同推进工作任务的完成。

（2）同级间沟通的注意事项

①要做到互相尊重。同级之间没有职权的上下之分，但往往存在着竞争关系，更容易产生矛盾，沟通过程中要做到互相尊重，这是双方良好沟通的基本条件。

②求大同存小异。同级之间会因为存在观点的差异而出现意见分歧，这种情况下不能过分争论，不能过于坚持自己的想法，而应该尽量寻找两者之间的共同点，争取求大同存小异。

③学会换位思考，考虑别人的利益。与他人合作时不能只考虑自己的利益，要想实现双方的利益最大化，一定要互相考虑到对方的利益，这样才能和谐、有效地进行沟通。

3. 与下级沟通

下级的主要职务是执行和实施上级的决策，因此与下级进行有效的沟通能使下属的目标变得更加明确、更快速准确地完成上级布置的工作，并且在沟通过程中上级可以对自己的决策进行自我评估，若有不足之处，可以进行适当的修改。由此可见，与下属做到良好的沟通可以有效提高组织的工作效率。

（1）下级对上级的沟通需求

为了保证与下级的有效沟通，要正确地了解下级的需要。下属对上司的沟通需求在于得到关心与理解、获得对工作事项的支持性指导或清晰的指令，以及及时的反馈、沟通与协调等。

（2）与下级沟通的注意事项

①尊重下级。虽然在职权上上级处在相对优势的地位，但上级必须尊重每一位下属，这是与下属进行良好沟通的必要前提。

②上级要持有正直、诚恳的态度。美国加利福尼亚州立大学对企业内部沟通进行研究后得出一个重要成果——沟通的位差效应。他们发现，来自领导层的信息只有 20%～25% 被下级知道并正确理解，从下到上反馈的信息则不超过 10%，但平行交流的效率则可达到 90% 以上。由此可知，上级在与下级沟通时正直诚恳，缩小双方的差距，可以使沟通变得更加有效。

③掌握表扬与批评的艺术，多给予下属肯定。表扬时要真诚，发自内心地赞扬下级的优点。批评时要注意控制尺度，适可而止，不能伤害下级的自尊心。

10.1.3　倾听

1. 倾听的内涵

倾听是有效沟通的重要环节，不仅仅是用耳朵来听说话者的言辞，还需要听者全身心地去感受对方谈话过程中表达的言语信息和非言语信息。狭义的倾听是指凭借听觉器官接受言语信息，进而通过思维活动达到认知、理解的全过程；广义的倾听包括文字交流等方式。

2. 倾听者障碍

倾听者障碍是指个体在倾听时候对对方的语言、意思及态度等方面存在理解阻碍，导致倾听者障碍的原因如下。

（1）环境障碍

环境障碍指噪声、景象、不适当的距离等造成的障碍。

（2）选择式倾听

倾听者如果对沟通内容不感兴趣或者对讲话者有深刻印象时，就会不由自主地把某些信息过滤掉，只保留与自己相关或者对自己有帮助的信息，从而对倾听造成障碍。

（3）用心不专

倾听者在倾听过程中没有集中注意力，处于心不在焉的状态，也会对倾听造成影响。

（4）急于发表自己的意见

倾听者在对方还未说完的时候，就迫不及待地发表自己的意见，往往不可能把对方的意思听懂、听全。

（5）不良习惯

有的倾听者有东张西望、做小动作等不良习惯，这不仅会影响讲话者的情绪，还会分散倾听者的注意力。

（6）心理定式

人类的全部活动，都是由积累的经验和以前作用于大脑的信息所决定的，由于人都有根深蒂固的心理定式和成见，很难冷静、客观地接收说话者的信息，这也会大大影响倾听的效果。

3. 倾听的要点

（1）做好准备

为了不受环境障碍的影响，在倾听之前要提前做好充分的准备，为有效倾听营造一个良好的环境。比如选定合适的场所、选择恰当的时间和保持最适当的距离等。

（2）用心倾听

在倾听过程中要注意讲话者的表情、手势等，保证倾听者的情绪与讲话者同步变化可以更好地理解讲话的内容。

（3）理智客观，克服偏见

在倾听过程中，应该客观地对待讲话者所要传达的信息，不能将主观的偏见掺杂进来，这会影响对信息的正确判断。即使对讲话者有刻板印象，或者对有关信息有偏见，也要理智地听讲话者把话讲完。

（4）适当保持沉默

在沟通过程中，适当地保持沉默往往能带来无声胜有声的效果。当对方讲话时，我们应适当保持沉默，认真倾听，不要为了发表自己的意见而打断对方讲话。一个合格的倾听者会耐心地把全部信息听清楚，进行充分的考虑之后，再发表自己的意见。如果我们中途反驳讲话者，会打断他的思维，并且有可能影响他的情绪，进而影响接下来的信息传递。

（5）积极回应，及时反馈

倾听者在倾听过程中用"对""你说的没错""我明白了"等话语，或者用一些肢体语言做出支持性的回应是专注式倾听的表现。这种回应一方面可以使听者集中注意力，另一方面可以给讲话人带来好的情绪，激发讲话人的思维，从而使他愿意说出更多有用的信息。而且，还要对讲话内容进行归纳和提炼，适时总结自己的看法，这有利于明确讲话的要点，做出及时又准确的反馈。

10.2　人际沟通与冲突管理

10.2.1　人际关系概述

1. 人际关系的内涵

扫码听课 10-4

人际关系是人们在交往中心理上的直接关系或距离，反映了交往双方需要的满足程度。如果交往双方能互相满足对方的需要，就容易形成亲密的人际关系；反之，则容易造成人际排斥。同时，人际关系也表明了人与人相互交往过程中心理关系的亲密性、融洽性和协调性的程度。

人际关系的形成包含着认知、情感和行为三种心理因素的作用。认知是人际知觉的结果，既有对自我的认知，也有对他人的认知。情感成分是指交往双方相互间在情绪上的好恶程度及对交往现状的满意程度，还包括情绪的敏感性等。行为成分主要包括活动的结果、活动和举止的风度、表情、手势

以及言语，即所能测定与记载的一切量值。在这三个因素中，情感因素起着主导作用，制约着人际关系的亲密程度、深浅程度和稳定程度。一般说来，在正式组织关系中，行为成分是调节人际关系的主导成分；在非正式组织关系中，情感成分发挥的调节功能比较强。

和谐的人际关系有利于满足人们心理和交往的需要，有利于发挥人们的积极性和创造性。影响人际关系密切程度的因素如下。

（1）距离远近

交往双方在地理位置的距离越近，越容易发生人际交互关系，相互建立紧密的联系。

（2）交往频率

相互交往、接触的频率越高，越容易形成亲密的关系。

（3）观念的相似性

有着相同的理想、信念、价值观和人生观的个体，以及对某些问题的看法、观点相同或相似的，比较容易形成密切关系。

（4）兴趣爱好的一致性

兴趣爱好相同的人进行交往能感觉到说话投机，有共同语言，彼此可以从对方得到教益和启发，因而容易形成密切的人际关系。

2. 舒茨人际需要理论

舒茨（W. Schutz）认为，人际关系的形成都是由一定的需要引起的，这种需要可能是由心理因素，也可能是由权力因素或其他因素造成的。而个人在童年时期的人际需要是否得以满足，以及由此形成的行为方式，对其成年后的人际关系有着决定性的影响。

基于此，他提出了三维人际关系理论。即在人际关系中，存在着三种基本的需要——包容需要、支配需要和情感需要。

（1）包容需要

包容需要是指个体希望与人接触、交往、隶属于某个群体，与他人建立并维持一种满意的关系的需要。包容需求是人际关系中最基本的要求，任何一个年龄阶段、任何一种职业中的个体都有这种需求。如果个人从童年时期起，就缺乏与他人交往的体验，便很容易出现低社会行为的现象，这类人倾向于和自己进行内部语言的交流，不愿意与人产生亲密关系，对群体活动也不感兴趣。

（2）支配需要

支配需要与控制相关，指的是个体控制别人或被别人控制的需要，是个体在权力关系上与他人建立或维持满意人际关系的需要。实际上，并非只有位高权重的人才有支配需求，在日常的儿童游戏、家庭生活、经济社会活动当中，能看到社会上每一个成员都存在这种需求。个体如果在早期成长过程中，生活在一个高度控制或控制力不足的环境中，就容易形成主动支配或被动支配式的行为方式。主动支配者倾向于运用权力来控制他人，但却反对受到他人控制。他们喜欢居于统治地位，通过替他人做决定来找寻自己的存在感；而被动支配者则更期待获得他人指引，找到自己可以追随、依赖的对象。在人际交往中往往乐于扮演配角，并能从这一角色中找寻到自身存在的安全感和被需要的感觉。支配需要的理想状态，应该是将个体培养成民主型行为倾向者，并能够根据具体的情况来灵活地确定自己的地位与权利范围，处理好人际关系中与支配有关的问题。

（3）情感需要

情感需要是指个体爱别人或被人爱的需要，是个体在人际交往中建立并维持与他人亲密的情感联系的需要。感情需求贯穿于人的一生，但其强度依年龄阶段而异，一般来说，婴幼儿期、青春期和老年期的感情需求比较强烈。当个体在早期生活中缺乏足够的关爱时，就很容易形成被动感情式取向，这类人在人际交往中会显得很冷淡，带有较为严重的负面情绪。相反，如果在溺爱的环境中长大，个体则会形成主动感情式取向，过激者会在交往过程中强烈地寻求爱，希望通过一切联系来实现与他人亲密关系的建立和维系。只有那些获得了适当关爱的个体，才能实现对自我情感的有效管理，既不会产生缺乏关爱的担忧，也能在与他人保持合适距离的前提下建立亲密关系。

3. 人际关系基本准则

著名心理学家卡耐基（Dale Carnegie）提出：个人成功＝15％的专业技能＋85％的人际关系和处世技巧，足见人际关系对于个人管理的重要性。这里简要介绍人际关系的四个基本准则。

（1）换位思考

换位思考是人对人的一种心理体验过程，与人交往时将心比心、设身处地，才能互相理解。换位思考要求我们将自己的情感体验、思维方式等与对方联系起来，站在对方的立场上思考问题，为增进理解奠定基础。它既是一种理解，也是一种关爱。

换位思考是融合人与人之间关系的最好黏合剂。在一个团队中，只有换位思考，才有可能增强团队凝聚力，提高团队的综合能力。而对于一个管理者来说，换位思考是巩固管理的重要因素，只有学会了换位思考，被管理者才会心悦诚服地服从管理，从而才能提高管理团队的管理效率，成功地进行管理。

（2）善于沟通

人际关系与信息沟通关系密切，信息沟通的深度决定了人际关系的程度，良好的人际关系往往建立在良好的沟通基础之上的，沟通是构建良好人际关系的重要手段。对于管理者而言，沟通的作用毋庸置疑，只有善于和员工交流的管理者才能更好地发挥领导职能，通过交流，团队的目标和努力途径才可以被员工所理解，不同职位的员工才可以明确个人具体职责，各司其职，共同推进组织目标的达成。

如何进行高效沟通呢？斯蒂芬·罗宾斯提出了"十六字原则"：运用反馈，简化语言，抑制情绪，积极倾听，我们在实际中可以善加运用。

（3）双赢思维

双赢思维讲求互惠互利、相互利益最大化的思想，只有在双赢思维的指引下，才可以在双方矛盾的利益冲突下寻找到平衡点，以谋求共同利益。对人际交往而言，双赢思维是交往的润滑剂，不仅要为自己着想，同时也不忘对方利益，为对方谋福利，利人利己。

在管理中，员工和管理者的互助互信尤为重要，它是一个团队的黏合剂，有了信任和可靠感，个体才可以组成一个拥有凝聚力的团队，这一切都要在双赢的基础上实现。

（4）原则底线

人际交往中要多加换位思考，将对方放在心上，但并不意味着无限制容忍对方的一切行为、附和对方的一切言行。也就是说，在交往中应有自己的原则底线，对于越过底线的言行零容忍。

原则底线是做人的基础，同样也是人际交往的基础。无限制的忍让和顺从本身就是对自身利益的践踏。真正的益友可以在交往中促进双方的自我完善，而这一切的基础就是双方都树立自己的原则及底线，并严格执行。

10.2.2　中国式人际关系

1. 中西方人际关系差别

扫码听课 10-5

由于中西方文化环境、社会环境等的差异，人际关系也表现出了明显的不同，具体表现在以下方面。

（1）崇尚对象方面

西方崇尚"神本位"，也正因如此，西方人解释问题时离不开神。与之相对应，中国人则崇尚"人本位"，中国人所建立起来的人与人之间的关系和神没什么关系。

（2）责任担当方面

西方人倾向于"个人主义"，即以个人为单位，在人际关系中也表现出注重自身的特点。中国人则多持"家庭主义"的观念，在人际关系中，倾向于认为个人代表了家庭，自己做错了事情，会对家庭有影响。

（3）人际关系中不同主体所处的地位方面

西方人认为人际关系是绝对平等的，而中国人则讲究伦理，实质上是一种合理的不平等。

（4）为人处世标准方面

西方人多坚持单一标准，完全按照权利与义务的要求来行事，例如家庭中父母养育子女到 18 岁，之后就应该靠自己；再如企业中完全依靠业绩和表现来判定是否留用一个员工。中国人讲求"彼此的对待"，依照别人对自己的方式来考虑自己对别人的态度。

（5）社会环境约束力方面

西方呈"有形且刚性"的特征，表现为非常详细的法律、规定，不仅条款清楚，且执行起来非常严格。中国则呈现为"无形且弹性化"，虽然法律制度体系在不断地完善，但执行过程中仍有一定的弹性。

（6）利害关系程度方面

西方比较单纯，在不同公司、人与人之间是简单的"利害关系"，没有更多的道德等压力。中国人讲求的不仅仅是简单的利害关系，还会考虑道义等因素。

总而言之，中国的人际关系相较于西方更加复杂模糊。这种模糊的人际关系契合了传统思想，也符合中国的具体情况。实际上，中西方各自文化下孕育的人际交往文化没有优劣之分，都具有各自的闪光点，都适用于对应的文化背景。

2. 中国式人际关系特征

（1）官本位

官本位即古代中国封建专制思想里以官为本、以官为贵、以官为尊的价值观，把是否为官、官职大小当成一种核心的社会价值尺度去衡量个人的社会地位和价值。官本位是封建专制思想的糟粕文化，以官为大的思想和以人为本的人权思想背道而驰，损害了民众的权益。中国式人际关系里官本位中的"官"并非仅局限于官场，可以泛指各种拥有高地位和更多社会资源的人，在人际交往中，为了满足自己的需求或是不发生冲突，很多人通常会刻意迎合讨好他们，唯上是从。

（2）面子法则

面子是根植于大众心中的一种心理文化，是自尊的一种较为偏激的表现方式，通过个人言行展现社会价值，以寻求他人的认同，从而凸显个人内心的自我价值。在自我价值未达到个人的期望时，我们往往会感到没有了"面子"。"面子"在社会交往中是有价值的，可以用来交换的。

（3）模糊文化

中国式人际关系有一个很显著的特点，就是模糊性和朦胧性。中国人言行多顾虑他人感受，会权衡得失利弊，在冲突之中选择最折中的途径，讲究谈吐的智慧，用更加内涵的语言表达内心的想法。模糊文化运用恰当，就会给人留下处事灵活、言语恰当、懂得拿捏的印象。

（4）隐忍文化

隐忍是中国传统文化的一个重要特点，俗话说"忍一时风平浪静，退一步海阔天空"。学会隐忍是中国式人际交往中不可或缺的一部分，学会把握做人的分寸，衡量处事的尺度，学会低调、淡定、从容，不急于眼前得失，做好全局规划，是人际交往乃至社会生活都必备的技能点。

3. 人脉经营管理

（1）人脉的含义

人脉即人际关系、人际网络，代表着一个人的人缘和社会关系。按照辞典里的说法，人脉是"经由人际关系而形成的人际脉络"，经常用于政治或商业的领域，但其实在其他领域人们也会使用人脉。

（2）人脉资源

人脉资源根据重要程度的不同，可以分为核心层人脉资源、紧密层人脉资源、松散备用层人脉资源。

核心层人脉资源指对职业和事业生涯能起到决定性作用的关键人脉资源，处于不同的职业位置、事业阶段以及面对不同的未来发展方向的个体，他们的核心人脉资源也是不同的。比如一个营销部门经理，他的核心人脉资源可能是他的上司、公司老板、关键同事和下属、对公司业务和自身业绩有重大影响的重要客户、以及其他可能影响职业与事业发展的重要人物等。

紧密层人脉资源指在核心层人脉资源的基础上适当的扩展，对一个营销经理而言，公司的董事会成员、其他领导、其他部门同事、一般下属、次重点客户、对自己有影响的老师、同学、朋友等都可能是紧密层人脉资源。

松散备用层人脉资源指根据自己的职业与事业生涯规划，在将来可能对自己有重大或一定影响的人脉资源。比如公司未来可能的接班人选、有发展潜力的同事、下属、客户、同学、朋友等。

（3）人脉经营策略

人脉不是凭空存在的，也不是亘古永存的，需要我们的投资和经营。不仅要开发身边的潜在资源，还要维系身边的已有人脉资源。

①为了打造人脉网络，首先要明确自己的目标，根据目标选定所需的助力。要学会有目的地拓展人脉，清楚自己的人际关系需求，这是搭建人际关系网最快最有效的方式。

②主动出击是人际交往的重要方式，要主动与人交流，尽可能拓宽交际面。而且，主动与之交流的人，会给人留下热情开朗的良好影响。

③了解把握对方的需求，并尽自己所能加以满足。虽然个体的具体需求不同，但大多基本要求是相通的，比如得到他人的尊重、欣赏与肯定，因此学会赞美别人是在人际交往中最珍贵的能力。

④注重个人形象，在扩展人脉前先改造自己。在经营人脉前，先经营好自我，让自己变为一个各方面都更加优秀的人。

10.2.3 冲突与冲突管理

1. 冲突的内涵

扫码听课 10-6

冲突指的是在两个或两个以上的个体、群体或组织之间由于感受到彼此的差异所导致的异议或对立。

（1）冲突具有客观性

冲突是客观存在的、不可避免的社会现象，是组织的本质特征之一。任何组织都不可能没有冲突，只存在冲突程度和性质的区别。

（2）冲突具有二重性

冲突对于组织、群体或个人既有正面作用，可能产生建设性、有益性的影响；又具有破坏性、有害性，有产生消极影响的可能性。

（3）冲突具有程度性

美国学者布朗（Brown）等在对冲突与组织绩效之间关系的研究中发现，冲突水平与组织效率之间的关系主要表现为：当冲突水平过高时，组织会陷入混乱、对抗，甚至分裂、瓦解状态，破坏绩效，危及组织正常运转乃至生存；当冲突水平过低时，组织缺乏生机和活力，可能会停滞不前，难以适应环境的变化，进入低绩效的状况；当冲突达到最佳程度时，则会对组织发展产生积极的作用，可以激发创造力，改变组织发展的停滞状态，解除紧张，使组织保持旺盛的生命力。

（4）冲突具有主观知觉性

冲突是客观存在的，但也需要人们去感知和体验。当客观存在的分歧、争论、竞争、抵抗等反应成为人们大脑或心理中的内在矛盾斗争，导致人们进入紧张状态时，冲突才被人意识和知觉到，这就是冲突的主观知觉性。

2. 冲突的类型

（1）根据冲突对组织影响的不同分类

根据冲突对组织影响的不同，可将冲突划分为建设性冲突和破坏性冲突。

①建设性冲突又称功能正常的冲突，是指对组织有积极影响的冲突，能促使人们清楚地表达自己的观点和立场，从而带来更好的澄清和理解，有利于强化组织的价值观和信念。建设性冲突最重要的贡献之一是使人们在冲突的过程中为解决问题而创新性地寻找解决方案，从而提高了创造力。建设性

冲突最为常见的是目标冲突和程序冲突。

②破坏性冲突又称功能失调的冲突，是指对组织有消极影响的冲突。相关研究表明：破坏性冲突常表现出刻板印象、高估自己的群体、低估他人的群体、观点的曲解等。关系冲突是一种常见的破坏性冲突，这种冲突一般将焦点集中在人，而不是在事情上，常常导致摩擦、个人仇恨、情感伤害等，影响组织内的交流，从而破坏组织机能。破坏性冲突首先会影响员工的士气和工作满意度，增加负面情绪、缺勤率、离职率，降低组织的创造力和生产力，从而阻碍组织达到目标。

（2）根据冲突产生原因的不同分类

根据冲突产生原因的不同，可将冲突划分为：目标冲突、认知冲突、情感冲突、程序冲突和关系型冲突等不同类型。

①目标冲突是指由于冲突主体内部或冲突主体之间存在着不一致或不相容的结果追求所引发的冲突。

②认知冲突是指由于冲突主体内部或冲突主体之间存在不一致的看法、想法和思想而导致的冲突。

③情感冲突是由于冲突主体内部或冲突主体之间情感上的不一致而引发的冲突。

④程序冲突是指由于冲突主体内部或冲突主体之间存在不一致或不相容的优先事件选择过程顺序安排而产生的冲突。

⑤关系型冲突是指由于人际关系问题而导致的冲突。

3. 冲突管理

冲突管理是指采用一定的干预手段改变冲突的水平和形式，以最大限度地发挥其益处而抑制其害处。在组织情境中，通常从确定适当的冲突管理风格、选择合适的冲突管理策略、采取必要的冲突管理措施三个方面开展或加强冲突管理。

（1）冲突管理原则

冲突管理是有规律可循的，掌握这些规律和基本原则，对于有效地处理冲突可以起到事半功倍的效果。具体而言，冲突管理应遵循的主要原则有：

①倡导建设性冲突，避免破坏性冲突，将冲突控制在适当的水平。西方的现代冲突理论认为，冲突对于组织的影响既有积极的方面，也有消极的方面，冲突水平过高和过低都会给组织和群体带来不利影响。因此，在冲突管理中应当注意，对于引起冲突的各种因素、冲突过程、冲突行为加以正确处理和控制，努力把已出现的冲突引向建设性轨道，尽量避免破坏性冲突的发生和发展，适度地诱发建设性冲突并把冲突维持在适当的水平之内，以便发挥组织中冲突的积极作用。

②实行全面系统的冲突管理，而不是局限于事后的冲突控制和处理。传统的冲突管理把工作的重点放在冲突发生后的控制或处理上，比较被动。实际上冲突的形成、发展和影响是一个系统的过程。现代冲突管理理论认为，冲突管理不是在公开冲突发生以后才进行管理，而应当是潜在冲突、知觉冲突、意向冲突、行为冲突(公开冲突)、结局冲突等所有冲突阶段的事情，必须对冲突产生、发展、变化、结果的全过程、所有因素、矛盾和问题进行全面管理，才能控制破坏性冲突的消极作用，充分发挥建设性冲突的积极作用，最大限度地减少冲突管理的成本。

③具体问题具体分析，随机制宜处理冲突。不存在一成不变、放之四海而皆准的冲突管理理论和管理方法，必须针对具体的情况，根据所处的环境条件，实事求是地分析问题、认识问题，灵活采用适宜的策略和方法随机应变地处理冲突。

(2)冲突管理策略

组织对冲突的管理，比较主流的一种类型是试图减少或避免冲突的发生。托马斯的冲突处理二维模式与布莱克—莫顿模式(冲突方格)是这种类型的代表。

①托马斯二维模式(图 10-2)。美国行为科学家托马斯(Thomas)提出了冲突处理的二维模式——合作性(一方试图满足对方关心点的程度)和坚持己见(一方试图满足自己的关心点的程度)。以"合作性"为横坐标、"坚持己见"为纵坐标，定义了冲突行为的二维空间，并组合成五种冲突处理策略，它们是竞争(坚持己见，不合作)、回避(不坚持己见，不合作)、妥协(中等程度的坚持己见和合作)、迁就(不坚持己见，合作)和合作(坚持己见，合作)。

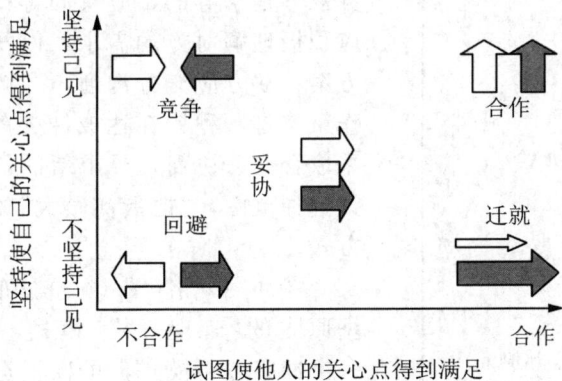

图 10-2　冲突处理二维模式

竞争策略又称强制策略，为满足自身的利益而无视他人的利益，这是"我赢你输"的策略，双方都会坚持自己的看法，并试图通过施加压力，迫使另一方放弃，所施加的压力可以是威吓、处罚等，这种策略不是解决冲突最好的方法，因为很难让对方心悦诚服，但在应付危机或双方实力相差很大时往往有效。

回避策略是指既不满足自身的利益也不满足对方的利益，试图置身于冲突之外，无视不一致的存在，或保持中立，以"退避三舍"的方式来处理冲突。比如，当组织中的两个人产生矛盾时，一个人跳槽到另一企业，或到本企业的其他部门工作。当冲突双方依赖性很低时，回避可避免冲突，减少消极后果，但当双方相互依赖时，回避则会影响工作，降低绩效。

妥协实质上是一种交易，妥协策略又称谈判策略，指的是一种适度满足自己的关心点和他人的关心点，通过一系列的谈判、让步、讨价还价来部分满足双方要求和利益的冲突管理策略。为妥协策略在双方都达成一致的愿望时会很有效，但让步的前提是在满足对方的最小期望的同时，双方都必须持灵活应变的态度、相互信任。但是，双方可能因为妥协满足了短期利益，但牺牲了长期利益。

迁就策略又称克制策略或迎合策略，当事人主要考虑对方的利益或屈从于对方意愿，压制或牺牲自己的利益及意愿。实行迁就策略者，要么是为了从长远角度出发获取对方的合作，要么是不得已屈从于对方的势力和意愿。假如是情绪冲突，迁就能避免冲突升级，改善双方关系，如夫妻吵架；但当冲突是实质的合作、资源共享、责任共担时，迁就并不能解决问题，反而会被视为软弱。

合作策略是指尽可能地满足双方利益，基本观点如下：冲突是双方共同的问题；冲突双方是平等的，应有同等待遇；每一方都应积极理解对方的需求，以找到双方满意的方案；双方应充分沟通，了解冲突情境。合作策略是一种旨在达成冲突各方的需求，而采取合作、协商，寻求新的资源和机会，扩大选择范围，"把蛋糕做大"的解决冲突问题方式。

②冲突方格（图 10-3）。布莱克与莫顿根据原先的"管理方格"模式，修改后设计出一个冲突方格模式，可以根据"关心员工"和"关心工作"两个维度来分析管理者在处理冲突时的态度与风格。

根据布莱克-莫顿冲突方格，管理者在处理冲突方面有五种策略可供选择。

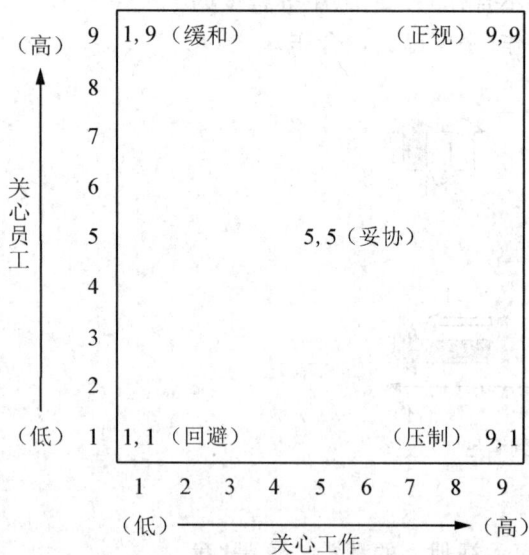

图 10-3　冲突方格

（1，1）方式：回避。采用此种策略，管理者需要保持中立态度。把逃避或回避冲突的可能性视为借以舒缓矛盾冲突的有效方法，但冲突的基本根源问题仍然未解决或积极面对。

（1，9）方式：缓和。管理者采用这种策略，是认为冲突双方的分歧可通过缓和紧张气氛，或维持表面的和谐关系使矛盾双方和平共存。同样，冲突的双方根源问题并没有得到解决。

（9，1）方式：压制。管理者采用这种策略时，大多数会认为冲突可通过权力迫使冲突双方服从。例如高层判决谁胜谁负，全面压制冲突行动。

（5，5）方式：妥协。管理者若采用此种策略，冲突双方需做出妥协或谈判，结果是无人赢亦无人输。在大多数情况下，这种方式虽然不能算是最理想的解决方式，但仍可视为较为切实可行的方式。

（9，9）方式：正视。管理者采用此种策略，大多数认为可通过积极面对的方式来解决冲突问题。例如，经过客观的讨论与分析，各方面的意见与观念都经过深入分析考虑，从而提出与达成冲突双方都同意或接受的解决问题的方法。一般而言，这是一种较为积极的冲突管理方式，且能彻底解决冲突。

需要说明的是，托马斯二维模式是从冲突双方对待冲突的态度和行为的角度来划分冲突处理模式的，而布莱克－莫顿的冲突方格模式是站在管理者的角度，探讨管理者面对组织中的冲突可以采用哪些处理方法，管理者往往并不是冲突过程中的当事人。

10.3 书面沟通

10.3.1 书面沟通概述

书面沟通是一种传统的沟通形式，它广泛地应用在工作的各种场景中。在工作场景中，为了更有效地约束大家的语言和行为，确保组织工作目标的达成，我们每个人都不可避免地使用书面沟通的形式用文字来记录重要的信息，如商务谈判的协议、活动邀请信函、会议纪要、汇报报告等。

1. 书面沟通的特点

（1）具有持久、有形以及可验证性

用文字方式记录下重要信息便于工作中任务的权责和执行的管理、存档保管以作日后查证、管理中进行回顾。而口头沟通具有即时性，双方在沟通过程中可能存在理解偏差，在沟通事后，也可能随着时间的推移，对沟通内容的记忆程度也会随之降低并发生理解偏差。

（2）复杂信息的可传达性强

文字沟通形式对复杂而冗长的沟通尤为重要，通过逻辑化的文字呈现方式，可以更加清晰地罗列复杂信息，方便阅读者理解。

（3）谨慎性强

通常，在发送书面信函之前，都会进行细致的考虑和检查，这比"说出来"的口头沟通方式更加谨慎。

（4）可靠性高

由于口头沟通时，很难进行快速思考且沟通的内容带有很多的个人色彩而客观性不强，因此使用文字的方式传递信息更加具有可靠性，而且非常适合传达事实和意见。

2. 书面沟通的原则

（1）思维清晰

清晰的思维能力是优秀的管理者必备的技能，是有效沟通的必备基础，也是书面沟通能力强弱的衡量标准。

（2）写作目的明确

撰写者需要通过文字表达来传递清晰有力的沟通目标，一般来说，书面沟通的主要目的包括情况或问题的陈述与说明、寻求跨部门支持、传递问题分析结果、给出定义等文件内容。撰写者需要明确在书面沟通中需要传达什么信息、为什么要呈现、呈现给谁、以何种方式呈现以及期望的沟通结果。

（3）全面了解主题

为了使沟通更加地有效，在撰写书面沟通前，需要充分围绕主题全面了解相关信息，避免在沟通中出现片面、主观、官样的文章内容。

（4）进行换位思考

书面沟通的信息接收的有效性并不完全取决于撰写者的表达思维和逻辑表达能力，它还与信息接收者的阅读意愿、理解能力和时间等因素非常有关。那么，撰写者应该站在阅读者的角度更多地思考其阅读需求，如何有效地向阅读者传递信息以达到你的沟通目标，而不仅仅只是站在发送者的角度去撰写文章。

10.3.2 书面沟通的基本形式和写作过程

1. 基本形式

书面沟通的对象通常可以分为内部和外部。内部的是指在组织或部门内部的沟通文件，通常涉及备忘录、电子邮件、建议书、报告等。外部的通常是指不同组织之间的沟通文件，这种文件类型会更加地正式，通常会使用商务信函的书面沟通方式。下面介绍三种组织中广为运用的形式。

（1）备忘录

备忘录是组织内部信息传递的方式，它要求简明扼要的传递包括日期、主题、递送和发送在内的四个基本要素，对于较长的信息应采用附件的形式。

（2）电子邮件

电子邮件是书面沟通中最普遍和常用的方式，它是通过采取商务软件和网络来实现沟通的，电子邮件的沟通可以是内部性的，比如主管向下属传递工作目标和任务，也可以是外部性的，比如组织邀请嘉宾参加活动的邀约邮件。此外，由于过长的电子邮件篇幅会使接收者在阅读时容易失去耐性，电子邮件需要通过标题栏和首段来吸引读者的兴趣来继续读下去和清楚地了解到沟通的目的。

（3）商务信函

商务信函主要作为组织外部信息传递的方式。与备忘录不同，信函需要使用带有组织抬头且纸张质量较好的信笺进行撰写。为了方便接收者与组织进行联系，信函抬头通常包括组织彩色的标识、地址、电话等联系信息。信函的主体信息包括接收者姓名、称谓及地址，信息篇幅一般限制在1~2页。

2. **写作过程**

根据玛丽·蒙特（Mary Munter）的观点，书面沟通的写作过程可以划分为五个阶段，即收集资料、组织观点、提炼材料、起草文稿、修改文稿，如图 10-4 所示。

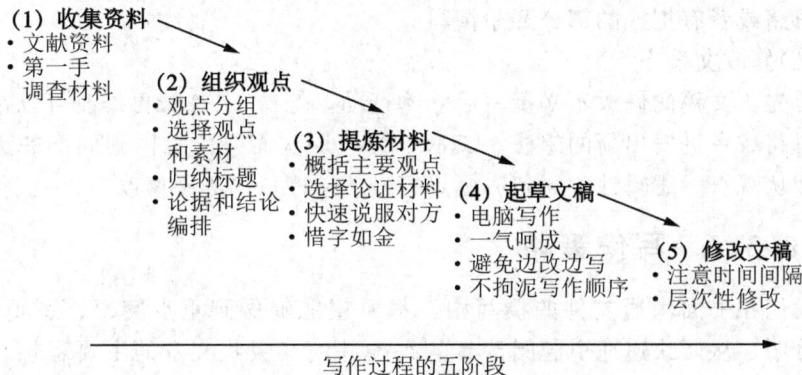

图 10-4　书面沟通的写作过程

（资料来源：Mary Munter, *Guide to Managerial Communication*, 4th ed, New York, Prentice Hall, Inc., 1997）

（1）收集资料

此部分的资料包括文献资料和调查资料。文献资料可以查阅组织内部的历史存档资料，如报告、数据、文档等，或通过互联网搜索相关资料。调查资料则通过带问题式的访谈沟通或头脑风暴法，收集和记录想法。

（2）组织观点

此部分是最重要的环节，按照观点组织的四个步骤（图 10-5），系统地搭建结构化的观点框架，从而提高写作的效率。

第一步 ➡ 第二步 ➡ 第三步 ➡ 第四步
· 观点分组 · 选择观点和素材 · 归纳标题 · 论据和结论编排

图 10-5 组织观点的四个步骤

（3）提炼材料

为了用简明扼要的观点来提高书面沟通的说服力和说服速度，我们需要将文章的主次要观点的概括和论证材料进行选择、提炼和再精简。首先，通篇文章需要提炼主要观点并将其精练为不超过两句话。其次，分清主要和次要观点。最后，根据接收者的偏好来准备偏理论性或偏实证性的论证材料，以便更有力地来说服对方。

（4）起草文稿

撰写文稿是一个创造性过程，因此写作的逻辑和流畅的思路非常重要，为了避免撰写者在写作过程中削弱创造力，应当避免对已写出的部分进行反复地修改和不断地润色，而是将重点从关注这些局部细节向关注文章总体思路而转变。在写作过程中，也不用拘泥于一定要按先后顺序撰写，可以直接从有思路或者有把握的部分开始撰写。

（5）修改文稿

首先，文稿的修改不必撰写后立刻行动，等待 1～2 天再修改可以帮助你厘清思路或者迸发出新的想法。其次，修改层次需要由总体到局部的进行修改，即从观点—逻辑性—词句—标点符号的顺序依次着手修改。

10.3.3 写作策略

我们在书面沟通文件的撰写中，都希望能够做到重点突出、逻辑清晰、层次分明，从而快速地引起阅读者的兴趣并使其吸收文章的主要思想。在本节中，我们将帮助大家了解如何在书面上运用金字塔原理，清晰地思考和展现思路。

对于文章的框架结构，无论哪种格式，我们的目标都是为了方便读者更好地理解文章中的主要观点、次要观点和支持性论证材料之间的逻辑关系，你所采用的格式必须符合你的论述层次。图 10-6 展示了如何突出显示文章的框架结构。

文章题目，或章的标题

主题思想

节的标题
小节的标题　1.

编号段落　1.1

项目符号　1.1.1

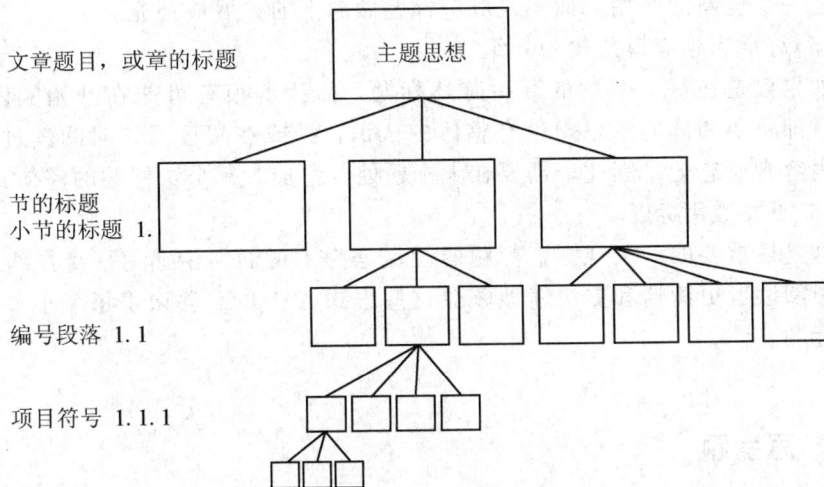

图 10-6　金字塔式文章框架结构

（资料来源：芭芭拉·明托：《金字塔原理：思考、表达和解决问题的逻辑》，海口，南海出版公司，2013）

支持关键句段落的长短需要与文章篇幅匹配。文章篇幅较短，则支持每一关键句要点的段落少于两个，文章篇幅较长，则支持每一关键句要点的段落多于两个，可以通过"标题"介绍和阐述你的论点。

在进行金字塔结构呈现时，经常使用多级标题法。多级标题的基本使用方法是：将观点、论点、论据、建议这几个不同层次的思想使用不同的标记区分，层次越低的思想离页面的右端越近；同一层次的思想采用同一表现形式。使用标题应注意以下几点。

（1）每一层级的标题不可能只有一个

标题的目的是引起阅读者的兴趣和注意，文章中的标题代表着不同层级的思想，每一个层级不可能只有一个思想，每一个标题仅代表整体思想的一个思想。

（2）相同的思想应使用相同的句型

如果一章中的观点、论点、论据、建议等是一个中心思想，那么则相同组内的小节都应该使用相同的句式。比如，章标题中的开头是以动词开头，那么其节标题也应该以动词开头，以保持格式和内容的一致性。

（3）标题用词应提炼思想的精髓

标题是整篇文章的主题思想，它的作用是吸引阅读者的关注并简明扼要地提示沟通的主题，不可以过多赘述。

（4）标题与正文应分开考虑

我们了解到标题的作用并不是为了传递和引出下文的信息，正文的内容应该是一个全新的开始，而不是顺应标题做向下的扩展或补充。

（5）每章标题应提前集中介绍

如果仅是在每一个章的开头陈述标题，阅读者很有可能在开始阅读时，对文章即将要阅读的章思想没有整体的认识，抑或在阅读后，对阅读过的部分章内容有所忘记。因此，需要在大标题处，增加对每个章标题的整体介绍。

（6）不要滥用标题

这是最重要的一个规则，标题的设定是为了帮助你传递每一个层级的思想，使阅读者更清晰和更快速地领会这些思想，这并不意味着每个小节都要有节标题。

思考题

1. 简述沟通的过程，画出简单的模型图。
2. 思考与上级、同级、下级的沟通有何不同。
3. 中国式人际关系有何特点？它和西方人际关系有何差异？
4. 简述书面沟通的写作过程。
5. 简述沟通的基本模型，并指出沟通中可能出现的问题及解决方法。

在线测试

案例分析

开篇导语

在管理实践中，不少企业虽明确了经营理念、发展战略，形成了一整套规范的管理制度，但在实际运作中，很多管理者都深切地体会到，没有控制就很难保证每个计划的顺利执行，以致企业文化理念仅仅停留在领导人的口头，各项制度停留于形式，辛苦制定出来的管理制度并不能在组织运行中发挥应有的作用。控制与其他几项管理职能之间存在着密切的关系，计划、组织、领导职能是控制的基础，控制是在这三者的基础上对具体组织活动进行检查和调整的过程，没有控制组织的目标就无法实现。亨利·西斯克(H. L. Sisk)指出："如果计划从来不需要修改，而且是在一个全能的领导人的指导之下，由一个完全均衡的组织完美无缺地来执行的，那就没有控制的必要了。"然而，管理的现实并非如此完美，环境的变化、管理权力的分散、工作能力的差异等都会引发变化，因此控制工作在管理活动中就起着非常重要的作用。它贯穿于管理过程的始终，是组织获得成功的重要手段和必要保障。

学习目标

- 掌握控制的定义、两种形式、三种模式，以及几种经典的管理控制工具
- 掌握风险管理的过程和方法
- 掌握危机预防和管理的方法
- 理解互联网时代舆情管理的内涵，掌握舆情管理关键点

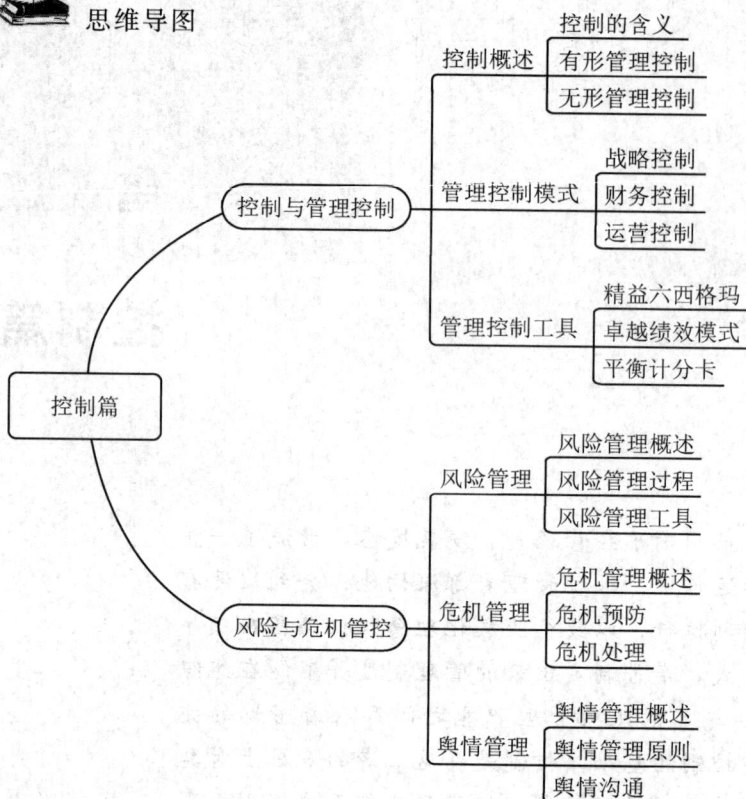

思维导图

控制篇
- 控制与管理控制
  - 控制概述
    - 控制的含义
    - 有形管理控制
    - 无形管理控制
  - 管理控制模式
    - 战略控制
    - 财务控制
    - 运营控制
  - 管理控制工具
    - 精益六西格玛
    - 卓越绩效模式
    - 平衡计分卡
- 风险与危机管控
  - 风险管理
    - 风险管理概述
    - 风险管理过程
    - 风险管理工具
  - 危机管理
    - 危机管理概述
    - 危机预防
    - 危机处理
  - 舆情管理
    - 舆情管理概述
    - 舆情管理原则
    - 舆情沟通

思政元素

扫一扫，看资源

第 11 章　控制与管理控制

11.1　控制概述

11.1.1　控制的含义

控制一词，最初运用于技术工程系统，后被广泛应用于生命机体、人类社会和组织管理中。从某种程度上说，管理的过程就是控制的过程，控制是管理的重要职能之一，贯穿于管理全过程。控制(controlling)是指对组织内部的管理活动及其效果进行衡量和矫正，以确保组织的目标以及为此而拟订的计划得以实现。泰勒(Taylor)的科学管理理论主要强调标准控制、制度控制，这一控制思想是管理控制的重要基石。法约尔(Fayol)将控制作为管理的五项职能之一，认为控制适用于组织内的所有事情，用于检验发生的每一件事是否与所订的计划、发布的指令及建立的原则相一致。管理控制可以看成经营层面的控制，通过建立绩效标准，在管理过程中测度绩效、发现偏差，及时对执行过程调整。

根据不同分类标准，控制可分为多种类型。

1. 按控制进程分类

按控制进程可分为前馈控制(feedforward control)、现场控制(concurrent control)和反馈控制(feedback control)三种类型。

(1)前馈控制

前馈控制又称事前控制或预先控制，是指组织在工作活动正式开始前进行的管理行为，对工作中可能出现的偏差进行预估并采取相应的措施未雨绸缪，在偏差产生前将其消除。前馈控制是一种面向未来的控制，目的是保证活动有明确的绩效目标，保证各种资源要素的合理投放。

(2)现场控制

现场控制也称事中控制、同步控制或同期控制，是指在进行某项工作或活动的过程中实施的控制，如管理者在现场对活动进行指导。现场控制是一种面对面的控制，目的是及时处理突发情况、对工作进行纠偏。由于其一般在现场进行，管理者的工作作风和领导方式对控制效果有很大影响。

（3）反馈控制

反馈控制又称为事后控制，是使用时间最长的类型，指在工作结束之后实施的控制。反馈控制重点关注工作或行为的结果，是结果导向。通过对已产生的结果进行测量、比较和分析，发现偏差情况并据此采取相应措施，防止差错的再次发生。在实际的工作中，反馈控制应用比较广泛。

2. 按控制性质分类

按控制性质可分为预防性控制和纠正性控制。

（1）预防性控制

预防性控制是在事情发生之前进行的控制，目的是避免产生错误以及尽量减少今后的纠正活动，防止时间、资金等资源的浪费。如规章制度、工作程序等都是预防性控制的措施，进行预防性控制需要良好的监管机制确保实施，对问题应具有预见性。

（2）纠正性控制

纠正性控制是在事情发生之后所进行的管理上的努力。日常管理实践中纠正性控制使用得更普遍。采用纠正性控制往往是由于管理者对问题没有预见性，其目的是当出现偏差时采取措施使行为或活动回到事先确定的或所希望的水平。

3. 其他分类标准

除以上分类标准外，按照控制时所采用的方式不同，可分为集中控制、分层控制和分散控制；按照不同控制对象，可分为资金控制、财务控制、人员控制、信息控制和时间控制等；按照具体控制内容，可以分为制度控制、风险防范控制、预算控制、激励控制和绩效考评控制。

11.1.2 有形管理控制

1. 制度控制

制度控制利用规章制度、书面文件、标准等机制来使行为标准化和进行业绩评估，这一点有点类似于安东尼（Anthon）管理框架中的规范控制范畴。制度规则和程序的主要目的是行为和处理标准化，同时控制雇员的行为，规则和政策通过试错来调节这些行为。当信息处理的行为和方法过于复杂时，就使用制度控制机制。几乎每个组织都使用某种程度的制度控制，规则、规章、指令都包含了一系列行为的信息。制度机制在那些不存在价格和竞争性市场的非营利性组织中特别有价值。

2. 信息控制

信息控制的目的在于保证子公司的运营信息能够及时准确地传递到母公

扫码听课 11-2

司。传递信息包括：市场开发、重大合同执行情况等市场信息；资产负债表、损益表、现金流量表等财务报表；生产计划、实际经营状况等生产经营信息。信息控制并不是为了插手子公司的实际运营，而是为了尽早发现问题、解决问题，从而防范风险。信息控制的技术手段主要利用电子信息技术建立公司内部信息平台，将各子公司的信息放在内部网上，实现信息传输和控制现代化。

集团的信息控制模式可以分为三种：集中式信息控制、非集中式信息控制、分散式信息控制。在不同的控制模式下，信息控制方式又分为三类：①行政管理型模式的信息控制方式，这是基于子公司治理不作为的行政管理型模式，是一种集权型管理控制模式。子公司一出现问题，母公司立刻行使控制权。②治理型控制模式的信息控制方式，既要寻求高效的集权，又保证对市场的快速响应。一方面，母子公司间建立起广泛的通信联系，信息可以实现自由传播；另一方面，子公司之间也存在水平的数据交换。此时，母公司只是一个协调媒介，通过影响力来指导子公司的行为决策，保证组织战略目标实现。③基于子公司治理的管理型控制模式，这是一种高度分权战略，子公司定期提交报告以便于母子公司进行监督和控制，但母公司的控制力度小，以比较人文化的方式进行控制。

3. 绩效控制

绩效控制主要是由母公司对各个子公司管理者的经营绩效进行评估分析。绩效控制是企业集团对母子公司体系进行管理控制的重要手段。母公司是绩效管理控制中心，负责对各子公司的经营活动进行绩效规划、管理和评估活动。

绩效控制主要包括：①制定科学的绩效评价方法；②设计母子公司绩效管理流程，建立健全绩效管理制度；③对子公司经营绩效进行年度评估和特定评估；④对母公司绩效进行年度评估；⑤对子公司的董事长和总经理进行评估。绩效控制是集团战略贯彻实施的重要手段，通过绩效控制，可以将集团战略目标分解为各个层面的绩效管理目标

4. 人员控制

人力资源是企业的一项重要资源，相应地，人员控制是企业管理控制中最为普遍和显著的控制手段。人力资源管理中的许多活动本身就具备管理控制的含义，人员控制包括从组织正式系统的设计到招聘、培训、绩效与薪酬管理和劳资关系等各个具体的环节。在集团公司的控制中，通过选派董事、经理人员等人员派遣方式，到子公司进行控制，对子公司关键职位人员进行考核和控制，常常是母公司首要的控制手段，也是应用最广泛的手段。

11. 1. 3　无形管理控制

无形管理控制主要是文化、思想方面的控制。

通过文化视角可以了解组织各个成员的思想和意图，使特定的实践活动变得更加优异，甚至成为一种礼仪或规范，塑造组织情感，提升组织认同。对一个组织中默认的文化规范的了解，有助于生产效率的改进，特别是察觉那些正式管理系统无法识别的偏差。文化的视角聚焦于个人的社会特征和个体特征，人们将自身活动合法化并在日常事务中表现出来的那些理由和动机、他们使用着的特殊语言和表达方式等都属于文化范畴。文化通常在集体活动中形成，很难表象化和说清楚。

文化控制是特定条件下母公司对子公司的主要控制手段，其控制的核心是监控和评估子公司及其成员的行为和结果。文化控制可以保障组织整体战略的实施，推进母子公司的组织变革，实现协同发展。文化控制的主要措施有：①转移和传播母公司文化；②建立规范的管理制度。制度化是文化实施的必要前提，母公司的价值观最终要转化为一系列子公司的行为规范的制度；③加强对新员工的组织文化和价值观培训，内容包括加强员工对现有文化差异的认识和跨文化语言的学习，促进不同成员之间的学习和适应等；④加强沟通与交流。除了正式沟通之外，非正式沟通对于集团公司实施文化控制也具有重要作用。

此外，信念控制也是无形管理控制的一种方式。信念控制是对组织的基本价值观标准、目标和纲领的明确定义，这些核心价值观标准与公司的商业战略紧密相连。信念控制的目的是鼓励和引导组织的研究和创新活动，激发成员进行探索并实现组织的核心价值。

11. 2　管理控制模式

11. 2. 1　战略控制

随着外部环境复杂性和竞争的加剧，战略管理在企业中重要性的增加，战略控制也随之受到关注。劳兰基（P. Lorange）等（1986）认为控制就是为了确保组织的战略与确定的目标、规划保持一致，许多研究已经证明战略实施能力的重要性已经超过了战略本身，公司价值蒙受损失的主要原因在于战略因素，诸如竞争、不满足市场需求的产品、企业并购等。

战略控制（strategy control）是指企业战略管理者和参与战略实施的管理者，依据战略既定目标和行动方案，对战略的实施状况进行全面评价、发现偏差并进行纠正的活动，是对战略规划、战略实施过程及结果进行的监控，通过建立与战略目标相匹配的激励约束机制，确保战略目标的实现。战略方案付诸实施后，如何保证战略的顺利落实就成为决定战略成败的关键。在工作实践中，内外部环境的变化，或者战略本身存在缺陷需要在实施过程中进行修正、补充和完善，都会导致战略实施偏离预期目标。因此，战略控制为企业提供了一种管理机制，通过对整个实施过程进行监控，对战略进行动态调整，使之适应多变的环境，同时在这一过程中及时纠正偏差，将各种不确定性因素的影响限定在一个可以接受的范围内，使各项工作能够按照预定的战略目标进行。

战略控制在管理控制中处于较高的层次，它关注长期的、具有战略意义的重要问题。

1. 战略控制经典理论

（1）控制论

控制论是对相互联系的各要素所组成的系统进行调节、控制、优化的理论，该理论的发端为 20 世纪 40 年代维纳（Norbert Wiener）提出的《控制论——关于动物和机器中控制与沟通的科学》，是研究复杂系统控制规律的科学。控制论认为，所谓"控制"，是一个有组织的系统根据内外部的各种变化进行调整，不断克服系统的不确定性，使系统保持某种特点的状态，使受控主体能够按照预定目标行动，并最终达到这一目标。传统的反馈控制主要源于控制论，根据结果的反馈检查战略目标的完成情况，纠正偏离战略目标的行为。控制论的基本思想是针对控制系统中的不确定性，通过控制达到事先所制定的目标。虽然反馈控制的效果在复杂环境中受到质疑，但由于简单、易于操作的特征，仍然成为指导战略管理的一种控制理论。

（2）组织行为理论

组织行为理论研究组织内部要素的相互作用以及组织与外部环境相互作用的过程。组织行为具有目标性，即组织的战略、组织目标的实现依靠组织成员的努力。因此，企业战略的实施应充分发挥个体的潜能，调动企业成员的积极性，提高企业成员的自信心和组织认同感，把战略转化为每位员工的实际行动。行为控制、人员控制、群体控制、信息控制、信念控制、边界控制等都是基于组织理论实施的控制。

（3）权变理论

基于权变理论来研究控制已有很长一段历史，该理论认为，不存在普遍适用的、"最优的"控制系统，控制系统要适应其环境变化，一个组织要有效地运行，其组织结构和控制系统必须与其环境相适应。该理论的核心就是通过组织的各子系统内部和各子系统之间的相互联系，以及组织及其所处的环境之间的联系，来确定各种变量的关系类型和结构类型，强调在战略管理中要根据组织所处的内外部环境条件随机应变，针对不同的具体条件寻求合适的管理模式、方案或方法，包括战略控制环境、正反馈、边界约束等。

2. 战略控制分类

（1）纯反应式战略控制

将战略控制作为纯反应式主体，在行动时不考虑过去的状态，决策完全基于当前状态，主体的反应在较短时间内完成。当环境（或控制系统内的某要素）发生变化时，这种变化会客观地输入战略控制系统，根据这种变化信息，动作决策部件直接瞬时做出反应，选择调整动作的输出。实际上这种纯反应式战略控制是一个非常简化的、理想的系统，现实中企业战略控制的变化需要一定的过渡过程，不可能瞬间完成。因此，这种战略控制在现实中是不存在的。

（2）感知式战略控制

与纯反应式不同，感知式战略控制具有记忆功能。感知式战略控制相对于纯反应式战略控制更接近于现实，表明战略控制的适应性受到感知部件的能力、经验等非理性因素的影响，也受到历史因素的影响。

3. 战略控制层次

战略控制可以划分为公司治理层面的战略控制和管理层面的战略控制。第一层次是所有者对经营者的激励和约束；第二层次是管理控制，即经营者对企业战略、业务流程和财务活动进行监控，目的是实施有效管理并实现绩效目标。

公司治理层面的战略控制是指以股东为首的利益相关者对管理层进行绩效评价、考核与任免，引导管理层为企业价值创造和可持续发展做出努力，是最高层次的内部控制。这一层次的控制目标在于抑制经理人腐败或防范道德风险，保证投资者利益与企业基业长青。管理层面的战略控制是指企业管理者实施战略，通过绩效测评、奖惩等协调企业内部各类业务，促使战略业务单元和人员统一行动，共同追求企业战略目标的过程。这一层次的控制目的是防范企业经营管理风险，其核心是促进组织中目标不完全一致的个体进行合作，向着既定目标努力。

4. 战略控制方法

（1）诊断式控制

诊断式控制（diagnostic control）定期对产出数量和质量进行测量，并与预定标准相比较，利用反馈信息调整行为以使其接近预定标准，是以结果为导向的一种控制，是一种事后控制。诊断式控制将战略与关键绩效目标联系起来，是管理层经常使用的控制方法，是实施战略监控的工具。

管理学中的诊断式控制经历了从财务控制到战略控制。早期诊断式控制系统中确认的关键绩效变量主要都是财务指标，注重短期财务指标完成的情况。战略实施的诊断式控制则是从战略角度控制计划的实施，识别影响战略实现的关键因素，之后为关键绩效变量设定预期标准，再将实际执行情况与预设标准对比，进行反馈控制。战略实施的诊断式控制主要聚焦的是影响企业战略目标的关键因素，而非所有经营细节。战略控制更多地反映出了财务控制没有关注的绩效结果的驱动因素，其着眼于未来的控制视野也比聚焦短期产出的财务控制视野更长远。

（2）交互式控制

交互式控制（interactive control）的实质是一种"参与式沟通"，聚焦于管理层关注的问题，通过沟通、信息收集等方法来启动与下属之间对话，具有事前控制和事中控制的特点。当管理层发现企业战略存在不确定性时，通过交互式控制鼓励员工，搜寻相关信息并通过内部学习消化这些信息，实现战略目标或形成新的战略。交互式控制与诊断式控制之间可以实现转换。交互控制不仅是战略执行的控制，也是调整战略的控制。

表 11-1 所示为交互式与诊断式控制比较。

表 11-1　交互式与诊断式控制比较

内容	诊断式控制	交互式控制
重点关注	关键绩效变量	战略不确定性因素
控制目标	实施既定战略	新的战略的形成或实施既定战略
职能部门任务	发挥监管作用	发挥促进作用
沟通频率	沟通/对话较少	频繁沟通并达成一致意见
时间段	过去和现在	现在和未来
调整	单循环学习	双循环学习或多循环学习

（资料来源：程新生：《公司治理与战略控制》，成都，西南财经大学出版社，2010）

11.2.2　财务控制

一个组织中业务活动的开展几乎都伴随着资金的运动，每个企业最初的、基本的目标就是获取利润，因此管理控制中最广泛运用的一种方式就是财务控制。

扫码听课 11-5

财务控制是指对企业的资金投入及收益过程和结果进行衡量与校正，以确保企业目标和为达到此目标所制订的财务计划得以实现。具体的方法是将企业资产负债表和收益表等报表资料上的相关项目进行比较，形成一系列比

率，这些比率体现相关度量数据间的内在关系。通过相互对照分析既能反映企业财务存在的问题，也能反映企业的财务状况和经营成果，是一项非常有益和重要的控制方法。

在 20 世纪 60 年代以前企业的财务控制中，销售利润率是最受关注的关键绩效变量之一，变量以财务指标为主，非财务指标作为补充。70 年代，开始探索战略控制中新的关键绩效变量，但直到 80 年代，占据统治地位的仍旧是使用会计数据进行的财务控制。主要原因是，实施财务控制所需的信息较少，易于实施，且成本较低。

财务控制的方法有预算控制、划分责任中心、财务绩效评价、财务预警等。工具主要有预算、会计稽核或审计和财务报表等。预算是一种以货币和数量表示的计划，是一项关于为完成组织目标和计划所需资金的来源和用途的书面说明。组织内的任何活动都离不开资金的运动，通过预算可以帮助管理者掌握全局，控制整体情况，也有助于管理者合理配置资源和控制各项活动的开展，并提供评价工作效果的检验标准。会计稽核或审计是通过对财务成本计划和财务收支计划的审查，以及对会计凭证和账表的复核，及时发现会计中存在的问题，可分为内部审计和外部审计。外部审计由组织雇用的外部专家对组会计、财务等进行独立评估，重点在于确定组织的会计程序和财务报表编制是否合法。内部审计由组织内部的员工进行，目的和外部审计相同。财务报表是用于反映组织期末财务状况和计划期内的经营成果的数字表。财务报表分析是以财务报表为依据来判断组织的经营状况，发现问题并进行解决。事后的财务绩效评价是财务控制的一种重要方法，通过财务指标的反馈，可以了解到企业短期经营中的优势和不足，以期在今后的经营中进行完善。但是对于长期项目，需要几年之后才能得到反馈的信息。将事后的财务控制延伸到事前控制，开展财务预警和战略风险预警非常重要。

传统的财务控制衡量标准有比率分析和预算分析。常用的比率主要有：①流动性比率，衡量组织偿还流动负债的能力；②杠杆比率，检查组织为资产提供资金的负债的运用和它能否满足负债利息的偿还；③收益率，衡量公司运用资金获得利润的效率和效果。为了监控组织利用资产、负债、存货等的效率和获利程度，经理们将这些比率作为外在的控制工具。预算分析为管理者提供了一个比较与衡量支出的定量标准，管理者能够据此指出标准和实际收入、支出间的偏差。它主要包括投资预算、现金预算、收益预算和资产负债预算等。

除了传统的财务工具，管理者还使用经济附加值和市场附加值等工具。经济附加值是一个用以衡量公司全体和各部门绩效的工具，通过把税后经营利润减去总的资本年成本计算经济附加值；市场附加值用以衡量股市对一家公司过去或预期的资本投资项目的价值。

11.2.3　运营控制

扫码听课 11-6

事后的财务绩效评价和事前的财务预警，主要是利用财务指标进行控制。影响企业生存、发展、获利的因素很多，如产品市场占有率、顾客满意度等。非财务指标很重要，需要进行运营控制。运营控制是针对企业业务流程和为保证具体任务得到执行进行的控制。运营控制深入到业务的具体运营过程中，对各项业务流程的控制更加严格，设计的考核指标必须深入到业务运营的层面。最高管理层作为经营决策管理的中心，对企业的资源进行集中控制和管理，以实现追求企业经营活动的统一和优化为目标，直接管理生产经营活动，主要特征是经常进行组织协调和业务集中化处理。运营控制确保企业的整体目标进一步分解、落实为具体目标和日常任务，协调组织成员执行任务，具体涉及采购、生产、存货管理、研发和销售等方面。制定了正确的战略尚不足够，还必须通过运营控制将任务做细做好。管理层进行运营控制，是企业战略得以落实的关键之一。很多企业经营的失败，不是战略的错误，而是源于运营过程中缺乏有效的控制。"天下难事必作于易，天下大事必作于细"，由此可见，运营控制对于战略管理具有十分重要的战略意义。表 11-2 列出了运营控制评价的部分指标。

表 11-2　运营控制评价的部分指标

因素	评价指标	评价标准
总体运行情况	战略支持职能履行	支持
	职能部门总体服务水平	高
	信息化程度	ERP 等系统效果分类评价
	预算效果	高
	流程创新	流程改进、新政策推出合理化建议数量
财务安全性	建立财务风险预警制度	建立
	是否有重大财务损失发生	无
业务流程内部控制运行情况	内部审计建议采纳执行情况	予以采纳和执行
	分析预算差异并采取措施	是
信息提供情况	内部报告种类	预测信息、成本信息，分产品和地区信息
	内部报告及时性	及时
	信息使用者对报告满意度	满意

续表

因素	评价指标	评价标准
管理方法的运用情况	成本管理方法的应用	标准成本系统、作业成本系统等
	绩效评价方法	平衡计分卡、KPI等度绩效评价
	定量分析方法	本量利分析、定额成本分析、模型分析

（资料来源：程新生：《企业内部控制》，北京，高等教育出版社，2008）

运营控制涉及的范畴比财务控制大，从财务控制到运营控制，从关键绩效指标(KPI)到平衡计分卡，再到战略地图、战略风险评价等，体现了控制由初级到高级阶段的发展。

11.3 管理控制工具

11.3.1 精益六西格玛

扫码听课 11-7

经验告诉我们，鱼与熊掌不可得兼，想提高速度，就要牺牲质量；想得到质量，就难保速度，二者难以调和。但是，通过"精益六西格玛"(Lean Six Sigma)却可以做到速度与质量的协调，精益六西格玛指导我们怎样用速度和质量取胜，怎样用流程的改进和优化赢得速度和质量，怎样降低成本、提高利润。

精益六西格玛的成功需要考虑以下所有因素，任何一个要素的缺失或者不完善都不足以成功。

1. 要素一：在更短时间内为顾客提供更高质量的服务

以往，一家公司决定其产品和服务的特性时，大多只是根据工程师或市场人员的想法，人们被要求毫无怀疑地支持和信任老板的意愿。现在，这些观念已经发生了翻天覆地的变化：顾客才是决定质量的唯一因素。因为真正有权决定是否购买产品或服务的人是顾客，顾客会把产品与市场上的同类产品做比较，然后决定购买哪个。这就是为什么精益六西格玛项目的出发点是确定顾客关注的产品特性，也就是顾客衡量好与坏的标准的原因。六西格玛常常提到"顾客的声音"(Voice of the Customer，VOC)一词，VOC常常是指用来确定产品和服务的顾客的愿望和需求。不管使用何种方法，一定要牢固树立这样一种意识：有关服务和产品的任何决策都应该关注顾客的需求。

2. 要素二：改进流程，消除缺陷

了解顾客的需求之后，下一步就是找出能够更好地满足顾客需求的方法，

大部分可以通过改进公司的产品和服务的制造或生产流程来实现。戴明博士提出了 85/15 规则，根据他的经验，85％的问题在于工作的方法，只有 15％的问题确实是由于个人失误造成的。这就意味着如果要改进质量，就必须改变工作方法，改进过程中通过数据找出系统中导致问题发生的缺陷，消除这些缺陷将使公司能够提供更高质量的产品和服务。

3. 要素三：团队精诚合作以获得更大的产出

面对复杂多变的内外部形势，合作已成为不可回避的选择。在实施精益六西格玛的过程中，团队工作不仅仅意味着成立正式的团队来解决问题，它还要求创造一个鼓励人们协同工作的环境，人们积极分享而不是互相攻击。这就需要掌握一定的合作技巧。首先，要对员工进行相应培训，使其获得倾听、头脑风暴与讨论等技巧；其次，要着力避免无休止的讨论等浪费时间的问题。为此，需要设定一个清晰的目标，确定行动监督人，实现自由言论与观点冲突之间的平衡，制定优秀决策，确保高效，培养持续学习精神以及注意与其他团队协作。

4. 要素四：所有的决策都以事实和数据为基础

数据和事实是构成精益六西格玛的两大基石。了解顾客需求，需要收集数据；避免无谓争吵，需要事实。没有数据和事实做依据的决策很有可能一开始就是错误的。为此，必须收集足够且合适的数据。一般来讲，数据的收集包括两类——结果测量与过程测量：结果测量反映了过程或程序的输出，即产品和服务是怎么制造出来的；过程测量反映了产生结果的过程如何。测量是应对顾客满意度、财政收支、速度/交付期、质量等进行测量。数据收集并不会减低速度，反而会提升绩效。

在四要素之外，还需要了解精益六西格玛的五条法则：①市场法则。顾客需求定义质量的高低，顾客需求是一切改进的目标。②灵活性法则。工作的灵活性越强，完成的速度就越快，可以为公司节省时间。③集中法则。数据显示，在流程中 80％的问题或延迟是由于 20％的活动引起的。因此，要集中解决 20％的问题，从而取得 80％的进步并获得成功。④速度法则（列托定律）。任何过程的速度与 WIP（Work-in-Process，是指那些已经正式进入流程，但没有完成的工作）成反比。当 WIP 上升时，速度下降；当 WIP 下降时，速度上升。因此，为使过程更快，必须减少 WIP。⑤复杂性和成本法则。与低质量（西格玛值较小）或低速度（非精益）的过程相比，产品或服务的复杂性更增加成本或 WIP。所以，初期目标就是尽可能减少变化及所涉及的产品或服务的数量。

总的来说，为了更好地实施精益六西格玛，需要做到：选择正确的项目和人员、遵从精益六西格玛方法、明确角色和责任、加强沟通、支持教育和培训。

11.3.2　卓越绩效模式

卓越绩效模式起源于美国波多里奇国家质量奖标准，因其系统的理论框架、全面的评价要求、科学的评价体系，集成现代质量经营的理念和方法，而被国际上 30 多个国家采用并被称为卓越绩效模式，其实质是全面质量管理的实施细则，是一个成熟度标准。20 世纪 80 年代以来，随着经济全球化的迅速发展，许多国家为了提升本国企业的国际竞争力，通过设立国家质量奖计划来推进企业实施质量经营战略，引导企业提高管理水平、增强质量竞争力、改善经营成果，最终成为卓越企业。卓越绩效模式是通过综合的组织绩效管理方法，使组织和个人得到进步和发展，提高组织的整体绩效和能力，为顾客和其他相关方创造价值，并使组织获得持续的成功。

卓越绩效模式的核心思想包括七个方面：领导、战略、顾客与市场、资源、过程管理、测量分析与改进以及经营结果。卓越绩效模式包括四部分：框架图、卓越绩效评价准则、卓越绩效评分系统及核心价值观。卓越绩效模式的基本框架图（图 11-1）直观地描述了各类目要求之间的相互关系；绩效评价准则，给出了卓越绩效模式的总体框架和具体要求，是建立和评价卓越业效体系的依据；绩效评分系统，是对卓越绩效模式进行评价的方法指南；卓越绩效核心价值观，是建立和实施、评价卓越绩效模式的根本原则。

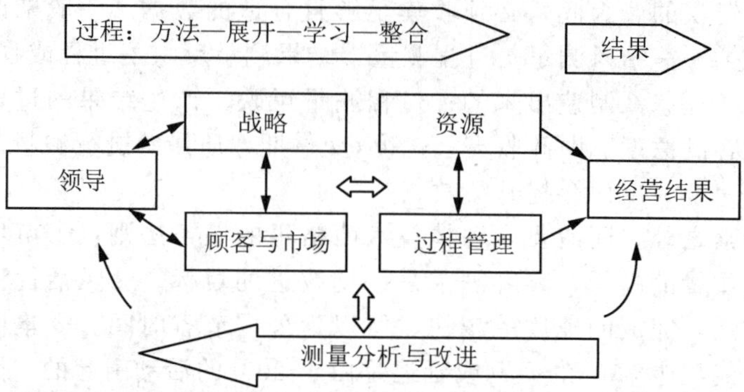

图 11-1　卓越绩效模式框架图

卓越绩效模式包含以下 11 条核心价值。

1. 追求卓越管理

领导力是一个组织成功的关键。组织的高层领导应确定组织正确的发展方向和以顾客为中心的企业文化，并明确使命愿景；要制定有挑战性的目标；高层领导应确保建立组织追求卓越的战略、管理系统、方法和激励机制，激励员工勇于奉献、成长、学习和创新；要强化道德自律，体现利益相关方的利益；要以自己的道德行为、领导力、进取精神发挥表率作用，带领全体员工实现组织的目标。

2. 顾客导向的卓越

组织要树立顾客导向的经营理念，认识到产品的质量和绩效是由组织的顾客来评价和决定的；要谨记为顾客创造价值，实现顾客满意和顾客忠诚；组织既要关注现有顾客的需求，还要预测顾客未来的期望；顾客导向的卓越要体现在组织运作的全过程，要与顾客建立良好的关系，增强顾客的信任、信心和忠诚；尽可能做到零缺陷，有效地解决顾客的投诉和抱怨，驱动改进和创新；为顾客提供个性化和差异化的产品和服务。

3. 培育学习型组织和个人

现如今的市场环境是瞬息万变的，组织和个人必须不断提高学习能力，才能应对环境的变化。组织和个人要不断学习新思想、新方法，以持续改进，适应新的发展变化；学习必须成为组织日常工作的一部分，通过学习实现产品、服务的改进，开发新的商机，提高组织绩效；加强员工培训，同时，学习不要仅限于课堂培训，可以通过知识分享、标杆学习和在岗学习等多种形式，开展互相学习和经验交流，提高员工的满意度和创新能力。

4. 重视员工和合作伙伴

组织的成功越来越取决于全体员工及合作伙伴不断增长的知识、技能等。在内部，要重视员工，关注员工工作和生活的需要，对优秀者给予奖励，为员工提供发展机会，促进员工发展与进步；在外部，与顾客、供应商、分销商和协会等建立战略性的合作伙伴关系，增强组织与合作伙伴各自具有的核心竞争力和市场领先能力，互相为对方创造价值。

5. 快速反应和灵活性

应对全球化的市场竞争，组织要有应对快速变化的能力和灵活性，以满足全球顾客快速变化和个性化的需求。组织要不断缩短新产品和服务的开发周期、生产周期，以及现有产品、服务的改进速度，实现流程再造；不能满足于简单的"按规定办事""按标准生产"，还要有更多的灵活性；要培养掌握多种能力的员工，以便胜任工作岗位和任务变化的需要；时间的改进必将推动组织的质量、成本和效率方面的改进。

6. 关注未来

组织要有战略性思维，关注组织未来持续稳定发展，要增强顾客、员工、供应商和合作伙伴以及股东、公众对组织的长期信心；要制定长期发展战略和目标，战略目标和资源配置需要适应这些影响因素的变化；根据组织确定的战略目标，制订中长期、短期计划，保证战略目标的实现；组织的战略要与员工和供应商沟通，使员工和供应商与组织同步发展；要实施有效的继续计划，创造新的机会。

7. 促进创新的管理

创新意味着组织对产品、服务和过程进行有意义的改变，为组织的利益相关方创造新的价值，创新不应仅仅局限于产品和技术的创新，也要创新组织经营和过程；要领导和管理创新，使之融入日常工作中，成为组织文化的一部分，进行观念、机构、机制、流程和市场等管理方面的创新。

8. 基于事实的管理

基于事实的管理是一种科学的态度，是指组织的管理必须依据对其绩效的测量和分析；绩效测量指标应与组织的方向、战略保持一致；测量得到的数据和信息通过分析，发现其中变化的趋势，找出问题并采取措施进行改进；将组织的绩效水平与其竞争对手或标杆的"最佳实践"进行比较，促进持续改进。

9. 社会责任与公民义务

组织应注重对社会所负有的责任并履行好公民义务；领导应成为组织表率，要恪守商业道德，保护公众健康、安全和环境，节约资源、保护环境；不应仅满足于达到法律法规的要求，还应寻求更进一步的改进，超越标准；履行公民义务是指组织在资源许可的条件下，支持公益事业，并明确领导的责任。

10. 重视结果和创造价值

组织的绩效评价应体现结果导向，关注关键的结果；要为利益相关方创造价值，培育起忠诚的顾客，实现组织绩效的增长；经营结果不限于销售额和利润，包括以顾客为中心的结果、产品和服务结果、财务和市场结果、人力资源结果等。

11. 系统的观点

卓越绩效模式强调以系统的观点来管理整个组织及其关键过程，取得卓越绩效。卓越绩效模式七个方面的要求和核心价值观是一个相互协调和共同支撑的框架，与组织的整体性、一致性、协调性相符合。系统的观点表明组织所有活动都是以市场和顾客需求为出发点，最终达到顾客满意的目的。

11.3.3 平衡计分卡

1. 平衡计分卡概述

1992 年，卡普兰（Robert S. Kaplan）和诺顿（David P. Norton）提出了一套

新的、综合的企业绩效评估方法。在随后的一系列文章和著作中，他们将平衡计分卡从普通的绩效评估工具扩展为企业战略管理和实施的方法。事实上，平衡计分卡不仅可以用作企业绩效的评估方法，而且可以用作战略管理方法，它还是一种企业控制工具。

传统的财务绩效评价体系只提供了有关组织的有限的信息，这些信息只反映了结果，却未能反映出导致结果的驱动因素。平衡计分卡作为一种战略控制工具，从财务、客户、内部业务流程、学习与成长四个维度来设计和选择企业绩效评价指标体系。平衡计分卡以完成企业战略目标为核心，按照一定的"因果关系"设计绩效评价指标体系，实现了财务指标与非财务指标之间的平衡、先行指标与滞后指标之间的平衡、企业内部资源要素与外部利益相关者需求间的平衡。克服了传统绩效评价体系所存在的缺陷，较好地解决了长期战略目标转化为年度经营指标，以及将年度指标转变为行动的问题，为企业战略的有效实施与控制提供了平台。

卡普兰和诺顿认为，企业不仅要关注财务指标，而且要重视组织的运营能力；而且企业既要关心短期目标，又要考虑长期的战略发展目标。如图 11-2 所示，在平衡计分卡中，企业的战略处于核心位置，财务、顾客、内部经营过程、学习和成长围绕在四周，构成一个管理系统。

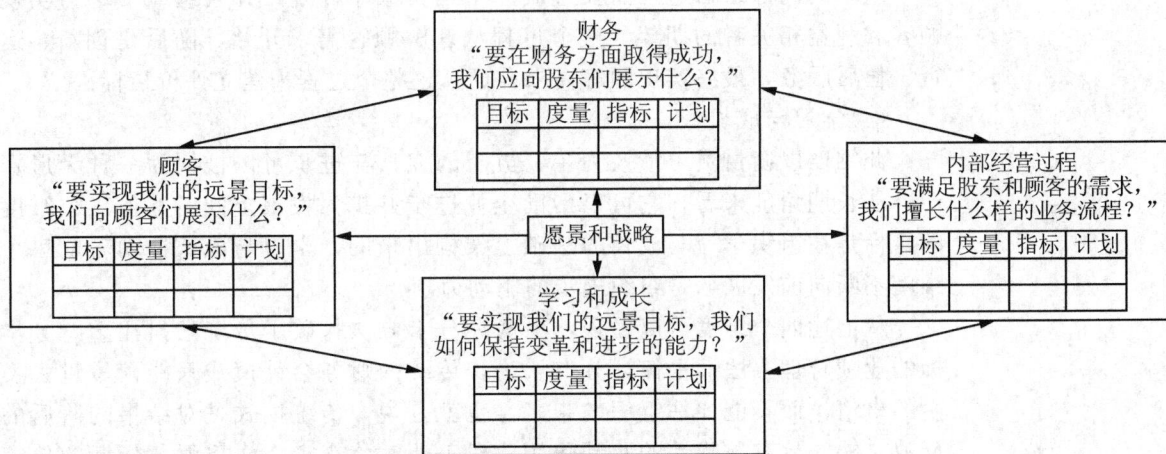

图 11-2 平衡计分卡控制图

（资料来源：R. S. Kaplan and D. P. Norton，"Using the Balanced Scorecard as a Strategic Management System，"Harvard Business Review，January and February，1996）

在财务方面，平衡计分卡包含传统的财务指标，如现金流、投资回报率等。在顾客方面，平衡计分卡包含市场份额、客户回头率、新客户获得率、客户满意度等指标。在内部经营过程方面，要根据客户的需求，按照"调查研究→寻找市场→设计和开发产品→生产制造→销售与售后服务"的顺序来创造流程。内部经营过程的指标常常有成品率、次品率、返工率、新产品销售额在总销售额中所占比例、开发新产品所用的时间、对产品故障反应的速度等。在学习和成长方面,最重要的因素是人才、信息系统和组织程序。企业可以通过改善企业内部的沟通渠道、强化员工的教育和培训、调动员工的积极性、提高他们的满意度等措施,来促进企业的学习和成长。学习和成长方面的指标通常有培训支出、培训周期、雇员满意度、员工流失率、每个员工提出建议的数量、被采纳建议在总建议中所占的比重、被采纳建议所产生的效果等。

2. 平衡计分卡的维度

(1)财务

常见的财务指标包括:偿债能力指标、运营能力指标、获利能力指标和发展能力指标。

(2)顾客

平衡计分卡将与客户相关的因素转化为具体的评价指标,用来反映企业如何满足客户的需要以及结果如何,客户方面的评价指标通常有:市场占有率、客户保持率、客户获得率、客户满意度、客户投诉等。

(3)内部运营

组织的内部运营过程需要遵循一个运营战略计划,并且组织要尽力实现顾客和利益相关者的期望。整个过程从理解顾客需求开始,随后是创新、运行、售后服务,最终实现顾客需求并通过这整个过程来建立评价指标。

(4)学习与成长

此维度以衡量员工绩效为主,员工的成长与进步可以被视为一种无形资产,从长期角度来看,它可以帮助企业进步并扩大发展空间。其他三个维度的目标是在组织学习与成长的基础上架构出来的,学习与成长推动着前三个维度不断向前发展,是组织进步的驱动力。

从上述四个维度可以发现,平衡计分卡方法打破了传统的只注重财务指标的业绩管理方法。平衡计分卡认为,传统的财务会计模式只能衡量过去发生的事情,而不能评估组织的未来,也就是说,传统模式是对结果的落后的反映,缺乏具有前瞻性的驱动作用。对工业时代来说,注重财务指标的传统管理方法是有效的,但这种管理方法已经不能适应信息社会的发展,组织必须通过在客户、供应商、员工、组织流程、技术和革新等方面的投资,获得持续发展的动力。

其中,平衡计分卡包含了以下五项平衡。

(1)财务指标和非财务指标的平衡

企业一般主要对财务指标进行考核,对非财务指标(如客户、内部流程、学习与成长)的考核很少,即使有对非财务指标的考核,也只是定性的说明,缺乏量化的考核，缺乏系统性和全面性。

（2）长期目标和短期目标的平衡

平衡计分卡是一套战略执行的管理系统，不仅仅关注经营的短期目标，而是以系统的观点来设计实施过程，做到与长期目标的平衡，战略是输入，财务是输出。

（3）结果性指标与动因性指标之间的平衡

平衡计分卡设置可衡量的指标作为目标管理的结果，也注重以有效完成战略为动因，寻求结果性指标与动因性指标之间的平衡。

（4）企业组织内部群体与外部群体的平衡

平衡计分卡中，兼顾股东与客户等外部群体以及员工和内部业务流程等内部群体，在有效执行战略的过程中平衡这些群体间的利益。

（5）领先指标与滞后指标之间的平衡

财务、客户、内部流程、学习与成长这四个方面既有领先指标，又有滞后指标。其中，财务指标是一个典型的滞后指标，它只能反映公司上一年度发生的情况，对企业如何改善业绩和实现可持续发展的作用不大，是剩下的三项领先指标使企业达到了领先指标和滞后指标之间的平衡。

3. 平衡计分卡的优势

（1）平衡计分卡将企业的战略要点落实到具体的考评指标上

平衡计分卡把公司层面的宏观的战略目标进行细化拆分，转变为对个人的具体目标要求和责任分配，真正实现了"人人有责"，从而在一定程度上减少甚至避免了"在其位不谋其职"的现象。

（2）平衡计分卡实现了考评体系和控制体系的完美结合

平衡计分卡将重点放在目标的实现过程上，四个维度绩效考评指标的设置都指向了对过程的监控，更加科学、具体化的指标能够确保管理者几乎可以对整个组织的项目进程进行实时监控，并且能够有的放矢地找出症结所在。

（3）平衡计分卡具有较强的激励效应

首先，平衡计分卡明确了员工的细化目标，不仅仅对他们最终呈现的财务业绩进行考核，也对员工平时的努力程度提出了更加务实的要求；其次，在实施平衡计分卡的过程中，组织管理者可以较为准确地发现问题所在并及时与相关人员进行沟通和指导，这样不仅可以帮助员工不断改进工作，而且作为一种组织上层的认可和鼓励，能够激发员工的成就感和工作动力；最后，平衡计分卡打破了僵化的上下层之间命令下达者与顺从者的关系，在管理者的监控范围内，留给了员工较为充分的自由发挥空间，实际上，大多数高层管理人员在面对技术改进和专业技能方面的问题时会束手无策，这时，将解决问题的权利交给技术人员，既能避免非专业人士下达指令可能带来的损失，又可以激发员工的创新能力。

（4）平衡计分卡可以使企业信息负担降到最小

在大数据时代，信息技术发达，信息的收集简单，但不断增加的信息指标和爆炸式的数据成了企业高层决策者处理信息时一个极大的负担，而平衡计分卡通过关注少数而又非常关键的相关指标，使企业管理者的注意力不致太过分散，在满足企业管理需要的基础上，尽量减少信息负担成本。

思考题

1. 控制是如何分类的？各有何特点？
2. 简述战略管理控制的几种模式。
3. 分析管理控制的三种模式有何异同。
4. 管理控制的工具有哪些？
5. 对比精益六西格玛和平衡计分卡。

在线测试

案例分析

第 12 章　风险与危机管控

12.1　风险管理

当今世界，在全球化进程加速过程中，也出现了单边主义与多边主义对抗、技术壁垒和保护主义抬头、局部地区的政治和宗教矛盾冲突时有发生等情况，国家、企业、家庭与个人发展都面临着巨大不确定性和不稳定性。随着全球"互联网＋"、人工智能、大数据、区块链、云计算、物联网、5G 技术和新基建的大范围应用与推广，传统意义上的风险管理也同样面临着系统迭代与升级，特别是对于身处复杂市场竞争环境的实体产业和企业来说，内外部风险不断演化发展，给企业管理者和决策者带来了前所未有的挑战，企业对风险管理的重视程度也已经提升到一个新的战略高度。如何深入理解风险管理内涵，切实把握各类风险特征和诱发成因，制定风险管理策略与措施，选择最优化的风险管理工具，及时化解系统性风险，将是企业决策者及其管理团队需要积极应对和思考的新课题。

12.1.1　风险管理概述

1. 风险管理定义

"风险管理"的概念最早产生于保险行业，并随着经济社会的发展，在远洋运输、金融工具、期货贸易、金融衍生品等专业领域得到了广泛应用与系统化发展。特别是当今社会，围绕企业投资决策而引发的融资贷款、资产担保、工程施工、股权并购、特许经营、长期运营等一系列商业活动的开展，每一项重大决策背后都需要风险管理的系统性支撑，可以说没有风险管理，企业的生产经营与战略决策都难以真正落地实施，企业实现稳定收益将困难重重。

人们对于"风险"一词的定义和理解十分宽泛，就企业经营来说，风险是指企业发展设定的阶段性目标与实际业绩成果之间存在的"不确定性"，即在努力实现企业预定目标的经营过程中，可能或者即将出现的能够影响企业目标实现或者企业稳定运营的潜在危险。根据对于风险的理解，可以总结企业的风险管理是指企业对自身可能面临的各种风险的预警、识别、评估与分析的全过程，决策者应为企业目标的实现提供合理的制度和资源保证，最大可

扫码听课 12-1

能降低风险出现的概率，减少企业遭遇风险时的各项经济损失。

例如，原油贸易企业 A 计划从境外采购 1 万吨原油，售卖给境内的原油加工企业 B，从而赚取差额利润，实现既定销售目标。在原油加工企业 B 支付了采购保证金后，原油贸易企业 A 按照双方签署的商业合同和约定的采购价格完成了原产地采购、远洋运输、贸易清关和货物仓储等工作。但天有不测风云，在原油远洋运输过程中（一般以几个月为周期），全球原油期货市场价格剧烈波动，导致原油价格大幅度下降，境内原油加工企业 B 主动违约，不继续履行合同项下后续付款义务。原油贸易企业将面临库存原油无处消纳的巨大风险，企业经济损失将通过与违约企业之间的民事诉讼和法律仲裁进行弥补。

2. 风险的属性

明确区分并正确识别风险具有的相关属性，有助于企业管理者更加全面理解风险管理的原理和理论基础，便于企业管理者和风险主责单位第一时间聚焦主营业务风险，迅速做出风险管控措施。通过研究与分析，风险具有以下几项基本属性。

（1）突发性

任何事务发展变化的规律都是从量变到质变，并遵循循序渐进的演变过程。但对于企业或者个人来说，某些风险在暴露之前是潜在的和隐性的，由于工作疏忽或者预警不及时，难以控制和防范一切可能发生的风险，这就造成风险的发生具有突发性特征。当风险真实发生时，往往令人感到泰山压顶，猝不及防，只能被动接受。

（2）破坏性

风险一旦发生，势必导致企业或个人各种程度和类型的损失。其中包括财产损失、违约损失、危及生命安全、影响人员心理健康和声誉损失等。其中，有些损失可以通过货币进行衡量，有些损失则难以评估，负面影响很难在短期内通过经济手段进行弥补。

（3）客观性

企业和个人要充分认识到风险无处不在，有些风险的发生与否将不以人的意志为转移。例如，不可抗力、自然灾害、疫情、战争、政府更迭、交通事故、疏忽导致的玩忽职守等。随着企业的风险防范水平和风险管控能力不断提升，风险预测技术水平不断完善，能够在一定程度上掌握风险发生的客观规律，这也为企业风险控制和管理奠定了技术基础，筑牢风险预测的制度框架。

（4）可变性

企业经营面临的内外部环境始终处于动态变化和不断调整的状态，导致伴生风险随之发生变化。同时，当风险由隐性向显性变化过程中，外部防控手段的及时介入或处理迟滞，又影响或加剧了风险的变化方向。另外，随着企业经营水平和技术发展的变化，会引发新风险的产生，例如智能手机充电时发生锂电池爆燃、电动汽车无人驾驶技术失控和 P2P 金融小贷不规范引发的连锁风险等。

3. 企业风险类型

（1）员工人身风险

由事故引发员工人身伤残、死亡、丧失劳动生活能力等情况所产生的企业责任风险，其负面影响和损失往往大于单纯的经济损失。员工人身风险是企业重点关注和极力杜绝的重要风险，现代企业越来越重视对企业员工的劳动安全保障，建立了相对应的保障制度和保险措施。人身风险的高低和员工从事何种类型的工作紧密相关，应根据行业性质和本企业特点，制定相对应的风险保障方案。

（2）公司资产风险

公司的资产多种多样，包括有形资产和无形资产，资产风险发生后，将会导致企业直接的经济损失和资产减值，损失的评价也可以通过货币形式进行衡量，也是企业经营和生产过程中经常遭遇的风险类型。

（3）岗位责任风险

因本企业员工玩忽职守或职责缺位造成的资产损失、人员伤亡的风险。企业建立了"定员定岗定责"的管理制度，但由于人员素质、政治素养、责任心、履职能力、工作经验等方面存在差异，不可避免地会产生员工行为偏离岗位职责的情况发生。例如，公交车司机疲劳驾驶导致车祸、工厂流水线工人违规操作、护士疏忽拿错药品等，均会给本组织或社会带来潜在的风险因素。

（4）商业违约风险

经济社会中，企业与企业之间发生关联合作，均通过商业合同等形式界定彼此责任义务。签约一方违反或不履行合同条文规定的义务，造成合同项下对方的经济损失，则触发商业违约风险的发生。往往商业违约和商业维权紧密关联，都需要在合同约定的法律体系和仲裁体系下进行争议申诉，维护企业自身合法权益。

4. 风险管理几个重要概念

（1）风险管理主体

原则上来说，风险发生后承担相应损失和影响的组织或个人均可成为风险管理的主体，具体包括个人、家庭、企业、政府、事业单位和社会团体等。

（2）风险管理核心

风险管理的核心是通过科学手段和体系化管理，预知风险、识别风险，从根本上杜绝风险的发生。但鉴于风险的客观性和突发性,当风险不可避免地发生后,风险管理核心将更多关注于有效降低风险引发的损失。风险管理核心工作将紧密围绕识别风险、衡量风险、控制风险这几方面进行逐步展开。

(3)风险管理对象

对于企业经营工作来说,风险管理需要关注的对象主要是市场风险、政策风险、安全责任风险、违约风险、失责风险、财务风险等。上述风险的管理责任如果缺位,将会直接造成企业的经济损失,在某种程度上影响企业正常的生产经营,甚至会引发连锁的负面反应,造成无法弥补的重大损失。

(4)风险管理目标

企业应建立全面风险管理制度,通过合理配置资源,丰富管理手段,以最低的费用成本投入取得最佳最全面的安全保障,并尽最大可能降低风险发生后对企业生产经营造成的负面影响。要在管理投入和损失补偿之间做到最优平衡。

(5)风险管理作用

风险管理的作用主要是保障企业的资产安全和员工安全,具体表现在如下几个方面:一是预防风险事故的发生;二是减少风险事故造成的损失;三是转嫁风险事故造成的损失;四是保证企业的财产稳定;五是营造安全的社会环境。

5. 风险管理的组织功能

从广义角度讲,风险管理的组织是指实体企业为实现风险管理目标而设置的内部管理层级和管理机构,包括风险管理组织架构、组织活动以及两者正常运行所遵循的规章制度。风险管理组织活动则是指风险管理专职机构制订和执行风险管理计划的全过程工作,具体包括制定风险管理目标,并为实现目标而进行的风险识别、衡量、处理及效果评价等活动。体现风险管理组织结构与组织活动相互关系的规章制度则包括风险主体风险管理的指导思想、政策纲要、方针策略以及有关管理、监督条例和规定。从狭义的角度讲,风险管理组织则主要是指实现风险管理目标的组织结构,具体包括组织机构、管理体制和领导机构。如果没有一个稳定、合理、健全的组织结构,整个风险管理活动就会陷入混乱无序、轻重颠倒的状态,直接导致企业风险管理工作的收效甚微或根本性失效。

12.1.2 风险管理过程

企业和组织的风险管理过程可归结为风险的识别、风险的衡量、风险的评价、方案的制定、选择和实施等全流程管理,即要做到风险管理有体系、风险控制有对策、风险损失有评价、风险预防有手段。企业决策层要时刻关

注经营过程中的风险管理，把对风险管理的过程与企业决策过程相融合，并充分给予风险管理工作必要的人、财、物等经营资源支持。

1. 建立企业风险预警体系

（1）设置各类预警指标

预警指标的设置要带有前瞻性和整体性，能够起到风险及时预警的重要作用，企业管理团队通过分析指标偏差，及时发现和锁定潜在风险，指导企业经营生产团队提前介入偏差的纠正，并启动与指标因素相匹配的管理措施，预防风险的发生。预警指标的设置应遵循以下原则：一是指标设置要紧密围绕企业自身的经营生产全流程，要具有监控经营的全面性和多样性；二是指标的设置要相互独立，尽可能减少指标之间的相关性和重叠性。

（2）预警指标体系内容

结合企业经营实际情况和以往研究成果，系统构建财务风险预警指标体系、人力资源风险预警指标体系、营销风险预警指标体系、企业文化风险预警指标体系、组织风险预警指标体系、投资风险预警指标体系等。相关体系的细化内容见表 12-1。

表 12-1 预警指标体系

序号	类型	具体内容
1	财务风险预警	1. 盈利能力；2. 偿债能力；3. 运营能力；4. 资产结构；5. 成长能力
2	人力资源风险预警	1. 人力资源总量；2. 工资成本；3. 人力资源结构；4. 专业人力资源工作人员成本；5. 人力资源部门工作效能
3	营销风险预警	1. 市场风险；2. 顾客风险；3. 供应风险；4. 竞争者风险
4	企业文化风险预警	1. 行为习惯；2. 道德准则；3. 价值观念；4. 工作态度；5. 生活信念；6. 文化管理
5	组织风险预警	1. 机构管理；2. 人事管理；3. 组织激励
6	投资分风险预警	1. 宏观经济形式与经济波动；2. 金融与资本市场风险；3. 社会风险；4. 技术风险；5. 管理风险；6. 市场风险；7. 生产风险；8. 委托代理风险

（3）风险预警处理流程

企业管理者和组织对风险预警后的响应程度决定了风险处理的及时性和有效性。通过对预警信息的分析和判断，能够第一时间聚焦风险预警的具体原因，追本溯源，核定量级，锁定具体指标偏差，启动企业和组织已有的风险防控机制，形成全面有效的风控对策和执行方案，将执行指令迅速指派给经办部门和团队。风险准确及时被识别，主要依赖风险预警系统的稳定输出，建立可靠的、实时更新的、定期维护修正的信息化管理系统，并安排专人专责维护系统，将保证预警系统能够正常发挥预期功能。企业风险预警处理的基本流程如图 12-1 所示。

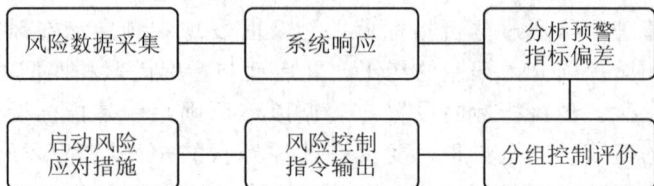

图 12-1 风险预警处理的基本流程

2. 风险管理的组织建设

（1）建立健全企业法人治理结构

风险管理需要规范法人治理的结构，因地制宜的打造适合公司目前发展阶段的治理结构，在公司的所有权和控制权层面做出明确的规则设定，为控制权、经营权、监督权的相互制衡奠定良好的基础。明确公司董事会、风险管理部门、各业务层级的职责。法人治理是企业运行的基石，管理体系是保证企业稳定的骨架。管理体系的设计需要结合全面风险管理的要求进行设置与安排。借鉴企业风控管理"三重防线"的设定，一线业务部门、风控管理功能部门和监督部门三条防线融合统一，将管理功能落地到各部门的组织功能中，明确风险管理的权利与义务，协同业务顺利开展。

（2）风险管理主责部门搭建

企业要根据自身发展的规模、阶段、行业特点、潜在风险的高低进行差异化的设置内部风险管理主责部门。风险管理主责部门要时刻围绕企业对于风险管理的目标和制度要求，利用现代化的管理工具，把机构职能、日常业务、内设处室和管理制度进行有机结合，有效融入一体，发挥长效的监督和保障作用。企业风险管理组织机构设置如图 12-2 所示。

（3）风险管理部门的职责

根据企业生产经营活动常态化特点，可以将经营活动分类如下：一是现场生产经营活动；二是商务合作活动；三是资金财务活动；四是安全组织活

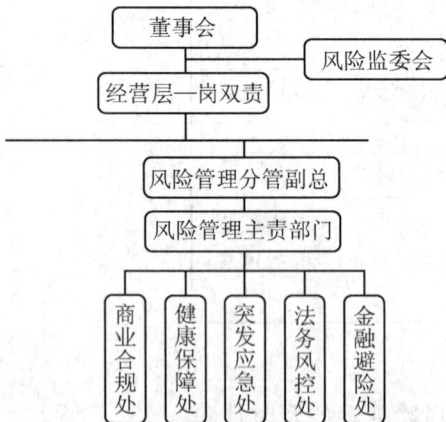

图 12-2 企业风险管理组织机构设置

动；五是管理协调活动。其中安全组织活动是一切经营工作的基础和保障，处于重要核心地位。通过梳理，一般性组织中风险管理部门的主要职责如下。

①对企业所面临的风险范围认识清晰，能够通过常规性工作有效预防风险的发生；

②通过管理工具和管理系统，对企业风险潜在信息进行汇总和监测，更新和维护系统数据；

③通过建章立制完善企业内部风险控制体系，明确业务部门和职能部门的风险管理职责，有效约束并控制企业日常经营风险；

④分类施策进行风险预案的编制，第一时间能够对风险的发生进行干预，确保风险管理措施的有效性和合理性；

⑤为企业配置金融类风险防控产品，控制管理成本和风险造成的损失；

⑥风险管理后评价工作。

3. 建立全面风险管理制度

企业决策者要在组织中高度树立"安全第一"的管理理念，不仅要在企业治理层面设计好机构和体系，同时要在全公司或集团内部，包括分支机构和下属单位，开展实施全面的风险管理工作。所谓全面风险管理指的是企业围绕总体经营目标，通过在管理的各个环节和经营过程中执行风险管理的基本流程，培育良好的风险管理文化，建立健全全面风险管理体系，包括风险管理策略、风险理财措施、风险管理的组织职能体系、风险管理信息系统和内部控制系统，从而为实现风险管理的总体目标提供合理保证。全面风险管理由企业治理层、管理层和所有员工参与，旨在把风险控制在合理范围以内，确保企业资产的保值增值。

集团公司面临的风险不仅仅是母公司或者子公司的个体风险，还可能是由单一公司风险引起的集团内部连锁反应的传导性风险，这类风险往往更为复杂和难以处理。因此，集团公司必须建立并推行全面风险管理体系，促使组织能够主动面对和识别各类风险，科学评估风险，选择符合成本效益的风险管理方法，最终减少各类风险对于其正常经营的影响，促进企业平稳顺利发展。集团公司更可以利用构建全面风险管理体系的契机，有效统一监控各级子公司的风险管理水平，降低各级子公司风险传导至集团公司所造成的整体风险影响，即使风险发生时，下级子企业也应当成为集团公司风险隔离的有效屏障。

集团公司应充分挖掘集团内各子公司在各产业板块的行业发展潜力，引领各子公司实现持续健康发展，以达成集团规模和效益最大化。集团战略不仅仅包含经营领域的选择、公司发展方向的规划、产品市场的选择等，还包括集团存续期内各种风险的管理体系。制定全面风险管理体系，首先要保证其与集团的发展战略目标相一致，才能帮助集团在经营过程中识别风险、评估风险和管理风险。

4. 强化风险管理责任制度

在企业全面风险管理制度下，相关职能部门和下级子公司应根据职权分工和授权经营范围，安排相关负责人与公司总部签署安全风险责任书。在责任书中明确组织的风险责任清单，并与其年终的绩效考核指标进行联动，年终的风险责任绩效得分应在年终绩效考核的得分中占较大权重。安全风险责任书应作为各单位全年风险管理工作的指引和目标，保证风险管理工作责任从总部的决策层传递到各基层组织，实现总部安全风险责任的逐层分解和"责、权、利"的有效统一。

在风险管理过程中，要避免出现集团机关部署和基层单位落实过程中的"两张皮"现象。往往越是到基层和生产现场，安全风险和管理疏漏发生的概率越高。在全年的生产经营过程中，基层单位承担了更多的经济责任，为了能够顶住发展压力，持续实现业绩提升，基层单位会在提升效益和安全规范两者间进行平衡，且很难保证与总部机关单位协调统一，对风险管理重要性取得深层次的理解和严格的执行。安全风险责任书作为基层单位主要负责人的工作指南，能够时刻起到红线提醒和督促的重要作用。

12.1.3 风险管理工具

企业决策层通过对风险管理内涵和风险管理过程的深入理解，在指导企业发展的过程中，能够充分认识到风险管理的重要性，能够通过体制机制的建立，有效地将风险管理覆盖到全组织和全流程。基本的管理架构和管理制度建立后，有效实施风险识别、评估和应对成为企业风险管理的核心工作。要成立专责部门和机构承担这项任务，专业避险工作可以通过商业合同等形式，由外部专业团队进行协同。内部控制对风险管理结果的反馈也应由专门机构进行动态调整，制定相关支持政策，以确保各职能部门的专业性和独立性。在风险管理执行过程中，特别是风险管理工作要与成本收益相关联，避免出现管理成本超支或管控手段不匹配的情况，因此选择合理的风险管理工具非常重要。这里将围绕风险管理过程中的识别、评价和应对三个方面，对风险管理工具的选择与匹配原则进行论述。

1. 风险识别管理工具

（1）合理应用风险预警系统

此系统作为企业信息化建设的重要组成部分，可以将符合企业发展实际的关键风险指标进行量化和系统输入，并安排专人维护，实现风险管理过程中的风险识别响应机制。但必须认识到，风险预警系统作为企业风险管理的信息化手段，不能够取代管理者在风险管理工作中的主导作用。换言之，企业决策层应合理运用风险预警系统这个管理工具，而不是依赖此系统替代实际的管理工作。

（2）定期现场巡检督察

在企业日常管理过程中，定期开展总部牵头的生产现场定期巡查，并形成企业长期坚持的硬性管理规定，有效补充完善风险预警体系的建设。当企业建立了现代化的管理架构和管理体系后，下级单位往往会把上级部门倡导的定期检查和巡视看作一项固化监督手段，只有建立了常规的外部巡检和督察，才能逐步培养企业强化自我日常检查的工作惯性，并逐步打造下级企业自查与总部有效监督相融合的风控体系。当局者迷，旁观者清，要及时识别风险，一是要发挥好自身的能动性，对照风险清单开展日常的生产管理和风险防控；二是要形成良性的检查汇报制度，督察工作组根据总部对于风险控制标准和管理经验，开展对下级企业或所属职能部门的风险管理工作检查。

但也要充分认识到，此项风险识别工作对于总部和下属企业的人力资源占用会产生一定的影响。特别是如果企业已经形成集团化运营的治理结构，自上而下开展全覆盖的巡查，势必增加工作穿透性难度，延长工作计划和执行周期。从表面上看，总部巡视督察没有线上信息化系统的工作效率。针对上述情况，可以结合企业实际，开展企业定期自查和总部抽查相结合的管理方式，并融合先进的技术手段，如无人机巡视、现场视频工作会、工点视频汇报、财务定期盘点、合同定期梳理等形式，充分将上级监督和现场巡视的管理效能充分发挥出来。

（3）充分利用资本市场预警资源

企业对于风险损失的评价，一般是围绕风险造成损失的经济性进行衡量。在成熟的市场经济体制下，银行业、证券业和保险业对于经济风险的敏锐性和前瞻性始终保持在整个经济体系的前列。中国出口信用保险公司每年都会对全球各国的政治风险和财政风险进行评级，国际三大信用评级机构（标准普尔、穆迪和惠誉）也会对重点国别和大型跨国企业的信贷能力和财政违约风险进行评级。企业进行重要投资决策和经贸合作决策之前，都可以参照金融机构和评级机构的风险提示，寻求外部资源支撑，审慎进行决策的科学分析。一般情况下，企业对于风险识别，需要发挥好社会相关资源的协同性。在经济全球化发展融合愈发紧密的当今社会，企业的生产经营和持续发展均会和社会各界产生或多或少的联系，分析风险也要从整体到局部，从宏观到微观，将决策前的分析工作做深做透，把面临的风险和应对的措施进行提前规划。可以说，资本市场对于风险管理的"趋利避害"是超前敏感的，只有用好各种避险工具和机构预测成果，才能较为科学的做出适合本企业的经营决策。

2. 风险评估管理工具

在论述企业风险评估管理工具之前，应进一步梳理明确风险对企业造成的经济损失来源，一是财产的实质性损失和额外支出；二是所有者权益的损失；三是企业收入直接损失；四是企业责任损失；五是企业人员损失。围绕这五种可量化的损失，需要针对不同的损失类型运用合理的评估工具，才能真实的反应损失的实际价值，对后续的应对方案和损失挽回做出科学准确的管理决策。

（1）财产损失评估管理工具

企业财产一般由财务资金管理部门和产权管理部门进行日常管理，并通过财务相关管理工具进行实际价值评估，并结合以下几项估值原则进行价值衡量。一是原始成本法。原始成本或原值是指购置某项资产时所支付的货币价值。会计报表使用原始成本来表示大部分资产的价值。二是账面价值法。账面价值或净值是用资产的原始成本减去累计的折旧所得出的实际价值。而累计折旧率是根据资产已经使用的年限和会计假设资产使用年限的比例来确定的。一般长期资产的价值一般比其原始成本低。三是重置成本法。重置成本是衡量财产损失对经济影响的最有用的估价标准之一。重置成本是以相同的材料和质量标准的资产在全新情况下，按现行价值置换受损财产项目所需要的资金。四是复制成本法。固定资产和流动资产的复制成本是使用相同的材料和技艺复制原物的成本。复制成本较之其他估价标准成本更高，一般适用于对历史文物、艺术品和重要文件的估价。五是功能重置成本法。这一估价标准注重功能的价值，而不是财产本身的价值，最适合对处于技术迅速变化年代的财产估价。六是市价法。市价法又称现行市价法、市场法、市场比较法，是以被评估资产在全新情况下的市场价格为基础，减去现行市场价格计算的已使用年限的累计额或摊销额，然后确定资产评估价值的评估方法。

（2）权益损失评估管理工具

所有者权益＝资产－负债，此项资产总值能反映企业的管理效益和经营水平。企业所有者权益可分为资本金、资本公积、盈余公积和未分配利润。为了规避所有者权益损失的风险，企业在投资经营中，应根据市场状况考虑投资项目的成本、收益和经营风险，防止投资亏损带来的损失。为了保护公众投资者的利益，企业应按照国家有关规定的要求，真实、及时地公布企业的财务报表，说明所有者权益发生变动的原因，保护债权人的利益。为了便于投资者了解企业财务状况的变动情况，在会计实务中将所有者权益按实收资本、资本公积金、盈余公积和未分配利润四个部分列出，在资产负债表上单列项目予以反映。

（3）收入损失评估管理工具

企业收入损失风险是指在一定时期内企业为维持业务的经营而遭受损失

的可能。一般来说，企业遭受收入损失会导致收入减少或费用增加，从而致使企业盈利受损。通过建立以下管理工具对冲企业收入损失风险：一是完善风险管理制度；二是加强市场调研、新产品研发的管理；三是加强租赁财产管理；四是加强营收账款管理；五是建立企业应急机制。

（4）责任损失评估管理工具

企业的法律责任可能因损害他人的利益被起诉而产生；也可能由于违约，需要赔偿他人遭受的损失。为评估责任损失的风险，可以运用审查企业签订的商业合同和签订防范责任风险的保险合同的方法进行规避，合同管理是此项风险的有效管理工具。

（5）人员损失评估管理工具

人员损失风险是企业风险管理的重要内容，人员损失的危害往往比财产损失更严重。了解企业人员损失种类，进行风险评估和防范，对于减少人员损失、增强企业持续经营稳定性具有重要意义。在防范企业人员损失风险方面，可供企业选择的保障措施有社会保险、企业补充保险和商业人身保险。

3. 风险应对管理工具

企业的风险应对措施多种多样，可以根据企业所在行业和业务特点进行量身定制，目的是以最小的代价弥补最大的损失。为了聚焦企业经营过程中的财务损失应对措施，这里重点阐述对一般企业都适用的一种风险应对管理工具——保险。保险界有一句至理名言"无风险无保险"。这表明风险与保险之间存在着内在的必然联系，而且风险的客观性是保险经济得以产生、确立和发展的前提。

风险是保险和风险管理的共同对象。风险的存在是保险得以产生、存在和发展的客观原因与条件，并成为保险经营的主体。保险不是唯一的风险对冲工具，更不是所有风险损失都可以通过保险进行弥补的。从这一点上看，风险管理所管理的风险要比保险的范围广泛得多，其处理风险的手段也比保险多。保险只是风险管理的一种财务手段，它着眼于可保风险事故发生前的预防、发生中的控制和发生后的补偿等。

保险是风险管理的基础，风险管理源于保险。历史上最早形成的关于风险管理的系统理论就是保险，保险同样也是最先在实践中被广泛应用的风险管理手段。在风险管理理论形成以前，很长一段时间内人们都是通过保险的方法来管理企业和个人的风险。从 20 世纪 30 年代初期风险管理在美国兴起，到 80 年代形成全球范围内的国际性风险管理运动，保险一直是风险管理的主要工具，并越来越显示出其重要地位。

12.2　危机管理

近年来，企业危机爆发的数量和概率越发频繁，整体呈上升趋势，危机造成的损失和负面影响已经引起企业的更多关注。如果说企业品牌形象、公关活动、媒体传播是企业品牌建设的"攻"，那么危机管理就是品牌建设的"守"，攻守兼备的企业才能在竞争中处于有利地位，退"敌"千里。品牌建设往往需要花费大量时间，而危机可以在短时间内损毁企业来之不易的品牌声誉。危机管理的重要性不言而喻，企业所有者和管理者需要在危机管理方面练好基本功，营造危机管理的企业文化。

危机管理具体指企业在危机事件爆发前后，应最大限度避免或降低危机事件对企业带来的不良影响和损害，制定和实施一系列管理制度、应对策略与工作流程，具体包括危机事件的预防预警、监测鉴别、控制解决以及危机解决后的品牌形象修复全过程。危机管理能力已成为当今企业谋求生存与发展不可或缺的基本功，企业需要树立危机意识，系统做好危机防范，有效开展危机事件处理，才能真正做到可持续的良性发展。

12.2.1　危机管理概述

扫码听课 12-3

外部市场的复杂性和不确定性造成了企业与危机如影相随，可以说，危机的发生对于企业来说是大概率事件。而危机类型也多种多样，如信任危机、声誉危机、信用危机或其他突发事件引致的危机等，危机管理从广义来说，就是企业如何通过现代化的管理手段，合理利用成体系的管理工具和工作流程，有效规避危机，并在危机发生后迅速处理和降低危机引发的各类损失。在条件允许的情况下，甚至可以"化危为机"。

1. 危机的基本属性

企业管理者需要对于危机具有的基本属性进行深入分析，切实掌握核心特征，才能有效组织企业进行危机识别。

（1）危机的突发性

危机发生往往不易被察觉，在企业没有任何准备的情况下会突然发生。特别是由于外部原因所造成的危机，如自然灾害、不可抗力、政府更迭和政策变化等，都是企业或者个人无法通过掌握客观规律或客观因素进行预测的，这就揭示了危机具有巨大的随机性和偶然性。由于内部因素积累所导致的危机，其发生也具有突发性特征。往往在企业内部，危机发生是由具备同样特性的许多微小事件积累而引发的，事物发展的规律也是由从量变到质变，当企业管理者忽略了微小事件所折射的危机前兆，对于危机发生之前的矛盾积

累听之任之或习以为常，没有进行及时的纠偏，当危机真正发生时，确实会使企业管理者感到事发突然。

（2）危机的损害性

危机发生后，对于企业或者个人都会带来不同程度的危害和损失。危机的突发性首先决定了危机主体的无准备状态，心理建设和事前准备都是缺失的，危机易引发组织内部决策失误和经营陷入混乱，破坏正常的企业经营生产，并带来无法预测的无形或有形损失，如商誉损失、品牌损失和财产损失。甚至有些危机能够危害到企业生存与发展，如因贸易战诱发的国外政府封杀中国某品牌电子产品企业，对核心配件进行断供。企业处理危机时，需要配置一定量的资源，支出额外的经营成本，这是危机给企业造成损失的直观经济表现。

（3）危机的公众性

随着公众传媒、自媒体和网络信息技术的快速发展，信息传播呈现渠道多样化、速度高速化、范围全球化、辐射全面化的特点。危机一旦发生，无法为企业或个人预留处理和响应时间，短时间内就能引发公众的关注，甚至登上主流媒体，造成公众的思想混乱，危机信息的传播速度已经超过事件本身的发展节奏。公众往往不去深究事件背后的真实原因，而是受媒体报道的引导，产生偏离真实情况的主观判断，形成先入为主的理解，给企业或者个人进行危机处理时造成各种阻碍和困难。而有些企业因为媒体的主观臆断和不当评论，引发后续与媒体的关系紧张，有些企业不善于危机公关，甚至导致危机升级，加深危机造成的损害程度。

（4）危机的紧迫性

对企业来说，危机一旦发生，预留的处理应对时间十分紧迫，往往会错失危机公关和处理的黄金窗口期。危机爆发后会在短时间内将负面影响和危害迅速释放，后续诱发危机将不断扩大范围，任何迟疑和犹豫都会带来更大的损失。危机的连锁效应无法估量，严重时会相互影响，相互传导。比如艺人偷税漏税的信息曝光，会转变成公众和媒体对于艺人公信力的深层怀疑，不仅仅是通过补齐税款和公开道歉而能弥补的，商业机会将在短时间内对艺人进行全面关闭，趋利避害的本能将导致外部合作方短时间内停止和艺人的一切联系与后续合作。

（5）危机的二重性

古语云："祸兮，福之所倚；福兮，祸之所伏。"危机二字可以拆分为"危害"和"机会"，危机可以同时具有危害性和机会性。前面已经阐述了危机的损害性，危机的机会性可以理解为企业通过危机的发生，能够充分认识到自身体制机制的不足和管理体系的漏洞，有助于企业及时健全制度，优化管理，补强能力短板，避免类似情况再次发生。通过采取危机公关手段，通过媒体和公众的关注度，建立透明和良性的沟通机制，转变刻板印象，取得理解和价值认同，变坏事为好事。

2. 危机的诱因

企业内部的公司治理和外部的经营环境具有结构复杂、随机变化较多、不确定性较强、接口繁杂等特点，这些因素造成危机发生的诱导因素不容易被判断，而危机的发生常常事发突然，很难精确定位。危机诱因可划分为外部和内部因素进行分析：

（1）外部经营环境多变性

外部环境变化包括法律政治环境的变化、政府经济政策变化、金融危机、市场波动、产业行业环境变化、技术创新与迭代、文化冲突、媒体参与诱导和自然灾害等。这些诱发因素一方面可以归结为不可抗力的施压，另一方面可以归结为企业自身难以掌控的外部人为因素，上述这些原因造成企业或个人无法完全回避，危机的发生不以人的意志为转移。

（2）内部管理制度缺陷

危机的内部诱因主要在于组织内部管理不善，如经营理念落后、战略定位失误、工作执行缺位、机构设置不合理、员工思想不统一、职能管理混乱、制度建设薄弱等。在企业中，危机诱因涉及企业公关、营销、人力资源、企业与信用、多元化经营、企业并购、组织创新等各个方面，上述因素均会造成企业内部的危机，给企业正常生产经营带来不可控的负面影响，经济损失无法避免。

3. 企业危机的分类

（1）战略执行危机

战略执行危机指的是由于管理者对组织内外部环境的估计错误，造成企业战略制定失误，或者企业制定的战略虽然正确，但由于战略执行不当而给企业造成的危机。中国企业家70％～80％的失败是由于投资失败，而投资失败源于战略决策失败，战略决策失败往往能够导致企业遭遇灭顶之灾，危机的损失很难挽回。

（2）组织结构危机

组织危机是指组织结构与战略、目标市场、产品特性及组织发展阶段难以融合，致使组织管理效率下降而引发的危机。具体来说，组织危机的表现包括：管理层次过多，管理机构臃肿，决策迟缓，部门主义盛行；组织形式不适应组织发展阶段，组织规模扩大后仍然沿用过度集权的管理模式，不能有效运用事业部制；组织文化落后，安于现状，缺乏追求卓越的意识等。

（3）职能管理危机

职能危机是指企业各项职能管理不善，难以适应企业战略及经营环境而产生的危机，具体包括生产和产品质量危机、营销危机、人力资源危机、技术创新危机、财务危机、信息危机等。

（4）不可抗力危机

不可抗力危机是指由于企业无法预测及无法人为抗拒的外部因素引发的危机，例如自然灾害、经济危机、政府政策变化等因素引发的危机。这类危机不以企业的意志为转移，会严重影响企业的经营活动。

12.2.2　危机预防

面对随时随地可能发生的危机，企业管理者应居安思危，提前做好危机的预防。危机管理的重点工作应聚焦提前预防，需要正确理解"防火"和"救火"的关系，如果危机事件爆发后再补救，只能尽可能地降低损失，已经造成的损失则无法挽回。成熟的企业管理者应总结、归纳和发现危机的各种征兆，采取措施消除危机或潜在影响。即使危机发生时，也不至于猝不及防，打有准备之仗才能确保有效降低损失。

扫码听课 12-4

1. 危机预防的特点

危机预防作为企业危机管理至关重要的组成部分，具有战略性、主动性和潜在性的特点。

（1）战略性

如果企业在经营过程中忽略了危机管理的控制，企业多年积累的商誉和品牌成果将严重受到威胁。有些企业因为业务能力和技术能力出色，成为了行业领军企业，长期的市场垄断地位掩盖了企业危机管理的能力缺失，面对技术迭代和行业趋势发生变化时没有能够做出及时的战略调整，导致市场份额不断萎缩，且逐步丧失了发展的竞争力。

（2）主动性

危机的不确定性和风险性决定了企业必须主动采取预防措施，将危机化解于无形之中。对企业有可能发生的危机，企业应对员工进行事前的培训，做好应对危机的准备，这样不仅有助于有效应对危机，还能有力维护企业形象。等危机爆发后再匆忙采取措施，不但不能有效解决危机，还可能加重危机带来的损失。

（3）潜在性

危机预防工作贯穿于企业日常经营管理的各个方面，不仅局限于危机处理培训、危机预警机制等具体制度上。培养员工和组织的危机意识就显得格外重要，只有让危机意识深入全体员工内心，企业的危机预防才可能是有效的。

2. 危机预防的主要内容

危机预防主要包括战略和战术两个层面。在战略层面，企业塑造重视危

机管理的文化，形成深入全体组织成员的危机意识，提高危机管理活动的自觉性和员工对危机的警惕性。战略是企业最高层的全局谋划，对于企业的发展具有统领性的作用，战略层面的支持是危机预防工作能够发挥作用的根本保证。对于企业来说，战略层面的危机预防是企业文化、危机意识和这两者所带来的企业氛围的综合体。这一层面的危机预防虽然比较抽象，但却是最为重要的部分，企业是开展危机管理具体工作的指导。

在战术层面，企业中所有经营者管理工作最终都要落到实处，由具体的制度、措施、人员来共同完成。战略层面的准备为危机预防工作的开展提供了指导，但如果没有一套完整高效的制度和掌握危机预防技巧的员工来支撑，危机预防工作只能沦为一纸空谈。战术层面的危机预防措施能让企业成员在预防和处理危机时有可靠的制度指导，减少对危机的分析、反应时间，形成快速响应机制。

3. 建立危机预防体系

首先，企业应注意提高员工的危机意识，并将危机意识渗透到企业文化中。具备危机意识的员工在危机发生时有较快的反应速度和较强的应对能力。同时，也能够形成对危机征兆的辨识能力，有机会在危机还未全面爆发之前进行有效扼制。

其次，企业应梳理可能发生的危机和相关处理方法，将这些信息建立为一个危机资源库。同时，需要建立一套危机监测系统与危机资源库配合起来。这样可以节省大量的人力资源和时间，也能灵敏地检测到潜在的危机。

但是，由于很多危机是不易被发现的，而且监测系统的监测能力也有限，因此企业需成立专门的危机管理部门，对危机的检测、预防、处理进行全面管理。危机管理部门要将监测到的企业潜在危机及时传达到各个部门和员工，并对企业进行培训，培训内容应包括相关危机的预防和处理措施。此外，企业需要在每个部门设置专门人员担任该部门的危机管理人员，负责与危机管理部门进行对接，并为危机管理部门提供该部门的信息，以保证企业整体的危机管理系统能及时更新。

对于可以预想到的危机，企业应提前做好准备，制定危机处理预案，以缩短危机发生后的反应时间。除此之外，在日常运营中，企业应该主动履行社会责任，树立良好的企业形象，这是因为公众对于形象良好的企业的一般过失不会过于苛责，一个良好的企业形象可能可以化解危机，降低危机的威胁程度和危害等级。而危机实际发生以后，企业必须勇于承担责任，切忌试图转移公众注意力和推诿责任，应以最快速度拿出切实可行的解决方案。对于利益受到损害的利益相关者，尽量满足其合理要求的物质及精神赔偿；对于造成损害的产品，及时进行调查并公开调查过程和调查结果，挽回公众对企业的信任感。

4. 建立舆情监测系统和危机预警机制和制度

企业需要建立危机预警机制，完善危机预防体系。具体方法包括：建立高度灵敏的信息收集和监测系统、建立风险评估体系、对危机预警系统进行管理。通过企业危机预警系统的建立，及时、高效地通过系统数据捕捉到品牌危机征兆，并由此提出切实有力的对策方案。同时作为企业，应该从不同角度、不同方位对企业和品牌自身进行检查、分析和评价，找出存在的弱项，应用有效方法解决，从根本上减少甚至消除危险因子。此外，企业需要开展对于员工的危机管理教育和培训。

基于当前网络快速发展，信息高度发达、传播快速且及时、量大且不可控、多样化且经济化的特点，企业首先应建立预防机制和舆情监测系统，将危机控制在萌芽阶段，并在企业内部设立首席风险官以对风险进行有效的预判和处理。其次应该建立针对网络信息的危机监测和预警系统，设立专门人员、制定应急机制，同时需要监测来自同行业的舆论信息和危机信息，以避免来自外部冲击的威胁。当前社会化媒体环境下，聚焦性、放大性、破坏性的特点使得企业品牌危机管理面临巨大压力和挑战，企业应该建立一套网络实时监控系统和即时电子传输、警示系统，扩大信息监控平台范围，对有效信息进行过滤，及时发现潜在危机并将其消灭在萌芽状态；建立危机管理机构，提前进行演练，指定新闻代言人并统一口径；保持与权威媒体及意见领袖的联系，利用他们的影响宣传企业、增强顾客与企业间的信任。

企业应该在内部建立完善的危机预防和应对制度，成立品牌危机管理常设机构、制定品牌产品质量危机的应对预案、重视客户服务管理等。一是在企业内部由职位较高的管理层人员和专业性技术人员建立品牌危机预防和管理小组；二是企业内部不断进行自我诊断，建立完善的品牌自我诊断机制；三是建立健全完备的信息监测系统，筛选出各方面的不利信息制定对策，通过定性定量分析以及定期满意度追踪，避免品牌危机的发生。

12.2.3　危机处理

1. 危机处理基本原则

（1）承担责任原则

企业一旦发生危机事件，面对社会和媒体，不能选择逃避责任和互相推诿，这样会导致公众不安情绪愈演愈烈。因此，在危机事件发生后，企业要勇于承担责任，及时进行道歉和说明澄清，并给予权益受到损害的组织或消费者相应的物质赔偿。

（2）真诚沟通原则

危机事件发生后，企业将处于各类利益相关者关注的风口浪尖，有媒体的追踪报道，有利益受到损害主体的质问和不满，有公众随着时间发酵而产生的不信任感等。企业在该情况下不能试图雇网络"水军"掩盖实际发生危机事件，不能有选择的忽视上述负面声音，而应该通过社交媒体积极承认错误和澄清细节，真诚地与公众交流，减少公众的心理防备和消极情绪。

（3）速度第一原则

危机公关注重时效性，如处理不及时，社会公众负面情绪会持续发酵，即便之后再采取高质量高效率的整改措施，也很难挽回企业在社会公众心中的形象。危机管理是一个从量变到质变的过程，因此在面对危机时，要第一时间作出回应，无论是肯定或是否定，都要给公众表达出一个明确的企业态度，这样才能遏制谣言的扩散，最大化减少企业损失。

（4）系统运行原则

在处理危机事件时，组织者要有完备的处理计划，全面、有序地按照计划开展工作。这一系列过程中，每个环节都不能出现差错，否则制订的整个计划都将失效。此外，企业内部的每个部门都要保持口径一致，如果在面对媒体时口径不一致，会给企业带来更严重的连锁反应。

（5）权威证实原则

在危机事件发生后，企业对外声明很大程度上难以取得公众信任。权威人士或机构的鉴定证明能在一定程度上提高企业的公信度，提升企业在公众心目中的良好程度。

数据调查发现，公众对速度第一的原则相当认可，企业危机发生后应当做到及时回复，否则事态会愈演愈烈，企业会失去社会信任。第二是真诚沟通，企业一定要表达出自己的态度，用真诚沟通换取公众对其的理解，提升企业社会好感度。第三是权威证实，企业需要有关机构证实信息和事件的可靠性，大众对质量差、安全差的企业十分抗拒，因此企业需要一个专业机构或人士证明可靠性。第四是承担责任，无论是对受害者还是企业的社会责任而言，这都是必要的措施。第五是系统运行，内部的一致性和战略性也会直接影响企业处理危机的有效性。

2. 危机处理关键路径

（1）真诚担责

企业出现危机说明企业的管理或者价值观出现了问题，这与是不是企业的主观原因无关。因此，当危机发生时，企业不应该立刻去厘清自己该承担什么责任，而应该对利益相关者、对公众做出回应，必须表现出对于危机发生的歉意和真诚、负责任的态度。诚恳的态度、有担当的形象才能得到公众的理解，使企业在危机处理中掌握主动权。

（2）快速应对

危机一旦发生，应对与处理的核心是"快"。这里的"快"一方面体现在尽快了解危机事件起因、经过，评估其对当下与未来的负面影响等；另一方面是及时表明企业的态度和立场，迅速找出应对与处理办法。2017 年海底捞发生"老鼠门"事件，仅仅用了 4 小时就完成了对外的行动声明，这就是公关危机处理的典型成功案例。

（3）统一口径

企业在处理危机时必须注意对外口径、对内口径的统一。危机事件发生后，企业要对外发布声明或者公告，其中既有企业的立场和态度，也包含具体应对行动和解决路径等，这些都要保持一致。值得注意的是，对内的口径也需要统一，因为内部员工也是利益相关者，他们可能比外界更关注具体危机事件的发展与处理过程。现如今，人人都是自媒体，每个人的声音都可能被所有人听到，保持内外口径的重要性更加凸显，如果口径存在不一致，可能会出现内部员工的猜忌和信息外泄，从而导致自相矛盾。

（4）边做边说

在企业危机应对过程中，要边做边说，只做不说、只说不做都不是正确的选择。如果只做不说，利益相关者以及公众的关注度不减，舆论压力也会增加，危机可能还会持续升级；如果只说不做，最终谎言被识破，负面影响加剧。正确的路径是边做边说，在处理危机时同步对内对外做好解释和宣传，可以召开新闻发布会或者发布公告。需要注意的是，企业采取的有效行动必须先于或同步于其所说的，不能滞后。

（5）及时调整

从发生危机到解除危机一般会经历一段时间，可能几天，也可能半年甚至几年。与事件相关的信息会随着危机事件的发展逐渐增多和变化，企业必须实时关注事件进展与利益相关方态度变化，及时记录和评估事态的发展，及时调整应对策略和行动，并适时更新对内对外口径，避免"利益相关方已不关注了"这样的认知，否则容易被持续跟进的媒体深挖，无疑如同在伤口上撒盐，加重负面影响。

（6）总结复盘

无论危机事件大小，企业在应对与处理后，都需要进行总结复盘，一方面要审视并提高企业危机的应对能力；另一方面要厘清危机事件发生的原因、演变过程等。随后针对性的进行产品改进、流程更新、管理提升等活动，不仅可以避免同类危机的发生，还可以修复企业品牌声誉。

3. 危机处理禁忌

（1）阻碍采访

阻碍采访是危机管理禁忌中最容易触犯的，因为危机发生时常有媒体突然到访，企业往往不具有及时应对的能力，但应该做到以礼相待，及时将媒体安置到会议室等适合对外接待的场所，再走企业内部相关媒体接待流程，由专业人员来对接媒体。切记不能出现轰赶媒体、夺取摄像机等过激行为，避免危机事件的恶化。

（2）封锁消息

互联网时代是开放透明的，负面事件一般都是先由现场个人或者自媒体平台发酵而逐渐被放大，社会公众都能传播和助推事态的发展。当企业接收到不利信息时，很可能已经进入负面事件的发酵期，甚至是爆发期。尝试删帖、遮掩等封锁消息的行为，往往会让事件变得更加扑朔迷离，反而促使媒体进一步深挖，让原本信任企业的利益相关方开始猜忌和动摇。

（3）反应迟钝

危机具有突发性，企业积极采取应对措施，一方面能反映企业积极解决问题的态度；另一方面可以最大限度降低负面影响，"两耳不闻窗外事"的"鸵鸟"作为或者反应迟钝不仅会让企业错失解决危机的良机，导致后续处理需要花费更多的成本，还会让外界更加猜忌事实，质疑企业处理危机的能力。

（4）随意发声

无论是企业新闻发言人、管理者还是普通员工，一旦自行以个人名义在微信、微博等社交平台对危机事件随意发表看法和解读，都会让危机事件更加错综复杂，引来更多负面关注。

4. 危机管理启示

危机处理措施有两个主要方向。一是防护措施，即在危机发生之前企业未雨绸缪的预防措施；二是解决措施，即在危机发生以后，将危机对企业的不利影响降到最低。为了预防危机或在危机发生后更好地处理，企业需要长期且持续地做到以下几点。

（1）树立企业形象

长期树立一个值得公众信赖的形象，在危机爆发时，公众不会全部都站在企业的对立面，也会为企业发声，企业处理危机也会相对容易。如海底捞一直以服务好、负责任的形象呈现，即使发生卫生危机事件，也能轻松应对。

（2）加强公关管理

在危机发生之前，企业要有危机防范意识，未雨绸缪，成立相关的危机公关部门，加强对工作人员的专业素质的培养，做好预防危机处理方案。

（3）及时获取信息

在危机发生时，企业需要第一时间了解情况，及时做出应对措施。如奔驰漏油事件，奔驰公司在危机爆发全民皆知时依然不知道此事，还在为自己品牌宣传，不仅错失了处理危机的最佳时机，还受到公众的唾弃。公众之所以在媒体上谴责企业，无非是觉得企业在逃避，需要企业给出一个合理的解释。企业一旦给了合理的解释，公众愤怒的理由已经失去了一半。如果是企业自身的问题就找出对策，加强管理，努力解决；如果是客观原因就澄清事实，并采取处理措施，避免再次发生。

12.3　舆情管理

12.3.1　舆情管理概述

1. 舆情的含义

舆情的概念是近十几年随着互联网技术的不断兴起而出现的，是指在舆情因变事项发生、发展和变化的过程中，民众所持有的社会态度。舆情是民意集合的反映。也就是说，民意是形成舆情的始源，没有民意就没有舆情。

扫码听课 12-5

这里特别强调的是，舆情定义中的"民众社会态度"，是指民众对执政者及其所持有的政治取向的看法、意见和态度，这种社会政治态度是对自身利益需求的表达，它不仅包括民众对国家政治的看法、意见和态度，对社会政治的看法、意见和态度，同时还包括民众对社会事物的看法、意见和态度，是民众要求执政者不断改善民情状况的一种诉求和意愿的集合。

舆情和舆论看似是两个很类似的词，实质上有着本质的区别。首先，舆论既有公众舆论又有官方发布，官方发布一般是由党、政府、国家通讯社等根据党和政府的意图发布的信息或传递的声音。但舆情只有公众舆情，即舆情的主体只有社会公众，没有官方发布。其次，舆论是已经公开发布的评价或观点，但舆情可以包括心理倾向、情绪等潜在舆情和已经显露出来的评价、观点、意见等显性舆情。一般情况下，舆情发展到显性阶段，才会变成舆论。如果舆情在潜在或萌芽阶段被发现和解除，就不一定能发展成舆论。

意见是舆论的核心，也就是舆论的本体。意见不仅仅表现为对某种态度、信念或者价值的言语表达，还包括行为意见，如愤怒地敲桌子等。意见具有一定历史性，并不是永远不变的，也具有一定阶段性。社会舆情本身强调的是社会舆论的变动性和可改变性。

舆情并不等同于民意，民意指的是社会大多数成员对相关的公共事务或现象所持有的大体相近的意见、情感和行为的总称，也可以称为民众的意愿和诉求。民意是舆情的来源，但并不是所有的民意都是舆情。舆情与社会管理者相关，是民意中能够对社会管理者及其政策制定产生影响的那一部分，而与社会管理者无关的民意则不属于舆情的范畴。由此可以看出，舆情不等同于舆论、意见、民意，它们之间存在不可分割的关系，舆情就是舆论和民

意中关乎社会管理者的那部分情绪、看法、意见等情况。因为关系到社会管理者，所以才更应该得到社会管理者的关注和重视。

2. 为什么要进行舆情管理

当今的互联网时代，每天都会产生海量的数据、信息、新闻。随着互联网走入农村和无人区，中国网民人数已经超过 10 亿，一个偏远地区的小新闻都可以通过视频的形式迅速传播到大江南北。与传统媒体不同的是，自媒体时代的网络舆情具有更强大的自由性和更快速的传播性，迸发的威力也更加难以抵御。

与报纸、电视、广播等传统媒体相比，互联网不仅是一种更具有传播力和影响力的新媒体，还是一种更开放和更自由的平台。在网络世界中，人们更加感受不到拘束，倾向于自由地发表自己的看法和意见，而公众可以通过网络在第一时间得知最新发生或正在发生的事情。这就相当于每个人手里握着一个麦克风，人人都是信息的见证者、传播者、监督者和意见发出者。一旦信息在网上被公布于众并成为网络焦点，该事件就有可能成为全国关注性事件甚至全世界关注性事件。

互联网时代保证了人们多元化的生活与多元化的价值观，但是网络是一把双刃剑，网络舆情更是一匹脱缰的野马，能毫无顾忌地跑出惊人的速度。甚至最后我们发现这是谣言，但为时已晚，它早已经传播到全世界了。虽然说谣言止于智者，但每个单一的个体很难保证都有足够的理智和判断。谣言是缺乏事实依据，主观人为或无意歪曲的舆情。谣言一旦生根发芽，就可能遮住真相的面容和多数人的眼睛，甚至引发负能量聚集行为，造成相关当事人的经济损失、精神困扰，也可能增加社会运行成本，扰乱社会秩序。有些时候，由于相信谣言的人数越来越多，已经超过了不相信的人数，不相信的人群也开始慢慢怀疑自己。占据多数的舆论并非正确，有些时候真理掌握在少数人手里，但如果任由谣言不断传播和扩大，很有可能让所有人都深陷在谣言的陷阱里，带来严重的负面效应。所以，为了避免谣言的覆盖，主动进行舆情管理，及时抢占舆情制高点，才是正确的舆情管理策略。

12.3.2 舆情管理原则

1. 第一时间原则：黄金 2 小时

就像脑梗的最佳抢救时间是在发病的最初 4.5 小时之内可以给予 rt-PA 静脉溶栓，在发病的 6 小时之内可以给予尿激酶静脉溶栓是最佳抢救时间一样，舆情管理也有第一时间原则，那就是越快越好，尽可能在 2 小时内进行舆情管理。

现代的信息传递越来越发达，突发事件刚刚出现全世界很快就都知道了。

扫码听课 12-6

尤其在如今这个自媒体时代，人人都有麦克风，人人都是转发者，舆情更容易产业蝴蝶效应。微信、微博、头条是拥有众多活跃粉丝的图文媒体平台，抖音、快手、B 站、西瓜视频、火山小视频是拥有众多活跃粉丝的视频媒体平台。截至 2021 年 1 月，微信月活跃用户数突破 12 亿，抖音月活跃用户数突破 6 亿，自媒体已经传播到了大江南北、小乡小镇。图文信息和视频信息的直观性和制作的相对简易性，使得现代的舆情传播速度倍增、影响倍增、范围倍增。传统媒体时代，突发事件新闻发布奉行"黄金 24 小时法则"，在新媒体的冲击下，"黄金 24 小时"法则渐显无力。相关专家基于多年对网络舆情的分析，以及对当下媒体环境的判断，认为发布时限还应更短，提出了"黄金 2 小时法则"。"黄金 2 小时"指的是突发事件从发生到网上传播扩散、形成舆情指向，所需时间约 1～2 小时，这是危机处理和舆情引导的最佳时机。只有在这段时间内做好舆情管理，才有可能抢占信息传播第一落点，影响受众对事件的第一印象和基本判断，赢得舆论主动权和话语权。如果 2 小时后未能进行舆情管理，人们就可能会在焦急等待中从其他渠道打探消息，可能耳闻或传播不实信息乃至谣言，导致混淆视听，干扰事件处置。

2. 公开透明原则：流言止于公开

流言＝(事件的)重要性×(事件的)模糊性/批判能力，流言是一种畸形的舆论形态，流言的传播和事件的重要性和事件的模糊性呈正比例关系，也就是说，事件越重要、越模糊，流言产生的效益越大。流言接受者的批判能力越弱，流言产生的效益越大。反之，事件越不重要、越清晰，流言接受者的批判能力越强，流言产生的效益越小。

我国古代有很多野史流传，就是因为当时朝廷公开的信息很少，传播的方式比较单一，传播速度又很慢，无法满足民间的信息求知欲，很多民间人士就开始自行创作和传播，一传十、十传百，流言就这样出现了。到了现代，信息铺天盖地地产生，传播方式多渠道化，传播速度高速化，一个人或许是一个螺丝钉，或许是某个领域的专家，或许具备多方面知识通识能力，但这些人都很难对其他领域的认知具备全知全能的判断能力。事件的重要性和接受者的判断能力都不是短时间可以改变的事情，所以，控制流言的关键是保证事件的清晰公开。

然而，仍然有很多企业或政府部门对于舆情的应对仍然停留在传统思维里，还想着"防火防盗防记者"和"删帖封堵遮掩"的老套路，他们还没有意识到，如果事件清晰透明，流言就不会产生，遮遮掩掩只会让流言满天飞。坚持阳光透明原则，不仅可以防止流言的产生，还有助于危机较为平和地解除，扭转局面，甚至树立良好的公众形象。

3. 坦诚原则：心诚、话诚、身诚

坦诚不仅仅是一个人的立身之本、做人的底线，更是应对舆论的最佳技巧。坦诚原则具有三个内在要求，即心诚、话诚、身诚。

心诚主要指的是存心向善，态度真诚，对待人和事物表现出宽大的胸怀和宽容的雅量，面对问题和不足，敢于担当。话诚主要指的是政府部门或企业在舆情管理过程中的语言表达必须真诚，不说谎，不回避，不轻诺，言辞恳切，实话实说。不能用新的谎言来圆旧的谎言，对于存在的问题必要时致以歉意，以赢得公众的理解和支持。身诚主要是指守信用，言出必践，用行动说话，真诚地解决问题而不是光说不练。只有问题真实地解决了，舆情才会回归平静，良好的形象才能树立，否则舆情不会终止。

很多时候，态度决定事件的走向，在很大程度上，沟通的态度决定沟通的成功率，对媒体和公众的沟通应抱有诚意，恶意抵制、封锁、回避、打压等强硬态度只会引起媒体和公众的强烈不满和狂轰滥炸。只有以真诚的态度告诉公众到底发生了什么，即将要采取哪些补救和应急措施，才能最大限度地应对和处理舆情事件。

4. 口径一致原则：用一个声音说话

口径不一、前后矛盾、强拉因果，是舆情管理的大忌，就一个事件来说，真实的情形有且只有一个。但参与处理事件可能涉及众多部门，而每个部门可能只掌握一部分事实，就像盲人摸象，无法完全还原事情的真相。而且这种支离破碎的舆论很容易在传播中扭曲、变形，最终很可能演化成互相矛盾、相互干扰的信息，使得公众更加困惑、猜疑、不相信，也非常有损权威性和公信力。没有一个统一的口径，公众很容易对结果进行猜测，而猜测的结果很可能是最坏的结果，这对于舆情危机的解决是非常不利的。舆情管理要建立统一的媒体发言人制度，由一位媒体发言人代表组织进行信息发布，做到口径一致。

5. 留有余地原则：不要过度承诺

留有余地是指在舆论引导的过程中不能把话说得太过于绝对，不能过度承诺，要为后续的进一步调研发现留出空间。应如实汇报得到的信息，有因有果，逻辑严密，确保每次汇报、每句话都是有逻辑关系和真实证据的。对未确定待跟进事件也可以如实反映，并表示积极调研分析，尽量向公众积极反馈。

做到留有余地原则也并非易事，很多时候，在突发事情中，面对来势汹汹的媒体和公众，很多领导干部非常担心事态扩大而不可收拾，硬着头皮出面讲了一堆没有重点的套话，记者记录了半天也没有重点，公众听了半天也

没听到关于事情进展的信息。或者讲了一堆承诺，仓促断言，但后续又没有了下文，不了了之，这些都是不留余地的草率做法。

合理的回复与在适度范围内的承诺，更能帮助政府部门或企业在面对舆情危机时拯救自身，以免陷入更大范围的被动境地，也有利于避免公众或媒体的错误理解和放大，从而争取机会在一定程度上获得主动权。

6. 切割原则：断开与负面信息的联系

舆情管理中切割原则的核心就是通过切割逐渐降低问题的难度，实现损失最小化，通过切割使大事化小，小事化了。当政府部门或企业的某项工作或人员出现问题时，在即将收到大量诟病且不做切割无法面对群众和媒体的时候，适当切断与负面信息的联系，更能将主体部分抽离出来，避免负面舆论进一步扩散，伤及全身，全军覆没。

无论发生什么样的舆情事件，政府部门或企业都应该时刻警惕并懂得坚持切割原则。一旦事情发生，立刻切断与负面信息的联系，建立防火墙，把出现的问题尽可能减小至最低程度。比如事件发生在某个部门，或者涉及某个领导，这时候应该做整体与局部的切割，避免该部门或该领导的负面信息影响整体。如果是过去的产品出现质量问题，就应该做时间线的切割，坦然承认过去的制作工艺出现了什么问题，对出现质量问题的产品可以召回并换新，新产品因工艺升级改良已经解决了该质量问题，并表示在后续工作中不断改进，这样的切割才能有效化解舆情。

切割的原则并不是为了解决矛盾而宁愿残缺，弃车保帅，切割的真正目的是未来更好地监督自身，提高水平，在将来更好地发挥功能，为社会提供更高标准、更好的产品和服务。切割也不是推卸责任，如果事情真的与自己有关联，就应该勇于承担责任。

12.3.3　舆情沟通

在舆情沟通过程中要把握好以下六个要则。

1. 简单直白，不难理解

在舆情的对话中，最重要的就是把事情讲清楚，把问题说明白，做到言不费解，言不需解，通俗易懂。特别是在突发事件、敏感事件中应对媒体时，常常会被问到很多公众关注的问题，此时的讲话必须是通俗易懂的大白话，让公众和记者从信息发出者的语言表达中理解真实的意图。第二是态度诚恳，不打官腔。有些领导干部往往以政府代理人自居，讲话没有重点，长篇大论，全是官腔，而公众最不喜欢听的就是官腔，究其原因，还是在于其心不诚，位置摆得不正，没有真正把公众放在心里。第三是讲话要开门见山，不绕弯子，有话则短，直截了当。不用做太多不必要的粉饰和铺垫，直接面对问题

扫码听课 12-7

是最能让群众接受和满意的。

2. 有的放矢

在与媒体和公众对话、展开舆论博弈的时候，应该坚持瞄准某个焦点，集中全力进行突破，而不是分散精力，平均用力，对各种问题都不分主次地处理。善于抓住牵一发而动全身的关键问题进行突破，往往能取得更好的效果。对主要矛盾和次要矛盾要有清晰的分辨，有的放矢地聚焦解决。沟通时也要注意不在细枝末节上过多纠缠，避免在非焦点问题上喧宾夺主，本末倒置。应该将最核心的问题进行针对性的分析诊断与回复，而不是把全部的信息都交给公众，让公众去做选择。

3. 该道歉时就道歉

道歉是工作失误时领导应该承担的责任，狡辩、抵赖和为自己开脱都不是明智的选择。随着现代社会管理制度的不断完善，人们越来越能直接地看出问题的本质，而且年轻人的学习能力和学习总量都在一定程度上开始超越上一代人。很多时候想抵赖，想为自己狡辩，想为自己开脱是没有机会的，相对主动而真诚的道歉才有可能较好地化解舆情危机。

4. 勇于承担责任

权力和责任是相对的。政府部门或企业工作人员按照政治制度、法律法规、公共管理纪律和职业道德规范的要求代表社会公众行使公共权力，就必须承担相应的公共责任，履行相应的义务。公众有可能会原谅某个工作失误造成的某个事件，但绝对不会原谅一个推脱责任、不敢承担的政府官员或企业负责人，只有勇于承担责任，才有可能在舆情发生时赢得公众的认可。

5. 对利益损失方适当补偿承诺

在舆情管理中，政府部门或企业一旦发现了舆情过程中存在利益损失方，应在必要的时候给予救济的承诺。这既是向利益损失方表明支持态度，又有利于避免舆情事件的恶化，不至于引发更大的舆情事件或对立冲突事件。进而放平心态，软化对立，缓解冲突，稳定局面，使舆情能够得到更好的控制。

6. 一把手要以一敌百

在关键的舆情事件中，由一把手来出面应对往往效果是最好的。这不但表明了政府部门或企业对舆论焦点的重视和坦诚，也表明了处理问题的决心和信心，可以更好地提高对话沟通的效率性、权威性，增强说服力，也能更好地推动问题解决。在一把手与媒体或公众对话之前，必须把事情的背景、过程、相关因素和真实情况调查清楚，如果还没有掌握全部信息就贸然出来回答，很可能会因不明情况，无法解答相关问题而让公众产生不够重视的负面影响。作为领导，在舆情发生的时刻，就要立刻进入紧急状态，迅速组织收集相关的全面信息，开展调查和分析。

思考题

1. 风险管理工具有哪些？各有何特点？
2. 简述风险管理的过程。
3. 思考互联网时代背景下危机预防和处理的方法与原则。
4. 如何理解舆论、舆情、民意之间的关系？
5. 危机处理的方法有哪些？

在线测试

案例分析

开篇导语

在管理实践中，判别管理有效性的一个关键指标是绩效，而创新是绩效的源泉，是组织发展的第一动力，是管理的蓝海，因此持续提升组织创新力已经成为各类组织发展的一个重要要求。提升创新力，首先要深刻理解创新的本质、创新的内涵以及不同商业模式的差异；其次要形成创新氛围和创新意识，克服组织惰性和个人心智模式钝化；最后要学会创造性地解决复杂管理问题。本篇围绕上述内容，分两部分阐述：第一部分，从渐进式创新与突破式创新比较、商业模式创新以及创新思维提升的角度展开；第二部分，将创新理论与创新思维落地到具体问题分析与有效应对方面，阐述问题类型与应对策略，讲解问题分析与应对的有效工具。

学习目标

● 理解创新的含义，渐进式创新和颠覆式创新的内涵
● 了解商业模式类型，理解商业模式创新的关键点
● 掌握创新思维的几种类型
● 掌握问题分析与应对的常见策略
● 掌握复盘、鱼骨图、团队列名法等分析工具

 思维导图

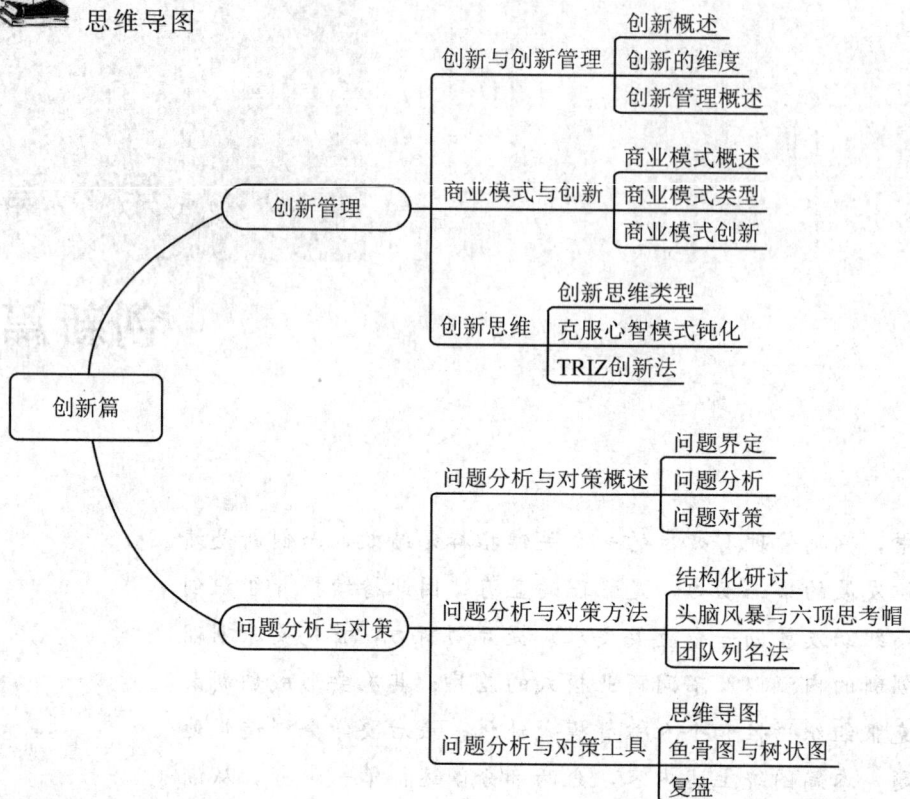

创新篇
- 创新管理
  - 创新与创新管理
    - 创新概述
    - 创新的维度
    - 创新管理概述
  - 商业模式与创新
    - 商业模式概述
    - 商业模式类型
    - 商业模式创新
  - 创新思维
    - 创新思维类型
    - 克服心智模式钝化
    - TRIZ创新法
- 问题分析与对策
  - 问题分析与对策概述
    - 问题界定
    - 问题分析
    - 问题对策
  - 问题分析与对策方法
    - 结构化研讨
    - 头脑风暴与六顶思考帽
    - 团队列名法
  - 问题分析与对策工具
    - 思维导图
    - 鱼骨图与树状图
    - 复盘

思政元素

 扫一扫，看资源

第 13 章　创新管理

13.1　创新与创新管理

创新是推动一个民族、一个国家发展的强大力量。回顾历史，我们不难发现，人类社会的进步离不开创新。同样，作为社会经济支撑的企业，想要在严酷的竞争中脱颖而出，也必须时刻保持创新。

13.1.1　创新概述

1. 创新的概念

"创新"是一个古老的名词，在《魏书》中就有"革弊创新"这个词。但是"创新"作为企业管理中的经济学概念被引入，相对来说要年轻许多。1912 年，熊彼特(J. A. Schumpeter)发表《经济发展理论》，首次提出了"创新理论"(Innovation Theory)，也就是将生产要素或生产条件重新组合，创造出新的价值。他定义了"创新"的五种形式：新产品开发、新技术引用、新市场开拓、原材料新来源以及新组织搭建。

但是，熊彼特的理论并未得到当时社会的重视。一直到 20 世纪 50 年代，人们才逐步意识到创新对社会与经济发展的重要性，开始寻找创新的规律。20 世纪 60 年代，科技革命迅猛发展，华尔特·罗斯托(W. W. Rostow)在"起飞"六步理论中，将"技术创新"视为"创新"的主导。之后，人们持续对"技术创新"进行探索性研究，大致可分为三个阶段。

(1)技术变革与技术创新起步阶段(20 世纪 50—70 年代)

迈尔斯(S. Myers)和马奎斯(D. G. Marquis)在 1969 年发布的《成功的工业创新》研究报告中，将"创新"定义为"技术变革的集合"。他们认为技术创新是从新思想和新概念出发，解决遇到的各种问题，最终获得项目成功，取得社会或经济价值。70 年代，"技术创新"的概念进一步拓展。美国国家科学基金会(NSF)在《1976 年：科学指示器》的报告中，将"技术创新"的定义扩展到引入"新的或改进的产品、过程及服务"，也就是说，模仿和改进也被纳入技术创新的范畴。在这一阶段，对于理论的研究刚刚起步，尚未形成完整的体系，主要以案例分析为主。

(2)技术创新持续升温阶段(20 世纪 70—80 年代)

1974 年,厄特巴克(J. M. Utterback)在《产业创新与技术扩散》中明确提出了"创新"与"发明或技术样品"的区别。他指出"创新"是技术的首次应用或者实际应用。80 年代中期,缪尔塞(R. Mueser)在对"技术创新"概念进行系统分析后,得出"技术创新"是"非连续"的,主要特征是构思新颖以及成功完成。弗里曼(C. Freeman)从经济学的角度,提出"技术创新"是技术的首次商业转化,形式包括:新产品、新流程、新系统以及新设备等。在这一阶段,技术创新研究从管理学和经济学的研究中独立出来,理论研究体系建立了雏形。研究对象开始变得具体,出现了各个层面的探索和分析。

(3)技术创新不断深入阶段(20 世纪 80 年代至今)

在这一阶段,技术创新研究转向综合化、重点专题以及成果转化,重点关注创新方向预测、创新实践评价、创新组织规范、创新政策研究以及细分行业或细分技术的实际应用等。除了理论研究,人们也开始注重技术创新成果转化。由此可见,技术创新作为创新的一种重要形式,一直以来备受关注。但是,创新不仅仅只有技术创新。

本书对创新作如下定义:创新是指运用现有的资源(知识、物资、财富等)对特定的事物(思维、方法、要素、流程、环境等)进行改造或创造,取得一定良好效果的行为。创新除了创造新事物外,还需要创造新事物的过程,以及达到比之前更好的结果。即创新本身是一个结果,也是一个过程。

2. 创新的特征

(1)目标明确

创新都是带着目的开展的。"为什么创新?""创新是为了达到一个什么样的目标?"这两个问题是创新活动开始前就应该思索完成的,它指引着创新活动的发展方向,起到导航塔和引路灯的作用。

(2)过程革新

除了知道要到达哪里,还需要知道怎么做。变革伴随着创新活动的始终,强调的是它的动态。革新要求的是颠覆性的、破坏性的改革,是深刻的、影响长远的,而不是敷衍的、没有实质变化的。

(3)事物新颖

创新是新事物代替旧事物的过程。因此,新事物是创新的主角。新事物的新颖性根据覆盖范围不同,可分为三个层次:全球范围的新颖或绝对新颖、局部区域新颖以及个人新颖。

(4)态度前瞻

创新必须具有前瞻性。这种前瞻是基于实际情况,运用各类科学理论、实际经验等进行的预测。创新有可能成功，但也不能排除失败的可能性。因此，创新是有风险的，只能通过改进预测模型，进行更加科学的设计，更加完善的实施，以期尽可能降低创新带来的风险。

（5）结果有效

创新的结果必须有明显的价值提升，能为经济社会带来有效收益。对于企业来讲，创新带来的收益可以是利润提升、产能扩张、无形资产增加等。这也是创新活动落地带来的直接效果。

13.1.2　创新的维度

尽管创新千变万化，但是还是能抓住一些规律。蒂德（Tidd）在 2006 年出版的《从知识管理到战略能力：衡量技术市场和组织创新》一书中提出了 4Ps 法（图 13-1），将创新空间划分为四个维度：

（1）产品创新（product innovation）——提供的产品/服务的变化；

（2）流程创新（process innovation）——产品/服务的生产/交付方式的变化；

（3）定位创新（position innovation）——目标市场的变化；

（4）范式创新（paradigm innovation）——影响业务的思维模式的变化。

扫码听课 13-2

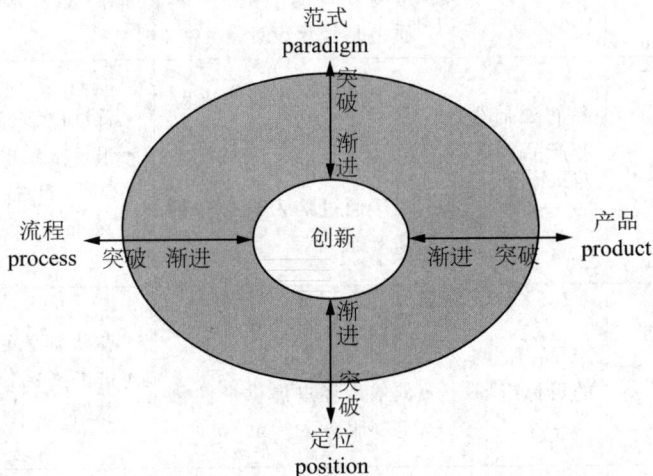

图 13-1　创新空间的四个维度

（资料来源：Joe Tidd. *From Knowledge Management to Strategic Competence*，Singapore，World Scientific Publishing.，2006）

事实上，产品创新非常常见，市面上新产品广告层出不穷。流程创新在服务行业也容易被消费者感知到，比如银行某类业务流程精简等。相对而言，范式创新和定位创新更关注于创新的前期。另外，4Ps 模型还提到了创新根

据新颖性的不同，可以分为"渐进性创新"与"突破性创新"。"渐进性创新"的目的只为做得更好，它所采用的方法只是为了实现更科学的流程、更低的出错率，生产更完美的产品。日本管理学家推行的全面质量管理运动正是为了达到"渐进性创新"的目标。而"突破性创新"往往要借助平台或新技术的力量，创造出新的业务。比如，智能手机的出现直接颠覆了全球的手机市场，短短几年时间，CDMA 手机已经难觅踪影。当然，"突破性创新"也可源自商业模式的重构，比如近几年兴起的互联网思维，带动了一批新兴产业，如在线教育、互联网医疗等。四个维度间有时界限较为模糊，比如生产一台新手机，可能同时是产品和流程创新；当范式创新时，可能定位、流程和产品都要跟着调整。

表 13-1 中列举了利用 4Ps 模型进行创新的例子。

表 13-1　利用 4Ps 模型进行创新的实例

序号	维度	解决问题	渐进性——做得更好	突破性——做得不同
1	产品创新	我们提供什么产品	• 软件的迭代——本质上是优化软件 • 提高白炽灯泡的使用寿命 • 最新款智能手机——本质上是优化设计	• 新软件开发，如世界第一款指纹识别软件 • 开发 LED 灯泡 • 用 5G 技术替代 4G
2	流程创新	我们如何生产产品、交付产品/服务	• 改进固定电话业务流程 • 银行增加服务窗口来扩大服务范围 • 工厂通过购入设备来提高产能	• 移动电话、网络电话 • 银行推出电子银行业务 • 工厂自主开发自动化设备
3	定位创新	产品/服务的目标市场	• 哈根达斯目标客户从小孩变成成人 • 戴尔为客户提供个性化定制服务	• 春秋航空定位廉价 • 拼多多定位社群，薄利多销
4	范式创新	思维模式	• IBM 从硬件制造商向咨询公司转变 • 华为从通信到芯片开发	• 平板电脑 • 移动支付

13.1.3　创新管理概述

创新管理的对象是创新活动，途径是计划、组织、领导、控制等管理职责，目的是确保创新活动的成功实施。因此，我们可以分别从对象、目的和途径这三个方面来研究创新管理。

1. 对象——创新活动的全过程

创新管理需要对创新活动的全过程进行管控。一般而言，这个创新活动全过程会分为发现问题、提供思路、实施和反馈四个阶段，见图 13-2。

图 13-2　创新活动的全过程

创新的第一步，就是要"发现问题"。发现问题并正确地描述它，比解决问题更重要。"发现问题"不仅需要强大的感知和概括能力，还需要确定创新的思路和目标。那么，怎样才能发现问题呢？可以从产品、生产运营方式、生活方式等维度发现问题，从需求中发掘新产品概念。发现问题是创新活动的开端，也是注入灵魂的一笔。善于发现问题的人一般怀有强烈的批评、怀疑精神，以及敏锐的直觉。纵观历史，真正能做出巨大创造性贡献的人寥寥无几，最重要的原因是普通人缺乏发现问题的能力。

创新的第二步，就是要"提供思路"，也就是提供创意。这也是"创新"的"新"所在。有创意的人必须具备高度的创新敏感性。首先，需要养成用批判的眼光看问题的习惯。有意的寻找比无意的观察更容易发现问题。在寻找的过程中，也需要消除思维定式的盲区，克服阻挠创意产生的心理障碍。即使是现阶段公认的成熟理论，也不能全盘接受。科学史上也证明了，一些惊世骇俗、匪夷所思的想法，也曾打破固有的经典理论，受到世人推崇。因此，对待现有的知识，应当辩证地看待问题。首先，站在巨人的肩膀上，快速熟悉前人积累的成果，并以此作为前进的方向，保持头脑冷静，不把已有结论看成是金科玉律。除了正确处理继承和创新之间的关系，还需要在实践中培养敏锐的直觉。直觉不是一蹴而就的，而是通过长期的积累，通过潜意识进行的自发判断。

实施阶段是创新活动的核心。在这个阶段中，主要举措是推动项目落地、保障创新活动效果。要重点关注各个节点，关键事项一定要审慎。另外，这个阶段是企业内部各部门、各岗位之间协同作业的重要阶段，统筹计划要落实到位。

反馈阶段是创新活动的最后一步，也是保持创新活动持续性的关键。针对实施中遇到的问题，要及时做好复盘；对客户反馈的产品意见做好记录；对市场的投入与表现的数据做好存档。反馈阶段收集的资料可以为下一轮创新活动提供思路和依据。

2. 目的——经济效益

企业在市场中面临的竞争日趋激烈，想要在竞争中脱颖而出，创新是必由之路，尽快找到符合自身管理现状的创新之路。只有探索出一条合适的管理创新之路，才有可能在激烈竞争中站稳脚。最终目的是通过管理创新，得到资源有效配置，降低运营成本，提高利润率。

3. 途径——管理的职能

管理的职能是计划、组织、领导、控制。创新管理本质上也是一种管理。因此，它的实施途径跟管理职能密不可分。

计划是指对一定时间内需要完成的创新目标进行分解，做出相应的行动方案的过程。主要内容包括：分析内部/外部环境、确定创新目标、制定发展战略、提出实现的策略及实施作业、规定决策程序等。计划是创新管理的第一职能。

组织是指根据创新目标，对组织中的人、事、物进行合理配置的过程。主要内容包括：建立组织结构和管理体系、分配权力与职责、配置资源、搭建沟通网络等。组织是创新管理的体系保证。

领导是指对管理者运用权威或者权力，对被管理者施加影响，以实现创新目标的过程。管理者一方面需要调动被管理者的潜能和积极性，使其能为实现目标发挥作用。另一方面要促进团队协助，在实施过程中进行指导，解决成员之间的矛盾以及其他组织冲突等。

在计划实施中，由于存在不确定因素，可能会导致组织活动或组织内成员行为与预期不同。为了能及时纠正偏差，保证执行过程能按照计划进行，管理者需要对组织进行控制。将实际绩效结果与预期标准进行对比，如果超出了偏差的限制，需要及时纠正，以确保运行轨道没有偏离。管理者利用预期标准对实际工作进行对比，寻找可能的偏差及其产生的原因，并予以纠正，这一过程就是控制。控制是创新管理的保证。

彼得·德鲁克认为，创新型组织是一种把创新精神制度化而形成的习惯。一大群人被组织起来，进行持续的、有生产力的创新，组织内的变革被固化为规范。因此，创新型组织不仅需要组织有较强的创新能力和意识，还需要持续进行技术、组织、管理层面的创新活动。

创新型组织通常需要具备以下七种能力，也就是"7C"：协作性（collaborative）、团结（consolidated）、诚信（committed）、称职（competent）、互补（complementary）、自信（confident）、组织精神（camaraderie）。

创新型组织构建需要秉承程序化、求真务实、循序渐进的原则，进行动态设计。图 13-3 为组织设计的一般步骤。

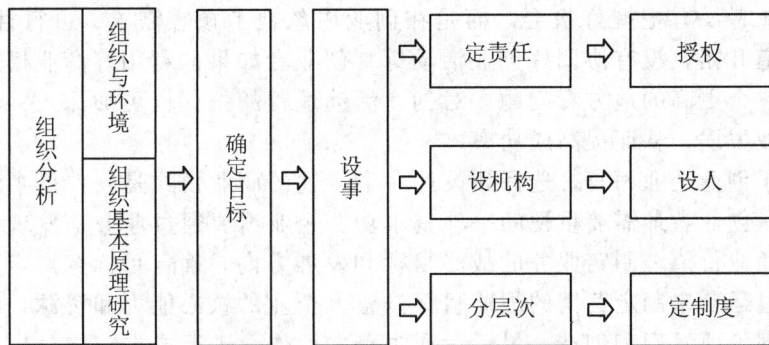

图 13-3 组织设计的一般步骤

（资料来源：曹裕：《创新思维与创新管理》，北京，清华大学出版社，2017）

根据组织设计成果，我们可以将创新型组织的整体结构划分为创新管理部门以及常规部门，见图 13-4。创新管理部的主要工作职责是浏览收集创意，管理创新信息，为其他部门提供相关信息，引导支持管理创新行为，创新活动考评激励以及人员的选用育留，以及总结评价创新工作，并寻求改进之法。

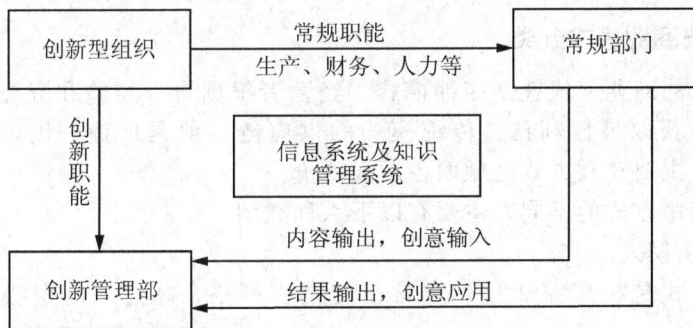

图 13-4 创新型组织结构划分

（资料来源：曹裕：《创新思维与创新管理》，北京，清华大学出版社，2017）

13.2 商业模式与创新

13.2.1 商业模式概述

同样是创业，为什么有的能成功，而有的不能呢？一种最有可能的原因是商业模式出了问题。商业中确实存在很多机会，而如何发现这些机会，并将资源进行创造性的组合，形成商业模式，是很多创业者面对的首要问题。

商业模式可以帮助创业者提高创业成功的概率。很多时候，创业失败，

扫码听课 13-3

不是创业者没有把握好机会，而是在创业中忽视了顾客需求、可行性分析、客户渠道开拓，没有协调好创业活动等。创业者如果能利用好商业模式，就能站在一个更高的地方看问题，对创业活动过程的把握也更加深入，能有效避免创业失误，从而提高成功率。

对于创业企业而言，选择和设计一个合适的商业模式是一件事半功倍的事，也是创业者最需要重视的一项基本功。企业需要通过业务来发现产品或服务的商业价值，制定业务的战略目标和发展方向，确定目标客户定位；然后，通过运营来制定营销的战略目标，整合企业的核心能力和资源，流程再造，实现价值发现和创造；最后，通过资本运作，进行成本结构分析，找到实现价值营收的方式，实现盈利的目标。

然而，随着环境、客户需求等诸多因素的变化，企业必须重新思考它的商业模式。一个企业的成功与失败，往往取决于它的商业模式是否符合客户不断更新的需求，是否提供给客户额外的价值，是否能适应不断变化的环境。企业经营管理的每一个环节都可以是商业模式创新的点。

13.2.2 商业模式类型

1. 传统商业模式分类

扫码听课 13-4

最传统的商业模式就是店铺模式。经营者根据自身经验和资源，选取店铺位置，以获取最佳利益。传统模式的供应链一般是厂商—代理商—零售商—客户。主要获利方式是赚取各层级差价。

按照销售方式的不同，主要有以下六种类型。

（1）直供模式

直供模式是指厂家通过建立自己的销售网络，越过中间层级，直达零售商。

（2）总代理模式

这是最广泛使用的商业模式，主要由经销商来完成区域市场开拓。

（3）联销体模式

联销体模式是由厂家和经销商联合成立一个联销机构，降低商业风险。

（4）仓储模式

仓储模式类似直供模式，但直供模式是将商品供给第三方销售平台，而仓储模式则是自建销售平台。

（5）专卖模式

品牌能力强且产品线齐全的产品，可以选择专卖模式，即店铺或柜台只售卖同一品牌的产品；

（6）复合模式

很多企业在营销策略上可能选择了多重形式。但需要注意的是，营销策

略的改变需要整个组织随之调整，否则，就不能说是商业模式的变革。

2. 电子商务企业的模式

按照交易发生的对象不同，电子商务领域将商业模式分为 B2B、B2C、C2C 等形式。但这种划分也同样适用于传统商业领域。因此，本书对商业模式按照交易对象不同，主要划分为以下七种。

(1)B2B——企业对企业

B2B(business to business)是指进行交易的双方都是商家、企业或公司。传统的经销商模式就是 B2B 类型的，伴随着电子商务的发展，涌现出了很多 B2B 类型，最典型的就是阿里巴巴。

(2)C2C——个人对个人

C2C(customer to customer)是指两个个人之间的商务行为。传统的跳蚤市场，以及电子商务的闲鱼、转转等都是典型的 C2C 类型。

(3)B2C——企业对个人

B2C(business to customer)即企业不通过中间环节，直面消费者。在传统商业里，B2C 模式需要自建零售终端，将产品销售给客户。在传统商业领域，一些大型的连锁超市比如沃尔玛就是这一类型的。在电子商务领域，通过互联网技术企业也可以轻松接触到客户，比如中粮我买网。

(4)C2B——个人对企业

C2B(consumer to business)即消费者根据自身需求定制产品，或主动参与设计、生产和定价。这一模式主要是满足消费者个性化服务需求。传统商业里，高级定制的礼服、手表等都可以归为这一类型。而在电子商务领域，消费者更容易接近企业，可以通过线上下单的方式，将自己的定制需求第一时间送达企业，比如尚品宅配的家具定制服务。

(5)O2O——线上到线下

O2O(online to offline)是指将线下的商机与互联网结合，交易平台在互联网上，但是交易发生在线下。O2O 主要体现在实时消费领域，如餐饮、娱乐、出行等，最典型的例子有美团、饿了么、滴滴出行等。

(6)F2C——工厂到个人

F2C(factory to customer)跟 B2C 类似，只不过主体的一方是工厂。即工厂生产完后直接卖给消费者。在传统商业里，很多工厂前会设立一个门市处，这就是最开始的 F2C 模式。电子商务的兴起也让工厂能直接接触到客户，省去中间商赚差价，也使客户得到了质优价廉的产品。主要的代表有戴尔电脑。

(7)B2B2C——企业到企业再到个人

B2B2C(business to business to customer)与 B2C 之间最大的差别是加入了平台。很多企业无法自建交易平台，因此借由第三方的力量完成 B2C 的过程。传统商业模式中，企业参加各类展销会，也就是借展销会的平台完成销售的过程。主要的代表有天猫和京东。

13.2.3 商业模式创新

如果企业希望从同质竞争中跳出来，就需要创新，让产品或服务能摆脱激烈的竞争。商业模式的创新，在其中扮演了很重要的角色。特别是对中小型企业而言，商业模式创新是取得特殊市场地位的直通车。

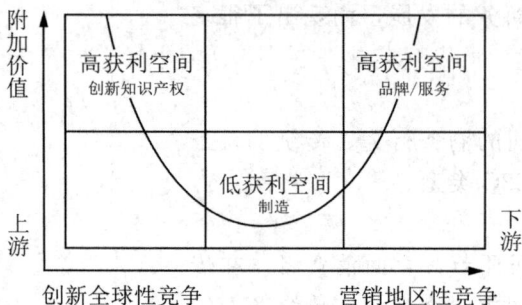

图 13-5　微笑曲线理论示意图

1. 商业模式理论

（1）微笑曲线理论（图 13-5）

微笑曲线（smiling curve）理论是施振荣在1992年提出的，主要内容是为了指导宏碁的企业战略方向。后来，施振荣又在原理论的基础上，推出了"产业微笑曲线"，指引我国台湾地区各类产业的中长期战略发展方向。根据微笑曲线理论，企业只有不断向附加价值更高的两端（技术研发/市场营销）移动才能获得高盈利，从而实现持续发展。

（2）六度空间理论（图 13-6）

六度空间（six degrees of separation）理论，也叫六度分隔，简单来说就是一个人和任何一个陌生人之间所间隔的人最多不会超过六个。也就意味着在人际脉络中，最多通过六个人就能认识任何一个陌生人。

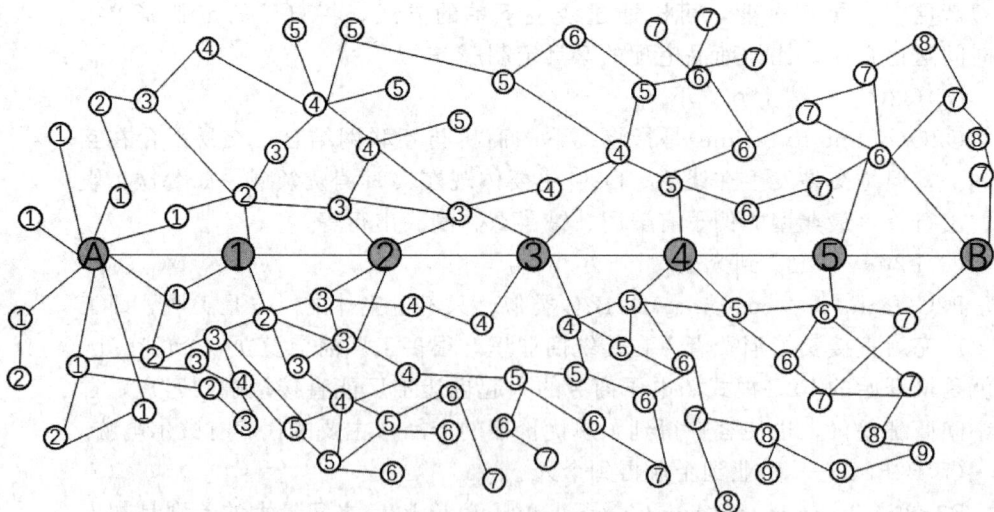

图 13-6　六度空间理论示意图

(3)长尾理论(图 13-7)

长尾(the long tail)理论,也叫长尾效应,是指没有受到重视的小众但品种较多的产品/服务,总量累积起来,收益超过主流产品的现象。长尾理论打破了"二八定律"的垄断,让企业发现新的盈利空间。

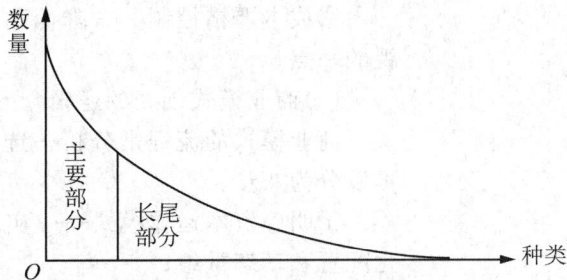

图 13-7 长尾理论示意图

(资料来源:方志远:《商业模式创新战略》,北京,清华大学出版社,2014)

2. 商业模式创新设计

(1)商业模式创新的设计标准

在设计商业模式之前,需要明确商业模式的成功标准。商业模式设计的目的是契合标准,企业必须按照这个目标,才不至于迷失方向。长期从事企业咨询工作的埃森哲公司认为,成功的商业模式创新有三种标准:①能提供独特的价值;②难以模仿;③脚踏实地。

一般认为,商业模式创新设计的原则与核心是:市场、顾客价值和盈利。基于这三个要素,商业模式创新才达到最基本的要求。

(2)商业模式创新的准则

除以上设计标准之外,还应该包括其他的基本准则。主要有九大准则:客户价值最大化、战略管理优化、市场定位准确、营销策略创新、组织管理效能、资源整合配置、持续盈利发展、资本运作效率以及成本严格控制等。

①客户价值最大化——首先分析顾客需求,寻找最佳产品定位,满足客户要求,实现价值最大化,这是商业模式设计的首要工作;

②战略管理优化——战略管理是解决企业重大决策和行动的长期问题,商业模式的创新需要落实到战略中进行;

③市场定位准确——商业模式需要明确产品/品牌、市场、消费者定位;

④营销策略创新——采取对应的营销策略,是对商业模式创新的应用;

⑤组织管理效能——建立高效管理系统,进行流程再造,界定管控与权责关系,最大限度提升组织效能。商业模式创新贯穿于企业管理的整个价值链之中;

⑥资源整合配置——资源整合是根据企业发展和市场需求进行优化配置的过程,增强企业竞争力,提高资源利用率;

⑦持续盈利发展——是否盈利是判断商业模式成功与否的唯一标准;设计商业模式时必须考虑企业如何盈利,如何保持持续盈利;

⑧资本运作效率——资本运作是最高层次的企业运营。成功的资本运作,可以带来事半功倍的收益;

⑨成本严格控制——降低和控制成本，能大大增强盈利能力，是不容忽视的一点。

（3）商业模式创新的逻辑

商业模式的流程是分析—选择—实施，基于这个流程，商业模式的创新可以分为八步：

①明确资本运作模式——实现企业内部资本流动和重组，实现要素的优化配置和动态重组；

②明确产业价值模式——调研环境和竞争对手，明确企业的产品/服务定位，增加产品优势；

③明确战略方向——找到企业可持续发展的模式，取得核心竞争力；

④明确市场定位——明确客户定位，根据环境和竞争对手情况选择进入特定的市场；

⑤明确营销方式——根据市场定位的结果，制定相应的营销策略，确保企业盈利目标；

⑥资源整合——对企业内部资源进行优化配置，提高企业核心竞争力；

⑦成本控制——通过成本控制，来保证利润的达成；

⑧盈利模式——寻找企业利润来源，创造更多的利润点和利润杠杆，进一步提升企业收入来源与渠道。

（4）商业模式创新的途径

商业模式创新主要有八种途径：购入专利/引入新的技术、流程再造/组织结构重组、资源优化配置、经营业务创新、扩大规模/范围、市场渠道改变、在新领域内复制成功商业模式、兼并/收购/重组引入新商业模式等。

13.3 创新思维

创新思维，就是善于突破各种障碍，从不同角度看问题、分析问题，从而解决问题。

创新思维与其他思维类型相比，是用一种独创的方法来解决问题的，主要体现在"新""奇""异"上。它常常突破常规思维的框架，使用超常规、反常规的方法与视角看待问题，找到一种与众不同的解决方案，从而获得独特的思维成果。创新思维的运用，可以让人拥有不一样的眼光，克服思维定式，打破原有的阻碍。一些原本看似很难的问题，如果使用创新思维，就会得到新的答案。

13.3.1 创新思维类型

扫码听课 13-5

创新思维的主要类型有五种，分别是发散思维、联想思维、形象思维、

逆向思维以及系统思维。

1. 发散思维

发散思维的概念最早由伍德沃斯（R. S. Woodworth）于 1918 年提出。至今为止，已经由无数学者对其进行研究，形成了一个庞大的理论体系。

根据形式不同，发散思维可以分成结构、因果、属性、关系、功能五类。结构思维是根据结构特性来发散的，如二维结构、三维结构等。因果思维是通过寻找因果联系来找寻新的突破点。属性思维根据事物的属性来发现可能性，如密度、颜色、味道等。关系思维是通过思考事物所处的特定关系，寻找相应出路，不一定是唯一的解。功能思维则是综合多种因素，重点放在系统功用上。

2. 联想思维

世界是普遍联系的。联想思维作为联系观点的实际应用表现，是基于联系的本因，做出的有思维轨迹的推断。一般来说，联想思维可以分为相似、接近、对比和自由四种。

相似联想是通过事物相同或相似的特点进行的类推联想。生活中各类事物之间总是存在相似或相同的地方，相似联想将这些暂时的联系进行泛化或抽象概括。客观世界中的相似现象常常会反映在人脑中，因此，人总是下意识地按照相似的规律去认识和改造世界。如果能总结人在认识和改造世界的过程中产生的有效活动，寻找发展过程中主体与客体之间的相似现象的基本规律与内在联系，肯定能帮助我们预见事物未来的发展方向。相似联想在整个探索过程中发挥了向导作用，在创意的形成过程中也有其独特的魅力。

世界上没有任何事物是孤立存在的，也没有什么能脱离系统独自存在于世间。因此，时空上的联想，容易让我们通过经验或者潜意识让其形成连接。比如提到武侠，想起金庸；提到炸鸡，想到薯条。相似联系就像一条项链，环环相扣，一个接一个。

对比联想也就是相反联想，正好与相似联想相反，提到一个事物，就想到与这个事物性质相反的另一事物。

自由联想并不是没有规律、没有逻辑地胡乱联想，它是基于日常思维的积累，在联想时摆脱具体事物的羁绊，充分展示内心的真实面貌。自由联想虽然会占用很多时间，但是自由联想是最具创造力的，往往会有意想不到的收获。

3. 形象思维

"形象"这个概念是以别林斯基（Vissarion Grigoryevich Belinsky）为代表的 19 世纪文艺理论家提出的。形象思维也叫直感思维，是指思维形态为具体的图像或形象，是人的本能之一。

形象思维的特点是形象性、无逻辑性、非精确性以及想象性。

形象性是最基本的性质。形象思维反映的是事物的形象，通过的途径可能是感知、通感、想象等。它是使事物生动、直观、整体地展现的基础。

非逻辑性指的是形象思维对信息加工的方式没有范式和逻辑，它是立体和系统的，可以迅速把握问题。形象思维的结果需要等待逻辑的证明和实践的检验。

由于形象思维的粗线条反映，也导致了它的另一个特点就是非精确性，它只能对事物进行定性或半定量分析，而抽象思维则能进行精确的定量分析。实际生活中，往往需要将两者结合起来使用。

形象思维的创造力，是靠想象性的特点来保证，富有想象力的人通常形象思维和创造力也很强。

4. 逆向思维

逆向思维也称求异思维，是指对现有理论或事物反向进行创新的一种思维方式。它要求思考者反其道而行之，从对立面相反面开始进行探索，找到新的解决思路。

逆向思维具有普适性、创新性和叛逆性的特点。

普适性，指的是其应用范围极广，几乎所有领域都可用。辩证唯物主义的对立统一规律以及矛盾相互转化规律也同样使用于思维中，常规思维没办法解决的时候，进行反向推理可能会有意外收入。逆向思维体现了这种辩证性，要求思考者跳出单向的推理逻辑，从尽头处折返。

创新性是逆向思维最大的改变特征。作为一种特殊的生存智慧，往往能产生出其不意的效果。逆向思维用新观点、新角度、新方法来处理和研究问题，以期产生新的思维。

叛逆性是指使用一种截然不同的对立的方法来分析难题，它能从相互矛盾的表象中分析利弊，转化矛盾。

逆向思维是一种科学但复杂的思维方式，因此，在运用逆向思维时务必对思考的问题有全面细致的了解。以下三种情形适合使用逆向思维。

①新的问题——逆向思维可以解决看似对立，不可能解决的问题；

②长期遗留问题——逆向思维可以突破思维定式；

③特殊问题——特事特办，具体问题具体分析。

5. 系统思维

彼得·圣吉在《学习型组织》一书中写道："自幼我们就被教导把问题分解，把世界拆成片段来理解。这显然能够使复杂的问题容易处理，但无形中却付出了失掉对整体连属感的代价，也不了解行动所带来的一连串后果。"在复杂的管理情境中，局部甚至细节问题可能对整体产生重大的影响。但是局部问题的根源可能是在其他部分，或者受到相互之间、与外部环境之间复杂关系的影响。"只见树木，不见森林"，致力于解决局部或者细节的问题，可能失去了"退后一步审视大画面"的视野，从而既难以理解问题的复杂性，也难以找到解决问题的根本途径。从整体上把握，才能认识到事物之间相互的关系，而这种认识便需要系统思维。

系统是指相互区别又相互联系的若干要素之间，按一定的方式进行有机组合，形成的一个统一整体。也就是说，系统必须是由两个以上要素组成，要素之间、整体与环境之间都互相存在联系。系统是集合的、相关的、整体的、结构的、开放的。系统思维是一种开放、交互、动态的思维方式，综合联系了各类现象或事物。在整个系统中，一个不易察觉的行动或事物都有可能牵一发而动全身，从而导致巨大的影响。因此，系统思维拥有整体性、结构性、开放性、动态性和综合性的特点。

整体性是系统思维的基本特点，它是由客观事物的整体性决定的。它贯穿于系统思维的始终，也体现在结果之中。坚持整体性，必须先系统认识研究对象，也就是把研究对象放到系统中进行考察和把握。之后，需要把整体认识作为出发点和终点。也就是说，思维逻辑的过程应该是：整体把握后提出目标，之后提出实现目标的条件，以及创造条件可选的方案，最后选择方案并实现。

结构性是把系统科学的结构作为思维方式的指导。这一特性强调从系统结构入手，认识系统整体，并找到系统结构的最优解，最后获得最佳系统功能。

开放性也是系统思维的立体表现，它的参照系是广袤的现代科学知识体系，把思维对象放在参照系的交叉点上。在具体操作中，系统思维将思维对象作为一个整体，与其他思维客体进行横向比较，并对思维对象的认识进行纵向发展，进而更全面地把握思维对象。

系统思维的稳定是相对的。任何系统都遵循出现、发展、灭亡的过程，因而系统内部各要素之间，以及系统与外部环境之间，所有的联系都不是一成不变的，会随着时间不断发展变化。这类变化主要体现在两个方面：一是内部的要素结构及位置会随着时间改变；二是系统总是和外部进行物质、能量与信息内容的交换。因此，系统是处于不断演化中的。

系统思维的综合性主要包括两个方面：一是系统整体是由各类要素组成的综合体；二是对系统的研究必须对其内在要素、结构、功能以及联系等进行一个全方位的考察，这样才能从多角度、多结果、多功能上把握整体。

13.3.2 克服心智模式钝化

长期实践与经验的积累，使我们在处理日常事务和一般性问题时可以形

扫码听课 13-6

成"套路"，从而驾轻就熟，得心应手，提高效率，节约成本，使问题高效解决。但面临新情况、新问题时，思维定式会阻碍我们形成新观念、新构想、新点子、发现新事物，成为我们思维的枷锁、前进的羁绊。创新思维强调的就是一个"新"——新思路、新方法、新技术等。培养创新思维的第一步就是打破常规思维的约束。

1. 思维定式

思维定式，也叫"惯性思维"，最早是由德国心理学家缪勒（G. E. Muller）于 1889 年提出的。思维定式是指思考者在思维活动中形成的一种稳定倾向或习惯思维方式。思维定式受社会环境、人文传统以及个人经历、兴趣爱好等影响，一旦形成，就很难改变。这些思维会产生一个强大的惯性来约束和规范我们的思考逻辑，使我们的思考逻辑局限在一个固定的框架中。

思维定式对解决问题有非常重要的意义。在解决问题时，思维定式的好处是可以迅速联想相似问题的解决方案，将新问题与旧问题进行比较，抓住共同特征，用已知的经验来解决新问题，或者把新问题转化为一个熟悉的问题。因此，在日常生活中，思维定式可以帮助人们快速解决问题，提高思维效率。

然而，万事都有两面性，思维定式同样也有消极的部分。长此以往，它使人们在思考时养成了一种千篇一律、机械化、呆板的思考习惯，不利于创新创造。尤其是在环境发生变化时，如果有思维定式，势必对思维创新有重重阻碍。思维定式创造的条条框框，成为了创新的枷锁，妨碍人们找到新的解决方法。

思维定式的种类有很多，最常见的有从众型思维定式、权威型思维定式、经验型思维定式、教条型思维定式以及自我型思维定式五种。

（1）从众型思维定式

从众型思维定式源于从众心理。在社会生活中，人们无时无刻不以各自的方式影响其他人。而个体往往最易受到其他人的影响，从而对自己的认知产生动摇。旁人可以阻碍或促进某个个体完成任务，个体受到的压力也能迫使其接受大部分人的判断。这一现象不仅仅在个体对自己的判断模棱两可的情况下会出现，即使是在答案显而易见的情况下，也会出现类似现象。究其原因，还是因为人们在心理上更愿意相信大多数人的判断，觉得大多数人的知识、信息来源更可靠、更可信，因此大多数人认为的结论正确率更大。因此，在个人判断与大多数人的判断不一致时，个人往往选择跟随大多数，怀疑并修正自己的结果。从众心理容易扼杀创新，一个社会越强调传统，就会有越多的从众思维枷锁。

（2）权威型思维定式

社会需要权威，若没有权威就没有了秩序，社会的稳定是基于人们对权

威的崇拜与服从。恩格斯在《论权威》中提道："一方面是一定的权威，不管它
是怎样造成的，另一方面是一定的服从，这两者，不管社会组织怎样，在产
品的生产和流通赖以进行的物质条件下，都是我们所必需的。"但是，如果走
另一个极端——把权威绝对化，那么对权威的崇拜只会变成一种迷信和盲目
推崇，权威型思维定式也就成了另一种扼杀创新的枷锁。因此，不恰当地引
用权威的观点，不恰当地推崇权威观点，不敢质疑权威，这些都将不利于
创新。

（3）经验型思维定式

人生中会积累大量经验，比如生活感受、实践知识、传统习惯、新奇观
念等。经验在实践活动中扮演了很重要的角色，人们可以依靠经验来指导相
同环境下相同的实践活动，以此提高实践活动的效率。另外，经验也是理论
的根基。理论思维必须基于经验，如果离开经验，那么理论就没有依靠。但
是经验有很大的局限性，它只是在一定的认知水平下，在特定的条件下，对
特定的实践活动有指导意义。一旦拘泥于经验，那么个人的眼界势必会受到
极大影响，从而阻碍创新。在这种情况下，经验型思维定式也就成为了创新
的枷锁。

（4）教条型思维定式

教条型思维定式的人不管实际情况如何，一味从书本出发，书上怎么说
实际就怎么做。实际上，书本知识与经验一样，都有两面性。人们需要站在
巨人的肩膀上才能迅速发展，创新也需要基于必要的知识。然而，如果迷信
书本知识，无视实际情况，用书本知识去硬套现实，那么就会囚禁思想，找
不到出路。创新思维源于书本知识，而超脱于书本，它需要对累积的知识进
行灵活运用，创造出新的东西。因此，书本知识是思维创造的起点，但不能
拘泥于此，应该跳出框架，开拓思维，产生新的想法。

（5）自我型思维定式

在思维活动中，人们总是自觉或不自觉地遵循自己的观点，从自己的立
场、自己的眼光去考虑事情。一个个体的自我型思维定式是以自我为中心的，
一个团队的自我型思维定式是以自身团队为中心的，一个国家或民族的自我
型思维定式是以本国或本民族为中心的，也就是说，特定的主体都是按照自
身为中心来观察和认识世界。对于相同的事物，由于所处的角度、方向、认
知不同，获得的信息也不同。就如盲人摸象一般，要得到更接近真理的答案，
必须摆脱自我设定的框架，才能真正提升创造力水平。

2. 破除思维定式

（1）破除从众型思维定式

破除从众型思维定式，需要"反潮流"。所谓"反潮流"，就是在研究问题

时，能相信自己的认识和判断，顶住压力，不随波逐流，坚持自己的想法，不轻易改变。一般来说，从众思维强的，反潮流能力弱；创新思维强的，反潮流能力强。纵观人类历史，真理往往首先由少数人发现，最终慢慢被大众接受。因此，想要打破从众心理，就一定要做到在进行思维创新的时候，不顾忌他人想法，不以他人观点论是否，这样才能真正做到打破障碍，开拓视野，获得新事物和新想法。

(2)破除权威型思维定式

破除权威型思维定式，需要科学审视权威。首先，需要查看权威是不是本专业的权威，现代社会已经出现"权威泛化"，即把某一领域的权威影响不恰当地扩展到其他领域。一般来说，权威都有专业局限性，超出了本专业的范围，权威便不再是权威。其次，需要审查权威是不是本地的权威，权威不仅受到专业局限，还受到地域局限。不同地域的权威意见可能也不一致。然后，需要审视其是不是当下的权威，知识也是会过时的，随着时代发展在不断更新，不与时俱进的权威也会被时代淘汰。最后，需要审查其权威的可靠性，有些权威是借助一些政治、经济、媒体的力量进行包装出来的，也有一些是真的权威，但出于利益需要，也可能会做出不真实的结论判断。

(3)破除经验型思维定式

破除经验型思维定式的方法是突破经验的框架，将经验上升到理论和逻辑的层面。依据理论知识和逻辑规则进行思考，我们只靠经验是无法掌握事物的一般、普遍规律的，受到经验思维的局限性，只能对事物的个性和特性进行表面联系，不能对事物的内在规律和本质联系进行探索。因此，破除经验型思维定式的关键是需要升华经验至理论层面，才能更全面有效地指导人类实践。

(4)破除教条型思维定式

破除教条型思维定式的关键在于了解事物的本质，学会反思与质疑。对知识的运用需要灵活，不能拘泥于已有的内容。书本上的知识都是源自实践，因此，当实践发生变化时，需要开拓视野，使用新的方法和途径来解决问题。

(5)破除自我型思维定式

破除自我型思维定式的根本在于"跳出自我"，尝试站在别人的立场上重新思考，理解世界上其他的事物和现象。在"我"与"非我"的跳跃之中，可以碰撞出很多新思想和新观念。

13.3.3 TRIZ 创新法

1. TRIZ 的起源与发展

TRIZ 是"发明问题解决理论"的俄文词语首字母的缩写。遵照国际标准

ISO/R9-1968E，将这个俄文单词转化成了拉丁字母，也就是 TRIZ。TRIZ 有两个基本意思，表面是强调解决实际问题，尤其是发明；内在是指由发明实现创新。

1974 年，发明家阿奇舒勒(Genrich S. Altshuller)及其同事通过研究来自全世界上百万个专利，做出了一套理论体系相对完整的"发明问题解决理论"，为 TRIZ 的问世奠定了基础。

阿奇舒勒认为，人们在解决发明问题的过程中采用的科学理论和技术进化法则是客观存在的。对大量发明来说，不仅基本问题相同，而且需要解决的矛盾(TRIZ 中称的技术/物理矛盾)也相同。那么同样的技术创新及解决方案就能被反复应用，只不过领域不同。所以，整理和重组已有的知识就显得尤为重要。如果能形成一套理论体系，就可以用来指导后来者的发明创造。基于此思想，阿奇舒勒与其他前苏联科学家一起，把百万份专利文献与自然科学理论一起研究、整理归纳，最终建立起了一套系统解决发明专利问题的理论与方法体系，也就是 TRIZ。TRIZ 的来源与内容如图 13-8 所示。

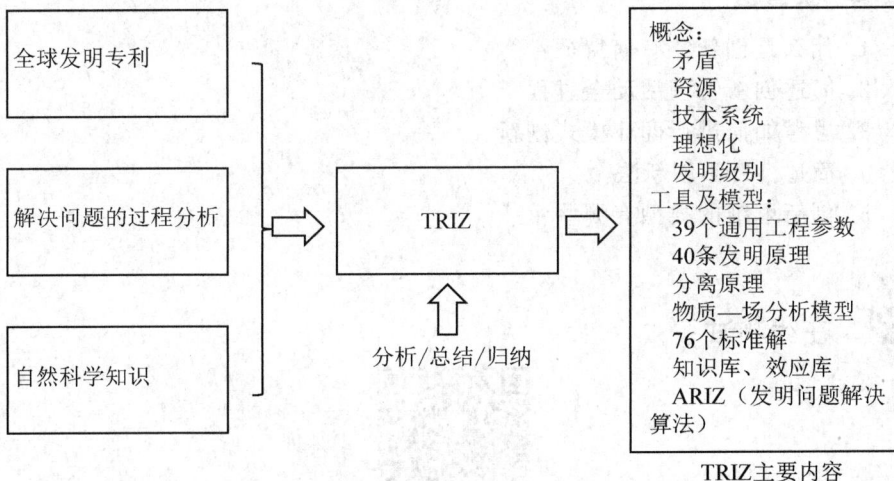

图 13-8　TRIZ 的来源与内容

（资料来源：周苏：《创新思维与 TRIZ 创新方法》，第 2 版，北京，清华大学出版社，2018）

2. TRIZ 核心思想

阿奇舒勒发现，技术进化的过程并不是随机的，而是有客观规律的，这个规律在不同领域不同场合都反复出现。TRIZ 核心思想如下。

(1)在长久的解决发明问题的过程中，人们遇到的各类矛盾及其相对应解决方案，总是重复出现。

（2）彻底解决技术矛盾而不是折中的创新理论与方法数量并不多。而且，一般的科技工作者都可以学习和掌握。

（3）其他领域的科学知识是解决本领域技术问题的最佳原理和方法。

此外，阿奇舒勒还发现，真正的发明专利需要解决掩盖在问题表面之下的矛盾。于是，他规定：区分常规问题和发明问题的重要特征便是是否出现矛盾。发明问题至少需要解决一个矛盾（技术/物理矛盾）。

由于 TRIZ 源自发明专利分析，因此，人们通常认为，TRIZ 更适合解决技术领域的发明专利问题。如今，TRIZ 已经从最早擅长的工程技术出发，逐步渗透到了自然科学、社会科学等多领域中，并尝试解决其他领域遇到的问题。据统计，使用 TRIZ 理论方法，可以使专利数量提升 80%～100%，并且可以提高专利的质量；可以使新产品开发效率提升 60%～70%，同时缩短 50% 的上市时间。

思考题

1. 什么是创新？有何特征？
2. 简述创新管理活动全过程。
3. 思考如何进行商业模式创新。
4. 简述 TRIZ 创新法。
5. 创新思维的类型有哪些？

在线测试

案例分析

第 14 章　问题分析与对策

14.1　问题分析与对策概述

14.1.1　问题界定

1. 什么是问题

问题是什么？在工作和生活中时刻都面临着各种各样的问题。"今天作业怎么写？""明天上班有哪些事？""下周的会议怎么汇报？"……在无数的问题当中，有一个相同点，那就是我们需要拟定解决策略并付诸实施。比如下周的会议怎么汇报？我们要明确需要汇报什么、领导要求了什么、客户要求了什么、我们想达成怎样的效果等，然后基于这些问题的答案来拟定汇报方案。所有的问题都包含了一个要点：存在单一或多种课题，必须拟定解决策略并付诸实施。

为什么会产生问题？我们都知道，问题是必须拟定解决策略并付诸实际行动去解决的课题，比如，下周的汇报可以等下周见机行事进行汇报，也可以提前准备可能发生的问题，那么问题的本质实际上就是我们的期望与现实的落差。问题的本质如图 14-1 所示。

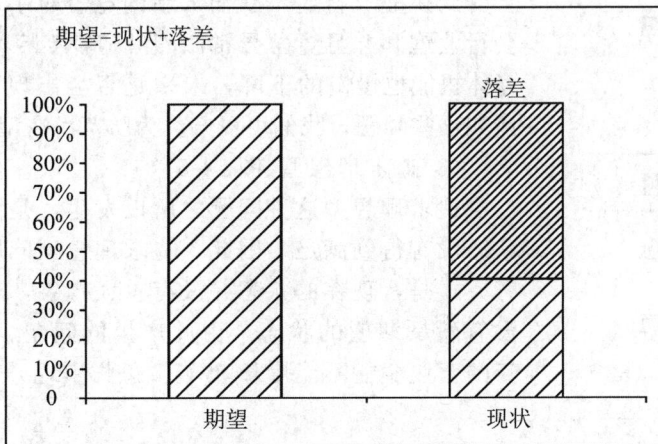

图 14-1　问题的本质

2. 问题的三种类型——恢复原状型、防范潜在型、追求理想型①

根据现状与期望的落差、目标与理想的差距、现在的问题与未来的问题，我们把问题分为三种类型（图 14-2）。

理想	×	追求理想型
现状	恢复原状型	防范潜在型
	现在	未来

图 14-2　问题的类型

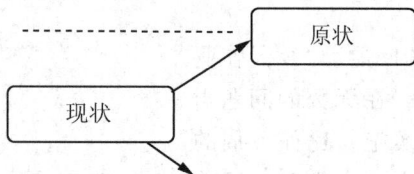

图 14-3　恢复原状型问题

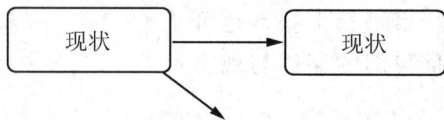

图 14-4　防范潜在型问题

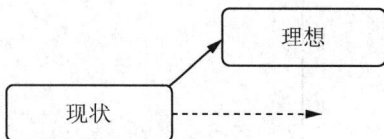

图 14-5　追求理想型问题

（1）恢复原状型（图 14-3）

恢复原状型指的是现在希望恢复成原来的状态，也就是原来的状态就是现在所期望的状态。恢复原状型是现状与过去的状态存在落差，所以要从现状与过去的落差中寻找问题。例如："手机没电了怎么办""汽车的车胎爆了怎么办""销售额能不能恢复到去年的水平"。诸如这些问题，我们可以归类为恢复原状型问题。

（2）防范潜在型（图 14-4）

基于现在对未来的不确定性，在现阶段未发生明显损害，但在未来有可能发生不同类型的结果。针对这些潜在的结果，对未来结果的防范与应对，而产生的问题。例如"职业发展遇到瓶颈，未来的工作是否会受到挑战""行业不断涌入新的竞争对手，未来是否会行业饱和并且竞争异常激烈""随着年龄不断的增长，身体机能也慢慢的下降，未来是否会出现各种问题"。诸如这些问题，我们可以归类为防范潜在型问题。

（3）追求理想型（图 14-5）

追求理想型这种问题之所以发生，是因为现在的状态没有得到满足，因此，追求理想型问题主要的思考方式是，现在的状态并没有重大损害，但由于现状没有满足期望的状态，由此产生的问题。例如："明年的营业额能不能增长 30%""怎样实现升职加薪""如

---

① 资料来源：高杉尚孝：《麦肯锡问题分析与解决技巧》，北京，北京时代华文书局，2014。

何考取博士学位"。诸如这些问题，我们可以归类为追求理想型问题。

3. 问题的界定——"重，急，大，难，新"

（1）重要性

什么是重要的问题？我们可以从影响力进行判断，比如对全局的影响，影响是否够久远，是否够深刻。或者我们可以从事件链的节点属性来判断，比如路径上的瓶颈点、性质上的转化点、程度上的转折点、结构上的分叉点等。这些点能使得事件性质即将发生变化，一般都是重要问题。

如何面对重要问题？一般我们要把重要问题置顶。对重要问题进行最深入的分析和最充分的解决方案设计。针对该问题选派最有全局观、最得力的团队去解决，并且要为重要的问题配置最有力的相关资源辅助。并且，重要问题最好放在可视、可控的范围内去解决。

（2）急迫性

什么是急迫性问题？俗话说"机不可失，时不我待，失不再来"指的就是问题的急迫性，不立刻解决就会错失机会。另一种情况是对后续的工作有先决性影响的事件，这件事不做，后面的很多事都会被影响。

如何面对急迫问题？一般我们分为三种情况：急事急办，急事缓办，缓事急办。一般通过治标为治本赢得时间的事情都需要急事急办。而如果一件事虽然紧急，但不容出现任何差错，这一类的事件则需要慢慢地、细致地去办，谨慎、耐心、细心地处置。还有一种事件本身并不紧急，但如果不及时处理，就会积压和演化，这类事件需要缓事急办，通过及时处理这些有可能演化成大事的小事，清理外围，减轻正面问题的压力。

（3）大小性

大问题是相对而言的大问题，在众多即将处理的问题排序中，相对比较大的问题。

如何面对大问题？一般会有两种策略，一种是抓大放小，在资源和精力有限的情况，优先解决大问题。另一种是大事化小，把可分解的大问题分解成若干小问题分步骤解决。对于不可分解的问题逐层解决，先表层再里层，逐步减小问题的规模，最后直至彻底解决。

（4）难易性

难的问题一般复杂度较高，直接处理会有一定难度。或者处理一个问题会有众多关联问题的并发，存在多个相互交织、相互影响、可能并行的问题，也可能是某个问题的继发或衍生问题。

如何面对难问题？一般需要多方面调研分析诊断，运用多维度的解决策略，如外病内治策略、避实就虚策略、围魏救赵策略、固守待变策略等。

（5）新旧性

新问题是相比于过去曾经发生过的老问题而言的，是过往从来没有发生过的问题。

如何面对新问题？在做好调研分析诊断之后，我们可以穷尽所有的可能性和全部的方案，找出最适合新问题的解决方案，选择最优的方案进行实施。

14.1.2 问题分析

一般来说，解决一个问题的时候通常分为分析判断、制定解决方案、方案实施三个步骤。分析判断一般还可以分成调查、分析、判断三个步骤。

对于恢复原状型问题，分析判断的目的在于找到问题对象存在何种主要问题或短板，可能导致哪些后果，问题的主要原因是什么，它的可能演化机理又是什么，帮助问题对象药到病除，恢复原状。对于防范潜在型问题，分析判断更多是关于问题对象处在何种可能的困扰、威胁、潜在风险当中，应采取哪种优化、改造、改善和预防措施，帮助问题对象做好保健，防范潜在风险。对于追求理想型问题，则更多是关于问题对象存在何种可能的发展机会，应该优先建设或发展哪些领域、哪些项目，其发展前瞻如何，帮助问题对象做好成长，追求到自己的理想。

1. 调查

调查是获取数据、获取事实的过程，但问题解决的三个步骤并不是依次进行的，不是先做调查，做完调查做分析，做完分析做判断。做分析的时候，很有可能因为数据或事实不够充分，需要补充或更新数据，在做判断的时候，也很有可能因为判据不足，需要补充或更新分析，或者判断结果不适用，需要修改，这些都需要重新回去做分析，甚至重新做调研再做分析。所以，整个调查贯穿发现问题的全部过程，因为任何问题都需要以事实和数据为基础。在调研事实和数据过程中，应当尽量保证其真实、可靠、充分、及时，关联度高。对于二手数据也需要做相关核查，对于破碎的资料，事实和数据，如果有机会，尽量做多源数据的核查，相互印证，力争还原事实。

2. 分析

进入到分析和判断环节，仍然需要不断地完善数据，并且仅仅有数据是不够的，数据应该转化为信息才能成为判据。在做数据转化的过程中应该做到数据形式化，即一致的、可理解的表述。以及数据有序化，即符合一定的规律，如分类、排序、截面等。以及数据结构化，即数据之间的关联关系或因果关系。将数据信息化之后，再通过信息不断分析挖掘，将信息知识化，有利于更好地做出判断。

3. 判断

判断一般分为实证判断和逻辑判断，实证判断是在信息不充分的时候，我们为了尽快得到分析结果，通常会先进行假设，"问题可能是……"然后通过相关统计工具，获得合理的数据后对假设进行证实或证伪。逻辑判断是通过事实进行逻辑推演，得出结论，问题是什么，或问题不是什么。如果总是没有办法解释事实的逻辑，则有理由怀疑判据有问题，再通过反复调查分析寻求判据的合理性。

14.1.3　问题对策

1. 问题对策的规划

在确认问题根本症结的基础上，大部分解决方案需要自上而下的规划思路，并针对问题提出系统性的解决方案。有时候局部问题的解决方案之和并不等于好的总体方案，需要用整体性系统性的视角看待问题。思考通过解决问题需要达成怎么样的长期效果，改善后的长期政策是怎样的。

2. 三类问题的对策——恢复原状型、防范潜在型、追求理想型

（1）恢复原状型

恢复原状型问题的期待状态是恢复到原来的状态，但为什么会产生恢复原状的诉求是值得分析的，也就是要找出真正的问题原因。有些时候，我们只看到了问题的表象，如果只解决表面的问题，结果只能治标不治本。

解决恢复原状型问题，最重要的就是分析原因，在大多数情况下，如果找不出发生不良状态的真实原因，任何策略都是一种紧急策略，问题并没有被真正解决。所以需要问题解决者清晰而冷静地对待问题，要尽可能全面又确切地了解问题的全面状况。其次，从掌握现状和分析原因中不断做逻辑推理，通过现状与原状的每个细节的对比分析，找出其中的关联关系或因果关系。最后再去除干扰因素，就是在其他情况一致下，看似因果而非直接因果关系的干扰因素。找出真正问题原因，对解决恢复原状型问题就完成了最重要的一步。

（2）防范潜在型

防范潜在型问题关注的是潜在的问题，但它很可能是不起眼或被忽视的问题，也很可能在现阶段不是问题，但在未来是一个问题。比如手机用了很久没有清理了，手机容量占用比越来越高，我们如果没有及时的清理，后续手机就会慢慢变卡影响接下来的功能。为了防止它未来变卡，我们需要及时发现并及时清理手机垃圾。所以防范潜在型问题最关注的就是做好预防策略。

预防策略一般分为两种，第一种策略主要先从现状中找到并确定必须注意的因素，然后假设这些注意事项发生后会怎样处理。列出因素的优先级，最后应对注意的因素拟定防范解决策略。第二种策略是先假设不良状态已经发生，然后试着向前一步一步推断可能诱发的原因及优先级，最后针对可能

的诱因拟定防范策略。

(3)追求理想型

追求理想型问题一般是现状和期望有明显的落差，更希望能够在未来达成理想状态的问题。追求理想型问题需要明确最终的目标，比如要想拿到研究生证书需要分几步，每一步不做好都不能到达最终的理想。提前计划研究生入学考试的备考准备，提前面试，做以往的真题及准备考试，参加入学考试。完成研究生阶段的上课学习和期末考试，论文答辩。每一步都是上一步的关键承接，追求理想型问题最关键的因素是目标确定后分步骤地实施。

实施步骤首先要设定理想的期限，列出必要条件及相应优先级，学习相关技术或知识，最后就是按步骤有效率地实施。

3. 解决问题的注意事项

(1)解决问题的切入点

一般解决问题的切入点主要是热点、痛点、难点、敏感点和关键点。

①热点：一般情况下是阶段性的中心工作。解决方案既要立足于长期治本，也要策略性地治标，因而必须迎合问题对象短期需要而进行项目规划和组织推进。热点项目需速战速决，立竿见影，有利于全面推进方案。

②痛点：一般是对问题对象负面影响大、刺激性强的点。解决方案可以从痛点切入，可以缓解或止痛，但未必能从根本上解决问题。

③难点：难点一般是久拖不决或久治不愈的问题。解决方案要做到慎重决断，全面布局，精准出手，并保持韧性和定力。

④敏感点：一般是作用显著的点，有点类似于中医中的穴位。找到问题的发生、演化机理和关键的影响因素，是解决敏感点问题的关键。

⑤关键点：一般是对于整体问题成绩影响处于系统瓶颈位置或薄弱位置的问题。解决方案一般可以从非关键点上获取冗余资源，配置到关键点上以获得关键位置的成绩改善。

(2)解决问题的结构化

解决方案的整体要有逻辑性，各部分之间要有结构化，各部分相互之间的关系也要清晰易懂。一般分为过程结构化、组织结构化、任务结构化、资源结构化。

①过程结构化：一般是按照解决方案的生命周期制定解决方案。比如问题描述、问题分析、方案规划与设计、方案评估、方案修正、方案实施、方案的评价与改进等步骤。

②组织结构化：一般是解决问题的各方面参与者对应关系。比如决策主体、执行主体、监督考核主体、培训辅助主体等。

③任务结构化：要理清任务的过程属性，比如任务的种类、目的、方法

和考核标准，以及任务之间的承接关系与时间关系等。

④资源结构化：要理清资源的各类属性，包括资源的种类、各种类的数量及配比关系、目前的状态和位置、获得方式等。

（3）方案实施的过程管理

过程管理指的是在解决方案实施的每一个过程中都要进行质量控制，通过每个过程细节进行控制管理，从而达到全面质量管理。过程管理帮助问题对象确保方案实施中的资源投入和能力投入足额到位，实施中的各种关系得以梳理和调整，实施质量达到方案设计的要求。

14.2　问题分析与对策方法

14.2.1　结构化研讨

1. 结构化研讨概述

结构化研讨是针对组织中的特定问题，以群组形式，按照一定的程序和规则，综合运用多种工具，群策群力进行问题分析与解决的一种有效组织形式。针对群体研讨往往出现的研讨障碍：领导职务高的先发言，限定研讨基调；轮流发言，缺乏互动与交流；专家优先，忽视集体智慧；过于关注记录和陈述，舍本逐末；有的人思维发散长篇大论，占用了大量团队研讨时间。讨论逐渐偏离主题，发生群体偏移或群体迷思现象。结构化研讨特设定了清晰的研讨规则：发言权力人人平等；积极主动贡献观点，观点一经出口就属于团队，不再属于个人；赞扬队友，鼓励发言；不打断别人发言，不进行批评；发言者不长篇大论，抓住要点，言简意赅；准时到会，情绪饱满；经常转换团队研讨的角色，多角度换位思考问题。

扫码听课 14-1

2. 结构化研讨的优点

（1）课题来源于成员，有利于研讨现实价值的提高

在结构化研讨中，研讨课题由成员提供，通过民主投票的形式，从中选出成员最关心的、实际工作中急需解决的课题进行深入研讨，有的放矢，既能激发成员的学习积极性，充分挖掘成员潜能，又能真正为实践提供重要的理论指导，大大增加了研讨的实践价值。在研讨中成员提出的各种思路、想法、建议，也可以为其他成员提供借鉴和指导。

（2）强调成员参与，有利于研讨效果的提高

结构化研讨能够引导成员在学习中研讨，在研讨中学习，激发成员的参与意识和主观能动性。在研讨中，领导者或学习教练定位为"研讨的设计者、

引导者和管理者"，其作用主要在于组织、诱导和催化，而不是简单的知识传授者。在整个研讨的过程中，最核心的指导思想是通过学习教练的催化，促进成员的"悟"，最终达到最佳学习效果。

研讨的课题来源于成员，都是成员在实际工作中感兴趣的问题，这就更激发成员的参与热情。在研讨中，每一位成员根据自己的专业知识和实践经验，分别从问题的一个侧面提出自己的观点和看法，逐渐显现出事件的全貌和真相。学习教练引导成员通过民主的方式梳理各种因素，聚焦核心问题，问题的症结也随之清晰起来。

（3）转换思维方式，有利于成员能力的提高

培养成员正确的思维方式，帮助成员树立辩证的、客观的、全面的分析问题的方法，也是结构化研讨的一大优势。在传统的研讨中，成员习惯于使用垂直的思维模式，每个人的发言都是从问题到原因的一体概述，成员之间缺乏充分沟通交流。结构化研讨则要求引导成员进行水平思维，即在一段时间内，大家都来查找具体问题，然后针对这些问题集中分析原因，最后再一起提出对策建议。这种研讨方式实现了垂直思考与水平思考的融合，能够培养成员的立体思维。

研讨小组在研讨过程中，合理运用头脑风暴法、鱼骨图法、树状图法、团队列名法等工具进行深入研讨。这是一种相互启发和借鉴的模式，构建了一种经验共享的学习模式。在研讨过程中，成员之间会有不同的观点，这些观点相互碰撞，可以激发成员的发散性思维、逆向思维、创新思维，这对于提高成员的创新能力、分析实际问题和解决问题的能力具有十分重要的意义。

3. 结构化研讨的特点

（1）研讨问题确定方式结构化

研讨问题来源于团队成员，在结构化研讨的过程中，研讨小组采用民主的方式确定讨论的课题。课题一旦确定，研讨小组中每一位成员都要围绕这一课题开展研讨。

（2）研讨成员组织结构化

研讨成员按照一定的规则分为若干个角色：小组长负责组织研讨，明确团队研讨工作任务和目标，使团队注意力集中在问题上。保证全体参与，充分发表意见。促进讨论交流，达成一致；核查员负责研讨过程纠偏，制止争论和闲谈，提醒使用什么工具，控制时间进程；书记员负责重要内容的记录和整理；这些角色职能清晰，从组织上保证研讨方向不跑偏，研讨规则得以很好遵守。

（3）研讨流程结构化

结构化研讨要在学习教练的引导下，围绕研讨课题逐步深化开展，先选

择问题、定义概念，然后分析现象，寻找症结，最后提出建议，形成方案。这种分步骤、结构化的研讨，要求严格按照每一阶段的要求进行研讨，达到群策群力、献计献策的目的。

问题分析工具很多，包括头脑风暴法、六项思考帽、团体列名法、四副眼镜法、SWOT 法等，本章介绍头脑风暴法、六项思考帽法和团队列名法。

14.2.2　头脑风暴与六项思考帽

1. 头脑风暴法

扫码听课 14-2

头脑风暴法(Brain Storming，BS)又称脑力激荡、智力激励法等，是美国创造学家奥斯本于 1939 年首次提出、1953 年正式发表的一种激发性思维方法。头脑风暴法通过创造自由愉快、畅所欲言的氛围，针对某一主题让所有参加者自由提出点子或想法，并以此相互启发、相互激励、引起联想、产生共振和连锁反应，从而可以诱发更多的创意和灵感。其目的是通过找到新的和异想天开的解决问题的方法来解决问题。头脑风暴法的操作步骤如下。

(1)第一步：明确头脑风暴法小组的组成

小组一般以 5～10 人为宜。小组中不宜有过多行家，以避免在头脑风暴过程中有过多的评价，难以形成自由奔放的气氛。小组成员最好涵盖不同的学科背景和工作经历。

(2)第二步：热身

这一步骤主要是针对不熟悉头脑风暴方法的团队而实施的一步，在正式进行头脑风暴前召开一个预备会议，以营造一种有助于头脑风暴的气氛。

(3)第三步：确定议题

议题应尽可能具体，最好是日常工作中遇到的亟待解决的问题，目的是进行有效的联想。议题应由主持人在召开头脑风暴会议前告诉参与者，并附加必要的说明，使参加者能够收集确切的资料，并且按照正确的方向思考问题。

(4)第四步：提出设想

①各抒己见：主持人或领导者重新叙述议题，要求小组成员讲出与该议题有关的设想。发言要简明扼要，不需要做任何论述，即使是一句话的设想也可以。

②激发思考：在小组人员提出设想的时段，主持人必须善于运用激发思考的方法，场面轻松。任何发言者都不能否定和批评别人的意见，只能对别人的想法进行补充、完善和发挥。

(5)第五步：记录设想

这一步骤实际上是与提出设想阶段同时进行的。记录人可以是组员也可

以是其他职员。记录下来的设想是进行综合和改善所需要的素材，所以必须放在全体参与者都能看到的地方，因此要使用黑板。

（6）第六步：评价

小组人员对设想进行评价和选择。

2. 六顶思考帽法

思考最大的问题在于混乱。我们在思考的过程中常犯的一种错误是，总试图一次性解决所有的问题。情感、逻辑、创意、信息等，一股脑涌入到思考中，就容易使思路乱作一团。六顶思考帽的方法就是帮助思考者一次只思考一个方向的问题，帮助思考者区分逻辑和信息等问题，每次只戴一顶帽子采纳特定类型的思考方式。尤其在工作会议中，往往会出现会议过程偏离主题的讨论，六顶思考帽能够帮助日常工作生活中提高效率，事半功倍。

（1）蓝色思考帽：掌控思考、专注、程序设计、归纳与总结、控制与监控

蓝帽是控制的帽子，蓝帽思考者负责控制思考本身。蓝帽就像指挥家，指挥大家使用其他思考帽进行思考。在会议或者讨论中，蓝帽思考负责定义思考的主题，确定焦点和问题，还要监督思考进程，维持会议纪律，确保思考者都能够遵循既定规则，并且在出现争论时负责及时制止。蓝帽在会议中可以根据会议进程，要求思考者更换思考帽。蓝帽的一个重要功能就是"摄像"，记录会议中的思考过程，最后进行总结和综述。

戴蓝帽的通常是会议主持人、协调人或领导者。同时在具体的会议中，尽管蓝帽指派给了其中任何一名成员，其他参与者仍然可以提出关于蓝帽思考的建议或评价。

（2）白色思考帽：信息、事实和数据、真理、中立、客观

白帽是中立的帽子。可以把白帽想象成一张白纸，在白纸上进行打印，我们关注的就仅仅是纸上的信息了。所以在戴上白帽时，人们关注的就只是信息了。目前有哪些信息？还需要什么信息？遗漏了哪些信息？如何获取所需要的信息？信息包括能够被检验的确切的数据，也包括情感等不能被检验的模糊信息。

白帽象征中立，从实际出发，戴上白帽的思考者就要求以中立客观的方式拿出数据。比如戴上白色思考帽的回答"有60％的顾客认为我们的产品价格较高，20％的顾客认为我们的产品质量很好，还有20％的顾客明确表明会再次回购我们的产品"，像"大体上""偶尔""有些"这类词语，也可以作为白帽的输出信息，前提是在特定的框架范围内。比如"关于为什么要辞职，戴上白帽思考的话，工资和以前差不多，职业生涯大体上看不到什么发展，工作也没什么挑战性……"。

（3）红色思考帽：表达情绪与情感、直觉、感性

红帽是感性的帽子。戴上红色思考帽可以表达自己的情绪、直觉、感受，

可以没有逻辑也可以不客观，更不用证明其是否合理。当然，一场严肃的会议绝不会允许不合理的思考出现，但是红帽的存在就是为了能够让人们表达当时的情感，或许过半小时以后，人们的情感、情绪又会发生不同的变化。红帽的目的是表达当时的情感，而不会强迫思考者做出决定或者判断。

红帽就像是白帽的对立，红帽的思考只关乎情绪和情感，给了人们可以公开表达情绪的机会。如果没有红帽的存在，情绪并没有消失，而是以一种不被我们知道的方式影响我们思考。任何想要表达情绪、直觉的思考者都可以戴上这顶帽子，红帽也给了他们一个可以大胆表达的公开平台。红色思考帽鼓励思考者找到情绪的真相，找到其中掺杂的情感。

（4）黄色思考帽：乐观、充满希望、积极思考

黄帽是阳光的帽子。戴上黄帽就预示着要从积极的思考出发，在其他成员提出建议时，寻找任何可能存在的积极的方面，将创意尽可能地实现。人们天生就有规避风险的特质，某一个新的创意和想法提出了，我们往往会想到的是这个新的想法会对目前的情况造成何种影响和冲击，这跟黄帽的思考天然相对，所以黄帽也是六顶思考帽中比较难戴的帽子。

我们要培养一种"价值敏感性"，也就是说，对价值要像当前对待危险一样敏感。黄帽之所以重要，是因为它促使人们花更多精力去寻找价值，这也是为什么当有些人戴上黄帽以后会有很多惊喜感，就是因为一开始看起来枯燥的点子变得有趣了起来。黄帽的魅力就在于，即使再平常的创意，我们也能努力发现其中的价值。

综上所述，黄帽也是以逻辑为前提的，对于我们发现的价值，我们肯定要给出相应的理由。有何种价值？对什么有价值？怎么体现其价值？如何价值最大化？还有没有其他的价值？只有能够明确地说明其原因，才是黄帽的思考。否则只是觉得，或者感受，就是戴的红帽而非黄帽。

（5）黑色思考帽：谨慎、小心、冷静、严肃

黑帽是谨慎的帽子。在六顶思考帽中，黑帽是被用得最多的帽子。黑帽的一个重要特点就是对即将发生的事物进行风险评估，阻止人们做危险、有伤害的事情。我们必须知道我们要避免哪些伤害，哪些方法行不通，而哪些又是我们赖以生存的途径。纵使有再多的创意和想法，一旦发生了不可逆转的错误，也都会前功尽弃。

如上所述，黑帽可以说是六顶思考帽中最重要的帽子，但是也要避免在思考过程中过度使用，毕竟批判比创新要容易得多。就好比在工作中有人提出了新的工作方法来提高工作效率，如果这个方法会改变我们日常的工作习惯，我们一定会想方设法找到其中的不妥之处。

（6）绿色思考帽：生机、肥沃、创造性、丰富

绿帽是能量的帽子。戴上绿帽时会要求提出与众不同的创意，绿色思考

帽的特点就在于，要求每个人都参与到创造性的工作中来。创意不再是特定人群的事，戴上绿帽的每个人都可以是创意人士，都可以迸发出不同的点子。

使用绿色思考帽的人都被期待做出一些新鲜的创意，当人们面对期待的时候，也会更加努力，从而本来不擅长创意的人，在一次次努力下，也和其他人一样具有创造力了。戴上绿帽可以提出任何可能性，可能性在思考中有着非常重要的作用。正是有了可能性，人类的生活才得以进步。

经过多年以来六项思考帽的实践，越来越多的组织和个人对这一思考方式加以青睐，并取得了显著的效果。一是效率的提高。通过六项思考帽法，团队中成员的智慧被充分发掘，并且大家都往同一个方向努力。二是时间成本降低。所有人都向同一方向看齐，不再偏离中心的发言，不再盲目争论，一切都在不同颜色帽子的控制之中，由此节省了大量的时间。三是全局观念的增强。在六项思考帽的指挥下，人们不再关注自我需求，而是对发生的事物做出客观的评价，摒弃了自我观念。

扫码听课 14-3

14.2.3 团队列名法

1. 团队列名法的概念

团体列名法是一种问题讨论和决策的现代方法。是一个团队思维集中的过程，常用在需要多项选择时。团队所有成员按照自己认为的重要程度对所有表述的意见选择前若干项意见依次排列，投票、计分、汇总，得到团队讨论和决策的意见。

这种方法能够最大限度地收集团队成员的意见，使每个人意见得到充分的表达；能够很好避免个别人控制会议；相比票决法，在多项选择时，有权重的打分更准确体现团队意志；该方法还能体现出团队决策不仅能提高决策的成功率，在出现错误时，集体承担责任。

2. 团队列名法的特点

团队列名法是以问题研究为中心，以互动为主要方式，以团队合作为保证的问题分析研讨方法。

（1）它不是由领导者将已有的知识、思想、观念单向灌输给成员，而是由团队组织成员探讨未知的问题，这些问题都是成员自身需要、岗位需要、感兴趣和认为重要的问题。

（2）它以全体研讨者互动为主要研讨方式。与过去专题讲授后仅有几个成员提问与答疑不同，团队列名法为每个研讨者、学习小组都提供了3~5次甚至更多的发言机会。

（3）它是以团队合作为保证。它要求每个成员和小组都必须明确自己的角色与任务，充分发挥团队精神。

3. 团队列名法的操作步骤

（1）第一步：主持人发言

主持人陈述并澄清所要讨论的议题，说明研讨的规则。规定时间并安排计时员和记录员，鼓励所有人思考。

（2）第二步：个人独立思考

规定独立准备时间，也就是每个人需要提供的观点数量。小组成员思考并记录自己的观点。

（3）第三步：个人发言

按顺序轮流发言，每个人一次只讲一条，没有意见的或者别人说过的就略过去。每个人在陈述时，不允许其他人发表意见，但允许进行澄清。所有发言写在便笺纸上，每一张便笺纸上只写一条意见，贴在一张大白纸上。

（4）第四步：小组讨论

小组内部逐一对便笺纸上的每一条意见进行讨论，可以澄清、合并，如有新的意见也可以补充进来。所有意见梳理完成后，可以进行意见的整合。

（5）第五步：小组决策

所有成员根据自己认为重要和准确的程度从全组列出的意见中选出若干条，并排列打分。

全组把分数相加，选出得分最高的若干组，即为集体意见。

（6）第六步：宣布结果

回顾研讨过程，并重申决策过程。明确下一步行动。

14.3　问题分析与对策工具

14.3.1　思维导图

人从一出生开始，大脑就开始积累庞大的数据和信息。人的大脑有1 000多亿个神经细胞，每天能记录生活中大约8 600万条信息，思维导图的思考方法除了能够使大脑加速信息的累积以外，还能帮助大脑系统地、分层分类地对信息进行处理，促进大脑对这些信息进行管理，提高大脑的运作效率，从而使得这些庞大的信息在我们的工作和生活中发挥更大作用。

1. 思维导图的概念

思维导图（The Mind Map）的创始人是英国人东尼·博赞（Tony Buzan），他是著名的大脑、学习和思维技能等世界级作者、演讲家。他在20世纪50年代提出思维导图思考方式，目前已经在人们的学习、工作和生活中被广泛应用，"思维导图"也被称为"瑞士军刀"般的思维工具。全球有超过 2.5 亿人通过思维导图改变了思维习惯，包括伟大的科学家、物理学家爱因斯坦。

思维导图是围绕一个中心主题开展的，从中心词语延伸出去的每个分支词语或图像，形成一种无穷无尽的分支链，但是这些分支又紧紧围绕中心主题词语。这是一种有利于打开大脑潜力的图形技术，在现实的工作、生活和学习中，人们往往会强调这种思维方式，用来整合发散性思维和信息，系统地、有组织地收集数据和资料，更加清晰地进行思考。思维导图有以下四个基本特征。

(1)注意的焦点清晰地集中在中央图像上。

(2)主题作为分支从中央图像向四周放射。

(3)分支由一个关键图像或者印在线条上的关键词构成，比较不重要的话题也以分支形式表现出来，附在较高层次的分支上。

(4)各分支形成一个相互连接的节点结构。

思维导图还可以用色彩、图画、符号等不同元素来加以修饰，增强视觉效果，使其更具趣味性，更美观，更独特。而这些形式也会增强绘制者的创造力，更加有助于增强回忆这些信息时候的记忆力。思维导图之所以备受青睐，是因为它能从根本上帮我们解决在工作、学习中对于理解和记忆的难题。思维导图具有图形化、简洁化的特征，能够帮助我们快速回忆起关键信息，符合我们发散性思维的思考方式。思维导图模型如图 14-6 所示。

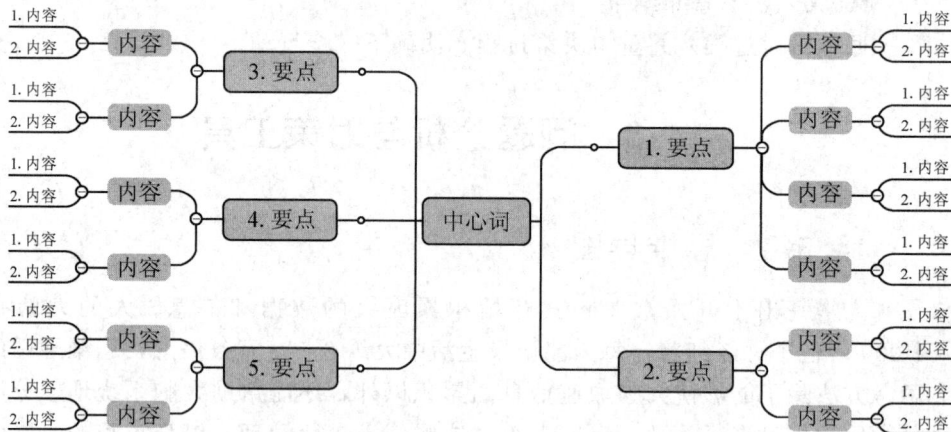

图 14-6 思维导图模型

2. 思维导图的制作

(1)步骤一：写下中心主题，画出中心图像

首先准备一张白纸，横向放置，从白纸的中心开始绘制独特且能表达中心主题的图像。中心图像要用三种以上的颜色，越立体有层次感越好，因为

色彩更能刺激我们的大脑，图像越独特、丰富，越更具吸引力，更突出，也更容易被大脑记住。

（2）步骤二：扩展分支，扩充层次

思维导图都是放射式的，离中心图像越近的分支，内容越重要。画分支时通常从中心图像的右上角开始，顺时针方向依次绘画，阅读思维导图的顺序也是如此。先把中心图像关联的分支画出来，之后再对每个分支进行细化。

（3）步骤三：记录关键词

关键词通常是名词，占总词汇量的 $5\%\sim10\%$。使用思维导图比传统记录的方法字数要少得多，这也意味着用思维导图的方法来进行记录将会比用传统方法节省很多时间。关键词在书写时用印刷体写，方便辨识，写在线条上方。同时运用联想的方法将词汇"图像化"加强记忆。

（4）步骤四：连线

延伸的连线与写的关键词长度相等，过长浪费空间不够美观，过短则看起来拥挤。同时要保证每条连线与前一条连线首末相接，从中心向四周扩散。连线的衔接是为了在我们回忆思维导图时，思维也是连接的，不被断开。

连线从中心到分支，由粗变细，中央图像的线条更粗一些，线条到分支则变细，就像树干和树枝一样。从中心词延伸出来的分支最好不要超过 7 个，因为大脑的短时记忆一次只能记住 $5\sim9$ 个信息片段，太多的分支不利于我们记忆和理解。

（5）步骤五：颜色装饰

不同的颜色是为了增强我们的记忆力和提高创造力。一张五颜六色的思维导图要比黑白色的思维导图效果好得多。

（6）步骤六：使用代码

代码可以画三角形、圆圈、五角星、对钩等，能够让我们在思维导图的各个部分快速建立联系，无论它们分布在哪个区域。代码能够节省时间，不同的代码可以代表不同的人或事件，可以通过颜色和层次来强化它，当同一个词汇出现在两个以上的分支上时，通过代码能够让我们更便于发现它，也能够方便我们对此进行分类整理。

3. 思维导图的运用

（1）自我分析

思维导图充分利用了大脑思考的技能，利用思维导图可以对自己做一个全面系统的分析。在充分自我分析的基础上，我们也就很难再做出违背自己本意和需求的决策，从而避免了在工作生活中令我们不愉快的决定出现。制作自我分析的思维导图主要有以下几个步骤。

①步骤一：选择合适的环境。首先要确保房间的温度适宜，最好是自然

光线，有足够的新鲜空气和适合的摆设，可以播放轻松的音乐或处于安静的氛围，这些都有助于让自己的精力更集中。良好的准备能够让自我分析工作更投入、更深刻。

②步骤二：进行快速思考。中心图像尽量丰富立体，要充分涵盖自己的想法，然后做一个快速的放射式的思维导图。把自己所有的想法都绘画出来。

③步骤三：细化和重构。选择主要的分支进行细化成熟的思维导图制作。一些基本的概念包括：个人情况、长处、弱点、喜欢的事物、不喜欢的事物、长远目标、家庭、朋友、成就、爱好、工作、责任、情感等。

另外一个基本概念的分支主要与将来的发展方向有关。包括：学习、知识、商务、健康、旅游、休闲、文化、雄心、问题等。完成这些分支的思维导图，就是自我分析的一面镜子。尽量让自我分析的思维导图更具艺术性、更美观，这样也有利于我们对自我分析的思维导图反复复习和强化。

④步骤四：做出决策。当我们面对着所有的信息和想法都在面前的思维导图，再对自我相关的事情做出决策时，就变得更加客观，使自身未来的计划和安排也更加精确。

（2）解决问题

首先，思维导图有助于我们解决自身的问题。举个例子，有些人平时可以侃侃而谈，但上台面临公众演讲时就会特别紧张。这时我们就可以运用思维导图的方式，把所有可能导致紧张的原因都展现出来，然后一一对这些原因进行分析，把解决的行动和办法想出来。可能到最后我们会发现事情的本质跟我们以为的根本不一样，多次出现在分支的关键词是其他词汇，这时我们就要推翻之前中央图像里的"紧张"，把新的关键词放在中心，重新绘制思维导图。

其次，思维导图可以解决人际关系的问题，通过思维导图可以避免我们在人际关系中存在消极或者偏见的想法，导致不能够完全理解对方的观点。思维导图鼓励参与双方坦诚相待，增进彼此的了解，也有助于加强伙伴之间的联系。使双方在沟通相处起来更轻松，也更尊重对方的意见。当对自己有了客观的分析以后，也会发现我们在人际关系问题上，解决问题更容易，更有效率。

思维导图不仅对个人、家庭、人际等有指导作用，对我们的未来、职业发展等方面都有良好的促进作用。

14.3.2 鱼骨图与树状图

1. 鱼骨图

（1）鱼骨图的概念

鱼骨图是由日本管理大师石川馨先生总结出来的，故又名石川图。它是

一种透过现象看本质的因果分析工具，因其形状如鱼骨，所以又叫鱼骨图。鱼骨图的主要作用在于能够识别潜在的导致问题和结果的原因，并将改进的努力集中在导致问题的原因上。

（2）鱼骨图的操作步骤

①第一步：决定小组议题。用一个完整的句子来描述小组要聚焦探讨的议题。如："在实际业务的开展中，什么是阻碍战略顺利落地的主要原因？"

②第二步：梳理思路。先不交流意见，每人思考 5 分钟，并在笔记本上梳理思路。每人将自己认为最关键的 2～3 条原因，用简洁的陈述句写在即时贴上，一张即时贴上只写一条原因。

③第三步：问题澄清与归类。全部组员写出即时贴摊开贴在白板上的信息集合区（图 14-7）。组长牵头将每张即时贴逐一移动到信息澄清区（中间大白纸上的圆圈中），看是否每位组员均能理解每张即时贴上的信息。如有不明之处，由写出这张即时贴的组员进行解释，必要时重写一张表述更为清晰的加以替代。

对于经过澄清移动到信息归类区（右侧大白纸）上的即时贴，找出属于同一领域、同一类别的放在一起，用红色白板笔在即时贴上给各类别写出一张类别标签。

在此过程中，如发现有两张或以上所描述的内容基本一致的原始即时贴，仅保留一张。

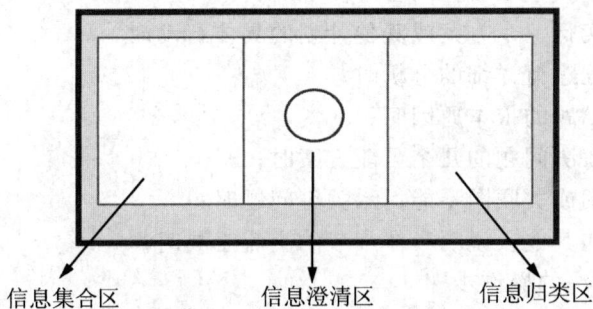

信息集合区　　　　信息澄清区　　　　信息归类区

图 14-7　信息集合区示意图

④第四步：制作鱼骨图。用红色白板笔在整幅大白纸右端中间位置写下本轮研讨的议题，并用长方框框起（鱼头）。用黑色白板笔从长方框左边线中点向整幅大白纸左方延伸一条水平线（主刺）。将各个类别标签与主刺平行地分布在大白纸上下两边，用黑色白板笔从类别标签所在位置向主刺画出斜 45°的直线（大刺）。将原始即时贴沿相应类别下的大刺左右均匀分布，并用黑色白板笔划出每张即时贴与大刺相连的直线（小刺）。

⑤第五步：聚焦关键原因。小组成员每人有五票的投票权限，这五票按

5、4、3、2、1的权重递减分值，根据自己对各条原始信息的认同度，用铅笔将分值写在自己选中的各张即时贴上。之后对每张即时贴上的分值进行加总，根据每张原始即时贴所得总分的高低，进行重要度标记。

⑥第六步：完成鱼骨图。将得票最高的三张及时贴上的信息，用黑色白板笔简要概括在大白纸上的空白处。

请小组记录人将得票最高的前三张即时贴上的内容抄写在笔记本上备份。

对总分较高的信息及其所在类别予以重点关注，并作为后续研讨中重点展开的参考线索。

用胶棒将所有即时贴在大白纸上粘牢，以免遗失。

完成鱼骨图后，小组成员在鱼骨图空白处签名并标注完成日期。

2. 树状图

(1)树状图的概念

树状图又名系统图，是从一个节点出发，展开两个或两个以上分支，然后从每一个分支再继续展开，依此类推的一种工具。它拥有树干和多个分支，在形状上很像一棵树。树图通常是用来将主要的类别逐渐分解得越来越详细，绘制树图有助于思维从一般到具体的逐步转化。

(2)树状图法的适用情况

①当主题已知并且泛泛地给出，而需要将其转化为具体细节时；

②当寻求达成一个目标的合理步骤时；

③当策划实行一个方案或其他计划的具体行动时；

④当对过程进行详细的分析时；

⑤当探究问题的根本原因时；

⑥当评估解决问题的几个可能方案时；

⑦当亲和图或关联图不能揭示关键问题时；

⑧当作为向其他人说明具体细节的交流工具时。

(3)树状图法的操作步骤

①第一步：决定小组议题。用一个整句来描述小组要聚焦探讨的议题，"如何解决……的问题"。将议题用红色白板笔写在一张即时贴上，置于中间大白纸的顶部。

②第二步：梳理思路。先不交流意见，每人静心思考5分钟，并在笔记本上梳理思路。

每人将自己所想到的解决方案的简要概述，写在逆时针旋转90°的即时贴上(将即时贴纵向使用，有胶的部分在左侧)，一张即时贴上只写一条解决方案概要，解决方案概要应简明扼要、结合实际、具备可操作性。

③第三步：解决方案概要澄清与归类。组员将即时贴摊开贴在白板上的

信息集合区(左侧大白纸)。

组长牵头,将每张即时贴逐一移动到信息澄清区(中间大白纸上的圆圈中),看是否每位组员均能理解每张即时贴上的信息。如有不明之处,由写出这张即时贴的组员进行解释,必要时重写一张表述更为清晰的加以替代。

对于经过澄清移动到信息归类区(右侧大白纸)上的即时贴,找出属于同一领域、同一类别的放在一起,用红色白板笔在横向使用的即时贴上给各类别写出一张类别标签。

在此过程中,如发现有两张或以上所描述的内容基本一致的原始即时贴,仅保留一张。(提示:不必勉强归类,无法归类的问题可以单独摆放)

④第四步:制作树状图(图 14-8)。在本次议题下方,将类别标签和所对应的原始即时贴按树状展开,并用黑色白板笔进行连线。(提示:是从来自不同组员的具体方案归纳到类别,而不是先框定类别再让组员逐一列解决方案)

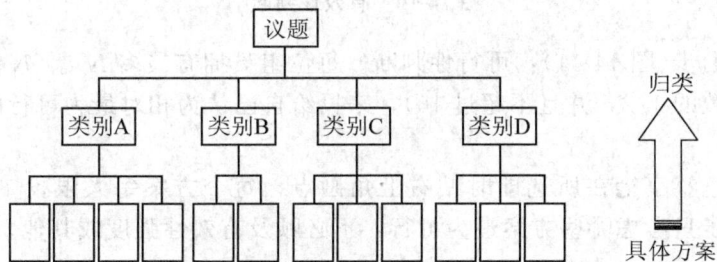

图 14-8　制作树状图

⑤第五步:创建方案评估区(图 14-9)。在展开的树状图下方,用黑色白板笔画 4 条平行的横线。

对应上方的树图,用粗、细线区隔出每个类别、每张即时贴。

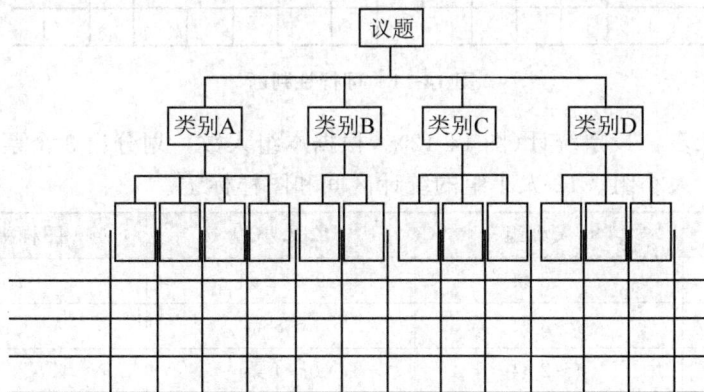

图 14-9　创建方案评估区

⑥第六步：有效性判断(图 14-10)。每位组员拥有最多 N 票(N＝最下排即时贴总数的 1/2，并且不超过 10)，来投给自己认为相对最为有效的具体解决方案。

用黑色签字笔在所选即时贴左下角画点，每个方案每人限投 1 票。(提示：这一步只考虑哪些方案最为有效，不必顾及可行性或其他方面)

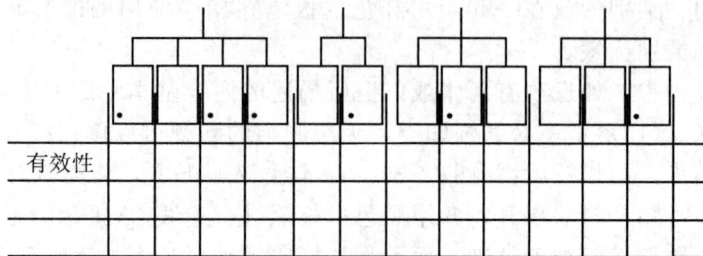

图 14-10　有效性判断

⑦第七步(图 14-11)：可行性判断。每位组员拥有最多 N 票(N＝最下排即时贴总数的 1/2，并且不超过 10)，来投给自己认为相对最为可行的具体解决方案 。

用红色签字笔在所选即时贴右上角画点，每个方案每人限投 1 票。(提示：这一步只考虑哪些方案最为可行，不必顾及有效性强度或其他)

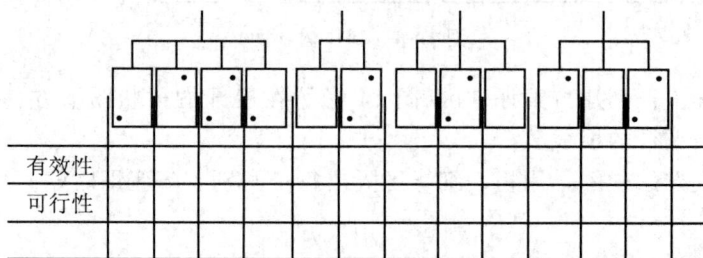

图 14-11　可行性判断

⑧第八步：投票统计(图 14-12)。根据本组人数，划分出 3 个票数统计区间，譬如 8 人小组、12 人小组的统计区间和图样标记。

区间	8 人小组	12 人小组	图样标记
高	6～8 票	9～12 票	☆
中	3～5 票	5～8 票	○
低	0～2 票	0～4 票	△

图 14-12　投票统计

根据每张即时贴上黑点、红点的数量(票数)，将每个方案的有效性、可行性图样标记画到下方相应的格子里。

⑨第九步：确定各个解决方案的优先级（图 14-13）。根据有效性与可行性的图样组合，对照以下图例在最后一行格子里统计出 4 个层次的优先级，1 级为最高级。

有效性	☆	☆	○	○	☆
可行性	☆	○	☆	○	△
优先级	1	2	3	4	?

图 14-13 确定优先级

如出现上☆下△的组合，即有效性极高、可行性极低，应对该方案打个问号，加以深思。除以上五种之外的图样组合无须进行统计。

⑩第十步：完成树状图。小组全体成员对 1～4 层优先级的各个解决方案再次细读，确认有无异议。

请小组执笔人将重要的解决方案按照优先级依序抄在本上。

对优先级 1～2 的信息及其所在类别予以特别关注，并作为后续小组成员分工撰写、小组主笔人整合撰写的重点参照线索。

用胶棒或胶带将所有即时贴在大白纸上粘牢，以免遗失。

完成树状图后，组员在大白纸空白处签名并标注完成日期。

14.3.3 复盘

1. 认识复盘

随着 VUCA 时代的来临，我们的环境中充满各种不确定性，无论是个人还是组织，都需要更加快速、更加有效率地学习。复盘作为一种从经验中不断学习的重要工具，会更加有效率地帮助我们分析问题和解决问题。

"复盘"原是围棋术语，就是在结束一局围棋比赛后，把刚刚棋局的每一个步骤重新摆一遍，看看哪个位置下得好，哪个步骤出了纰漏，这个博弈还原并进行研讨和分析的过程就是复盘。无论在生活中还是企业管理中，复盘都是通过过去的经历分析、实操分析，帮助我们更有效地总结经验，提升能力，提升绩效的重要方法。作为一种方法论，复盘有三个关键词。

（1）亲身经历

人的学习途径有很多，包括向他人学习和自我学习两大类，向他人学习包括向老师学习、向领导学习、向前辈学习、向同事或同学学习等，而复盘就是自我学习的最主要的方法，自己经历的事情自己最熟悉。

（2）过去

人们往往可以通过试错法进行自我学习，很多时候现学现卖是不足够的，我们往往需要提前向过去的经历和经验学习，而复盘就是对过去的经历和经验进行总结学习的结构化方法。

（3）学习

复盘的本质是通过过去的经验学习，帮助我们从过去的经验中获得启发，提升自己的见识和能力，升级自己的方法论。

复盘并非总结，复盘和总结有着本质意义上的区别，主要体现在以下三点。

（1）以学习为导向

复盘的目的是让个人和团队能够从刚刚过去的经历中进行学习，因此必须有适应学习的氛围和机制。而总结往往是对过往经历或工作的小结，以自我陈述为主，也不一定包含反省和剖析。

（2）结构化的流程和逻辑

总结是对一定时期的工作和某个事件的梳理和汇报，每个人根据自己的悟性和习惯进行对已经发生的事件、行为、结果进行回顾和描述，这不一定包含对目标和事实差异原因的分析。但复盘是以学习为导向，为了让学习发生，必须遵从特定的步骤和逻辑，这不仅仅是回顾目标和事实，也要对差异原因进行分析，得出经验和教训，并转化应用，才是一次完整的复盘。

（3）复盘更适合以团队的形式进行

总结在一定程度更偏向于个人陈述，不可避免地产生片面、局部或主观的判断。而复盘在更多情况下是以团队的形式进行的，通过集体团队深度会谈，团队成员更能了解彼此的各自经验和反思，并激发出新的观点。

复盘对于个人的成长、团队的组织效能提升都有着重要的意义，但复盘也有一定的局限性，首先复盘是基于个人实践，每个人的反思、分析、提炼的深度都有差异，可能发现的规律并非事实后面的本质，其次个人实践终归是有限的，并不一定每个人的个人实践都能很好的复盘出有价值的内容。

2. 操作复盘

（1）个人复盘

对于每一个个人学习者而言，复盘是最有效的方式与途径之一，没有及时复盘的习惯和很强的复盘能力，不把自己的每一段学习和工作经历进行分析和复盘，个人自身很难有提升。

个人复盘作为一种个人学习的方法，可以随时随地的进行，依据事件的大小、重要性和复杂程度，个人复盘通常有两种操作方式，第一种是个人简单复盘，一般先梳理好事件的流程和关键节点，然后逐步进行个人回想和分析，并记录下每一次关键节点选择的各种可能性。第二种是教练复盘，可以找一个学过复盘引导的教练，让他通过结构化提问的方式，帮助自己进行复盘。

（2）团队复盘

团队复盘一般分为四个阶段，一是回顾目的与目标、策略与计划，对回顾过程进行核实和评估；二是对亮点与不足进行根部原因的分析，并进行深入反思；三是不断地淬炼和提取，举一反三，找出经验和教训；四是转化和应用，将提炼的经验和教训运用在后续的工作当中，并提出创新与改善建议。

团队复盘的操作一般分为两类。一类是过程还原模式，按照时间顺序和职能条线，把主要事件和关键事件复现一遍，以找出待下一阶段深入探讨的重要议题。另一类是结果导向模式，对照目标，列出哪些地方做的好，哪些地方做的不到位或有改善空间，在后续分析差异的根本原因或关键成功要素等。

（3）项目复盘

根据项目的具体类型，可以分为分层级复盘和分阶段复盘。分层级复盘一般是项目内部各小组和各职能、各业务的复盘，是指小组内部定期对本小组的工作内容进行复盘，也可以对其他职责相关的重要事件或项目当前的关键点进行复盘。分阶段复盘一般是对关键活动或关键事件进行复盘，并定期进行项目进展回顾，对项目进行拆分阶段的复盘。

项目复盘有重点的关键因素，一是领导重视，二是明确每个人的责任，三是积少成多，不断复盘积累，四是将复盘当成真正工作的一部分，通过不断复盘总结接下来的项目处理经验。

3. 如何做好复盘

如果要做好复盘，需要具备合适的条件，尤其是参与者的心态，常见的复盘误区有以下五点。

（1）为了证明自己是对的

复盘的目的是让自己和团队更加快速地学习和掌握新的方法论，而不是自欺欺人，如果只是为了证明自己，则失去了复盘的目的。

（2）流于形式，走过场

虽然复盘有了固定的流程和步骤，但如果每次只是照搬模板，为了应付任务而敷衍了事，则再多的复盘也没有帮助。

（3）追究责任，开批斗会

追究犯错人的责任，对犯错的人开批斗会，做的不好很容易使场面氛围恶化，这对于总结分析学习并不是有利的。

（4）推卸责任，归罪于外

人们都相对更愿意推卸责任，找出各种借口和理由为自己辩护，试图证明自己是对的，这样很容易破坏学习的氛围，增加团队之间的不信任。

（5）快速下结论

在复盘过程中，需要找到实际情况与目标产生差异的根本原因，挖掘经验教训，这些需要细致而全面地进行分析，但很多人很容易快速下结论，这很可能是在表面情况下做出分析而得出的结论，快速下结论很可能导致进入误区。

此外，好的复盘，一般具备以下七点成功要素。

（1）开放心态

学习是一门从内向外开启的大门，如果想要通过复盘进行学习，没有一个开放的心态是不可能的。不管是符合自己预期的，还是让自己感到意外的事情，都需要放开心态面对和接收。

（2）坦然表达

复盘通常是以团队的形式完成，需要集中大家的集体智慧，而这必须建立在团队成员相互信任，坦然表达的基础上。如果有些人考虑局部问题或个人利益而不能坦然表达，那么复盘就没有任何意义了。

（3）实事求是

实事求是是从实践中学习和改进的基础，离开了实事求是根本谈不上学习，离开了实事求是复盘就不能得出真正的结论。

（4）集思广益

虽然复盘是一种行之有效的自我学习方法，但它更大的价值体现在团队学习和组织智慧上，在复盘过程中广开言路，让大家都能把自己的观点和发现贡献出来，彼此分享，就更能帮助大家激发创新，促进大家相互学习，形成更好的集团智慧。

（5）反思自我

分析成功或失败的原因，既要考虑客观因素，也不能忽略主观因素，对于自我的反省，一定要相对客观和全面，如果不能深刻剖析自我，很有可能忽略很多关键因素。

（6）刨根问底

为了应对流于形式和快速下结论，无论是分析原因还是总结经验教训，都需要不断地刨根问底，找到事情的来龙去脉和本质，并总结出相应的规律。

（7）重新改进

复盘的目的不是证明谁对与错，重要是学到经验教训并在后续改善中付诸行动。只有这样才能扬长避短，不断进步。

思考题

1. 对比分析几种问题分析和对策的方法。
2. 思考三类问题分别需要怎样的对策。
3. 简述头脑风暴法的过程。
4. 如何做一次高质量的复盘？
5. 尝试使用思维导图、鱼骨图与树状图和复盘方法对本章知识进行总结。

在线测试

参考文献

[1]弗雷德里克·温斯洛·泰勒. 科学管理原理[M]. 马风才，译. 北京：机械工业出版社，2013.

[2]亨利·法约尔. 工业管理与一般管理[M]. 迟力耕，等译. 北京：机械工业出版社，2013.

[3]赫伯特·西蒙. 管理行为[M]. 詹正茂，译. 北京：机械工业出版社，2013.

[4]陈传明，等. 管理学[M]. 北京：高等教育出版社，2019.

[5]周三多，等. 管理学——原理与方法[M]. 上海：复旦大学出版社，2018.

[6]焦强，等. 管理学[M]. 成都：四川大学出版社，2018.

[7]冉涛. 华为灰度管理法[M]. 北京：中信出版社，2019.

[8]彼得·德鲁克. 管理的实践[M]. 齐若兰，译. 北京：机械工业出版社，2018.

[9]林志扬，等. 管理学原理[M]. 厦门：厦门大学出版社，2018.

[10]乔治·梅奥. 工业文明中人的问题[M]. 陆小斌，译. 北京：电子工业出版社，2013.

[11]切斯特·巴纳德. 经理人员的职能[M]. 王永贵，译. 北京：机械工业出版社，2013.

[12]赫伯特·西蒙，等. 组织[M]. 邵冲，译. 北京：机械工业出版社，2013.

[13]弗里蒙特·卡斯特，等. 组织与管理：系统与权变的方法[M]. 北京：中国社会科学出版社，2000.

[14]张一弛，等. 人力资源管理教程[M]. 北京：北京大学出版社，2010.

[15]哈罗德·孔茨，海因茨·韦里克. 管理学[M]. 9版. 郝国华，等译. 北京：经济科学出版社，1993.

[16]肯·布兰佳，斯宾塞·约翰逊. 一分钟经理人[M]. 周晶，译. 海口：南海出版公司，2015.

[17]郜军. 目标管理——写给中层经理人的工作目标管理宝典[M]. 北京：电子工业出版社，2019.

[18]艾尔弗雷德·D. 钱德勒. 战略与结构：美国工商企业成长的若干篇章[M]. 昆明：云南人民出版社，2002.

[19]H. 伊戈尔·安索夫. 战略管理[M]. 北京：机械工业出版社，2010.

[20]迈克尔·波特. 竞争战略[M]. 陈丽芳，译. 北京：中信出版社，2014.

[21]方振邦，鲍春蕾. 管理学原理[M]. 北京：中国人民大学出版社，2013.

[22]加里·哈默，等．竞争大未来[M]．李明，等译．北京：机械工业出版社，2010.

[23]甘碧群，曾伏娥．国际市场营销学[M]．北京：高等教育出版社，2014.

[24]哈里顿，等．标杆管理：瞄准并超越一流企业[M]．北京：中信出版社，2003.

[25]陈泓冰．标杆兴国：从对标到创标[M]．北京：现代出版社，2011.

[26]麦茨·林德格伦，等．战略规划：未来与战略之间的整合[M]．郭小英，等译．北京：经济管理出版社，2011.

[27]比尔·莱尔斯顿，等．情景规划的18步方法[M]．齐家才，译．北京：机械工业出版社，2008.

[28]唐政．企业年度经营计划与全面预算管理[M]．北京：人民邮电出版社，2016.

[29]美国项目管理协会．项目管理知识体系指南[M]．北京：电子工业出版社，2018.

[30]吉姆·兰德尔．毅力：如何培养自律的习惯[M]．舒建广，译．上海：上海交通大学出版社，2012.

[31]丹尼尔·科伊尔．一万小时天才理论[M]．杭州：浙江人民出版社，2015.

[32]松本利明．努力，不如用对力：认真≠绩效，精准做重点才是赢家！[M]．台北：三采文化出版公司，2018.

[33]弗朗西斯科．番茄工作法图解[M]．北京：人民邮电出版社，2011.

[34]姜奇平．海尔管理学：原则与框架[M]．北京：中国财富出版社，2019.

[35]霍尔．组织：结构、过程及结果[M]．张友星，等译．上海：上海财经大学出版社，2003.

[36]哈罗德·孔茨，等．管理学：国际化与领导力的视角[M]．马春光，译．北京：中国人民大学出版社，2014.

[37]霍夫斯泰德，等．文化与组织：心理软件的力量[M]．张炜，等译．北京：电子工业出版社，2019.

[38]特伦斯·迪尔第．企业文化——企业生活中的礼仪与仪式[M]．李原，等译．北京：中国人民大学出版社，2020.

[39]杨杜．文化的逻辑[M]．北京：经济管理出版社，2016.

[40]邢以群，等．管理是要系统的[M]．北京：机械工业出版社，2015.

[41]詹姆斯·柯林斯，杰里·波拉斯．基业长青[M]．北京：中信出版社，2019.

[42]彼得·圣吉．第五项修炼：学习型组织的艺术实践[M]．北京：中信出版社，2018.

[43]威廉·大内．Z理论[M]．北京：机械工业出版社，2013.

[44]王硕，等．管理学原理[M]．北京：清华大学出版社，2018.

[45]罗宾斯．组织行为学[M]．北京：中国人民大学出版社，1997.

[46]水藏玺，等．流程优化与再造[M]．北京：中国经济出版社，2013.

[47]斯蒂芬·罗宾斯，等. 管理学[M]. 刘刚，等译. 北京：中国人民大学出版社，2016.

[48]王小刚. 战略绩效管理最佳实践[M]. 北京：中国经济出版社，2012.

[49]科克. 80/20法则[M]. 王师，译. 北京：中信出版社，2013.

[50]尼文，等. OKR：源于英特尔和谷歌的目标管理利器[M]. 北京：机械工业出版社，2017.

[51]陈春花，等. 组织行为学[M]. 北京：机械工业出版社，2016.

[52]肖伟. 虚拟团队管理[M]. 北京：电子科技大学出版社，2007.

[53]R. 梅雷迪思·贝尔宾. 管理团队：成败启示录[M]. 北京：机械工业出版社，2017.

[54]R. 梅雷迪思·贝尔宾. 团队角色：在工作中的应用[M]. 北京：机械工业出版社，2017.

[55]孟华兴，等. 新生代员工管理[M]. 北京：中国经济出版社，2014.

[56]廖泉文. 人力资源开发和管理研究[M]. 上海：同济大学出版社，1998.

[57]博恩·崔西. 授权[M]. 郭武文，译. 北京：机械工业出版社，2014.

[58]詹姆斯·M. 库泽斯，巴里·Z. 波斯纳. 领导力：如何在组织中成就卓越[M]. 北京：电子工业出版社，2013.

[59]乔安娜·巴斯，等. 正念领导——麦肯锡领导力方法[M]. 于中华，译. 北京：电子工业出版社，2015.

[60]康青. 管理沟通[M]. 北京：中国人民大学出版社，2018.

[61]维纳，等. 控制论（关于在动物和机器中控制和通信的科学）[M]. 北京：科学出版社，2009.

[62]宣慧玉，等. 复杂系统仿真及应用[M]. 北京：清华大学出版社，2008.

[63]焦叔斌. 波多里奇卓越绩效准则[M]. 北京：中国人民大学出版社，2005.

[64]邹仲海. 企业风险管理[M]. 北京：电子工业出版社，2016.

[65]于立民. 企业风险管理实务[M]. 北京：经济科学出版社，2019.

[66]莫春雷，等. 风险管理体系建设[M]. 北京：经济管理出版社，2019.

[67]刘刚. 危机管理[M]. 北京：中国人民大学出版社，2013.

[68]艾学蛟. 领导干部读懂舆情管理的第一本书[M]. 北京：台海出版社，2015.

[69]黄少华，等. 网络社会学——学科定位与议题[M]. 北京：中国社会科学出版社，2006.

[70]喻国明，等. 社交网络时代的舆情管理[M]. 南京：江苏人民出版社，2015.

[71]奥尔波特. 谣言心理学[M]. 刘水平，等译. 沈阳：辽宁教育出版社，2003.

[72]彼得·德鲁克，等. 创新与企业家精神[M]. 北京：机械工业出版社，2007.

[73]伍德沃思，等. 动力心理学[M]. 北京：中国人民大学出版社，2017.

[74]高山尚孝. 麦肯锡问题分析与解决技巧[M]. 郑舜珑，译. 北京：北京时代华文书局，2014.

[75]孙继伟. 问题管理：高水准的问题分析与解决[M]. 北京：企业管理出版社，2014.

[76]爱德华·德博诺. 六顶思考帽[M]. 马睿，译. 北京：中信出版社，2016.

[77]东尼·博赞，巴利·博赞. 思维导图[M]. 北京：中信出版社，2009.

[78]曹裕，陈劲. 创新思维与创新管理[M]. 北京：清华大学出版社，2017.

[79]邱昭良. 复盘工作法[M]. 北京：机械工业出版社，2018.

[80]Peter F. Drucker. Management：Tasks，Responsibilities，Practices[M]. New York：Harper and Row，1973.

[81]Plunkett W R，Attner R F. Management：Meeting and Exceeding Customer Expections[M]. 6th Edition. Cincinnati：South-Western College Publishing，1997.

[82]Gerth H H，Mills C W. From Max Weber：Essays in Sociology[M]. Oxford：Oxford University Press，1958.

[83]Prahalad C K，Hamel G. The Core Competence of the Corporation[M]//Hahn D，Taylor B. Strategische Unternehmungsplanung—Strategische Unternehmungsführung，1990：275-292.

[84]Aguilar J F，Aguilar L F，Aguilar F J，et al. Scanning the Business Environment[J]. Simulation & Gaming，1967，42(1)：27-42.

[85]Pettigrew A M. On Studying Organizational Culture[J]. Administrative Science Quarterly，1979，24(4)：570-581.

[86]Peters T J，Waterman Jr R H. In Search of Excellence[M]. New York：HarperCollins，2018.

[87]Greiner L E. Evolution and Revolution as Organizations Grow[J]. Harvard Business Review，1972，50(3)：37-46.

[88]Quinn R E，Cameron K. Organizational Life Cycles and Shifting Criteria of Effectiveness：Some Preliminary Evidence[J]. Management Science，1983，29(1)：33-51.

[89]Sveiby K E. The New Organizational Wealth：Managing and Measuring Knowledge-Based Assets[M]. San Francisco：Berrett-Koehler，1986.

[90]Ayman R，Chemers M M，Fiedler F. The Contingency Model of Leadership Effectiveness：Its Levels of Analysis[J]. The Leadership Quarterly，1995，6(2)：147-167.

[91]House R J. Path-goal Theory of Leadership：Lessons，Legacy，and A Reformulated Theory[J]. Leadership Quarterly，1996，7(3)：323-352.

[92]Munter M. Guide to Managerial Communication[M]. 4th Edition. New York：Prentice Hall，1997.

[93]Lorange P. Human Resource Management in Multinational Cooperative Ventures[J]. Human Resource Management, 1986, 25(1): 133-148.

[94]Kaplan R S, Norton D P. The Balanced Scorecard—Measures That Drive Performance[J]. Harvard Business Review, 1992, 70(1): 71-9.

[95]Schumpeter J A. The Theory of Economic Development[M]. Cambridge: Harvard University Press, 1932.

[96]Rostow W W. The Stages of Economic Growth: A Non-communist Manifesto [M]. 2nd Edition. Cambridge: Cambridge University Press, 1971.

[97]Myers S, Marquis D G. Successful Industrial Innovations: A Study of Factors Underlying Innovation in Selected Firms[R]. Alexandria: National Science Foundation, 1976.

[98]Utterback J M. Innovation in Industry and The Diffusion of Technology[J]. Science, 1974, 183(4125): 620-626.

[99]Mueser R. Identifying Technical Innovations[J]. IEEE Transactions on Engineering Management, 1985, 32(4): 158-176.

[100]Freeman C. The Economics of Industrial Innovation[M]. 2nd Edition. London: Francis Pinter, 1982.

[101]Tidd J. From Knowledge Management to Strategic Competence[M]. 3rd Edition. London: Imperial College Press, 2012.

[102]Brynjolfsson E, Hu Y J, Smith M D. From Niches to Riches: Anatomy of The Long Tail[J]. MIT Sloan Management Review, 2006, 47(4): 67-71.

[103]Müller G E, Schumann F. Uber Die Psychologischen Grundlagen der Vergleichung Gehobener Gewichte[J]. Pflügers Archiv-European Journal of Physiology, 1889, 45(1): 37-112.